Gegen Unmenschlichkeit in der Wirtschaft

D1867293

Für Herrn Stöver -
zum Dank.

Sankt Georgen 2.8.89.

Friedhelm Hengsbach SJ.

Gegen Unmenschlichkeit in der Wirtschaft

Der Hirtenbrief
der katholischen Bischöfe der USA
„Wirtschaftliche Gerechtigkeit für alle"

Aus deutscher Sicht kommentiert
von Friedhelm Hengsbach SJ

Herder

Freiburg · Basel · Wien

Nachdruck der deutschen Übersetzung des Wirtschaftshirtenbriefes mit freundlicher Erlaubnis der IfG Verlagsgesellschaft mbH, Bonn
Deutsche Übersetzung der Anmerkungen (S. 180–198) von
P. Dr. Radbert Kohlhaas OSB

Alle Rechte vorbehalten – Printed in Germany
© für diese Ausgabe: Verlag Herder Freiburg im Breisgau 1987
Herstellung: Freiburger Graphische Betriebe 1987
ISBN 3-451-21029-0

Inhalt

Nationale Konferenz der katholischen Bischöfe
der Vereinigten Staaten von Amerika

WIRTSCHAFTLICHE GERECHTIGKEIT FÜR ALLE: DIE KATHOLISCHE SOZIALLEHRE UND DIE AMERIKANISCHE WIRTSCHAFT

Nationale Konferenz der katholischen Bischöfe der Vereinigten Staaten von Amerika

WIRTSCHAFTLICHE GERECHTIGKEIT FÜR ALLE: DIE KATHOLISCHE SOZIALLEHRE UND DIE AMERIKANISCHE WIRTSCHAFT

Die Pastoralbotschaft: Wirtschaftliche Gerechtigkeit für alle

Brüder und Schwestern in Christus!

1. Wir sind als Gläubige berufen, unserem Herrn Jesus Christus zu folgen und sein Evangelium inmitten einer komplexen und mächtigen Wirtschaft zu verkünden. Aus dieser Wirklichkeit ergeben sich für die Katholiken in den Vereinigten Staaten Chancen, aber auch Verantwortlichkeiten. Unser Glaube fordert uns auf, diese Wirtschaft nicht nur daran zu messen, was sie hervorbringt, sondern auch daran, wie sie das Leben der Menschen berührt und ob sie die Würde der menschlichen Person schützt oder verletzt. Wirtschaftliche Entscheidungen wirken sich auf Menschen aus und haben daher eine moralische Qualität: sie helfen den Menschen oder schaden ihnen, stärken oder schwächen das Familienleben, verbessern oder vermindern die Qualität der Gerechtigkeit in unserem Land.

2. Deshalb haben wir den Hirtenbrief „Wirtschaftliche Gerechtigkeit für alle" über die Katholische Soziallehre und die amerikanische Wirtschaft geschrieben. Dieser Brief ist eine persönliche Einladung an die Katholiken in den Vereinigten Staaten, die Quellen unseres Glaubens, die Stärke unserer Wirtschaft und die Chancen unserer Demokratie zu nutzen, um eine Gesellschaft zu gestalten, welche die Würde und die Grundrechte unserer Brüder und Schwestern in diesem Lande und in der ganzen Welt besser schützt.

3. Der Hirtenbrief ist das Ergebnis sorgfältiger Untersuchung, weitgehender Beratung sowie einer Einsicht, die aus dem Gebet kommt. Der Brief ist durch diesen Prozeß des Zu-

hörens und der Differenzierung sehr bereichert worden. Mit dieser einführenden Pastoralbotschaft wenden wir uns an alle amerikanischen Katholiken, die versuchen, ihren Glauben in der Welt zu leben: zu Hause, im Büro, in Fabrik und Schule, auf Farmen und Ranches, in den Vorstandsetagen und Gewerkschaftszentralen, in Dienstleistungsbetrieben und Parlamenten. Wir wollen erklären, warum wir den Hirtenbrief geschrieben haben, seine wichtigsten Themen vorstellen und unserer Hoffnung auf den Dialog und das Handeln, die er auslösen könnte, Ausdruck geben.

Warum wir schreiben

4. Wir schreiben, um unsere Lehre zu verbreiten, um Fragen zu stellen, um uns gegenseitig herauszufordern, unseren Glauben in der Welt zu leben. Wir schreiben als die Erben der biblischen Propheten, die uns auffordern, „Werke der Gerechtigkeit zu tun, die Freundlichkeit zu schätzen und in Demut mit Gott zu wandeln" (Mi 6,8). Wir schreiben als Nachfolger Jesu, der zu uns in der Bergpredigt sprach: „Selig sind die Armen im Geiste ... Selig sind die Erniedrigten ... Selig, die hungern und dürsten nach der Gerechtigkeit ... Ihr seid das Salz der Erde. ... Ihr seid das Licht der Welt" (Mt 5,1–6, 13–14). Diese Worte sind eine Herausforderung an uns nicht nur als Gläubige, sondern auch als Verbraucher, als Bürger, als Arbeitnehmer und Eigentümer. Im Gleichnis vom Jüngsten Gericht sagt Jesus: „Ich war hungrig, und ihr gabt mir zu essen, durstig, und ihr gabt mir zu trinken ... Sooft ihr dies dem Geringsten meiner Brüder getan habt, habt ihr es mir getan" (Mt 25,35–40). Die Herausforderung für uns liegt darin, herauszufinden, was es hier und jetzt bedeutet, „arm im Geiste" und das „Salz der Erde" zu sein, was es heißt, „dem Geringsten unter uns" zu dienen und „zu hungern und zu dürsten nach der Gerechtigkeit".

5. Wer Jesus nachfolgen will, muß die tragische Trennung zwischen Glauben und Alltag vermeiden. Er kann sich weder vor seinen irdischen Pflichten drücken noch – wie das Zweite Vatikanische Konzil formulierte – „meinen, so im irdischen

Tun und Treiben aufgehen zu können, als hätte das gar nichts zu dem religiösen Leben zu tun, weil dieses nach ihrer Meinung in bloßen Kultakten und in der Erfüllung gewisser moralischer Pflichten besteht" (Pastoralkonstitution „Die Kirche in der Welt von heute", Nr. 43).

6. Das Wirtschaftsleben wirft wichtige soziale und ethische Fragen auf, und zwar sowohl für jeden einzelnen von uns als auch für die Gesamtgesellschaft. So wie die Familie ist die Wirtschaft einer der wichtigsten Bereiche, in denen wir unseren Glauben leben, unseren Nächsten lieben, der Versuchung widerstehen, Gottes Schöpfungsplan erfüllen und unsere Heilung vollenden. Unsere wirtschaftliche Betätigung im Betrieb, auf dem Feld, im Büro oder Geschäft ernährt unsere Familien – oder nährt unsere Ängste. Sie bringt unsere Begabungen zur Geltung – oder verschwendet sie. Sie stärkt unsere Hoffnungen – oder macht sie zunichte. Sie führt uns zur Zusammenarbeit mit anderen – oder in die Auseinandersetzung. Das Zweite Vatikanische Konzil lehrt uns, „die Botschaft Jesu Christi so zu verkündigen, daß alle irdischen Tätigkeiten der Gläubigen von dem Licht des Evangeliums erhellt werden" (a. a. O., Nr. 43). In diesem Fall versuchen wir, das Wirtschaftsleben aus der Sicht des Glaubens zu betrachten und die traditionelle Lehre der Kirche auf die Wirtschaft der Vereinigten Staaten anzuwenden.

7. In unserem Brief schreiben wir als Hirten, nicht als Amtsträger. Wir sprechen als Sittenlehrer, nicht als Experten der Wirtschaft. Wir wollen keine politische oder ideologische Aussage machen, sondern die menschliche und die ethische Dimension des Wirtschaftslebens hervorheben, die in der öffentlichen Diskussion allzuoft vernachlässigt wird. Wir bringen in diese Aufgabe das zweifache Erbe der Katholischen Soziallehre und der traditionellen amerikanischen Werte ein.

8. Als *Katholiken* sind wir die Erben einer langen Tradition von Theorie und Praxis auf dem Gebiet der ethischen Aspekte wirtschaftlichen Handelns. Leben und Worte Jesu und die Lehre seiner Kirche fordern uns auf, den Bedürftigen zu dienen und uns aktiv für soziale und wirtschaftliche Gerechtigkeit einzusetzen. Als eine Glaubensgemeinschaft wissen wir, daß unser Glaube an der Qualität der Gerechtigkeit unter uns ge-

messen wird, daß wir unser Gemeinschaftsleben am besten danach bewerten können, wie wir die Armen und Ausgelieferten behandeln. Dies ist für uns kein neues Thema. Es ist so alt wie die hebräischen Propheten, so zwingend wie die Bergpredigt und so zeitgemäß wie die mächtige Stimme Papst Johannes Pauls II., der die Würde der menschlichen Person verteidigt.

9. Als *Amerikaner* sind wir dankbar für das Geschenk der Freiheit und eingeschworen auf den Traum von „Freiheit und Gerechtigkeit für alle". Dieses Land, das mit außerordentlichen Ressourcen gesegnet ist, hat für Millionen Menschen einen beispiellosen Lebensstandard ermöglicht. Wir sind stolz auf die Stärke, die Produktivität und Kreativität unserer Wirtschaft; aber wir denken auch an diejenigen, die in unserem Fortschritt zu kurz gekommen sind. Wir glauben, daß wir unserer Geschichte die größte Reverenz erweisen, wenn wir auf den Tag hinarbeiten, an dem alle unsere Brüder und Schwestern angemessen am amerikanischen Traum teilnehmen.

10. Als Bischöfe, die in der heutigen Zeit das Evangelium verkünden, leiten auch wir Institutionen, müssen Finanzhaushalte ausgleichen und zahlen Gehälter. Dabei sehen wir das menschliche Antlitz unserer Wirtschaft. Wir spüren die Sorgen und Hoffnungen unserer Mitmenschen unmittelbar. Wir nehmen teil an der Not unserer Schwestern und Brüder, die in Armut, ohne Beschäftigung und Wohnsitz am Rande der Gesellschaft leben. Die Armen und Ausgelieferten kommen an unsere Tür, in unsere Pfarreien auf der Suche nach Hilfe und Obdach. Wir sehen allzuviel Hunger und Ungerechtigkeit, allzuviel Leid und Verzweiflung sowohl in unserem eigenen Land als auch weltweit.

11. Als Seelsorger sehen wir aber auch die Anständigkeit, die Großzügigkeit und die Verwundbarkeit unserer Mitmenschen. Wir sehen das verzweifelte Bemühen einfacher Familien, mit ihrem Geld auszukommen und ihren Kindern eine bessere Zukunft zu ermöglichen. Wir kennen den Wunsch von Managern, Freiberuflern und Unternehmern, ihr Wirken nach ihren Überzeugungen auszurichten. Der Glaube, der gute Wille und die Hochherzigkeit unserer Mitmenschen erfüllen uns, die wir diesen Brief schreiben, mit Hoffnung.

Die wichtigsten Themen des Hirtenbriefes

12. Der Hirtenbrief ist keine Blaupause für die amerikanische Wirtschaft. Er vertritt keine bestimmte Theorie darüber, wie die Wirtschaft funktioniert, und er versucht auch nicht, in die Auseinandersetzungen zwischen verschiedenen wirtschaftlichen Lehrmeinungen einzugreifen. Statt dessen wendet sich unser Brief der Heiligen Schrift und der Soziallehre der Kirche zu. Dort entdecken wir, welchen Zielen unser Wirtschaftsleben dienen soll und welchen Anforderungen es gerecht werden muß. Nachfolgend wollen wir einige dieser ethischen Grundsätze untersuchen.

13. *Jede wirtschaftliche Entscheidung und Institution muß danach beurteilt werden, ob sie die Würde des Menschen schützt oder verletzt.* Der Hirtenbrief beginnt mit der menschlichen Person. Wir glauben, daß die Person heilig ist – die klarste Widerspiegelung Gottes unter uns. Die Menschenwürde kommt von Gott, nicht von der Nationalität, der Rasse, dem Geschlecht, dem wirtschaftlichen Status oder irgendeiner menschlichen Errungenschaft. Wir beurteilen jedes Wirtschaftssystem danach, was es *für* die Menschen leistet und *an* ihnen bewirkt und wie es die *Teilnahme* aller an ihm ermöglicht. Die Wirtschaft muß dem Menschen dienen und nicht umgekehrt.

14. *Die Menschenwürde kann nur in der Gemeinschaft verwirklicht und geschützt werden.* In unserer Lehre ist die menschliche Person nicht nur heilig, sondern auch sozial. Wie wir unsere Gesellschaft einrichten – in Wirtschaft, Politik und Gesetzgebung – hat direkte Auswirkungen auf die Menschenwürde und auf die Möglichkeit des einzelnen, in der Gemeinschaft zu wachsen. Die Verpflichtung, „unseren Nächsten zu lieben", hat eine individuelle Dimension, aber sie fordert auch ein weitergehendes soziales Engagement für das Gemeinwohl. Wir haben viele Möglichkeiten, um den Zustand unserer Wirtschaft zu messen – das Bruttosozialprodukt, das Pro-Kopf-Einkommen, die Börsenkurse. Die christliche Sicht des Wirtschaftslebens sieht weiter und fragt: „Begünstigt oder bedroht die Wirtschaft unser Zusammenleben als Gemeinschaft?"

15. *Alle Menschen haben ein Recht, am Wirtschaftsleben der Gesellschaft teilzunehmen.* Die Grundgerechtigkeit verlangt, daß allen Menschen ein Mindestmaß an wirtschaftlicher Teilnahme zugesichert wird. Es ist nicht in Ordnung, wenn eine Person oder Gruppe ungerechterweise ausgeschlossen wird oder zur Teilnahme unfähig ist oder gar keinen Beitrag zum Wirtschaftsleben leisten kann. Zum Beispiel: Menschen, die willens und in der Lage sind zu arbeiten, aber keinen Arbeitsplatz finden können, werden um die Teilnahme gebracht, die für die menschliche Entwicklung unerläßlich ist. Denn erst durch eine Beschäftigung können die meisten Menschen und Familien ihre materiellen Bedürfnisse befriedigen, ihre Begabungen anwenden und dem Wohl der Gemeinschaft dienen. Diese Teilnahme hat in unserer Tradition eine besondere Bedeutung, denn wir sehen in ihr ein Mittel, gemeinsam das schöpferische Wirken Gottes weiterzuführen.

16. *Alle Mitglieder der Gesellschaft haben eine besondere Verpflichtung gegenüber den Armen und den Ausgelieferten.* Aus der Heiligen Schrift und den Lehren der Kirche lernen wir, daß die Gerechtigkeit einer Gesellschaft daran gemessen wird, wie sie mit den Armen umgeht. Die Gerechtigkeit, ein Zeichen des Bundes Gottes mit Israel, wurde daran gemessen, wie man die Armen und die Schutzlosen behandelte – die Witwe, die Waise und den Fremden. Das Königreich, das Jesus in seinen Worten und mit seinem Dienst verkündete, schließt niemanden aus. In der gesamten Geschichte Israels und in der frühen Christenheit sind die Armen die Werkzeuge der alles verwandelnden Macht Gottes. „Der Geist des Herrn ruht auf mir; denn der Herr hat mich gesalbt. Er hat mich gesandt, damit ich den Armen eine gute Nachricht bringe" (Lk 4, 18). Dies war die erste öffentliche Aussage Jesu. Jesus ergreift Partei für diejenigen, deren Not am größten ist. Wir werden belehrt, daß wir beim Jüngsten Gericht, das im Matthäus-Evangelium so dramatisch beschrieben wird, danach gerichtet werden, wie wir uns gegenüber den Hungernden und Dürstenden, den Nackten und Fremden verhalten haben. Als Nachfolger Christi trifft uns die Aufforderung, eine grundlegende „Option für die Armen" zu treffen, für die Stimmlosen zu sprechen, die Wehr-

losen zu verteidigen, Lebenstile, politische Maßnahmen und soziale Einrichtungen danach zu bewerten, wie sie sich auf die Armen auswirken. Diese „Option für die Armen" bedeutet nicht, daß man eine Gruppe gegen eine andere ausspielt, sondern daß man die Gemeinschaft dadurch stärkt, daß man den Schutzlosesten hilft. Als Christen sind wir dazu aufgerufen, auf die Nöte *aller* unserer Brüder und Schwestern einzugehen, aber die in größter Not brauchen die meiste Hilfe.

17. *Die Menschenrechte sind Mindestvoraussetzungen für das Leben in der Gemeinschaft.* Nach der katholischen Lehre umfassen die Menschenrechte nicht nur Bürger- und politische Rechte, sondern auch wirtschaftliche Rechte. Wie Papst Johannes XXIII. verkündete, haben alle Menschen ein Recht auf Leben, Nahrung, Kleidung, Unterkunft, Erholung, medizinische Versorgung, Ausbildung und einen Arbeitsplatz. Dies bedeutet, daß den Menschen, die keine Möglichkeit haben, ihren Lebensunterhalt zu verdienen und die hungrig und ohne Unterkunft leben müssen, Grundrechte verwehrt werden. Die Gesellschaft muß dafür sorgen, daß diese Rechte geschützt werden. Auf diese Weise werden die Mindestvoraussetzungen der wirtschaftlichen Gerechtigkeit für alle unsere Schwestern und Brüder geschaffen.

18. *Die Gesamtgesellschaft, die durch öffentliche und private Einrichtungen wirkt, hat die moralische Verpflichtung, die Menschenwürde zu fördern und die Menschenrechte zu schützen.* Neben der eindeutigen Verantwortung privater Institutionen trägt der Staat wesentliche Verantwortung auf diesem Gebiet. Das bedeutet nicht, daß der Staat hier die erste oder gar ausschließliche Rolle übernimmt, doch hat er in der Tat eine eindeutige moralische Verantwortung, die Menschenrechte zu schützen sowie zu gewährleisten, daß die Mindestvoraussetzungen der Menschenwürde für alle gegeben sind. In einer Demokratie ist der Staat Instrument der Zusammenarbeit aller zum Schutze dessen, was uns wichtig ist und zur Förderung unserer gemeinsamen Werte.

19. Diese sechs moralischen Grundsätze sind nicht die einzigen, die wir in unserem Hirtenbrief vorstellen, aber sie geben einen Überblick über die ethische Sicht, die wir uns zu eigen

machen wollen. Diese Sicht des Wirtschaftslebens kann nicht im luftleeren Raum bestehen. Sie muß in konkrete Maßnahmen umgesetzt werden. Unser Hirtenbrief enthält einige konkrete Ausprägungen der katholischen Sozialethik. So fordern wir ein neues nationales Engagement für die Vollbeschäftigung. Wir sagen: Es ist ein gesellschaftlicher und moralischer Skandal, daß jeder siebte Amerikaner arm ist, und wir fordern gemeinsame Anstrengungen, um die Armut zu beseitigen. Die Grundbedürfnisse der Armen haben höchste Priorität. Wir drängen darauf, daß alle wirtschaftspolitischen Maßnahmen im Hinblick auf ihre Auswirkungen auf das Leben und die Stabilität der Familie bewertet werden. Wir unterstützen Maßnahmen, die den Niedergang der Familienfarmen aufhalten und der steigenden Konzentration des landwirtschaftlichen Eigentums entgegenwirken. Wir weisen auf Möglichkeiten hin, wie die Vereinigten Staaten wesentlich mehr unternehmen können, um die Not der armen Länder zu lindern und ihrer Entwicklung zu helfen. Außerdem bekräftigen wir die Lehre der Kirche über die Rechte der Arbeiter, über Tarifverhandlungen, Privateigentum, Subsidiarität und Chancengleichheit.

20. Wir halten die Empfehlungen in unserem Brief für vernünftig und ausgewogen. In unserer Wirtschaftsanalyse verwerfen wir ideologische Extreme und gehen von der Tatsache aus, daß wir eine „Mischwirtschaft" haben, die in einer langen Geschichte von Reform und Anpassung entstanden ist. Wir wissen, daß einige unserer speziellen Empfehlungen umstritten sind. Als Bischöfe behaupten wir nicht, daß wir diese ausgewogenen Urteile mit derselben Autorität vortragen wie unsere Grundsatzerklärungen. Aber wir fühlen uns verpflichtet, ein Beispiel dafür zu geben, wie Christen wirtschaftliche Sachverhalte konkret analysieren und Sachurteile fällen können. Die Lehre der Kirche darf nicht auf der Ebene wohlgefälliger Gemeinplätze verweilen.

21. Im Hirtenbrief halten wir die Zeit für ein „neues amerikanisches Experiment" für gekommen: wirtschaftliche Rechte zu verwirklichen, die Teilnahme an wirtschaftlicher Macht zu erweitern und wirtschaftliche Entscheidungen mehr am Gemeinwohl zu orientieren. Dieses neue Experiment kann neue

Strukturen wirtschaftlicher Partnerschaft und Teilnahme schaffen, und zwar innerhalb einzelner Unternehmen, auf regionaler Ebene, im ganzen Land und weltweit.

22. Natürlich gibt es zahlreiche Aspekte der Wirtschaft, die der Brief nicht berücksichtigt, und Grundfragen, die der weiteren Forschung bedürfen. In vielen Punkten werden Männer und Frauen guten Willens möglicherweise unterschiedlicher Meinung sein. Wir erwarten einen fruchtbaren Austausch zwischen den unterschiedlichen Standpunkten. Wir beten darum, daß alle sich die Dringlichkeit unserer Sorgen zu Herzen nehmen, daß wir gemeinsam unsere Ansichten am Evangelium und der Lehre der Kirche überprüfen und daß wir anderen Stimmen im Geiste gegenseitiges Respektes und offenen Dialoges zuhören.

Ein Ruf nach Umkehr und Handeln

23. Es sollte uns nicht verwundern, daß wir die Katholische Soziallehre als anspruchsvoll empfinden. Das Evangelium ist anspruchsvoll. Wir bedürfen ständig der Umkehr, dem Wandel des Herzens. Wir sind reich gesegnet, und, wie der heilige Paulus uns versichert, wir sind zur Herrlichkeit bestimmt. Doch es ist ebenfalls wahr, daß wir Sünder sind, daß wir nicht immer weise oder liebevoll oder gerecht sind, daß wir bei all unseren erstaunlichen Möglichkeiten unvollkommen geboren sind, lebensmüde und eingeengt von Ängsten und leerer Routine. Wir sind unfähig, uns vollständig dem lebendigen Gott anzuvertrauen, und so suchen wir nach Ersatzformen der Sicherheit: in materiellen Dingen, in Macht, in Gleichgültigkeit, Polarität und Vergnügen. Die Heilige Schrift warnt uns davor, daß diese Dinge die Form von Götzendienst annehmen können. Wir wissen, daß es hin und wieder notwendig ist, zu bestimmten Aspekten unserer Kultur nein zu sagen, zu bestimmten Moden und Handlungsweisen, die im Gegensatz stehen zu einem Leben in Glaube, Liebe und Gerechtigkeit, wenn wir wirklich eine Gemeinschaft von Jüngern Christi bleiben wollen. Änderungen in unserem Herzen führen von selbst dazu,

daß wir auch unser Handeln ändern wollen. Wieviel Sorgfalt, Menschenfreundlichkeit und Gerechtigkeit lege ich bei meiner Arbeit an den Tag? Wie werden meine wirtschaftlichen Entscheidungen über Kauf und Verkauf, über Investitionen oder die Einstellung oder Entlassung von Mitarbeitern der Menschenwürde oder dem Gemeinwohl dienen? In welchem Beruf kann ich meine Begabungen am besten zur Wirkung bringen, um die Welt mit dem Geist Christi zu erfüllen? Welchen Beitrag leisten meine wirtschaftlichen Entscheidungen zu einer Stärkung meiner Familie und meiner Gemeinde, zu den Werten meiner Kinder, zu einer Sensibilität für die Bedürftigen? Wie kann ich in dieser Konsumgesellschaft zu einer heilsamen Loslösung von den materiellen Gütern kommen und der Verlockung widerstehen, mich selbst durch meinen Besitz zu definieren? Wie kann ich ein Gleichgewicht zwischen Arbeit und Freizeit herstellen, das mir mehr Zeit für Freundschaft, Familie und Gemeinde läßt? Welche Politik zum Wohlergehen aller, besonders der Armen und Schwachen, sollte ich unterstützen?

24. Die Antworten auf diese Fragen sind nicht immer klar oder einfach zu leben. Umkehr ist jedoch ein lebenslanger Prozeß, der nicht allein vollzogen wird. Er findet statt mit Unterstützung der gesamten Glaubensgemeinschaft, durch Taufe, gemeinsames Gebet und unsere täglichen kleinen und großen Bemühungen um Gerechtigkeit. Als Kirche müssen wir Menschen nach Gottes eigenem Herzen sein. Vereint in seinem Geist, müssen wir uns gegenseitig in Liebe unterstützen und unsere Herzen auf das Reich Gottes ausrichten. Wir müssen uns mit den Leidenden solidarisieren, für Frieden und Gerechtigkeit arbeiten und als ein Zeichen für Christi Liebe und Gerechtigkeit in der Welt wirken. Die Kirche kann die Welt nicht von den tödlichen Auswirkungen von Sünde und Ungerechtigkeit erlösen, wenn sie sich nicht bemüht, Sünde und Ungerechtigkeit bei sich selbst und ihren Institutionen zu entfernen. Wir alle müssen der Kirche helfen, in ihrem eigenen Leben das zu verwirklichen, was sie anderen über wirtschaftliche Gerechtigkeit und Zusammenarbeit predigt.

25. Die Herausforderung dieses Hirtenbriefes liegt nicht al-

lein darin, daß wir anders denken, sondern daß wir anders handeln müssen. Eine Erneuerung des Wirtschaftslebens hängt ab von den bewußten Entscheidungen und dem Engagement der einzelnen Gläubigen, die ihren Glauben in der Welt praktizieren. Für die meisten von uns liegt der Weg zur Heiligkeit in unserer weltlichen Berufung. Wir brauchen eine Spiritualität, welche die Initiative und das Zeugnis der Laien erweckt und unterstützt, nicht nur in unseren Kirchen, sondern auch in der Wirtschaft, bei den Gewerkschaften, in den freien Berufen, im Bereich der Bildung sowie im ganzen öffentlichen Leben. Unser Glaube ist nicht nur eine Wochenendverpflichtung, ein Geheimnis, das sonntags um den Altar gefeiert wird. Er ist vielmehr eine durchgängige Realität, die sich jeden Tag in den Häusern der Familien, in den Büros, den Fabriken, den Schulen und Geschäften in unserem ganzen Land vollzieht. Wir können unseren Glauben nicht von unserem Handeln in Beruf und Öffentlichkeit trennen, denn hier leisten wir unseren wichtigsten Beitrag zur wirtschaftlichen Gerechtigkeit.

26. Wir bitten jeden einzelnen von Euch, den Hirtenbrief zu lesen, ihn zu studieren, für ihn zu beten und ihn mit Eurer eigenen Erfahrung zu vergleichen. Wir bitten, daß Ihr Euch mit uns vereint im Dienst an den Notleidenden. Laßt jeden einzelnen von uns die Hand ausstrecken nach dem Hungrigen und Obdachlosen, dem Armen und Ohnmächtigen, nach dem Notleidenden und Schutzlosen. Wenn wir ihnen dienen, dienen wir Christus. Unser Dienst kann kein Ersatz sein für eine gerechte und engagierte Sozialpolitik, aber durch ihn können wir praktizieren, was wir über Menschenleben und Menschenwürde predigen.

27. Das Bemühen um wirtschaftliche Gerechtigkeit führt die Gläubigen in die Arena der Öffentlichkeit und läßt sie die Politik der Regierung auf die Grundsätze unserer Lehre überprüfen. Wir bitten Euch, informiertere und aktivere Bürger zu werden. Eure Stimme und Eure Wählerstimme zu nutzen, um für die Stimmlosen zu sprechen, die Armen und Hilflosen zu verteidigen und das Gemeinwohl zu fördern. Wir sind aufgerufen, eine Wählergemeinschaft des Gewissens zu bilden, indem wir jede politische Maßnahme daran messen, wie sie die Ge-

ringsten, die Verlorenen und die Zukurzgekommenen unter uns berührt. Dieser Brief ruft uns zur Umkehr und zu gemeinsamem Handeln, zu neuen Formen des Verwaltens, des Dienens und der Bürgerschaft auf.

28. Das Ende eines Briefes wie dieser ist nur der Anfang eines langen Prozesses der Erziehung, der Diskussion und des Handelns. Durch Glaube und Taufe sind wir zu neuen Geschöpfen geworden, erfüllt vom Heiligen Geist und von einer Liebe, die uns dazu treibt, eine neue tiefe Beziehung zu Gott, zur Menschheitsfamilie und zu allen Geschöpfen zu suchen. Jesus kam in unsere Geschichte als Gottes gesalbter Sohn, der das Kommen des göttlichen Königreiches verkündete, eines Königreiches der Gerechtigkeit und des Friedens und der Freiheit. Und was Jesus verkündet, verkörpert er in seinem Handeln: Sein Dienst beweist, daß das Reich Gottes mächtiger ist als das Böse, die Ungerechtigkeit und die Härte der Herzen. Durch seine Kreuzigung und seine Auferstehung offenbart er, daß Gottes Liebe letzten Endes siegreich bleibt über alles Leid, allen Schrecken, alle Sinnlosigkeit und sogar über das Geheimnis des Todes. Daher richten wir Worte der Hoffnung und der Zuversicht an all jene, die in Leid und Not leben.

29. Wir glauben, daß die christliche Sicht des Lebens, auch die der Wirtschaft, das Leben der einzelnen Menschen, der Familien, der Schulen und unserer ganzen Kultur verändern kann. Wir glauben, daß mit Euren Gebeten, Euren Gedanken, Eurem Dienst und Eurem Handeln unsere Wirtschaft so gestaltet werden kann, daß sie die Menschenwürde fördert und dem Menschen dient. Dies ist das unvollendete Werk unserer Nation. Dies ist die Herausforderung unseres Glaubens.

ERSTES KAPITEL

Die Kirche und die Zukunft der amerikanischen Wirtschaft

1. Jede menschliche, sittliche und christliche Sicht des Wirtschaftslebens muß von drei Fragen geprägt sein: Was leistet die Wirtschaft *für* die Menschen? Wie wirkt sich die Wirtschaft auf die Menschen aus? Und wie *nehmen* die Menschen an ihr *teil?* Die Wirtschaft ist eine menschliche Wirklichkeit: Männer und Frauen arbeiten zusammen, um die göttliche Schöpfung zu entfalten und zu pflegen. Diese Arbeit muß dem materiellen und geistigen Wohl des Volkes dienen. Sie beeinflußt, was die Menschen für sich selbst und ihre Angehörigen erhoffen. Sie betrifft die Art und Weise, wie sie in der Gesellschaft zusammenwirken. Sie prägt sogar ihren Glauben an Gott[1].

2. Das Zweite Vatikanische Konzil erklärte: „Freude und Hoffnung, Trauer und Angst der Menschen von heute, besonders der Armen und Bedrängten aller Art, sind auch Freude und Hoffnung, Trauer und Angst der Jünger Christi."[2] Es gibt viele Zeichen der Hoffnung im heutigen amerikanischen Wirtschaftsleben:

- Viele Väter und Mütter bringen die Anforderungen von Beruf und Familie in Einklang. Es gibt Eltern, die ein zielstrebiges und bescheidenes Leben führen und durch ihr Beispiel ihre Kinder ermutigen, einem ähnlichen Weg zu folgen. Zahlreiche Männer und Frauen, die aus ihrer religiösen Tradition leben, erkennen den herausfordernden Anspruch von Familienleben und Kindererziehung in einer Kultur, die den Prestigekonsum und eigene Annehmlichkeiten betont.
- Verantwortungsbewußte Unternehmer suchen neue und gerechtere Wege, um Ressourcen und Arbeitsplätze zu organisieren. Dabei stehen sie vor schweren Entscheidungen, ob

sie expandieren oder schrumpfen, Investitionen verlagern, Mitarbeiter einstellen oder entlassen sollen.

- Junge Menschen, die ihre Arbeit für das Leben wählen, fragen, ob Erfolg und Sicherheit vereinbar sind mit dem Dienst am Nächsten.
- Arbeiter, deren Arbeit mühsam und eintönig ist, versuchen diese Arbeit durch den Geist der Solidarität und der Freundschaft zu adeln.
- Neue Einwanderer nehmen Mühsal auf sich, in der Hoffnung auf Chancen, die schon Millionen vor ihnen verwirklicht haben.

3. Diese Zeichen der Hoffnung sind aber nicht die ganze Wirklichkeit. Es gab zum Teil schwere und häßliche Fehlschläge:

– Arme und heimatlose Menschen schlafen in Notunterkünften und in den Souterrains unserer Kirchen; Hungrige stehen vor den Notküchen Schlange.

– Arbeitslosigkeit verunsichert nicht nur die mittleren Jahrgänge, die ihre Arbeitsplätze verloren haben, sondern auch junge Menschen, die keine Arbeit finden.

– Schwer arbeitende Männer und Frauen fragen sich, ob das System der freien Wirtschaft, das ihnen gestern half, morgen ihre Arbeitsplätze und ihre Gemeinden zerstören wird.

– Die Familien sehen sich großen Schwierigkeiten gegenüber. Schwindende soziale Hilfe für die Familienstabilität; wirtschaftliche Verhältnisse, die beide Eltern kleiner Kinder dazu zwingen, außerhalb des Hauses Arbeit zu suchen; ein hektischer Lebensrhythmus bei den Erfolgreichen, der für Liebe und Zuwendung keine Kraft mehr übrig läßt; mangelnde Hoffnung bei den Menschen, die weniger oder gar nichts haben. Sehr verschiedene Arten von Familien tragen unterschiedliche Lasten unseres Wirtschaftssystems.

– Den Bauern droht der Verlust ihres Bodens und ihres Lebensstils; jungen Menschen fällt es schwer, die Landwirtschaft als Beruf zu wählen; landwirtschaftliche Gemeinden sind in ihrer Existenz bedroht; landwirtschaftliche Wanderarbeiter leisten Schwerstarbeit unter unwürdigen Bedingungen zu beschämend niedrigen Löhnen.

4. *Und jenseits unserer eigenen Grenzen wirft die Tatsache, daß 800 Millionen Menschen in absoluter Armut und 450 Millionen unterernährte oder hungernde Menschen existieren, einen verhängnisvollen Schatten für alle diese Probleme und Hoffnungen in unserem Lande.*

5. Wer all dies sieht, versteht unsere Sorge als Hirten und Bischöfe. Menschen gestalten die Wirtschaft und werden ihrerseits von ihr geprägt. Wirtschaftliche Verhältnisse können entweder Quellen der Erfüllung der Hoffnung und Gemeinsamkeit oder der Frustration, Einsamkeit oder gar Verzweiflung sein. Sie lehren Tugenden oder Laster und formen tagtäglich unseren Charakter. Sie beeinflussen die Lebensqualität, im Extremfall entscheiden sie über Leben und Tod. Schwerwiegende wirtschaftliche Entscheidungen können die rein technische Dimension übersteigen und die Qualität menschlicher Wert- und Seinsfragen annehmen[3]. Wir glauben, daß angesichts dieser Fragen die religiöse und sittliche Tradition der Christen einen wichtigen Beitrag leisten kann.

A. Die amerikanische Wirtschaft heute: Erinnerung und Hoffnung

6. Die USA gehören zu den wirtschaftlich mächtigsten Ländern der Erde. In ihrer kurzen Geschichte schuf die amerikanische Wirtschaft für die meisten Einwohner des Landes einen beispiellosen Lebensstandard. Die Nation schuf produktive Arbeitsplätze für Millionen von Einwanderern und gab ihnen die Möglichkeit, ihre Freiheit und die Lebensqualität ihrer Familien zu verbessern und zum Aufbau einer großen Nation beizutragen. Diejenigen, die aus anderen Ländern in dieses Land kamen, sahen ihr neues Leben oftmals im Licht des biblischen Glaubens. Sie waren überzeugt, ein gelobtes Land politischer und wirtschaftlicher Möglichkeiten zu betreten. Die USA *sind* ein Land von riesigen natürlichen Reichtümern und fruchtbarem Boden. Die USA *haben* ihre Bürger zu kühnen Unternehmungen ermutigt. Durch schwere Arbeit, Selbstaufopfe-

rung und Zusammenarbeit gediehen die Familien; kleine und große Städte und ein mächtiges Land entstanden.

7. Aber wir sollten uns mit nüchterner Demut an unsere Geschichte erinnern. Das amerikanische Experiment im sozialen, politischen und wirtschaftlichen Leben kennt auch ernsthafte Konflikte und Leid. Unsere Nation entstand im Angesicht großer Ungerechtigkeiten gegenüber den eingeborenen Amerikanern, und die Unabhängigkeit der Nation wurde mit dem Blut der Revolution bezahlt. Sklaverei ist ein schmutziger Flecken im Wirtschaftsleben unseres Landes während der ersten zweihundertfünfzig Jahre, und sie wurde nur durch einen brutalen Bürgerkrieg abgeschafft. Die Einrichtung des Frauenwahlrechts, der Schutz der Industriearbeiter, das Verbot der Kinderarbeit, die Antwort auf die große Depression in den dreißiger Jahren und die Bürgerrechtsbewegung der sechziger Jahre entstanden in einem Kampf, der die politischen und wirtschaftlichen Institutionen der Nation grundlegend veränderte.

8. Das amerikanische Wertesystem hebt die wirtschaftliche Freiheit besonders hervor. Es erkennt auch an, daß der Markt in den grundlegenden Menschenrechten seine Grenzen findet. Manche Dinge können niemals ge- oder verkauft werden[4]. Diese Überzeugung bewirkt positive Schritte, um das Marktgeschehen einzugrenzen, wenn es schwachen Mitgliedern der Gesellschaft Schaden zufügt. Gewerkschaften helfen den Arbeitnehmern gegen Ausbeutung. Durch seine Regierung besorgt das Volk der Vereinigten Staaten Unterstützung für Ausbildung, Verteilung von Nahrung, Arbeitslosenunterstützung, Alterssicherung und Schutz der Umwelt. Das System der Marktwirtschaft leistet einen Beitrag zum Erfolg der amerikanischen Wirtschaft; ebenso wie viele Maßnahmen, welche die wirtschaftlichen Institutionen und die Politik prägen, so daß *alle* am Reichtum der Nation teilnehmen können. Die Wirtschaft des Landes entstand durch kreatives Bemühen; Unternehmerschaft und Geschäftsleute, Arbeitnehmer und Gewerkschaften, die Verbraucher und die Regierung haben alle eine wesentliche Rolle dabei gespielt.

9. Die Aufgabe der USA ist heute genauso anspruchsvoll wie früher. Abraham Lincolns Worte in Gettysburg erinnern

daran, daß Selbstzufriedenheit auch heute ein Betrug an der Geschichte unseres Landes wäre: „Wir, die Heutigen, müssen mit großer Hingabe das Werk vollenden, das wir von unseren Vorfahren übernommen haben.“[5] Es gibt noch viel zu tun im amerikanischen Experiment von Freiheit und Gerechtigkeit für alle.

B. Drängende Probleme der Gegenwart

10. Die hervorragende Rolle der Vereinigten Staaten in einem Weltwirtschaftssystem zunehmender gegenseitiger Abhängigkeiten sind die Kennzeichen unserer Zeit[6]. Die USA sind immer noch die führende Wirtschaftsmacht der Welt. Entscheidungen, die in unserem Land getroffen werden, haben unmittelbare Auswirkungen auf andere Länder. Entscheidungen anderer Länder wiederum haben direkte Folgen für die Stahlarbeiter in Pittsburgh, für die Angestellten der Ölgesellschaften in Houston und für die Bauern in Iowa. Die Wirtschaft der USA hängt entscheidend von den Ressourcen anderer Länder und davon ab, daß diese unsere Güter und Dienstleistungen kaufen. Viele Arbeitsplätze in der amerikanischen Industrie und Landwirtschaft hängen davon ab, ob wir bei uns produzierte Güter und Nahrungsmittel exportieren können.

11. In manchen Industriezweigen macht die Mobilität von Kapital und Technologie die Löhne zur Hauptvariablen der Produktionskosten. Konkurrenten aus Überseeländern mit der gleichen Technologie, aber mit Löhnen, die bis zu einem Zehntel der unsrigen betragen, üben auf amerikanische Hersteller einen enormen Druck aus, entweder die Löhne zu reduzieren oder Produktionsstätten ins Ausland zu verlagern oder gar zu schließen. Die Arbeitnehmer in den Vereinigten Staaten und ihre Gemeinden können diese Lasten nicht alleine tragen.

12. Alle Menschen auf dieser Erde haben dieselbe ökologische Umwelt, die unter wachsenden Druck geraten ist. Die Ausnutzung des Bodens, des Wassers und anderer natürlicher Ressourcen gefährdet die Zukunft. Die Verschmutzung der

Luft und des Wassers bedroht das delikate Gleichgewicht der Biosphäre, von der zukünftige Generationen abhängen werden[7]. Die Ressourcen dieser Erde wurden von Gott zum Wohle aller geschaffen, und wir heute Lebenden tragen die Verantwortung für sie. Dies erfordert eine neue Ethik der Ökologie, damit wir eine Zukunft gestalten können, die sowohl gerecht als auch erhaltbar sein wird.

13. Kurzum: Nationen, die durch Geographie, Kultur und Ideologie getrennt sind, sind andererseits durch ein komplexes System von Handels-, Finanz-, Technologie-und Umweltbeziehungen miteinander verbunden. Diese Verbindungen haben zwei unmittelbare Konsequenzen. Erstens, sie begründen Hoffnung für eine neue Art von Gemeinsamkeit unter allen Völkern, eine Gemeinsamkeit, die auf Menschenwürde, Solidarität und Gerechtigkeit beruht. Zweitens, diese wachsende weltweite Erkenntnis bewirkt eine größere Aufmerksamkeit gegenüber den ausgeprägten Ungleichheiten der Länder in bezug auf Lebensstandard und Ressourcenkontrolle. Wir dürfen nicht das Wohlergehen der amerikanischen Bürger als das einzige Ziel betrachten. Wir dürfen auch nicht die Machtungleichheiten im Verhältnis unserer Nation zu den Entwicklungsländern übersehen. Die Vereinigten Staaten sind Hauptnahrungsmittellieferant für andere Länder, ein Hauptwaffenlieferant für Entwicklungsländer und eine einflußreiche Macht in multilateralen Institutionen, wie z.B. dem Internationalen Währungsfonds, der Weltbank und den Vereinten Nationen. Was die Amerikaner als eine zunehmende Interdependenz betrachten, sehen viele in weniger entwickelten Ländern als ein System der Beherrschung und Abhängigkeit an.

14. In diesem größeren internationalen Kräftefeld gibt es auch eine ganze Anzahl von Herausforderungen an die nationale Wirtschaft, die Kreativität und Mut erfordern. Das Versprechen des „Amerikanischen Traums" – Freiheit für alle Menschen, um ihre gottgegebenen Talente voll zu entfalten – bleibt für Millionen in den USA heute unerfüllt.

15. Verschiedene Bereiche des amerikanischen Wirtschaftslebens verdienen besondere Beachtung. Der wichtigste Bereich

ist die Arbeitslosigkeit. Trotz der großen Zahl neuer Arbeitsplätze, welche die amerikanische Wirtschaft in den vergangenen zehn Jahren geschaffen hat, sind etwa acht Millionen Menschen, die in diesem Land nach Arbeit suchen, nicht in der Lage, Arbeit zu finden, und viele mehr sind so entmutigt, daß sie die Suche nach Arbeit aufgegeben haben[8]. In den vergangenen zwei Jahrzehnten hat sich die Nation an einen steigenden Grad von Arbeitslosigkeit gewöhnt. Eine Quote von 6 oder 7 Prozent, die heute akzeptiert wird, wäre vor zwanzig Jahren nicht toleriert worden. Unter den Arbeitslosen ist eine unverhältnismäßig große Zahl von Schwarzen, Spanischsprechenden, jungen Leuten bzw. Frauen, die allein eine Familie ernähren[9]. Einige Städte haben mehr Arbeitslose als andere, was damit zusammenhängt, daß die wirtschaftlichen Kräfte unterschiedlich groß sind, nicht aber der Arbeitswille der Bevölkerung. Die Arbeitslosigkeit ist eine Tragödie, gleich wen sie trifft, aber diese Tragödie wird noch verstärkt durch die ungleiche und ungerechte Art und Weise, wie sie in unserer Gesellschaft verteilt ist.

16. Bittere Armut plagt unser Land trotz seines großen Reichtums. Mehr als 33 Millionen Amerikaner sind arm; weitere 20–30 Millionen sind nach landläufigen Maßstäben bedürftig[10]. Die Armut nimmt in den Vereinigten Staaten zu, nicht ab. Für ein Volk, das an den „Fortschritt" glaubt, sollte dies ein Alarmsignal sein. Diese Belastung trifft am stärksten die Schwarzen, die Spanischsprechenden und die Indianer. Noch beunruhigender ist das Anwachsen der Zahl in Armut lebender Frauen und Kinder. Die Kinder sind heute die größte Einzelgruppe unter den Armen. Diese tragische Tatsache stellt eine ernsthafte Bedrohung für die Zukunft unserer Nation dar. Die Tatsache, daß so viele Menschen in einem so reichen Lande wie dem unsrigen in Armut leben müssen, ist ein sozialer und moralischer Skandal, den wir nicht ignorieren können.

17. Viele Mitglieder der arbeitenden Bevölkerung und der Mittelklasse Amerikas befinden sich in gefährlicher Nähe zur Armutsgrenze. Immer mehr Familien brauchen den Lohn von zwei oder drei ihrer Mitglieder, um einigermaßen leben zu können. Von 1968 bis 1978 lebte fast ein Viertel der amerika-

nischen Bevölkerung eine Zeitlang in Armut und war mindestens ein Jahr lang Wohlfahrtsempfänger[11]. Der Verlust eines Arbeitsplatzes, Krankheit oder das Auseinanderbrechen einer Ehe können ausreichen, um Menschen in Armut zu stürzen.

18. Das Fehlen einer gegenseitigen Unterstützung zwischen Familienleben und Arbeitswelt ist heute eines der ernstesten Probleme in den Vereinigten Staaten[12]. Die wirtschaftliche und kulturelle Kraft einer Nation steht in direktem Zusammenhang mit der Gesundheit und der Stabilität ihrer Familien[13]. Wenn Familien gedeihen, tragen die Eheleute durch ihre Arbeit zu Hause, in der Gemeinde und an ihren Arbeitsplätzen zum Gemeinwohl bei; die Kinder können ein Gespür für ihren eigenen Wert und für ihre Verantwortung anderen gegenüber entwickeln. Wenn es den Familien schlecht geht oder sie völlig zusammenbrechen, ist die Menschenwürde der Eltern und Kinder bedroht. Dadurch entstehen der Gesamtgesellschaft kulturelle Schäden und hohe wirtschaftliche Kosten.

19. Die schwierige wirtschaftliche Lage so vieler Einzelpersonen und so vieler Familien erfordert eine Untersuchung der amerikanischen Wirtschaftsverhältnisse. Sowohl die christliche Überzeugung als auch die amerikanische Verheißung von Freiheit und Gerechtigkeit für alle geben den Armen und den Schwachen einen besonderen Anspruch auf die Fürsorge der Nation. Sie fordern auch alle Glieder der Kirche auf, am Aufbau einer gerechteren Gesellschaft mitzuwirken.

20. Die Investition menschlicher Kreativität und materieller Ressourcen in die Herstellung von Kriegswaffen erschwert es noch mehr, diese wirtschaftlichen Probleme zu lösen. Die Verteidigungsausgaben in den Vereinigten Staaten belaufen sich auf etwa 300 Milliarden Dollar pro Jahr. Die Rivalität und gegenseitige Angst zwischen den Supermächten lenken Einfallsreichtum und Geld in Projekte, die mit dem Tode drohen, anstatt das menschliche Leben zu verbessern. Entwicklungsländer treten in einen Waffenwettlauf ein, den sie kaum verkraften können, oft mit der Ermutigung der Supermächte. Einige der ärmsten Länder dieser Welt benutzen ihre spärlichen Ressourcen, um Flugzeuge, Gewehre und andere Waffen zu kaufen, obwohl es ihnen an Nahrungsmitteln, Ausbildung

und Gesundheitsfürsorge für ihr eigenes Volk mangelt. Die Verteidigungspolitik muß in ihrem wirklichen Gewicht für Freiheit, Gerechtigkeit und Frieden für die Bürger unseres Landes und anderer Länder gesehen und gewertet werden. Wir haben eine Sicht dieser vielfältigen moralischen Bedenken in unserem 1983 erschienenen Hirtenwort „Die Herausforderung des Friedens: Gottes Verheißung und unsere Antwort" niedergelegt [14]. Wenn die Waffen oder die mit ihnen verbundenen Strategien einen fragwürdigen Beitrag zu Sicherheit, Frieden und Gerechtigkeit leisten und wenn sie außerdem sehr kostspielig sind, dann sollten die Prioritäten, nach denen das Geld ausgegeben wird, dringenderen sozialen Bedürfnissen zugeordnet werden [15].

21. Viele andere soziale und wirtschaftliche Herausforderungen müssen sorgfältig analysiert werden: Die Verlagerung vieler Industriezweige aus dem Schneegürtel in den Sonnengürtel; die Staatsverschuldung und die Zinssätze; Unternehmenszusammenschlüsse und -übernahmen; die Auswirkungen der neuen Technologien, wie etwa der Roboter und der Informationstechnik, auf die amerikanische Industrie; die Einwanderungspolitik; der steigende internationale Drogenhandel und die nicht ausgeglichene Handelsbilanz. Alle diese Herausforderungen liefern noch kein vollständiges Bild der Wirtschaftslage; sie sind vielmehr Symptome einer grundlegenden Strömung, die heute das amerikanische Wirtschaftsleben bestimmt: die Suche nach dem Sinn und Wert menschlicher Arbeit; die Erhaltung der persönlichen Freiheit im Rahmen einer neuen gesellschaftlichen Zusammenarbeit; die Notwendigkeit, gerechte Formen einer globalen Zusammenarbeit zu finden, in einer Welt, die heute durch extreme Ungleichheit gekennzeichnet ist. Diese tieferen Strömungen haben kulturelle und sittliche Inhalte. Sie beweisen, daß die langfristigen Herausforderungen, denen sich die Nation gegenübersieht, ein ständiges Nachdenken über die Werte erforderlich machen, welche die wirtschaftlichen Entscheidungen leiten und die in den wirtschaftlichen Institutionen verkörpert sind. Diese ausdrückliche Besinnung auf den ethischen Gehalt wirtschaftlicher Entscheidungen und Maßnahmen muß ein in-

tegraler Bestandteil der Weise werden, wie Christen ihren Glauben mit der Wirklichkeit des Alltags verbinden. Auf diese Weise wird die „Spaltung bei vielen zwischen dem Glauben, den man bekennt, und dem täglichen Leben“ [16] überbrückt, die das Zweite Vatikanische Konzil zu den schwersten Verirrungen der modernen Zeit rechnete.

C. Die Notwendigkeit einer sittlichen Sicht der Dinge

22. Es ist in unserer Welt nicht leicht, eine gemeinsame Kultur und eine gemeinsame Verpflichtung auf moralische Werte aufrechtzuerhalten. Das moderne Wirtschaftsleben beruht auf einer Arbeitsteilung in spezialisierte Einzelfunktionen. Seit der industriellen Revolution mußten die Menschen sich selbst und ihre Arbeit immer enger begrenzen, um eine Nische im Wirtschaftsleben zu finden. Die Vorteile davon liegen offensichtlich in der Erfüllung, die manche Menschen davon ableiten, daß sie ihre speziellen Fähigkeiten in die Gesellschaft einbringen. Aber der Preis dafür ist eine soziale Spaltung, eine abnehmende Möglichkeit, den Wert der eigenen Arbeit für die Allgemeinheit festzustellen und eine wachsende Betonung persönlicher Ziele und privater Interessen[17]. Dies tritt lebhaft zutage in der Diskussion über die wirtschaftliche Gerechtigkeit. Hier ist es oft schwer, unter Menschen mit verschiedenem Hintergrund und verschiedenen Interessen eine gemeinsame Plattform zu finden. Wir haben diesen Brief unter anderem in der großen Hoffnung geschrieben, zu einer solchen gemeinsamen Plattform anzuregen und beizutragen[18].

23. Eine gemeinsame sittliche Sicht ist wesentlich, wenn die Wirtschaft allen Menschen gerechter dienen soll. Viele Amerikaner der Mittelklasse spüren den Druck wirtschaftlicher und kultureller Zwänge, welche die Möglichkeiten der einzelnen Familien weit überfordern. Ohne konstruktive Entscheidungshilfe bei gewichtigen Fragen der Moral, empfinden Männer und Frauen in verantwortlichen Positionen der Wirtschaft und der Regierung ihre Pflichten als äußerst schwer. Mit diesen

Überlegungen möchten wir ihnen helfen, zu einer gerechteren Wirtschaft beizutragen.

24. Die Qualität der Diskussion um die Zukunft unserer Wirtschaft wird die Armen in unserem Land und in der Welt am meisten betreffen. Das Leben und die Menschenwürde von Millionen von Männern, Frauen und Kindern stehen auf dem Spiel. Die Entscheidungen müssen danach beurteilt werden, was sie *für* die Armen bewirken, was sie den Armen *antun* und wie sie den Armen zur *Selbsthilfe* helfen. Das grundlegende moralische Kriterium für alle wirtschaftlichen Entscheidungen, politischen Maßnahmen und Institutionen ist dieses: sie müssen *allen Menschen dienen, vor allem den Armen.*

25. Dieser Brief gründet auf der langen Tradition der Katholischen Soziallehre, die sich aus der Bibel ableitet und in den vergangenen hundert Jahren von den Päpsten und dem Zweiten Vatikanischen Konzil als Antwort auf die modernen wirtschaftlichen Bedingungen entwickelt wurde. Diese Tradition unterstreicht die Menschenwürde, wie sie in der Gemeinschaft mit anderen und mit der ganzen göttlichen Schöpfung verwirklicht wird als das Maß, an dem jede soziale Institution gemessen werden muß[19].

26. Diese Lehre hat eine reiche Geschichte. Sie ist dynamisch und entwicklungsfähig[20]. Papst Paul VI. betonte, daß alle christlichen Gemeinden die Verantwortung dafür tragen, daß sie „die Verhältnisse ihres jeweiligen Landes nach sachlichen Kriterien analysieren ... und sie im Licht der unwandelbaren Lehre des Evangeliums aufhellen und der Soziallehre der Kirche Grundsätze für die Denkweise, Normen für die Urteilsbildung und Direktiven für die Praxis entnehmen."[21] Daher bauen wir auf der früheren Arbeit unserer eigenen Bischofskonferenz, einschließlich des „Programms des sozialen Wiederaufbaus von 1919" und anderer Hirtenbriefe auf[22]. Außerdem haben viele Menschen aus katholischen, protestantischen und jüdischen Gemeinden, Mitglieder der akademischen, Wirtschafts- und der politischen Welt und vieler verschiedener Wirtschaftsgruppen Ratschläge geliefert. Wir wünschen uns, daß das Erbe der christlichen Soziallehre eine lebendige

Quelle wird, die den Menschen Hoffnung schenken und ihnen helfen kann, ihre Zukunft zu gestalten.

27. In erster Linie schreiben wir, um den Mitgliedern unserer eigenen Kirche für ihre Gewissensbildung in Fragen der Wirtschaft Maßstäbe an die Hand zu geben. Niemand kann den Namen Christ für sich beanspruchen und angesichts von Hunger, Heimatlosigkeit, Unsicherheit und Ungerechtigkeit in diesem Lande und in der ganzen Welt ruhig bleiben. Außerdem möchten wir unsere Stimme in der öffentlichen Diskussion über die Richtung, in der sich die amerikanische Wirtschaft entwickeln sollte, einbringen. Wir suchen die Zusammenarbeit und Unterstützung von Menschen, die nicht unseren Glauben und unsere Tradition teilen. Das gemeinsame Band der Menschlichkeit, das uns alle verbindet, ist unsere Überzeugung, daß unser Land eine neue moralische Sicht entwickeln kann. Die Fragen sind fundamental, und die Antworten sind oft ausweichend; sie fordern uns zu ernsthafter und konstanter Aufmerksamkeit für wirtschaftliche Gerechtigkeit heraus.

ZWEITES KAPITEL

Das Wirtschaftsleben in christlicher Sicht

28. Die Kirche sieht die moralischen Dimensionen des Wirtschaftslebens im Lichte des transzendenten Wertes – und der Heiligkeit – des Menschen. *Die in Gemeinschaft mit anderen verwirklichte Würde der menschlichen Person ist der Maßstab, an dem alle Aspekte des Wirtschaftslebens gemessen werden müssen*[1]. Der Mensch ist Ziel der Wirtschaft. Die Institutionen, welche die Wirtschaft ausmachen, sind deshalb Mittel, die allen Menschen zu dienen haben und nicht für enger definierte Ziele mißbraucht werden dürfen. Die menschliche Person muß mit religiöser Ehrerbietung geachtet werden. Im Umgang miteinander muß uns die Ehrfurcht bewegen, welche die Gegenwart von etwas Heiligem und Geheiligtem umgibt. Denn die Menschen sind als „Abbild Gottes" geschaffen (Gen 1,27). Ebenso müssen alle wirtschaftlichen Institutionen das Band der Gemeinschaft und Solidarität unterstützen, das für persönliche Würde unerläßlich ist. Wo auch immer unsere wirtschaftlichen Verhältnisse der Menschenwürde nicht gerecht werden, müssen sie in Frage gestellt und verändert werden. Diese Überzeugungen haben eine biblische Grundlage. Außerdem stützen sie sich auf eine lange Tradition theologischer und philosophischer Überlegungen und auf den gesunden Menschenverstand der Männer und Frauen von heute.

29. Auf unserer Suche nach einem Maßstab für die neue christliche Sicht, wenden wir uns zunächst der Hl. Schrift zu. Wenn unsere Kommentare auch notwendigerweise ausgewählte sind, so hoffen wir, daß sich die Priester und die anderen Glieder der Kirche mit den biblischen Texten persönlich auseinandersetzen. Die Hl. Schrift enthält viele Stellen, die sich direkt zum Wirtschaftsleben äußern. Wir müssen uns auch an

das tiefere Verständnis Gottes in der Bibel halten, an das Verständnis für den Zweck der Schöpfung und für die Würde des menschlichen Lebens in der Gesellschaft. Gemeinsam mit anderen Kirchen und kirchlichen Gemeinschaften, die „gefördert [sind] durch die Gnade der Taufe und das Hören des Wortes Gottes", bemühen wir uns, treue Zuhörer und Vollzieher des Wortes zu werden[2]. Wir beanspruchen die Schriften des Alten Testamentes als gemeinsames Erbe mit unseren jüdischen Brüdern und Schwestern, und wir wollen deshalb gemeinsam mit ihnen ein Wirtschaftsleben anstreben, das der gemeinsamen göttlichen Offenbarung würdig ist.

A. Sichtweisen der Bibel

30. Unsere fundamentale Glaubensüberzeugung lautet, daß das Menschenleben Erfüllung findet im Wissen und in der Liebe des lebendigen Gottes, gemeinsam mit anderen. Die Hl. Schrift zeigt den Weg, wie Männer und Frauen mit Gott und miteinander in eine völlige Gemeinschaft eintreten und Gottes Heilshandeln bezeugen können. Dort entdecken wir einen Gott, welcher Schöpfer des Himmels und der Erde und der menschlichen Familie ist. Wenn auch unsere Stammeltern den Gott, der sie erschaffen hat, ablehnten, so gibt Gott sie doch nicht auf, sondern von den Nachkommen Abrahams und der Sara bildet er das auserwählte Volk. Als dieses Volk in einem fremden Land versklavt ist, wird es von Gott befreit und eingebunden in einen Bund, in dem sie zur Treue gegenüber der Thora bzw. der Heiligen Lehre verpflichtet werden. Die wichtigsten Punkte des israelitischen Glaubens – Schöpfung, Bund und Gemeinschaft – bieten eine Grundlage für Überlegungen zum Thema wirtschaftliche und soziale Gerechtigkeit.

1. Geschaffen als Gottes Abbild

31. Nach der Rückkehr aus dem Exil, als Israel seine Überlieferungen in eine geschriebene Thora goß, stellte es seiner Geschichte als Volk Gottes die Geschichte der Erschaffung aller Völker und der ganzen Welt durch denselben Gott voran, der

es als Volk erschaffen hatte (Gen 1, 11). Gott ist der Schöpfer des Himmels und der Erde (Gen 14, 19–22; Jes 40, 28; 45, 18). Die Schöpfung rühmt Gottes Herrlichkeit (Ps 89, 6–12), und sie ist „sehr gut" (Gen 1, 31). Fruchtbare Ernten, reiche Herden und eine liebende Familie sind Gottes Segnungen für die, die auf sein Wort achten. Dieser frohe Refrain hallt aus der ganzen Bibel wider. Ein Vermächtnis der Schöpfungstheologie ist die Überzeugung, daß es keine Dimension des menschlichen Lebens gibt, die sich Gottes Sorge entzieht. Gott ist in der Schöpfung allgegenwärtig, und die schöpferische Betätigung an Gottes Werk ist selbst wiederum Ehrerbietung vor Gott.

32. Auf dem Gipfel der Schöpfung stehen Mann und Frau, die nach Gottes Bilde sind (Gen 12, 26–27). *In sich selbst besitzt das menschliche Wesen eine unveräußerliche Würde, welche die menschliche Existenz heraushebt, vor jedweder Unterteilung nach Rassen oder Nationen sowie nach menschlicher Arbeit und menschlicher Leistung* (Gen 4–11). Desgleichen sollen Mann und Frau an Gottes Schöpfertum teilhaben. Sie sollen fruchtbar sein, die Erde bebauen (Gen 2, 15) und über sie herrschen (Gen 1, 28). Das bedeutet, sie sollen „die Welt in Heiligkeit und Gerechtigkeit leiten und Gericht halten in rechter Gesinnung" (Weish 9, 3). Die Schöpfung ist ein Geschenk, das Männer und Frauen als treue Diener, welche die Erde bestellen, verwalten müssen. Sie dürfen zu Recht davon überzeugt sein, daß sie durch ihre Arbeit das Werk des Schöpfers weiterentwickeln[3].

33. Die Erzählungen von Gen 1–11 sprechen aber auch vom Beginn des Kampfes und Leidens in dieser Welt. Adam und Eva durchkreuzten den Plan Gottes, indem sie versuchten, unabhängig von Gott zu leben durch die Verneinung ihrer Geschöpflichkeit, und dies obwohl sie erschaffen waren, um ein enges Verhältnis mit Gott zu haben und mit Freude die Früchte dieser Erde zu genießen. Sie wandten sich von Gott ab und erwiesen Gottes Schöpfung den Gehorsam, der Gott allein zukommt. Aus diesem Grunde ist die Ursünde im Sinne der biblischen Tradition Götzendienst: Dienst am Geschöpf und nicht für den Schöpfer (Röm 1, 25), und der Versuch, die Schöpfung auf den Kopf zu stellen, indem sie Gott den Men-

schen gleichmacht. Die Bibel verurteilt nicht nur die Anbetung von Idolen, sondern auch andere Formen des Götzendienstes, wie z. B. das Streben nach uneingeschränkter Macht und großem Reichtum (Jes 40, 12–20; 44, 1–20; Weish 13, 1–14; 31; Kol 3, 5; „Habsucht" ist ein „Götzendienst"). Die Sünde unserer Stammeltern hatte noch andere Konsequenzen. Die Entfremdung von Gott bringt den Bruder gegen den Bruder auf (Gen 4, 8–16) in einem Kreislauf von Krieg und Vergeltung (Gen 4, 22–23). Sünde und Böses nehmen überhand, und die Urgeschichte spitzt sich zu in einem weiteren Frevel gegen den Himmel, der diesmal in einer Sprachenverwirrung über die ganze Erde verbreitet ist (Gen 11, 1–9). Die Sünde entfremdet gleichzeitig die Menschen von Gott und zerbricht die Solidarität der menschlichen Gemeinschaft. Doch diese Herrschaft der Sünde ist noch nicht das letzte Kapitel. Der Urgeschichte folgt die Berufung Abrahams, eines gläubigen Mannes, der die Verheißung für viele Nationen tragen sollte (Gen 12, 1–4). In der ganzen Bibel finden wir diesen Kampf zwischen Sünde und Reue. Gottes Urteil über das Böse folgt Gottes Suche nach einem sündigen Volk.

34. Die biblische Schöpfungsvision lieferte eine der beständigsten Lehren der Kirche. Vor Gott als dem Schöpfer zu stehen, bedeutet Gottes Schöpfung zu achten, und zwar sowohl die Welt der Natur als auch die menschliche Geschichte. *Von der Zeit der Kirchenväter bis in unsere Gegenwart hat die Kirche darauf bestanden, daß der Mißbrauch der Reichtümer dieser Welt oder ihre Aneignung durch eine Minderheit der Weltbevölkerung das Geschenk der Schöpfung verrät, denn „was auch immer Gott gehört, gehört allen Menschen."*[4]

2. Ein Bundesvolk

35. Als das Volk Israel, unser Vorläufer im Glauben, sich in Dankbarkeit versammelte, um den Bund mit Gott zu erneuern (Jos 24, 1–15), erinnerte es sich der gnadenreichen Taten Gottes (Dtn 6, 20–25; 26, 5–11). Sie klagten, als sie in einem fremden Land als Fremdlinge lebten und Sklaverei und Unterdrükkung erfuhren. Der Herr, der Gott ihrer Vorväter, hörte ihr

Rufen, er erkannte ihre Nöte und eilte ihnen zu Hilfe (Ex 3,7–8). Er führte sie aus Ägypten und schuf sich so ein Volk, das Gottes eigenes Volk sein sollte (Jer 24,7; Hos 2,25). Sie sollten Gott nachahmen, indem sie die Fremden und die Sklaven in ihrer Mitte so behandelten, wie Gott sie behandelt hatte (Ex 22,21–22; Jer 34,8–14).

36. In der Mitte dieser Heilsgeschichte steht der Bund am Sinai (Ex 19–24). Sie beginnt mit dem Bericht darüber, was Gott für sein Volk getan hat (Ex 19,1–6; vgl. Jos 24,1–13), und sie beinhaltet von Gottes Seite das Versprechen beständiger Liebe *(hesed)* und Treue (*emeth,* Ex 34,5–7). Das Volk wird zusammengerufen, um den Bund zu bestätigen, indem es Gott allein treu dient und indem es sein Leben nach Gottes Willen ausrichtet, wie er in Israel in großen Gesetzeskodices niedergelegt ist wie dem Dekalog (Ex 20,1–17) und dem Buch des Bundes (Ex 20,22–23; 33). Diese Kodices waren weit davon entfernt, das Leben des Volkes willkürlich einzuengen, vielmehr ermöglichten sie ein Leben in der Gemeinschaft[5]. Die besonderen Gesetze des Bundes stellen das menschliche Leben und das Privateigentum unter Schutz und fordern die Hochachtung vor Eltern, Eheleuten und den Kindern des Nächsten und behandeln mit besonderer Aufmerksamkeit die schwachen Mitglieder einer Gemeinde: die Witwen und Waisen, die Armen und die Fremden. Gesetze, wie etwa das Gesetz über das Sabbatjahr, in dem das Land nicht bearbeitet wird (Ex 23,11; Lev 25,1–7) und über das Jahr des Schuldenerlasses (Dt 15,1–11) geboten den Menschen das Land als Gottesgeschenk hochzuschätzen und erinnerten Israel daran, daß es als ein Volk, das Gott aus der Gefangenschaft befreit hatte, besondere Pflichten den Armen und den Unterdrückten gegenüber hatte. Jedes fünfzigste Jahr sollte ein Jubiläum, das Jahr der „Freiheit überall im Lande", gefeiert werden und das Privateigentum sollte seinem ursprünglichen Eigentümer zurückgegeben werden (Lev 25,8–17; vgl. Jes 61,1–2; Lk 4,18–10)[6]. Das Gesetz Israels ist ein Spiegel des Gesetzes des Alten Bundes: gegenseitige Verantwortung, Barmherzigkeit und Wahrhaftigkeit. Es gewährleistet ein Leben in Freiheit von Unterdrückung; die Verehrung des einen Gottes, das Verbot des Götzendienstes, den

gegenseitigen Respekt unter den Menschen, Fürsorge und Schutz für jedes Mitglied der Gemeinschaft. Frei zu sein in einer mitverantwortlichen Gemeinde, das hat Gott für uns vorgesehen.

37. Wenn sich die Menschen vom lebendigen Gott abwenden, um fremden Göttern zu dienen, und sie nicht länger das Gesetz des Alten Bundes beachten, sendet Gott Propheten, welche die Menschen an seine Heilstaten erinnern und sie aufrufen, zu dem zurückzukehren, der sich mit ihnen verbunden hat in „Gerechtigkeit und Recht", in „Liebe und Erbarmen" (Hos 2, 21). Der Inhalt des Prophetenglaubens steht bei Micha: „Recht tun, Güte und Treue lieben, in Ehrfurcht den Weg gehen mit deinem Gott" (Mi 6, 8). Der biblische Glaube im allgemeinen und der prophetische Glaube im besonderen betonen, daß die Bundestreue den Gehorsam vor Gott verbindet mit der Ehrfurcht und der Würde für den Nächsten. Die biblischen Begriffe, die diese zweifache Dimension des israelitischen Glaubens am besten ausdrücken, heißen *sedagah* oder Gerechtigkeit (auch mit Rechtschaffenheit übersetzt) und *mishpat* (das richtige Urteil oder die in einer konkreten Handlung verkörperte Gerechtigkeit). Das biblische Gerechtigkeitsverständnis gibt uns eine grundlegende Anschauung für unsere Überlegungen über die soziale und wirtschaftliche Gerechtigkeit[7].

38. Gott wird beschrieben als der „Gott der Gerechtigkeit" (Jes 30, 18), der die Gerechtigkeit liebt (Jes 61, 8; vgl. Ps 11, 7; 33, 5; 37, 28; 99, 4) und sich an ihr erfreut (Jer 9, 23). Gott fordert Gerechtigkeit von seinem ganzen Volk (Dtn 16, 20) und vollzieht Gerechtigkeit für die Armen (Ps 140, 13). Ein wesentlicher Punkt der biblischen Darstellung der Gerechtigkeit ist der, daß die Gerechtigkeit einer Gemeinde daran gemessen wird, wie sie die Machtlosen in der Gesellschaft, die meistens als die Witwen und Waisen, die Armen und die Fremden (Nicht-Israeliten) beschrieben werden, behandelt. Das Gesetz, die Propheten und die Weisheitsliteratur des Alten Testamentes zeigen alle tiefe Besorgtheit um die richtige Behandlung solcher Menschen[8]. Diesen Menschen gemeinsam sind Schwäche und Machtlosigkeit. Oft sind sie allein und haben weder Beschützer noch Anwalt. Deswegen hört Gott selbst ihr Rufen

(Ps 109,21; 113,7), und der von Gott gesalbte König hat den Auftrag, ihnen seine besondere Fürsorge zuzuwenden.

39. Die Gerechtigkeit hat viele Nuancen[9]. Sie formuliert, was prinzipiell richtig ist, und was geschehen sollte. Zum Beispiel: ein Weg ist dann richtig, wenn er uns an unser Ziel führt (Gen 24,48; Ps 23,3), und Gesetze sind dann gerecht, wenn sie Harmonie innerhalb der Gemeinde schaffen, wie Jesaja sagt: „Das Werk der Gerechtigkeit wird der Friede sein, der Ertrag der Gerechtigkeit sind Ruhe und Sicherheit für immer" (Jes 32,17). Gott ist „gerecht", denn er handelt wie Gott handeln sollte, er kommt den Menschen zu Hilfe und bringt sie zurück auf den rechten Weg, wenn sie sich verirrt haben. Die Menschen sollen „gerecht" sein, d.h. durch die Beachtung von Gottes Gesetz in der richtigen Beziehung zu ihrem Gott leben und so eine gläubige Gemeinde bilden. Die biblische Gerechtigkeit ist umfassender als spätere philosophische Definitionen. Sie kümmert sich nicht um eine strenge Definition von Rechten und Pflichten, sondern um die richtige Einstellung des Menschen vor Gott und innerhalb der Gemeinschaft. Die Gerechtigkeit steht nicht in einem Gegensatz zur Liebe; sie ist vielmehr ein Zeichen der Liebe und eine Bedingung, in der Liebe wachsen kann[10]. Weil Gott Israel liebt, befreit er es aus der Unterdrückung und trägt ihm auf, ein Volk zu sein, das „Gerechtigkeit übt" und Freundlichkeit liebt. Die Suche nach Gerechtigkeit erwächst aus der Dankbarkeit für die rettenden Taten Gottes und drückt sich in großer Liebe zu Gott und dem Nächsten aus.

40. Diese Perspektiven bilden die Grundlage einer biblischen Sicht der wirtschaftlichen Gerechtigkeit. Jeder Mensch ist geschaffen als Ebenbild Gottes, und die Verneinung der Personenwürde ist ein Makel auf diesem Bild. Die Schöpfung ist ein Geschenk an alle Männer und Frauen, das nicht nur dem Nutzen einiger weniger dienen darf. Ihre Schönheit erweckt Freude und Verehrung. Derselbe Gott, der einem unterdrückten Volk zu Hilfe eilte und mit ihm einen Bund schloß, hört auch weiterhin das Rufen der Unterdrückten und bildet Gemeinschaften, die auf sein Wort hören. Gottes Liebe und Gottes Leben sind überall dort zugegen, wo ein Volk in Glaube

und Hoffnung miteinander lebt. Die Hauptpunkte des Glaubens Israels stellen auch den religiösen Kontext dar für das Verständnis der rettenden Taten Gottes im Leben und in der Lehre Jesu.

3. Gottesherrschaft und Gerechtigkeit

41. Jesus erscheint in der Menschheitsgeschichte als Gottes eingeborener Sohn, der verkündet, daß das Reich Gottes nahe ist (Mk 1,9–14). Diese Verkündigung ermahnt uns, Gott als den Schöpfer und Bundespartner anzuerkennen, und sie fordert uns auf, nach Wegen zu suchen, wie Gottes Offenbarung von der Würde und von der Bestimmung der ganzen Schöpfung in der Menschheitsgeschichte Gestalt annehmen kann. Dabei geht es nicht nur um die Verheißung des künftigen göttlichen Sieges über die Sünde und das Böse, sondern dieser Sieg hat bereits begonnen – im Leben und in der Lehre Jesu.

42. Was Jesus mit Worten verkündet, setzt er in seinem Handeln in die Tat um. Er widersteht den Versuchungen von Macht und Prestige, folgt dem Willen seines Vaters und lehrt uns, darum zu beten, daß dieser Wille auf Erden erfüllt werde. Er warnt uns davor, „Schätze hier auf der Erde" zu sammeln (Mt 6, 19), und er ermahnt seine Jünger, sich nicht ängstlich um materielle Dinge zu kümmern, sondern zuerst das Reich Gottes und seine Gerechtigkeit zu suchen (Mt 6, 25–33). Sein machtvolles Werk weist darauf hin, daß Gottes Reich mächtiger ist als das Böse, als Krankheit und die Herzenshärte der Menschen. Er bietet den Sündern Gottes liebende Barmherzigkeit an (Mk 2, 17) und nimmt auf sich die Anliegen derer, die unter religiöser und sozialer Diskriminierung zu leiden haben (Lk 7, 36–50; 15, 1–2); er wendet sich gegen den Mißbrauch der Religion zur Abwehr der Forderungen der Nächstenliebe und Gerechtigkeit (Mk 7, 9–13; Mt 23, 23).

43. Auf die Frage nach dem höchsten Gebot zitierte Jesus die uralte jüdische Glaubenswahrheit, daß Gott allein ein einziger sei und daß er von ganzem Herzen, mit ganzer Seele und mit allen Kräften zu lieben sei (Dt 6, 45); er fügte sofort hinzu: „Du sollst deinen Nächsten lieben wie dich selbst" (Lev 19, 18;

Mk 12,28–34). Dieses zweifache Gebot der Liebe, das die Grundlage aller christlichen Moral bildet, wird im Lukasevangelium durch das Gleichnis vom Samariter dargestellt, der seine Reise unterbricht, um einem Sterbenden zu helfen (Lk 10,29–37). Anders als die anderen Vorüberreisenden, die den Mann sahen und weitergingen, hatte der Samariter, „als er ihn sah, Mitleid", er kümmert sich um den Verwundeten und bringt ihn an einen sicheren Ort. In diesem Gleichnis ist das Mitleid die Brücke zwischen Beobachtung und Tat; die Liebe wird verwirklicht durch tatkräftiges Handeln[11].

44. Am Ende seines Lebens gibt uns Jesus ein eindringliches Bild vom Jüngsten Gericht (Mt 25,31–46). Alle Nationen dieser Welt werden versammelt sein und sie werden unterteilt in solche, die gesegnet und im Reich Gottes willkommen sind, und in solche, die verflucht sind und in die ewige Verdammnis geschickt werden. Die Gesegneten sind diejenigen, die den Hungrigen zu essen gaben, die die Durstigen tränkten, die Fremde beherbergten, die Nackte bekleideten und die Kranke und die Gefangene besuchten. Die Verdammten sind diejenigen, die diese Werke der Barmherzigkeit und der Nächstenliebe unterließen. Weder die Gesegneten noch die Verdammten sind über das Gericht des Menschensohnes erstaunt, noch darüber, daß der Richterspruch an den Werken der Nächstenliebe gemessen wurde. Die Erschütterung folgt, wenn sie feststellen, daß sie Jesus selbst zurückwiesen, als sie die Armen, die Ausgestoßenen und Unterdrückten vernachlässigten. Jesus, der als *Emmanuel* (Gott mit uns, Mt 1,23) kam und der versprochen hat, bis an das Ende der Tage bei seinem Volk zu bleiben (Mt 28,20), ist gegenwärtig in den Ärmsten der Armen; sie zurückweisen heißt, Gottes Wort in der Geschichte zurückzuweisen.

4. Zur Nachfolge berufen

45. Jesus befahl seinen ersten Jüngern, ihre Gesinnung zu ändern und das Joch der Gottesherrschaft auf sich zu nehmen (Mk 1,14–15; Mt 11,29). Sie sollten der Kern jener Gemeinde sein, die sein Werk fortführen und das Reich Gottes über die

Jahrhunderte hinweg aufbauen wird. Ebenso wie Jesus seine Jünger mitten aus ihren täglichen Berufspflichten als Fischer und Steuereintreiber zu sich rief, so ruft er auch in jedem Zeitalter Menschen in ihrer Familie, an ihrem Arbeitsplatz und in der Öffentlichkeit.

46. Die Kirche ist, wie Johannes Paul II. uns erinnerte, „eine Gemeinschaft von Jüngern", in der „wir zuallererst den Auftrag Christi an jedes einzelne Mitglied der Gemeinde beachten müssen: Folge mir nach!"[12] Christ zu sein bedeutet, sich mit anderen zusammenzuschließen, um dieser persönlichen Aufforderung nachzukommen und die Bedeutung des Lebens Christi zu begreifen. Es wird getragen von der liebenden Einheit mit dem Vater, die Jesus in seinem Werk, in seinem Gebet und in seinem Leiden erfuhr.

47. Die Nachfolge Christi bedeutet, dem Vorbild Jesu zu folgen, indem man sich durch den Dienst am Nächsten dem Willen Gottes öffnet (Mk 10,42–45). Die Jünger werden außerdem aufgefordert, ihm auf dem Weg zum Kreuz zu folgen und seine Verheißung hochzuhalten, daß jene, die ihr Leben um des Evangeliums willen verlieren, gerettet werden (Mk 8,34–35). Der Tod Jesu ist ein Beispiel für jene größere Liebe, die das eigene Leben für andere hingibt (vgl. Joh 15,12–18). Er ist ein Beispiel für diejenigen, die Verfolgung leiden um der Gerechtigkeit willen (Mt 5,10). Der Tod Jesu war nicht das Ende seiner Macht und seiner Gegenwart, denn er wurde durch Gottes Macht erhöht. Sein Tod war auch nicht das Ende der Gemeinschaft seiner Jünger mit ihm. Nachdem Jesus ihnen erschienen war und sie die Gabe des Geistes empfangen hatten (Apg 2,1–12), wurden sie zu Aposteln der frohen Botschaft bis an das Ende der Erde. Angesichts von Armut und Verfolgung veränderten sie Menschenleben, gründeten Gemeinden, die zu Zeichen von Gottes Macht und Allgegenwart wurden. Die Nachfolger Christi in unserer Zeit, die diesen Auferstehungsglauben teilen, können Kämpfen und Schwierigkeiten entgegensehen, die jene erwarten, welche die Botschaft des Evangeliums in unsere komplexe Wirtschafts- und Sozialordnung tragen.

5. Armut, Reichtum und die Aufforderung zur Nachfolge Christi

48. Das Beispiel christlichen Lebens im Lukasevangelium hat heute eine besondere Bedeutung. In ihrem Magnificat jubelt Maria über einen Gott, der die Hochmütigen zerstreut, die Mächtigen erniedrigt, die Armen und Elenden erhöht (Lk 1, 51–53). Die erste öffentliche Aussage Jesu lautet: „Der Geist des Herrn ruht auf mir; denn der Herr hat mich gesalbt. Er hat mich gesandt, damit ich den Armen eine gute Nachricht bringe" (Lk 4, 18; vgl. Jes 61, 1–2). Jesus fügt der Segnung der Armen eine Warnung hinzu: „Weh euch, die ihr reich seid; denn ihr habt keinen Trost mehr zu erwarten" (Lk 6, 24). Er warnt seine Jünger vor Habgier und der Anhäufung übermäßiger Reichtümer und unterstreicht dies durch das Gleichnis von dem Mann, der sein Leben in dem Augenblick verliert, als er versucht, seinen Reichtum sicherzustellen (Lk 12, 13–21). Nur im Lukasevangelium erzählt Jesus das Gleichnis vom reichen Mann, der den armen und leidenden Lazarus an seinem Tor nicht sieht (Lk 16, 19–31). Als der reiche Mann Lazarus schließlich „wahrnimmt", ist er bereits am Ort der Schmerzen, und die Gelegenheit zur Umkehr ist vorbei. Papst Johannes Paul II. hat oft an dieses Gleichnis erinnert, um die Reichen zu warnen, gegenüber der großen Armut neben großem Reichtum nicht blind zu sein[13].

49. Besonders im Lukasevangelium wird erwähnt, daß Jesus in Armut lebte und wie die Propheten Partei für die Armen ergriff und vor den Gefahren des Reichtums warnte[14]. Die Bezeichnungen für den Begriff Armut, die vor allem einen Mangel an materiellen Gütern beschreiben, weisen auch auf Abhängigkeit und Machtlosigkeit hin. Die Armen sind außerdem ein ausgewiesenes und unterdrücktes Volk, das Gott retten will (Jes 5, 21–23); ebenso sind sie ein getreuer Rest, der seine Zuflucht bei Gott sucht (Zef 3, 12–13). Durch die ganze Bibel hindurch ist die materielle Armut ein Unglück und ein Anlaß zur Traurigkeit. Das ständig wiederkehrende Bibelwort lautet, daß man für die Armen sorgen, sie beschützen muß und daß Gott ihre Schreie hört, wenn sie ausgebeutet werden

(Spr 22,22–23). Umgekehrt wird der Reichtum als ständige Gefahr bezeichnet, obwohl die Menschen die Güter dieser Erde genießen und Gott für sie danken sollen. Die Reichen halten sich selbst für klug (Spr 28,11) und neigen dazu, vom Glauben abzufallen und fremde Götter zu verehren (Am 5,4–13; Jes 2,6–8), wie auch zu Gewalt und Unterdrückung (Jak 2,6–7)[15]. Die Armen dagegen können sich ganz der Gegenwart Gottes öffnen, da sie nicht vom Reichtum geblendet werden und ihn auch nicht vergöttern. Durch die gesamte Geschichte Israels und der frühen Christenheit hindurch sind die Armen die Ausführenden von Gottes wirkender Kraft.

50. Die Armen sind oft auch verbunden mit den Niedrigen (Mt 5,3.5), denen Gott offenbart, was den Weisen verborgen bleibt (Mt 11,25–30). Wenn Jesus die Armen als „selig" bezeichnet, lobt er nicht das Los ihrer Armut, sondern ihre Offenheit für Gott. Wenn er sagt, daß das Reich Gottes ihnen gehört, spricht er Gottes besondere Sorge für sie aus und verspricht, daß sie die Nutznießer von Gottes Barmherzigkeit und Gerechtigkeit sein werden. Wenn er seine Jünger aufruft, alles zu verlassen und ihm nachzufolgen, ruft er sie auf, sein eigenes, völliges Vertrauen auf den Vater sowie seine Freiheit von Angst und Sorge zu teilen (vgl. Mt 6,25–34). Die Übung evangelischer Armut in der Kirche hat immer ein lebendiges Zeugnis abgelegt von der Macht dieses Vertrauens und von der Freude, die von dieser Freiheit kommt.

51. In der frühen Christenheit sah man die Armen als von Gott besonders geliebt an, jedoch wurde materielle Armut weder glorifiziert noch wurde Mangel als eine unvermeidbare Tatsache des Lebens akzeptiert. Obwohl wenige der ersten Christen Reichtum oder Macht besaßen (1 Kor 1,26–28; Jak 2,5), gab es doch in ihren Gemeinden reiche Mitglieder (Apg 16,14; 18,8). Die Sorge Jesu um die Armen setzte sich in der frühen Christenheit in unterschiedlichen Formen fort. Die frühe Gemeinde in Jerusalem verteilte ihre Besitztümer so, daß „es keinen Armen unter ihnen gab" und „alles allen gehörte" – eine Formulierung, die darauf hinweist, daß nicht nur materieller Besitz geteilt wurde, sondern, was noch wichtiger ist, Freundschaft und gegenseitige Fürsorge unter all ihren Mitglie-

dern herrschten (Apg 4,32–34; 2,44). Obwohl die Gefahren des Reichtums erkannt wurden, unterstützte die junge Kirche den richtigen Gebrauch der Besitztümer, um Not und Leid zu lindern, nicht jedoch eine generelle Enteignung. Die christlichen Gemeinden haben seit dem ersten Jahrhundert und durch die gesamte Geschichte verschiedene Formen der Unterstützung für die Schwachen und Ohnmächtigen entwickelt, und zwar in Gesellschaften, die sich oft herzlich wenig um das menschliche Leiden kümmerten.

52. Auf dieser Grundlage ist der Begriff der „Option für die Armen" zu verstehen[16]. Obwohl in den Evangelien und im gesamten Neuen Testament das Heilsangebot für alle Menschen gilt, stellt sich Jesus auf die Seite der Bedürftigsten, in physischer wie in geistlicher Hinsicht. Das Beispiel Jesu stellt die heutige Kirche vor verschiedene Herausforderungen. Es fordert ein prophetisches Mandat für jene zu sprechen, für die sonst niemand spricht, ein Verteidiger der Verteidigungslosen zu sein, die mit den Worten der Bibel die Armen sind. Es fordert auch Mitleid, damit die Kirche die Welt aus der Sicht der Armen und Ohnmächtigen betrachten und den Lebensstil sowie die politischen und sozialen Einrichtungen in ihrer Bedeutung für die Armen richtig werten kann. Es ruft die Kirche auf, ein Instrument der Hilfe zu sein, durch das die Menschen die befreiende Macht Gottes in ihrem eigenen Leben erfahren können, so daß sie in Freiheit und Würde auf das Evangelium eingehen können. Schließlich und vornehmlich ruft das Beispiel Jesu dazu auf, das eigene Selbst zurückzustellen, und zwar sowohl das individuelle als auch das gemeinschaftliche, damit die Kirche die Macht Gottes mitten in Armut und Ohnmacht erfahren kann.

6. Eine Gemeinschaft der Hoffnung

53. Die biblische Sicht von Schöpfung, Bund und Gemeinschaft wie auch die Ermahnungen zur Nachfolge Christi entsteht aus der Spannung zwischen Versprechen und Erfüllung. Die ganze Bibel ist durchdrungen von den Erzählungen der ersten Schöpfung (Gen 1–3) und dem Glauben an eine wieder-

hergestellte Schöpfung am Ende der Geschichte (Offb 21, 1–4). Ebenso wie die Schöpfung von Gottes Wunsch nach Einigkeit und Einheit zwischen ihm und der Menschheitsfamilie wie auch innerhalb dieser Familie kündet, geben die Bilder einer neuen Schöpfung Anlaß zur Hoffnung, daß Feindschaft und Haß vergehen und Gerechtigkeit und Frieden herrschen werden (Jes 11, 4–6; 25, 1–8). Das menschliche Leben entwickelt sich „zwischen den Zeiten", zwischen der Zeit der ersten und der Zeit der erneuerten Schöpfung (Röm 8, 18–25). Obwohl die letztendliche Verwirklichung von Gottes Plan in der Zukunft liegt, sind die Christen gemeinsam mit allen Menschen guten Willens aufgerufen, die Geschichte nach Gottes Schöpfungsplan und als Antwort auf das Reich Gottes, wie es von Jesus verkündet und verkörpert wurde, zu gestalten.

54. Ein Christ ist ein Mitglied der neuen Gemeinschaft, des „Volkes Gottes" (vgl. 1 Petr 2, 9–10), das genauso wie das Volk des Auszuges aus Ägypten, seine Existenz der Gnade Gottes verdankt und das aufgefordert ist, auf Gottes Willen, so wie er sich im Leben und Wirken Jesu ausdrückte, zu antworten. Ein Christ soll als „neuer Mensch" leben (Röm 6, 4); er ist eine „neue Schöpfung: das Alte ist vergangen, Neues ist geworden" (2 Kor 5, 17). Diese neue Schöpfung in Christus ist ein Zeichen davon, daß Gottes schöpferische Liebe beständig wirkt, sie bietet dem Sünder Vergebung an und vereint die auseinandergebrochene Welt. Unser Bemühen um Gerechtigkeit in dieser Welt geht von der Überzeugung aus, daß das Leben durch den Eintritt des fleischgewordenen Wortes Gottes in die menschliche Geschichte grundlegend geändert wurde, trotz der Macht von Ungerechtigkeit und Gewalt.

55. Christliche Gemeinschaften, die sich in Solidarität den Leidenden widmen und sich gegen die institutionalisierte Ungerechtigkeit wenden, erleben die Macht und die Gegenwart Christi. Sie verkörpern in ihrem Leben die Werte der neuen Schöpfung, obwohl sie noch unter dem Gesetz der alten Schöpfung stehen. Das Streben nach wirtschaftlicher und sozialer Gerechtigkeit wird immer Hoffnung mit Realismus verbinden, und dieses Streben muß in jeder Generation erneuert werden. Es umfaßt eine Analyse der Situationen, die fortfahren, die

Welt von Gottes schöpferischer Liebe zu entfremden, und es präsentiert Alternativen der Hoffnung, die sich aus einem Leben in der erneuerten Schöpfung ergeben. Dieses Streben entsteht aus dem Glauben und wird unterstützt durch die Hoffnung, wenn es versucht in einer zerbrochenen Welt von Gottes Gerechtigkeit und liebender Güte zu sprechen.

7. Eine lebende Tradition

56. Unsere Gedanken zur amerikanischen Wirtschaft heute müssen sich aus dieser biblischen Sicht des göttlichen Königtums und der Nachfolge Christi ergeben, aber sie müssen auch von der reichen und komplexen Tradition katholischen Lebens und Gedankengutes geprägt sein. Die christliche Gemeinde hat während ihrer Geschichte den Worten der Schrift gelauscht und versucht, sie im täglichen Leben sehr unterschiedlicher geschichtlicher und kultureller Gegebenheiten zu verwirklichen.

57. In den ersten Jahrhunderten, als die Christen noch eine Minderheit in einer feindlichen Gesellschaft waren, sorgten sie füreinander durch großzügige Almosen. In der Zeit der Kirchenväter betonten führende Theologen immer wieder, daß die Güter dieser Erde von Gott zum Wohlergehen jeder einzelnen Person ohne Ausnahme geschaffen worden seien und daß alle gegenüber den Bedürftigen besondere Pflichten hätten. Die Klöster des Mittelalters waren Zentren des Gebets, der Bildung und der Erziehung. Sie leisteten einen großen Beitrag zum kulturellen und wirtschaftlichen Leben der Ansiedlungen und der Städte um sie herum. Im zwölften Jahrhundert widmeten sich die Bettelorden der Nachfolge Christi in Armut und der Verkündigung der frohen Botschaft an die Armen.

58. Dieselben religiösen Gemeinschaften brachten auch einige der größten Theologen der Kirchengeschichte hervor, Denker, die den Ruf Christi mit der philosophischen Lehre der Griechen und Römer, der jüdischen und der arabischen Welt verbanden. Thomas von Aquin und die übrigen Scholastiker widmeten sich mit strenger Gedankenkraft der Frage nach der Bedeutung der persönlichen Tugend und der Gerechtigkeit für

die Gesellschaft. In neuerer Zeit haben die Christen ein System von Krankenhäusern, Waisenhäusern und Schulen aufgebaut, um damit den Armen wie auch der Gesellschaft insgesamt zu dienen. Angefangen von der Enzyklika *Rerum novarum* Leos XIII. bis hin zu den Schriften Johannes Pauls II., haben sich die Päpste in einer Reihe von Sozialenzykliken systematisch mit dem schnellen Wandel in der modernen Gesellschaft auseinandergesetzt. Diese Lehren der modernen Päpste und des Zweiten Vatikanischen Konzils sind bezeichnend für das Bemühen, auf die Probleme der heutigen Gesellschaft zu antworten[17].

59. Von der starken Betonung der protestantischen Tradition, die diese auf die Berufung der Laien in der Welt legt, sowie von den ökumenischen Bemühungen um eine Wirtschaftsethik für die neuen Probleme können wir auch viel lernen. Und auf eine besondere Weise können wir von den Katholiken in den Entwicklungsländern viel über die christliche Antwort auf eine immer mehr miteinander verflochtene Welt lernen.

60. Heute sind die Christen von Gott dazu aufgerufen, diese Tradition durch aktive Nächstenliebe fortzuführen, einer Liebe, die auf die besonderen Probleme in diesem geschichtlichen Augenblick reagiert. Durch Sünde und Ungerechtigkeit ist unsere Welt verwundet, sie lebt in der Notwendigkeit der Umkehr und der Umwandlung, die dann entsteht, wenn Menschen tiefer in das Geheimnis des Todes und der Auferstehung Christi eindringen. Die Anliegen dieses Hirtenbriefes betreffen stark das zentrale Geheimnis im Herzen der Kirche[18]. Sie sind ein integraler Teil der Verkündigung des Evangeliums und der Berufung eines jeden Christen von heute[19].

B. Ethische Normen für die Wirtschaft

61. Diese biblischen und theologischen Themen prägen die umfassende christliche Sicht einer Wirtschaftsethik. Diese Sicht wird auch von vielen Menschen geteilt, die keine Chri-

sten sind. Menschliches Verständnis und religiöse Überzeugung ergänzen einander, sie widersprechen sich nicht. Denn die Menschen sind nach Gottes Ebenbild geschaffen, und ihre Würde zeigt sich in ihrer Geistigkeit und Vernunftbegabtheit, in ihrer Freiheit, ihr eigenes Leben und das ihrer Gemeinschaften zu gestalten, sowie in ihrer Fähigkeit zu Liebe und Freundschaft. Wir appellieren nicht nur an die Christen, sondern an alle Menschen in unserer pluralistischen Gesellschaft, die Achtung und die Ehrfurcht vor der Würde jeder Person zu bekunden. Gedanken über die sozialen und wirtschaftlichen Gegebenheiten in unserer Zeit sind unerläßlich, wenn man auf wirtschaftliche Verhältnisse eingehen will, die in biblischen Zeiten noch nicht bestanden. Deshalb wollen wir jetzt einen ethischen Rahmen vorschlagen, der das Wirtschaftsleben von heute in einer Weise orientieren kann, die sowohl dem Evangelium gerecht wird als auch von menschlicher Einsicht und Erfahrung geprägt ist.

62. Zunächst wollen wir die *Pflichten* aufzeigen, die alle Menschen untereinander und gegenüber der ganzen Gemeinde haben: die Nächstenliebe, die Grundforderungen der Gerechtigkeit sowie die besondere Verpflichtung gegenüber den Armen und Schwachen. Diesen Pflichten entsprechen *Menschenrechte;* die Verpflichtung, die Würde jedes einzelnen zu schützen, fordert Respektierung dieser Rechte. Schließlich beinhalten diese Pflichten und Rechte verschiedene *Prioritäten,* welche die wirtschaftlichen Entscheidungen der einzelnen, der Gemeinden und der ganzen Nation leiten sollten.

1. Verantwortlichkeiten im sozialen Leben

63. Das menschliche Leben vollzieht sich in Gemeinschaft. Die Katholische Soziallehre schlägt verschiedene, sich ergänzende Sichtweisen vor, die aufzeigen, wie moralische Verantwortlichkeiten und Pflichten im wirtschaftlichen Bereich in dieser Berufung zur Gemeinschaft verankert sind.

a) Liebe und Solidarität

64. *Die Gebote, Gott mit seinem ganzen Herzen und seinen Nächsten wie sich selbst zu lieben, bilden den Kern der christli-*

chen Moral. Jesus bietet sich selbst als ein Beispiel für diese allumfassende Liebe an: „Liebet einander, wie ich euch geliebt habe" (Joh 15,12). Diese Gebote weisen den Weg zu wahrer menschlicher Erfüllung und Glückseligkeit. Sie sind keine willkürlichen Einschränkungen der menschlichen Freiheit. Nur die tätige Liebe zu Gott und dem Nächsten läßt eine vollgültige Gemeinschaft entstehen. Die Christen freuen sich hoffnungsvoll auf eine wahre Vereinigung aller Menschen untereinander und mit Gott. Der Geist Christi bewirkt Gemeinsamkeit unter allen Menschen bis zu dem Tage, an dem im Königreich Gottes ihre Vereinigung vollkommen vollzogen sein wird[20]. Tatsächlich zeigt die christliche Theologie die Wirklichkeit Gottes als eine Einheit von drei Personen – Vater, Sohn und Heiliger Geist – und sagt damit aus, daß Menschsein bedeutet, in gegenseitiger Liebe mit anderen Menschen vereint zu sein[21].

65. Die Lehre der Bibel und der christlichen Tradition werden von menschlicher Weisheit bestätigt. Jahrhunderte vor Christus sprachen die Griechen und Römer vom Menschen als von einem „animal sociale", das geschaffen sei für Freundschaft, Gemeinschaft und öffentliches Leben. Diese Einsichten weisen darauf hin, daß der Mensch seine Selbstverwirklichung nicht allein, sondern mit Hilfe anderer vollendet[22].

66. Die bürgerlichen Tugenden sind ein Ausdruck christlicher Liebe, die in der heutigen, vernetzten Welt wichtiger sind als je zuvor. Diese Tugenden entstehen aus dem lebendigen Bewußtsein der eigenen Abhängigkeit vom Gemeinwohl und der Verpflichtung ihm gegenüber. Dieses Engagement des Bürgers muß auch die wirtschaftlichen Institutionen der Gesellschaft prägen. Wenn der Sinn für die staatsbürgerliche Verantwortung bei den Vertretern der Wirtschaft, der Gewerkschaften und anderer Gruppen, die das wirtschaftliche Leben gestalten, fehlt, ist die Gesellschaft als Ganzes in Gefahr. Solidarität ist ein anderer Name für diese soziale Freundschaft und für das staatsbürgerliche Engagement, die das sittliche und wirtschaftliche Leben der Menschen möglich machen.

67. Natürlich erkennt die christliche Tradition an, daß Liebe und Gemeinschaft in ihrer Ganzheit nur dann erfüllt

werden, wenn das Werk Gottes im Königreich Gottes zur Vollendung kommt. Das Königreich Gottes wurde unter uns Menschen errichtet, aber Gottes Erlösungstat ist noch nicht vollendet. Innerhalb der menschlichen Geschichte ist das Wissen darüber, wie das Ziel sozialer Einigkeit zu erreichen sei, begrenzt. Die Sünde der Menschen verwundet auch weiterhin den einzelnen und die gesellschaftlichen Gruppen und errichtet Hindernisse auf dem Wege zu größerer sozialer Solidarität. Wenn der Schutz der Menschenwürde wirksam sein soll, muß er mit diesen Beschränkungen unserer Wissens- und Liebesfähigkeit rechnen. Trotzdem sollte nüchterner Realismus nicht mit Resignation und zynischem Pessimismus verwechselt werden. Mut und Hoffnung zu entwickeln ist eine Herausforderung, die uns ständig zu bewußten Anstrengungen anregt.

b) Gerechtigkeit und Teilnahme

68. Die biblische Gerechtigkeit ist das Ziel, um das wir uns bemühen. Dieses reiche biblische Verständnis entwirft eine gerechte Gesellschaft, die charakterisiert ist von der Fülle der Liebe, des Mitleids, der Heiligkeit und des Friedens. Jedoch braucht die sündige Menschheit auf ihrem Weg durch die Geschichte klarere Richtlinien darüber, wie sie die große Vision des Reiches Gottes verwirklichen kann. Diese Richtlinien sind enthalten in den Normen der Grund- oder Mindestgerechtigkeit. Diese Normen stellen das *Minimum* dar, das alle Menschen an gegenseitiger Hilfe und Achtung in einer unvollkommenen Welt einander schulden[23]. Die Katholische Soziallehre unterscheidet ebenso wie das Denken vieler Philosophen zwischen drei Dimensionen der Grundgerechtigkeit: Tauschgerechtigkeit (Iustitia commutativa), austeilende Gerechtigkeit (Iustitia distributiva) und soziale Gerechtigkeit (Iustitia socialis)[24].

69. *Die Tauschgerechtigkeit fordert Redlichkeit und Anständigkeit bei allen Vereinbarungen und Geschäften zwischen einzelnen oder sozialen Gruppen.* Sie fordert den Respekt vor

der gleichen Menschenwürde einer jeden Einzelperson bei wirtschaftlichen Handlungen, Verträgen oder Abmachungen. So schulden z. B. die Arbeitnehmer ihren Arbeitgebern Sorgfalt bei der Arbeit als Gegenleistung für ihre Entlohnung. Die Arbeitgeber wiederum sind verpflichtet, ihre Angestellten menschenwürdig zu behandeln, ihnen gerechte Löhne als Gegenleistung für die geleistete Arbeit zu zahlen und für menschenwürdige Arbeitsbedingungen zu sorgen[25].

70. *Die austeilende Gerechtigkeit verlangt, daß die Zuordnung von Einkommen, Vermögen und Macht in der Gesellschaft nach ihren Auswirkungen auf Personen, deren materielle Grundbedürfnisse nicht befriedigt werden, zu bewerten ist.* Das Zweite Vatikanische Konzil formulierte: „Zudem steht allen das Recht zu, einen für sich selbst und ihre Familien ausreichenden Anteil an den Erdengütern zu haben. Das war die Meinung der Väter und Lehrer der Kirche, die sagen, es sei die Pflicht, die Armen zu unterstützen, und zwar nicht nur vom Überfluß."[26] Gewisse materielle Ressourcen sind das absolute Existenzminimum für das menschliche Leben. Wenn Einzelpersonen als Mitglieder der menschlichen Gemeinschaft anerkannt werden sollen, hat diese Gemeinschaft die Pflicht, für die Erfüllung der Grundbedürfnisse zu sorgen, wenn nicht ein totaler Mangel an Ressourcen dies völlig ausschließt. In den USA besteht heute ein solcher Mangel an keinem Ort.

71. Die Gerechtigkeit fordert auch bestimmte Organisationsformen für soziale, wirtschaftliche und politische Institutionen. *Die soziale Gerechtigkeit beinhaltet, daß die Menschen die Pflicht zu aktiver und produktiver Teilnahme am Gesellschaftsleben haben und daß die Gesellschaft die Verpflichtung hat, dem einzelnen diese Teilnahme zu ermöglichen.* Diese Gerechtigkeit kann man auch als die „kontributive" bezeichnen, denn sie betont die Verpflichtung aller, die in der Lage sind, Güter, Dienstleistungen und andere immateriellen Werte zu schaffen, die für die Wohlfahrt der ganzen Gemeinschaft notwendig sind. Mit den Worten Pius' XI. könnte man sagen: „Es ist die Funktion der sozialen Gerechtigkeit, von den einzelnen all das zu fordern, was zum Gemeinwohl notwendig ist."[27] Produktivität ist unverzichtbar, wenn die Gemeinschaft Mittel

zur Verfügung haben soll, um dem Wohle aller zu dienen. Dennoch kann die Produktivität nicht ausschließlich an der Produktion von Gütern und Dienstleistungen gemessen werden. Die Produktionsstrukturen müssen auch daran gemessen werden, wie sie sich auf die Erfüllung der Grundbedürfnisse auswirken, auf die Beschäftigung, auf die Arten der Diskriminierung, auf die Qualität der Umwelt und auf den Gemeinschaftssinn.

72. Zur Bedeutung der sozialen Gerechtigkeit gehört auch die Pflicht, wirtschaftliche und soziale Institutionen einzurichten, damit die Menschen einen Beitrag zur Gesellschaft leisten können, auf eine Art, die ihre Freiheit und die Würde ihrer Arbeit respektiert. Die Arbeit muß dem arbeitenden Menschen die Möglichkeit verschaffen, ein „menschlicheres Wesen" zu werden, das immer mehr zu vernünftiger und freier Selbstverwirklichung in der Lage ist[28].

73. Wenn wirtschaftliche Verhältnisse große Teile der arbeitsfähigen Bevölkerung arbeitslos, unterbeschäftigt oder unter menschlich unwürdigen Bedingungen arbeiten lassen, dann entsprechen sie nicht diesen drei Grundformen der Gerechtigkeit. Unsere Gesellschaft wird den Anforderungen der Grundgerechtigkeit nur dann folgen können, wenn alle Menschen, die Arbeit suchen, auch zu angemessener Bezahlung Arbeit finden werden. Eine Diskriminierung von Arbeits- oder Einkommensmöglichkeiten wegen der Zugehörigkeit zu einer Rasse, einem Geschlecht oder irgendeiner anderen willkürlichen Kategorie kann niemals gerechtfertigt werden[29]. Es ist ein Skandal, daß eine solche Diskriminierung in den Vereinigten Staaten heute tatsächlich weiterbesteht. Wo auch immer die Auswirkungen einer vergangenen Diskriminierung existieren, hat die Gesellschaft die Pflicht, wirksame Schritte zur Beseitigung dieses Unrechts zu unternehmen. Programme zur Gleichbehandlung und Gleichbezahlung in Erziehung und Wirtschaft, die gerichtlich verordnet werden, können ein wesentlicher Ausdruck des Strebens nach Solidarität und Teilnahme sein, das jeder wahren Gerechtigkeit zugrunde liegt. Soziale Benachteiligung fordert sozialen Ausgleich.

74. Die Grundgerechtigkeit verlangt darüber hinaus einen

gemeinsamen Grundstock materieller Wohlfahrt, an dem alle teilhaben können. Dies zu gewährleisten, ist die Pflicht der Gesamtgesellschaft, insbesondere jedoch der Bessergestellten. Diese Verpflichtung stellt extreme Ungleichheiten in Einkommen und Verbrauch in Frage, wenn zur selben Zeit so vielen Menschen das Notwendigste fehlt. Die Katholische Soziallehre behauptet nicht, daß eine arithmetische Gleichheit von Einkommen und Vermögen im Anspruch der Gerechtigkeit liege, aber sie lehnt wirtschaftliche Übereinkünfte ab, die große Teile der Bevölkerung verarmen lassen. Darüber hinaus sieht die Katholische Soziallehre extreme Ungleichheit als eine Bedrohung der Solidarität in der menschlichen Gemeinschaft an, denn große Ungleichheiten führen zu sozialen Spaltungen und Konflikten[30].

75. Dies bedeutet, daß jeder von uns seine Art zu leben unter dem Gesichtspunkt der Bedürfnisse der Armen prüfen muß. Der christliche Glaube und die Gerechtigkeitsnormen fordern klare Begrenzungen dessen, was wir verbrauchen und wie wir materielle Güter bewerten. Der große Reichtum der Vereinigten Staaten kann uns leicht blind werden lassen gegenüber der Armut, die in diesem Land existiert, und der Not von vielen Millionen Menschen in anderen Teilen der Welt. Heutzutage sind die Amerikaner mehr denn je gefordert, die innere Freiheit zu entwickeln, um der Versuchung, ständig mehr besitzen zu wollen, zu widerstehen. Nur so kann die Nation das verhindern, was Papst Paul VI. als eine offensichtliche „moralische Unterentwicklung", nämlich Habsucht, bezeichnet hat[31].

76. Diese Verpflichtung fordert nicht nur vom einzelnen Akte der Nächstenliebe, sondern auch einen systematischeren Ansatz durch die Wirtschaft, die Gewerkschaften und viele andere gesellschaftliche Gruppen, die das Wirtschaftsleben mitgestalten, aber auch durch den Staat. Die Anhäufung von Privilegien, die es heute gibt, entsteht viel häufiger durch institutionelle Beziehungen, die Macht und Reichtum ungleich verteilen, als durch Begabungsunterschiede oder Arbeitsunwilligkeit. Diese institutionellen Faktoren müssen untersucht und verändert werden, wenn wir den Anforderungen der Grundgerechtigkeit entsprechen wollen. Zum Beispiel ist ein

Steuersystem, das auf der Zahlungsfähigkeit[32] gründet, eine Grundvoraussetzung, um diesen sozialen Verpflichtungen gerecht zu werden.

c) Wie man die Machtlosigkeit von Randgruppen beseitigen könnte

77. Diese grundlegenden Pflichten können so zusammengefaßt werden: *Die Grundgerechtigkeit fordert ein Mindestmaß an Teilnahme für alle Menschen am Leben der menschlichen Gemeinschaft.* Die äußerste Ungerechtigkeit für eine Person oder für eine Gruppe besteht darin, entweder so behandelt oder gar aufgegeben zu werden, als wären sie keine Mitglieder der menschlichen Rasse. Menschen so zu behandeln, bedeutet tatsächlich zu sagen, daß sie als menschliche Wesen einfach nicht zählen. Dies kann viele Spielarten haben, die alle als Variationen der Verdrängung oder Ausschaltung aus dem gesellschaftlichen Leben beschrieben werden können[33]. Dieser Ausschluß kann im politischen Leben so aussehen: Beschränkung der Redefreiheit, Machtkonzentration in den Händen weniger, völlige Unterdrückung durch den Staat. Er kann auch im Wirtschaftsleben gleichermaßen schlimme Formen annehmen. Innerhalb der USA werden Einzelpersonen, Familien und örtliche Gemeinden die Opfer einer sich nach unten bewegenden Armutsspirale, die hervorgerufen wird von Wirtschaftskräften, auf die sie keinen Einfluß haben. Die Armen, die Behinderten und die Arbeitslosen werden oft einfach zurückgelassen. Dieses Verhaltensmuster ist sogar noch schwerwiegender jenseits der Grenzen unseres Landes, in den am wenigsten entwickelten Ländern. Ganze Nationen werden daran gehindert, am internationalen Wirtschaftsleben teilzunehmen, da sie keine Möglichkeit haben, ihre eigenen ungünstigen Positionen zu ändern. Viele Menschen in den unterentwickelten Ländern werden von den ohnehin mageren Ressourcen in ihren Heimatländern durch ungerechte Eliten und Regierungen ausgeschlossen. Diese Arten von Ausschluß werden von freien Menschen hervorgebracht. In diesem Sinne kann man so etwas als Form sozialer Sünde bezeichnen[34]. Sich

damit abzufinden oder dies nicht zu korrigieren, wo dies möglich ist, ist eine sündhafte Vernachlässigung christlicher Pflichten.

78. Die neuere Katholische Soziallehre betrachtet die Aufgabe, solche Formen von Ausschluß und Ohnmacht zu überwinden, als eine grundlegende Forderung der Gerechtigkeit. Positiv formuliert, fordert die Gerechtigkeit, daß soziale Institutionen so zu organisieren sind, daß sie allen Menschen die Möglichkeit garantieren, aktiv am wirtschaftlichen, politischen und kulturellen Leben der Gesellschaft teilzunehmen[35]. Die Ebene der Teilnahme kann durchaus bei einigen Menschen höher liegen als bei anderen, doch es gibt eine Mindestebene der Teilnahme, die allen zugänglich sein muß. Diese Teilnahme ist ein Wesensausdruck der sozialen Natur der Menschen und ihrer Berufung als Gemeinschaftswesen.

2. Die Menschenrechte: Grundvoraussetzung für das Leben in der Gemeinschaft

79. Die Katholische Soziallehre benennt im einzelnen die Grundvoraussetzungen der Gerechtigkeit für die Menschenrechte einer jeden Person. Die Grundrechte bilden die Voraussetzung für ein würdiges Leben in der Gemeinschaft. Die Bibel bestätigt nachdrücklich die Heiligkeit jeder Person als ein Geschöpf, das nach dem Bilde und Gleichnis Gottes geschaffen wurde. Die Betonung der Bibel von Bund und Gemeinschaft weist darauf hin, daß die Menschenwürde nur in der Gemeinschaft mit dem Nächsten verwirklicht und geschützt werden kann. Deshalb sind in der Katholischen Soziallehre der Respekt vor den Menschenrechten und ein ausgeprägter Sinn sowohl für die persönliche Verantwortung als auch für die der Gemeinschaft miteinander verbunden und bilden nicht etwa einen Gegensatz. Das Zweite Vatikanische Konzil beschrieb das Gemeinwohl als „die Gesamtheit jener Bedingungen des gesellschaftlichen Lebens, die sowohl den Gruppen als auch deren einzelnen Gliedern ein volleres und leichteres Erreichen der eigenen Vollendung ermöglichen."[36] Diese Bedingungen schließen das Recht auf die Befriedigung materieller Bedürf-

nisse ein, aber auch die Garantie der Grundfreiheiten und den Schutz der menschlichen Beziehungen, die für die Teilnahme am Leben der Gesellschaft wichtig sind[37]. Gott selbst hat den Menschen mit diesen Rechten ausgestattet und sie in der Natur und der Würde der menschlichen Person begründet. Sie sind keine Erfindung der Gesellschaft; die Gesellschaft hat vielmehr die Verpflichtung, sie zu sichern und zu schützen[38].

80. Die ganze Skala der Menschenrechte hat Papst Johannes XXIII. systematisch in *Pacem in Terris* dargelegt. Seine Erläuterungen spiegeln die Erklärung der Menschenrechte der Vereinten Nationen wider und bekräftigen, daß international anerkannte Maßstäbe der Menschenrechte von der Katholischen Soziallehre nachhaltig unterstützt werden. Diese Rechte schließen die Grundrechte der Redefreiheit, der Religions- und Versammlungsfreiheit ein. Eine ganze Reihe von Menschenrechten betreffen die Sorge um das menschliche Wohlergehen und haben einen speziell wirtschaftlichen Charakter. Unter diesen steht obenan das Recht auf Leben, auf Nahrung und Kleidung, auf Obdach und auf Erholung, auf medizinische Versorgung und auf eine gewisse Grundausbildung. Die Rechte sind für den Schutz der Menschenwürde unerläßlich. Um für diese Notwendigkeiten zu sorgen, haben alle Menschen das Recht, ihren Lebensunterhalt zu verdienen, was für die meisten Menschen in unserer Wirtschaft durch Arbeit im Rahmen eines Arbeitsvertrages geschieht. Jeder Mensch hat das Recht auf Unterstützung im Falle von Krankheit, Arbeitslosigkeit und im Alter. Die Teilnahme am Leben in der Gesellschaft fordert auch den Schutz des Rechtes auf Arbeit, des Rechtes auf humane Arbeitsbedingungen sowie auf einen ausreichenden Lohn und andere Vergünstigungen, die dem einzelnen und seiner Familie einen menschenwürdigen Lebensstandard ermöglichen, sowie auf die Möglichkeit, Eigentum zu besitzen[39]. Diese persönlichen Rechte – Bürgerrechte und politische Rechte wie auch soziale und wirtschaftliche – bilden die Mindestvoraussetzung für gesellschaftliche Institutionen, welche die Menschenwürde, die Solidarität und die Gerechtigkeit respektieren. Sie gehören alle wesentlich zur Menschenwürde und zur Entwicklung des einzelnen wie auch der Gesellschaft

und sind deshalb moralische Fragen[40]. Sie abzulehnen, verletzt den einzelnen und zerstört die Solidarität der Menschen untereinander.

81. Die sozialen und wirtschaftlichen Rechte fordern eine andere Art von Anwendung als die politischen und die Bürgerrechte. Die Freiheit der Religionsausübung und die Freiheit der Meinungsäußerung schützen vor Einwirkungen seitens anderer Personen oder des Staates. Die Rechte auf Bildung, auf Beschäftigung und soziale Sicherheit z. B. fordern einen positiven Einsatz vom einzelnen wie von der Gesellschaft.

82. Jedoch fordern beide Arten von Rechten die Einrichtung sozialer und politischer Institutionen, die es jedem einzelnen ermöglichen, ein aktives Mitglied der Gesellschaft zu werden. Die politischen Rechte und die Bürgerrechte gestatten es dem Menschen, in aller Freiheit am öffentlichen Leben der Gemeinde teilzunehmen, z. B. durch die freie Rede, Wahrnehmung der Versammlungsfreiheit und des Wahlrechtes. In demokratischen Ländern sind diese Rechte durch eine lange und bewegte Geschichte erreicht worden, in der die Institutionen einer verfassungsmäßigen Regierung entstanden. Um das ganze Spektrum sozialer und wirtschaftlicher Rechte zu sichern, ist heute eine ähnliche Anstrengung zur Neugestaltung der Wirtschaft erforderlich.

83. Der erste Schritt in einem solchen Bemühen ist die Entwicklung eines neuen kulturellen Konsensus darüber, daß die grundlegenden wirtschaftlichen Bedingungen der Wohlfahrt wesentlich sind für die Menschenwürde und daß sie dem Menschen von Rechts wegen zustehen. Zweitens wird die Sicherung dieser Rechte Ansprüche stellen an *alle* Mitglieder der Gesellschaft, an alle privaten Institutionen und an den Staat. Eine auf allen Ebenen unserer Gesellschaft abgestimmte Bemühung ist notwendig, wenn wir diese Grundforderungen der Gerechtigkeit und Solidarität erfüllen wollen. Tatsächlich stärken sie die politische Demokratie und ein Engagement für Wirtschaftsrechte gegenseitig.

84. Es wird eine schwere Aufgabe sein, die Wirtschaftsrechte für alle Menschen zu sichern. Es gibt aber eine Anzahl früherer Vorgänge in den USA, die zeigen, daß diese Arbeit be-

reits begonnen hat[41]. Das Land braucht einen ernsthaften Dialog über das richtige private und politische Engagement, das für den Fortschritt notwendig ist. Sicherlich gibt es Raum für Meinungsunterschiede in der Kirche und in der amerikanischen Gesellschaft darüber, *wie* die Menschenwürde und die Wirtschaftsrechte aller unserer Brüder und Schwestern zu schützen sind[42]. Unserer Ansicht nach kann es jedoch keine gerechtfertigte Meinungsverschiedenheit über die wesentlichen moralischen Grundsätze geben.

3. Moralische Prioritäten für die Nation

85. *Das Gemeinwohl fordert Gerechtigkeit für alle und den Schutz der Menschenrechte für jeden einzelnen*[43]. Ein wesentliches und langfristiges Ziel für die Nation muß es sein, zu bewirken, daß die kulturellen und wirtschaftlichen Institutionen besser die Freiheit, den Einfluß und die Sicherheit des einzelnen und der Familie schützen. Jeder Mensch hat die Verpflichtung, zum Aufbau des Gemeinwohls einen Beitrag zu leisten. Alle sind verantwortlich dafür, ihre Talente durch Erziehung und Ausbildung zu entwickeln. Jeder Erwachsene muß durch seine individuellen Begabungen einen Beitrag zum Wohl der Gesellschaft zu leisten. Die Eltern haben die Aufgabe, ihre Kinder zu christlichen Erwachsenen und zu verantwortungsbewußten Staatsbürgern zu erziehen. Jeder einzelne hat den Armen und den Randgruppen gegenüber besondere Verpflichtungen, jedoch wird es oft durch die sozialen und wirtschaftlichen Gegebenheiten in der Gesellschaft erschwert, diesen Anforderungen gerecht zu werden. Die Schulen und die öffentliche Bildungspolitik dienen den privilegierten Schichten oft allzu gut, während die Kinder der Armen faktisch als Bürger zweiter Klasse vernachlässigt werden. Durch die Art und Weise, wie die Arbeit organisiert und eingeteilt wird, entsteht oftmals für die Familien eine große Belastung, aber auch durch die sozialen und kulturellen Werte, die über das Fernsehen verbreitet werden. Viele Menschen in der unteren Mittelklasse

haben nur ein spärliches Auskommen und befürchten, das Opfer von wirtschaftlichen Kräften zu werden, auf die sie selber keinen Einfluß haben.

86. *Die Verpflichtung, Gerechtigkeit für alle zu schaffen, bedeutet, daß die Armen den absoluten Vorrang vor dem Gewissen der Nation haben müssen.* Die Armut hat viele Erscheinungsformen, sie kann eine geistige ebenso wie eine materielle sein. Jeder Mensch ist der geistigen Auseinandersetzung ausgesetzt, wenn er tiefgehende Fragen nach dem Sinn des Lebens stellt. Viele Menschen haben schwerwiegende Ehe- und Familienprobleme zu bestimmten Zeitpunkten in ihrem Leben, und jeder einzelne von uns muß sich mit der Realität von Krankheit und Tod abfinden. Das Evangelium Jesu Christi verkündet uns, daß Gottes Liebe stärker ist als alle diese Formen der menschlichen Erniedrigung. Materielle Armut jedoch verschärft auf schwerwiegende Weise diese Leiden des Geistes und des Herzens. Einen geliebten Menschen in Krankheit zu sehen, ist schlimm genug, aber keine Möglichkeit zu finden, für seine Gesundheit sorgen zu können, ist schlimmer. Familienprobleme, wie etwa der Tod eines Ehegatten oder eine Scheidung, können verheerend sein. Wenn diese aber auch noch zum Verlust der Wohnung führen und die Menschen schließlich auf der Straße leben müssen, ist dies etwas, das niemand in einem so reichen Land wie dem unseren erleiden sollte. In Entwicklungsländern werden diese menschlichen Probleme durch extreme materielle Armut sogar noch erheblich verschärft. All dieses menschliche Leid kann gelindert werden, wenn unser eigenes Land mit seinem Reichtum an Ressourcen sich zur Hilfe entschließt.

87. Als Einzelmenschen und als Nation sind wir daher aufgerufen, eine grundsätzliche „Option für die Armen" abzugeben[44]. Die Verpflichtung, das soziale und wirtschaftliche Handeln aus der Sicht der Armen und Machtlosen zu betrachten, ergibt sich aus der radikalen Forderung der Bibel: „Du sollst deinen Nächsten lieben wie dich selbst." Wenn die Gesellschaft Gerechtigkeit für *alle* schaffen soll, dann haben die Randgruppen und diejenigen Menschen, deren Rechte verneint werden, bevorzugte moralische Ansprüche. Diese Ver-

pflichtung wurzelt tief im christlichen Glauben. Wie Papst Paul VI. feststellte:

„Die Lehre des Evangeliums schreibt uns Liebe vor und fordert besondere Rücksicht auf die Armen und ihre besondere Lage innerhalb der Gesellschaft. Die mehr Begüterten sind verpflichtet, auf gewisse Rechte zu verzichten, um großzügiger mit ihren Mitteln anderen zu helfen."[45]

Papst Johannes Paul II. hat diese besondere Verpflichtung den Armen gegenüber bezeichnet als „eine Aufforderung zur besonderen Solidarität mit den Kleinen und Schwachen, denen die leiden und weinen, denen, die gedemütigt sind, um ihnen zu helfen, immer mehr die eigene Würde als menschliche Person und als Kind Gottes zu erwerben"[46].

88. Das vornehmste Ziel dieser besonderen Verpflichtung den Armen gegenüber liegt darin, sie in die Lage zu versetzen, aktiv am Leben der Gesellschaft teilzunehmen und einen Beitrag zu ihm zu leisten[47]. Die „Option für die Armen" ist deswegen kein verbaler Angriff einer Gruppe oder Klasse gegen die andere. Diese Formulierung besagt vielmehr, daß die Armut und die Ohnmacht der Armen der ganzen Gemeinschaft schadet. Das Ausmaß ihres Leidens beweist, wie weit wir davon entfernt sind, eine wirkliche Gemeinschaft zu bilden. Nur mit mehr Solidarität mit den Armen und auch zwischen den Armen selbst können diese Wunden geheilt werden.

89. Insgesamt stellen wir fest: Die Maßstäbe von Nächstenliebe, Gerechtigkeit und Menschenrechten verlangen, daß persönliche und sozialpolitische Entscheidungen wie auch wirtschaftliche Institutionen von bestimmten Prioritäten geleitet werden sollten. Diese Prioritäten spezifizieren nicht jeden einzelnen Gesichtspunkt, der bei wirtschaftlichen Entscheidungen berücksichtigt werden muß. Sie betonen aber eindringlich die wesentlichen Ziele.

90. a. *Die höchste Priorität hat die Erfüllung der Grundbedürfnisse der Armen.* Persönliche Entscheidungen, die Politik privater oder öffentlicher Körperschaften und auch die Machtstrukturen muß man an ihren Auswirkungen auf diejenigen messen, denen das Nötigste an Nahrung, Wohnung, Bildung und Gesundheitsfürsorge fehlt. Insbesondere erkennt dieses

Prinzip an, daß die Sorge für elementare menschliche Bedürfnisse Vorrang hat vor der Erfüllung luxuriöser Verbraucherwünsche, vor Gewinnen, die nicht dem Gemeinwohl dienen, und auch vor überflüssigen Rüstungsgütern.

91.b. *Wachsende Teilnahme am Wirtschaftsleben derjenigen, die derzeit davon ausgeschlossen sind, hat eine hohe Priorität.* Die Menschenwürde aber wird dann verwirklicht, wenn der einzelne die Möglichkeit erlangt, in der Gemeinschaft mitzuwirken, um die Lebensqualität zu verbessern und die Familie zu stärken. Die Grundgerechtigkeit verlangt mehr, als nur den Armen und anderen schwachen Mitmenschen zu helfen. Sie erkennt die Priorität einer Politik an, die das Familienleben stärkt und die wirtschaftliche Teilnahme durch Beschäftigung und durch breit gestreutes Miteigentum fördert. Sie fordert, daß wirtschaftliche Macht das Wohlergehen aller berücksichtigt. Die Grundgerechtigkeit verlangt außerdem, die derzeitige Situation der in der Vergangenheit zu Unrecht Diskriminierten besser zu gestalten. Schließlich enthält sie wichtige Leitlinien für die nationale und die internationale Machtverteilung.

92.c. *Der Einsatz von Vermögen, Begabung und menschlicher Energie sollte speziell darauf gerichtet sein, den Armen und den in wirtschaftlicher Unsicherheit Lebenden zu helfen.* Die Schaffung einer gerechteren Wirtschaftsordnung für die Vereinigten Staaten und die Welt hängt teilweise vom Wachstum der wirtschaftlichen Ressourcen und der Produktivität ab. Außerdem muß die Art, wie diese Ressourcen eingesetzt und verwaltet werden, auf ihre Auswirkungen auf immaterielle Werte untersucht werden. Entscheidungen über Investitionen und Management haben wichtige ethische Dimensionen: sie können Arbeitsplätze schaffen oder vernichten; sie können arme Familien in den Abgrund stoßen oder ihnen neue Hoffnung geben; sie helfen oder verhindern, eine gerechtere Gesellschaft aufzubauen. Tatsächlich können sie entweder positiven oder auch negativen Einfluß auf die Gerechtigkeit der Weltwirtschaft ausüben. Diese Priorität ist eine große moralische Herausforderung für die Politik, die große Mengen von Begabung und Kapital für die Herstellung von Luxusgütern und militärischer Technologie einsetzt, während nicht genügend auf dem Gebiet der Bildung, des Gesundheitswesens und der Infrastruktur unserer Gesellschaft und in die Wirtschaftsbereiche investiert wird, die dringend benötigte Arbeitsplätze schaffen sowie Güter und Dienstleistungen erbringen.

93. d. *Die Wirtschafts- und Sozialpolitik wie auch die Art, wie die Arbeitswelt organisiert ist, müssen ständig unter dem Gesichtspunkt beurteilt werden, welchen Einfluß sie auf die Stärkung und Stabilisierung des Familienlebens haben.* Die langfristige Zukunft unseres Landes steht in unmittelbarem Zusammenhang mit dem Wohl der Familien, denn die Familie ist die Urform menschlicher Gemeinschaft[48]. Die Leistungsfähigkeit und der Wettbewerb am Markt muß in stärkerem Maße Rücksicht nehmen auf die Art und Weise, wie Arbeitszeiten und Entlohnung sich auf die Beziehungen zwischen Ehepartnern und zwischen Eltern und Kindern auswirken. Gesundheits-, Bildungs- und Sozialleistungsprogramme müssen darauf geprüft werden, ob sie der persönlichen Würde und der Integrität der Familie dienen.

94. Diese Prioritäten sind keine politischen Handlungsanweisungen. Sie sind vielmehr Normen, welche die wirtschafltichen Entscheidungen aller Menschen leiten und die wirtschaftlichen Institutionen gestalten sollten. Sie können dazu dienen, daß die Vereinigten Staaten sich in einer Richtung weiterentwickeln, die den Verpflichtungen der Gerechtigkeit und des Schutzes der wirtschaftlichen Rechte näher kommt. Bei seinem Kanadabesuch 1984 formulierte Papst Johannes Paul II. diese Grundsätze als wesentliche Inhalte der Katholischen Soziallehre mit den Worten: „Die Nöte der Armen müssen Vorrang vor den Wünschen der Reichen haben; die Rechte der Arbeiter vor der Vermehrung des Profits; der Umweltschutz vor der unkontrollierten Expansion; Produktion, die den sozialen Nöten begegnet, vor der Produktion für militärische Zwecke."[49] Sicherlich wird es Auseinandersetzungen geben über die konkrete Anwendung dieser Prioritäten in unserer komplexen Welt. Unser Anliegen ist es nicht, die Diskussion darüber auszuschließen. Wir glauben jedoch, daß Anstrengungen, sich in die von ihnen gewiesene Richtung zu bewegen, dringend notwendig sind.

95. Die gegenwärtige wirtschaftliche Herausforderung weist viele Parallelen auf zur politischen Herausforderung, der sich die Gründer unserer Nation gegenübersahen. Sie waren gezwungen, neue Denkmodelle und neue politische Institutionen zu entwerfen, um die Staatsform einer politischen Demokratie ins Leben zu rufen. Ihre Anstrengungen waren groß. Ihre Ziele wurden nur unzureichend erfüllt, aber sie setzten ein Experiment in Gang, in dem die politischen und die Bürgerrechte geschützt wurden. Ihre Anstrengungen wurden durch die Arbeit der folgenden Generationen belohnt. *Wir glauben, daß die Zeit für ein ähnliches Experiment auf dem Gebiet der wirtschaftlichen Rechte gekommen ist: Wir brauchen eine Wirtschaftsordnung, welche die Mindestforderungen der Menschenwürde in der Wirtschaft für jeden einzelnen sicherstellt.* Wir ziehen die Quellen der katholischen Moraltheologie mit in unsere Überlegungen ein und hoffen, mit diesem Hirtenbrief einen Beitrag zu einem neuen „amerikanischen Experiment" zu leisten: einen neuen Schritt, um wirtschaftliche Gerechtigkeit für alle Menschen zu sichern.

C. Für mehr Gerechtigkeit: Die Arbeit von Personen und Institutionen

96. Die Wirtschaft unseres Landes gründet auf der Arbeit von Menschenhand und menschlichem Geist. Ihre Zukunft wird geformt werden durch die Art, wie die Menschen diese Arbeit für mehr Gerechtigkeit einsetzen. Die Wirtschaft ist keine Maschine, die nach ihren eigenen, unumstößlichen Gesetzen arbeitet, und die Menschen sind keine bloßen Objekte, die von Wirtschaftskräften herumgestoßen werden. Papst Johannes Paul II. hat festgestellt, „daß *die menschliche Arbeit ein Schlüssel* und wohl der wesentliche Schlüssel zu der gesamten sozialen Frage ist"[50]. Der Papst versteht die Arbeit als etwas, das praktisch alle Formen von produktiver menschlicher Aktivität umfaßt: die Landwirtschaft, das Unternehmertum, die Industrie, aber auch die Sorge für die Kinder, der Unterhalt des Familienlebens und die Politik, die medizinische Fürsorge und

die wissenschaftliche Forschung. Die Freizeit, das Gebet, die Gottesverehrung und die Pflege der Künste sind ebenfalls für die Verwirklichung der Menschenwürde und die Entwicklung eines reichen kulturellen Lebens von großer Wichtigkeit. In ihrer täglichen Arbeit werden jedoch alle Menschen zu Subjekten und Schöpfern des Wirtschaftslebens[51]. Daher leisten die Menschen in erster Linie durch ihre tägliche Arbeit ihren wichtigsten Beitrag zur Verwirklichung wirtschaftlicher Gerechtigkeit.

97. Jede Arbeit hat eine dreifache sittliche Bedeutung. Erstens, die Arbeit ist eine grundlegende Möglichkeit für die Menschen zur Selbstentfaltung und Selbstverwirklichung. Zweitens, die Arbeit ist das normale Mittel für die Menschen, ihre eigenen materiellen Bedürfnisse zu befriedigen. Drittens, die Arbeit ermöglicht den Menschen, einen Beitrag zum Wohle der Gemeinschaft zu leisten. Man arbeitet nicht nur für sich selbst, man arbeitet auch für seine Familie, für das Land und für das Wohl aller Menschen[52].

98. Diese drei sittlichen Gesichtspunkte sollten in der Arbeit eines jeden Menschen sichtbar sein, gleichgültig, welche Rolle er in der Welt der Wirtschaft einnimmt: ob er als Arbeiter, Manager, Hausfrau, Politiker oder in einer anderen Funktion arbeitet. Sie sollten auch die Arbeit der vielen verschiedenen, zum Teil sich überschneidenden Vereinigungen und Institutionen in unserer Gesellschaft prägen: die Familien und die Nachbarschaften, kleine Geschäfte ebenso wie riesige Konzerne, Gewerkschaften, die Regierung und Verwaltung auf den verschiedenen Ebenen, internationale Organisationen und die große Zahl anderer menschlicher Gemeinschaften, einschließlich der Glaubensgemeinschaften.

99. Die Katholische Soziallehre fordert Hochachtung vor der Fülle und Vielfalt des sozialen Lebens. Die Notwendigkeit wesentlicher Beiträge von den verschiedenen sozialen Gebilden – die nach ihrer Größe von der Familie bis zum Staat reichen – wurde klassischerweise in der Katholischen Soziallehre im „Subsidiaritätsprinzip" ausgedrückt:

„Wie dasjenige, was der Einzelmensch aus eigener Initiative und mit seinen eigenen Kräften leisten kann, ihm nicht entzogen werden darf, so verstößt es gegen die Gerechtigkeit, das, was die kleineren und untergeordneten Gemeinwesen leisten und zum guten Ende führen können, für die weitere und übergeordnete Gemeinschaft in Anspruch zu nehmen; zugleich ist es überaus nachteilig und verwirrt die ganze Gesellschaftsordnung. Jedwede Gesellschaftstätigkeit ist ja ihrem Wesen und Begriff nach subsidiär: sie soll die Glieder des Sozialkörpers unterstützen, darf sie aber niemals zerschlagen oder aufsaugen."[53]

100. Dieses Prinzip garantiert einen Pluralismus der Institutionen. Es sorgt für Freiräume, für Initiative und Kreativität auf seiten vieler gesellschaftlicher Kräfte. Gleichzeitig besteht dieses Prinzip darauf, daß *alle* diese Kräfte so zusammenwirken müssen, daß sie die Gesellschaft aufbauen helfen. Daher sollten diese Gruppen in ihrem Handeln so wirken, daß ihre besonderen Fähigkeiten zum Tragen kommen, menschliche Bedürfnisse zu befriedigen und echte Beiträge zum Gemeinwohl der Menschen zu leisten. Zu der Aufgabe, eine gerechtere amerikanische Wirtschaft zu schaffen, sind alle berufen; es erfordert, daß die Auffassung vom Dienst an der Öffentlichkeit und von staatsbürgerlicher Verantwortung auf allen Ebenen des privaten und institutionellen Lebens verstärkt wird[54].

101. Ohne die Aufgaben aller verschiedenen gesellschaftlichen Gruppen beschreiben zu wollen, wollen wir auf die spezifischen Rechte und Pflichten einiger Personen und Institutionen hinweisen, deren Arbeit für die Zukunft der Wirtschaft der Vereinigten Staaten besonders wichtig sein wird. Diese Rechte und Pflichten gehören zu den konkreten Inhalten des Subsidiaritätsprinzips. Weitere Inhalte werden im vierten Kapitel dieses Briefes angesprochen.

1. Die arbeitende Bevölkerung und die Gewerkschaften

102. Obwohl der Arbeitsbegriff von Papst Johannes Paul II. sehr weit gefaßt ist, kann er voll und ganz auf die Menschen angewendet werden, die in den Vereinigten Staaten gemeinhin als „Arbeiter" oder „Arbeitnehmerschaft" bezeichnet werden. Die Arbeit hat eine Würde, die so groß ist, daß alle Menschen, die in der Lage sind zu arbeiten, verpflichtet sind, dies auch zu

tun. Die Verpflichtung zu arbeiten entspringt sowohl Gottes Gebot als auch einer Verantwortlichkeit für die eigene Menschlichkeit und für das Gemeinwohl[55]. Die Tugend des Fleißes ist auch ein Ausdruck der persönlichen Würde und der Solidarität mit dem Nächsten. Jeder arbeitende Mensch ist aufgerufen, einen Beitrag zum Gemeinwohl zu leisten, indem er sich um eine besonders gute Leistung im Produktions- oder Dienstleistungsbereich bemüht.

103. Weil die Arbeit so wichtig ist, haben die Menschen ein Recht auf Beschäftigung. Im Austausch für ihre Arbeitsleistung haben die Arbeiter einen Anspruch auf Löhne und auf andere Vergütungen, die es ihnen gestatten, ein menschenwürdiges Leben zu führen. Wie Papst Leo XIII. feststellte, hat jeder arbeitende Mensch ein Recht auf Sicherung des Lebensunterhaltes[56]. Die Verteilung der Macht in einer freien Marktwirtschaft gibt den Arbeitgebern gewöhnlich beim Aushandeln von Arbeitsverträgen eine bessere Verhandlungsposition. Solche ungleiche Machtverteilung kann den Arbeiter durchaus vor die Entscheidung zwischen einem ungerechten Lohn oder überhaupt keinem Lohn stellen. Jedoch verlangt die Gerechtigkeit und nicht das Mitleid, daß ein bestimmtes Minimum garantiert wird. Die Zahlung von Löhnen und anderen Vergütungen, die für ein würdiges Familienleben ausreichen, ist eine Voraussetzung für die Vermeidung dieser Ausbeutung der Arbeiter. Die Würde des Arbeiters fordert darüber hinaus angemessene Fürsorge für Gesundheit, Alter und Arbeitsunfähigkeit, Arbeitslosenunterstützung und gesundheitsfreundliche Arbeitsbedingungen, eine wöchentliche Ruhepause, regelmäßigen Urlaub zur Erholung und Entspannung sowie eine Absicherung gegen willkürliche Kündigung[57]. Alle diese Voraussetzungen müssen gegeben sein, wenn die Arbeiter als Person und nicht nur als „Produktionsfaktor" behandelt werden sollen.

104. Die Kirche bejaht das Recht der Arbeitnehmer, sich in Gewerkschaften oder anderen Vereinigungen zusammenzuschließen, um ihre Ansprüche auf gerechten Lohn und menschenwürdige Arbeitsbedingungen sicherzustellen. Dies ist eine besondere Anwendung des Versammlungsrechts. Um die Worte Papst Johannes Pauls II. zu zitieren: „Die historische Er-

fahrung lehrt, daß Organisationen dieser Art ein unentbehrliches Element des sozialen Lebens darstellen, vor allem in den modernen Industriegesellschaften."[58] Die Gewerkschaften haben das Recht, zum Streik aufzurufen, wenn dies die einzige Möglichkeit ist, die Rechte der Arbeiter durchzusetzen[59]. Die Koalitionsfreiheit abzulehnen, ist eine Verletzung der Menschenwürde. Daher lehnen wir nachdrücklich jeden organisierten Druck ab, wie wir ihn bedauerlicherweise in unserem Land feststellen, der die bestehenden Gewerkschaften zerbrechen und die Arbeitnehmer daran hindern soll, sich zu organisieren. Landwirtschaftliche Saisonarbeiter brauchen heute in besonderer Weise Schutz, einschließlich des Rechtes sich zu organisieren und Arbeitsverträge auszuhandeln. Eine Reform der amerikanischen Arbeitsgesetzgebung ist notwendig, damit diese Probleme beseitigt und zeitgemäßere und wirksamere Maßnahmen zur Beseitigung unfairer Arbeitspraktiken angewandt werden können.

105. Das Recht, sich zu organisieren, wird in vielen Ländern jenseits unserer Grenzen erbarmungslos unterdrückt. Wir wenden uns nachdrücklich gegen Verletzungen der Organisationsfreiheit, wo immer sie auch geschieht. Sie sind ein unerträglicher Angriff auf die soziale Solidarität.

106. Den Rechten der Arbeitnehmer und Gewerkschaften stehen wichtige Pflichten gegenüber. Der einzelne Arbeitnehmer hat seinem Arbeitgeber gegenüber genauso Verpflichtungen wie die Gewerkschaft gegenüber der Gesamtgesellschaft. Besonders große Verantwortung trägt die Gewerkschaftsführung für den guten Namen der gesamten Gewerkschaftsbewegung. Die Arbeiter müssen ihre gesamte Macht benutzen, um zum Wohlergehen der ganzen Gemeinschaft beizutragen, und sie sollten Forderungen vermeiden, deren Erfüllung das Gemeinwohl und die Rechte schwächerer Mitglieder der Gesellschaft schädigt. Es muß aber darauf hingewiesen werden, daß die Löhne, die den Arbeitern gezahlt werden, nur einer der Faktoren sind, welche die Wettbewerbsfähigkeit beeinträchtigen können. Es ist deswegen ungerecht, von den Gewerkschaften Zugeständnisse zu erwarten, wenn die Manager und Kapitaleigner nicht wenigstens gleiche Opfer bringen.

107. Viele amerikanische Gewerkschaften waren führend tätig im Kampf um Gerechtigkeit für Minderheiten und für Frauen. Rassen- und Geschlechtsdiskriminierung verdunkeln das Bild einiger Gewerkschaften. Die Gewerkschaften haben die Verantwortung, darauf hinzuwirken, daß die Ungerechtigkeit, die diese Diskriminierung hervorgerufen hat, beseitigt wird.

108. Die möglicherweise größte Herausforderung, denen sich die amerikanischen Arbeitnehmer und Gewerkschaften heute gegenübersehen, liegt darin, eine neue Sicht ihrer Rolle in der zukünftigen amerikanischen Wirtschaft zu entwickeln. Die Gewerkschaftsbewegung der Vereinigten Staaten befindet sich an einem entscheidenden Punkt. Dic dynamische Entwicklung der Gewerkschaften, die zu ihrem schnellen Wachstum in der Mitte unserer Jahrhunderts führte, ist abgelöst worden durch einen Mitgliederschwund. Die amerikanischen Arbeiter befinden sich heute unter heftigem Druck, der ihre Arbeitsplätze bedroht. Die Einschränkung der Organisationsfreiheit in vielen Ländern außerhalb der Grenzen senkt die Arbeitskosten dort und bedroht die amerikanischen Arbeiter und ihre Arbeitsplätze, was schließlich zu einer Ausbeutung der Arbeiter in jenen Ländern führt. Unter diesen schwierigen Umständen fordert der Versuch, die Rechte der amerikanischen Arbeitnehmer zu sichern, Einfallsreichtum bei der Suche nach neuen Schritten, nicht nur reagierende oder defensive Strategien. Zum Beispiel kann die Gewerkschaftsbewegung eine sehr wichtige Aufgabe dabei übernehmen, für Bildung und Ausbildung zu sorgen, die notwendig sind, damit die Arbeitnehmer für das Berufsleben verwendbar bleiben. Die Gewerkschaften können darüber hinaus ihren eigenen Mitgliedern und den Arbeitern in Entwicklungsländern dadurch helfen, daß sie ihre internationale Zusammenarbeit verstärken. Eine starke Gewerkschaftsbewegung wird mit einem vertieften Sinn für weltweite Zusammenhänge in die Zukunft schauen.

109. Es gibt viele Anzeichen dafür, daß diese Herausforderungen in unserer Zeit von einfallsreichen Gewerkschaftsführern diskutiert werden. Tiefere und breitere Diskussionen

dieser Art sind notwendig. Dies bedeutet nicht, daß nur die Gewerkschaften neuen Problemen gegenüberstehen. Alle anderen Zweige und Institutionen der amerikanischen Wirtschaft brauchen eine ähnliche Perspektive und einen ähnlichen Einfallsreichtum. Neue Formen der Zusammenarbeit zwischen Gewerkschaften, Arbeitgebern und Staat sowie anderen gesellschaftlichen Gruppen sind wichtig und werden im vierten Kapitel dieses Briefes behandelt werden.

2. Eigentümer und Manager

110. Der Erfolg der Wirtschaft, den Forderungen der Gerechtigkeit zu entsprechen, wird davon abhängen, wie ihre riesigen Ressourcen und Reichtümer verwaltet werden. Kapitaleigner, Manager und Investoren müssen alle dazu beitragen, eine gerechtere Gesellschaft zu schaffen. Wirtschaftliche Gerechtigkeit hängt in erster Linie von der Art ab, wie die Männer und Frauen in der Wirtschaft ihre Führungsaufgaben erfüllen und wie klug Privatunternehmen investieren. Papst Johannes Paul II. hat darauf hingewiesen: „Der Grad des Wohlstandes, dessen sich die Gesellschaft heute erfreut, wäre undenkbar ohne die dynamische Gestalt des Unternehmers, dessen Aufgabe darin besteht, die menschliche Arbeit und die Produktionsmittel so zu organisieren, daß die für das Wohl und den Fortschritt der Gemeinschaft notwendigen Güter und Dienste hervorgebracht werden.“[61] Die Freiheit des Unternehmers muß geschützt werden, aber auch die Verantwortung dieser Freiheit gegenüber dem Gemeinwohl und den Gerechtigkeitsnormen muß gewährleistet sein.

111. Manager sehen sich jeden Tag vor schwierige Entscheidungen gestellt, von denen das Wohl vieler anderer Menschen abhängt. Die Verpflichtung gegenüber dem Gemeinwohl und nicht nur gegenüber dem Einzelwohl ihrer Firmen steht im Mittelpunkt ihrer Arbeit, wenn sie für sie eine Berufung und nicht nur eine Karriere oder ein Job sein soll. Wir glauben, daß die Normen und Prioritäten, die in diesem Brief zur Diskussion gestellt werden, ihnen helfen können, ihre wichtigen Aufgaben zu erfüllen. Die Pflichten des einzelnen in der

Wirtschaft sind nicht das einzige, worauf sich die ethischen Dimensionen des Wirtschafts- und Finanzlebens erstrecken. Die Größe eines Unternehmens oder einer Bank ist in vielen Fällen ein Hinweis auf ihre relative Macht. Großunternehmen und Großbanken haben einen beträchtlichen Einfluß darauf, wie die wirtschaftlichen Institutionen in den Vereinigten Staaten und in der ganzen Welt gestaltet werden. Mit dieser Macht ist Verantwortung verbunden sowie die Notwendigkeit, daß jene, die sie innehaben, ethisch verantwortlich handeln und dafür verantwortlich gemacht werden können.

112. Die Wirtschafts- und Finanzwelt hat die Verpflichtung, denen gegenüber treue Verwalter zu sein, die ihnen Ressourcen zur Verfügung stellen. Niemand kann Kapital absolut besitzen oder seinen Einsatz kontrollieren, ohne Rücksicht auf andere und auf die Gesellschaft zu nehmen[62]. Dies gilt vor allem für den Boden und andere natürliche Ressourcen. Kurzfristige Gewinne zu Lasten einer Ausbeutung natürlicher Ressourcen oder einer Verschmutzung der Umwelt, verletzen dieses Vertrauensverhältnis.

113. Ebenso müssen die Ressourcen, die menschlicher Fleiß geschaffen hat, als ein anvertrautes Gut behandelt werden. Dieses Kapital haben Eigentümer und Manager nicht aus eigener Kraft geschaffen. Sie haben von der Arbeit vieler anderer Menschen und auch von den Gemeinden profitiert, die ihre Bemühungen unterstützen[63]. Sie sind diesen Arbeitnehmern und diesen Gemeinden gegenüber bei ihren Entscheidungen verantwortlich. Beispielsweise ist die Reinvestition in technologische Neuerungen oft entscheidend für die langfristige Lebensfähigkeit eines Unternehmens. Wenn finanzielle Mittel einzig und allein für kurzfristige Gewinne eingesetzt werden, kann die Herstellung notwendiger Güter und Dienstleistungen zu kurz kommen; eine breitere Sicht unternehmerischer Verantwortung ist gefordert.

114. Lange hat die katholische Tradition das Recht auf Privateigentum an Produktionsmitteln verteidigt[64]. Dieses Recht ist ein Wesenselement gerechter Wirtschaftspolitik. Es vergrößert unsere kreativen und initiativen Möglichkeiten[65]. Kleine und mittelgroße Bauernhöfe, Handels- und Industrieunterneh-

men gehören zu den schöpferischsten und erfolgreichsten Bereichen unserer Volkswirtschaft. Sie werden von den Menschen in den Vereinigten Staaten hochgeschätzt, ebenso wie Land- und Hausbesitz. Weitgestreute Eigentumsverteilung kann helfen, eine übermäßige Konzentration wirtschaftlicher oder politischer Macht zu vermeiden. Daher muß die Möglichkeit, Eigentum zu besitzen, für einen großen Teil unserer Bevölkerung geschaffen werden[66].

115. Das Gemeinwohl kann es mitunter notwendig machen, daß das Eigentumsrecht durch die Beteiligung der öffentlichen Hand an der Planung oder dem Betrieb bestimmter Wirtschaftszweige begrenzt wird. Unterstützung des Privateigentums bedeutet nicht, daß jedermann ein Recht auf unbegrenzte Anhäufung von Reichtum hat. „Das Privateigentum ist also für niemand ein unbedingtes und unumschränktes Recht. Niemand ist befugt, seinen Überfluß ausschließlich sich selbst vorzubehalten, wo anderen das Notwendigste fehlt."[67] Papst Johannes Paul II. bezeichnet die Grenzen, die dem Recht auf Privateigentum durch die Pflicht, dem Gemeinwohl zu dienen, gesetzt sind, als eine „soziale Hypothek" des Privateigentums[68]. Zum Beispiel sind diese Begrenzungen des Eigentumsrechtes die Grundlage dafür, daß die Gesellschaft vorrangigen Anspruch auf Grund und Boden aus Privatbesitz erheben kann, wenn dieser zum Straßenbau oder für andere wichtige öffentliche Einrichtungen benötigt wird. Die Lehre der Kirche wendet sich gegen kollektivistische und staatliche Wirtschaftslenkung. Sie weist aber auch die Vorstellung zurück, daß ein freier Markt automatisch Gerechtigkeit hervorbrächte. Deshalb, so argumentierte Papst Johannes Paul II. „im Hinblick auf die menschliche Arbeit und den gemeinsamen Zugang zu den Gütern, die dem Menschen zugedacht sind, ist unter den entsprechenden Bedingungen auch die Sozialisierung gewisser Produktionsmittel nicht auszuschließen."[69] Die Entscheidung, wann solche Bedingungen vorliegen, muß von Fall zu Fall und unter Berücksichtigung des Gemeinwohls getroffen werden.

116. Amerikanische Unternehmen können auch zu Gerechtigkeit oder Ungerechtigkeit in der Weltwirtschaft beitra-

gen. Sie sind nicht allmächtig, aber ihr tatsächlicher Einfluß ist unbestreitbar. Transnationale Unternehmen und Banken können einen positiven Beitrag zur Entwicklung und zu weltweiter Solidarität leisten. Papst Johannes Paul II. hat jedoch betont, daß das Bestreben, die Gewinne zu maximieren und die Kosten für die natürlichen Ressourcen wie auch für die Arbeit zu reduzieren, oft diese transnationalen Unternehmen zu einem Wirtschaftsverhalten verführt hat, das die Ungleichheit steigert und die Stabilität der internationalen Ordnung schwächt[70]. Durch Zusammenarbeit mit Regierungen, die ihren Bürgern gerecht dienen, und mit zwischenstaatlichen Institutionen können diese Unternehmen zu einer Verbesserung der verzweifelten Lage vieler Menschen in der ganzen Welt beitragen.

117. Unternehmer, Manager, Investoren und Banker folgen einer christlichen Berufung, wenn sie verantwortungsbewußt handeln und nach dem Gemeinwohl streben. Wir ermutigen und fördern eine Erneuerung dieser Berufung in der Unternehmerschaft. Wir erkennen auch an, daß die Art und Weise, wie die Unternehmer der Gesellschaft dienen, von Anreizen des Steuersystems, von der Verfügbarkeit über Kredite und von anderen politischen Maßnahmen bestimmt und begrenzt wird.

118. Die Wirtschaft hat ein Recht auf institutionelle Rahmenbedingungen, die verantwortlich handelnde Unternehmen nicht bestrafen. Die Regierungen müssen für Gesetze und ein Steuersystem sorgen, welche die Unternehmen dazu anregen, die Umwelt zu schützen, benachteiligte Arbeitnehmer einzustellen und Arbeitsplätze in Notstandsgebieten zu schaffen. Die Manager und Anteilseigner sollten nicht hin- und hergerissen werden zwischen der Verantwortung gegenüber ihren Unternehmen und ihrer Verantwortung gegenüber der Gesamtgesellschaft.

3. Bürger und Regierung

119. Neben Rechten und Pflichten, die mit bestimmten Aufgaben in der Wirtschaft zusammenhängen, hat jeder Mensch Verpflichtungen, die einfach darauf beruhen, daß er ein Mit-

glied der Gesellschaft ist. Dadurch, daß wir diese Pflichten erfüllen, schaffen wir ein wahres Gemeinwesen. Im Dienste einer größeren Gerechtigkeit freiwillig seine Zeit, seine Begabung oder sein Geld zur Verfügung zu stellen, ist ein Wesensausdruck christlicher Liebe und Solidarität. Alle, die mehr haben als sie brauchen, müssen den Armen zu Hilfe kommen. Menschen mit geistigen und technischen Fähigkeiten, die gebraucht werden, um das Leben anderer zu verbessern, haben die Pflicht, diese Fähigkeiten einzusetzen. Die Armen haben ähnliche Verpflichtungen: sie sollen als einzelne und als Familien zusammenarbeiten, um ihre Gemeinschaften durch Akte der Solidarität und Gerechtigkeit aufzubauen. Die freiwilligen Anstrengungen, Ungerechtigkeit zu überwinden, sind Teil der christlichen Berufung.

120. Jeder Bürger hat außerdem die Verantwortung, dafür zu sorgen, daß Gerechtigkeit und Menschenrechte durch organisiertes soziales Handeln gewährleistet werden. Papst Pius XI. sagte dazu: „Niemals aber wird die Liebe echt sein, wenn sie nicht stets auch der Gerechtigkeit genügt ... Es geht auch nicht an, sich von den schweren Pflichten der Gerechtigkeit durch kleine Gaben der Barmherzigkeit freikaufen zu wollen."[71] Die Garantie der Grundgerechtigkeit für alle ist kein freiwilliger Ausdruck von Großzügigkeit, sondern unumgängliche Verpflichtung für die ganze Gesellschaft.

121. Die traditionelle Unterscheidung von Gesellschaft und Staat in der Katholischen Soziallehre liefert die grundsätzlichen Rahmenbedingungen für organisierte öffentliche Maßnahmen. Die Kirche lehnt alle staatlichen und totalitären Lösungen sozio-ökonomischer Fragen ab. Das Leben der Gesellschaft ist reicher, als Regierungsmacht umfassen kann. Alle gesellschaftlichen Gruppen müssen auf ihre Weise den Anforderungen der Gerechtigkeit nachkommen. Wir haben bisher einige Pflichten der Gewerkschaften und der Unternehmer dargelegt. Diese müssen durch Initiativen von örtlichen Gruppen, Berufsverbänden, Erziehungseinrichtungen, Kirchen und Synagogen ergänzt werden. Alle Gruppen, die diese Gesellschaft beleben, haben wichtige Aufgaben bei dem Bemühen um wirtschaftliche Gerechtigkeit.

122. Aus diesem Grund ist es um so wichtiger, daß die Lehre der Kirche darauf besteht, daß *die Regierung eine moralische Aufgabe hat: den Schutz der Menschenrechte und die Gewährleistung der Grundgerechtigkeit für alle Mitglieder des Gemeinwesens*[72]. Die Gesellschaft als Ganzes und in ihrer Unterschiedlichkeit ist verantwortlich für die Gestaltung des Gemeinwohls. Aber es ist die Aufgabe des Staates, die Mindestbedingungen dafür zu garantieren, daß diese gesellschaftlichen Aktivitäten zugunsten der Menschenrechte und der Gerechtigkeit überhaupt erst möglich werden[73]. Diese Verpflichtung haben auch die einzelnen Bürger, wenn sie ihre Abgeordneten wählen und an der Bildung der öffentlichen Meinung teilnehmen.

123. Im einzelnen liegt es in der Verantwortung aller Bürger, durch ihre Regierung den Armen und Benachteiligten, den Behinderten und Arbeitslosen zu helfen und beizustehen. Der Staat sollte eine positive Rolle übernehmen: bei der Schaffung von Arbeitsplätzen und von fairen Arbeitsgesetzen, bei der Bereitstellung und Erhaltung der Infrastruktur für die Wirtschaft, wie etwa Straßen, Brücken, Häfen und öffentliche Kommunikations- und Transportmittel. Er soll den Handel und den Warenaustausch im Sinne der Fairneß regeln[74]. Die Regierung kann die notwendigen Steuern erheben, um diesen Verpflichtungen nachzukommen; die Bürger haben die moralische Verpflichtung, diese Steuern auch zu zahlen. Die Art und Weise, wie die Gesellschaft auf die Nöte ihrer Armen politisch reagiert, ist die Nagelprobe für ihre Gerechtigkeit oder Ungerechtigkeit. Die politische Auseinandersetzung mit dieser Politik ist die unerläßliche Plattform, mit den Konflikten umzugehen, die sich bei der Suche nach einer gerechteren Wirtschaft immer einstellen.

124. Grundlegende Norm für die Festlegung des Umfanges und der Grenzen staatlicher Eingriffe ist das bereits erwähnte „Subsidiaritätsprinzip". Dieses Prinzip besagt, daß der Staat zum Schutz der Grundgerechtigkeit nur die Initiativen ergreifen sollte, welche die Kraft des einzelnen oder privater Gruppen – die unabhängig voneinander tätig sind – übersteigen. Der Staat darf nicht kleinere Gemeinschaften oder Einzelin-

itiativen ersetzen oder zerstören. Vielmehr sollte er diesen helfen, mit größerer Wirksamkeit zum Wohl aller beizutragen, und ihre Aktivitäten dort ergänzen, wo die Forderungen der Gerechtigkeit ihre Möglichkeiten übersteigen. Dies bedeutet jedoch nicht, daß diejenige Regierung die beste Politik macht, die am wenigsten Einfluß nimmt. Vielmehr erkennt man eine gute Regierung daran, daß sie tatsächlich anderen Gruppen der Gesellschaft „hilft", zum Gemeinwohl beitragen zu können, indem sie die Wirtschaft durch ordnungspolitische Maßnahmen ermutigt und regelt, wie „es die Situation erfordert und die Notwendigkeit verlangt."[75] Dies erfordert Zusammenarbeit und das Bemühen um Konsens zwischen den verschiedenen Kräften unseres Wirtschaftslebens, einschließlich des Staates. Die genaue Art und Weise des Eingreifens des Staates in diesen Prozeß kann nicht abstrakt festgelegt werden. Sie hängt von den spezifischen Bedürfnissen ab sowie von der wirksamsten Methode, sie zu befriedigen.

D. Christliche Hoffnung und der Mut zum Handeln

125. Der christliche Glaube beruht auf der Überzeugung, daß Gott die Menschen und die gesamte Schöpfung dazu bestimmt hat, „ein Königreich der Wahrheit und des Lebens, der Heiligkeit und der Gnade, der Gerechtigkeit, der Liebe und des Friedens" zu sein[76]. Diese Überzeugung gibt den Christen in ihrem Kampf mit den wirtschaftlichen Schwierigkeiten der heutigen Welt eine große Hoffnung. Diese Hoffnung ist kein naiver Optimismus, der sich einbildet, zur Gestaltung einer durch und durch gerechten Gesellschaft seien einfache Rezepte leicht zur Hand. Die geschichtliche und weltweite Erfahrung der Kirche hat sie allen Ideologien gegenüber, die behaupten, die endgültige Antwort auf alle Probleme der Menschen zu besitzen, mißtrauisch gemacht[77]. Die christliche Hoffnung hat ein viel stärkeres Fundament als solche Ideologien, denn sie beruht auf dem Wissen, daß Gott in der Welt wirkt und „daß Gott eine neue Wohnstätte und eine neue Erde bereitet, auf der die Gerechtigkeit wohnt."[78]

126. Diese Hoffnung stärkt und spornt die christlichen Bemühungen an, trotz aller Schwierigkeiten und Rückschläge eine gerechtere Wirtschaftsordnung zu schaffen[79]. Die christliche Hoffnung ist stark und unumstößlich, denn sie ist verankert in einem Glauben, der weiß, daß die Fülle des Lebens jenen zuteil wird, die Christus auf seinem Kreuzweg nachfolgen. In ihrem Bemühen um konkrete Antworten sind alle Mitglieder der christlichen Gemeinde aufgerufen zu einer immer differenzierteren Erkenntnis der Schmerzen wie auch der Chancen in ihrer Umwelt, um den dringendsten Bedürfnissen Abhilfe zu schaffen und so eine gerechtere Gesellschaft aufzubauen[80]. Dies ist eine Gemeinschaftsaufgabe, die den Dialog, Mut zum Experimentieren und Phantasie erfordert. Sie fordert auch einen tiefen Glauben und eine mutige Liebe.

DRITTES KAPITEL

Ausgewählte Themen zur Wirtschaftspolitik

127. Wir haben diese ethische Sicht entfaltet als eine Richtschnur für alle, die bemüht sind, in ihren täglichen wirtschaftlichen Entscheidungen dem Evangelium treu zu bleiben, und auch als eine Herausforderung, die wirtschaftlichen Bedingungen, die unser Leben und unsere Welt prägen, zu verändern. Diese Bedingungen verkörpern und vermitteln gesellschaftliche Werte; sie haben deshalb eine ethische Bedeutung sowohl in sich selbst als auch in ihren Auswirkungen. Christen müssen, wie alle Menschen, darüber nachdenken, wie die konkreten Ergebnisse ihrer wirtschaftlichen Aktivitäten der Menschenwürde dienen. Sie müssen sich Rechenschaft ablegen über das Ausmaß, in dem die Strukturen und die Praktiken dee Wirtschaft ihre sittliche Überzeugung unterstützen oder untergraben.

128. Diese Bedeutung wirtschaftlicher Praktiken, Strukturen und Ergebnisse führt zu einer Reihe von Schlußfolgerungen. Manche Leute behaupten, daß eine uneingeschränkt freie Marktwirtschaft, in der Eigentümer, Arbeitnehmer und Konsumenten ihre aufgeklärten Eigeninteressen verfolgen, die größtmögliche Freiheit, materielle Wohlfahrt und Gerechtigkeit hervorbringe. Politisch bedeutet dies eine möglichst geringe Einmischung in die Wirtschaft, da diese ein so delikater Mechanismus ist, daß jeder Versuch, sie zu verbessern, mit einiger Wahrscheinlichkeit ins Gegenteil umschlägt. Andere vertreten die Ansicht, das kapitalistische System sei in sich ungerecht und befände sich deswegen im Widerspruch zu christlichen Moralvorstellungen, weil es auf Habsucht, Wettbewerb und eigensüchtigem Individualismus beruhe. Sie behaupten, daß der Kapitalismus im Ansatz falsch und zum Untergang

verurteilt sei und durch ein völlig anderes System zu ersetzen sei, das Privateigentum, Gewinnstreben und den freien Markt abschafft.

129. Die Katholische Soziallehre hat traditionsgemäß diese ideologischen Extreme abgelehnt, denn diese führen mit einiger Wahrscheinlichkeit zu Ergebnissen, die der Menschenwürde und der wirtschaftlichen Gerechtigkeit zuwiderlaufen[1]. Die Kirche setzt sich für die Verbesserung einer Vielfalt wirtschaftlicher und politischer Rahmenbedingungen ein. Dabei geht sie von der Annahme aus, daß die Wirtschaft von Menschen geschaffen wurde und von ihnen auch verändert werden kann. Aber es ist nicht Aufgabe der Kirche, ein bestimmtes neues Wirtschaftssystem zu entwerfen oder zu fördern. Die Kirche muß vielmehr alle Reformen unterstützen, welche die Hoffnung auf eine Wandlung unserer wirtschaftlichen Verhältnisse hin zu einer systematischeren Verwirklichung der christlichen Sittenlehre enthalten. Ebenso muß die Kirche darauf vorbereitet sein, Praktiken und Institutionen anzuprangern, welche die Verwirklichung dieser Sittenlehre behindern oder weiter von ihr entfernen.

130. Kurzum, die Kirche ist nicht an irgendein bestimmtes wirtschaftliches, politisches oder soziales System gebunden. Sie hat mit vielen Formen wirtschaftlicher und sozialer Organisation gelebt und wird dies auch weiterhin tun. Dabei bewertet sie jedes einzelne System nach moralisch-ethischen Grundsätzen: Welche Auswirkungen hat das System auf die Menschen? Stützt oder bedroht es die Menschenwürde?

131. In diesem Dokument tragen wir Überlegungen vor, die sich auf die Besonderheiten der amerikanischen Wirtschaft beziehen. Dabei sind wir uns klar über die Notwendigkeit, nicht nur Einzelfragen, sondern das ganze Wirtschaftssystem berücksichtigen zu müssen. Wir nehmen bei unserer Analyse der amerikanischen Wirtschaft einen pragmatischen und evolutionären Standpunkt ein. Wir leben in einem „gemischten" Wirtschaftssystem, das aus einer langen Geschichte von Reformen und Anpassungen hervorgegangen ist. Im Geiste dieser pragmatischen amerikanischen Reformtradition bemühen wir uns um eine gerechtere Wirtschaft. Unsere Nation hat bei diesem

Bemühen zahlreiche Aktiva einzubringen: riesiger wirtschaftliche, technologische und menschliche Ressourcen sowie ein repräsentatives Regierungssystem, durch das wir alle auf die wirtschaftlichen Entscheidungen Einfluß nehmen können.

132. Obwohl wir uns in diesem Kapitel in erster Linie auf solche Aspekte der Wirtschaft konzentrieren, in denen wir Reformen für durchführbar halten, möchten wir aber betonen, daß sich die Katholische Soziallehre direkt mit weitergehenden Fragen zum Wirtschaftssystem selbst und seinem inhärenten Wertesystem befaßt – Fragen, die im katholischen Verständnis von wirtschaftlicher Gerechtigkeit nicht vernachlässigt werden dürfen[2]. Zum Beispiel: Legt unser Wirtschaftssystem mehr Wert auf Gewinnmaximierung als auf die Befriedigung menschlicher Bedürfnisse und die Förderung der Menschenwürde? Verteilt unsere Wirtschaft ihre Erträge gleichmäßig oder konzentriert sie Macht und Ressourcen in den Händen weniger? Fördert sie übermäßig Materialismus und Individualismus? Schützt sie hinreichend die Umwelt und die natürlichen Ressourcen der Nation? Gibt sie zu viele knappe Ressourcen für militärische Zwecke aus? Diese und andere grundsätzliche Fragen zur Wirtschaft müssen im Lichte der ethischen Grundsätze, die wir aufgezeigt haben, sorgfältig geprüft werden. Wir empfehlen dringend, der Erforschung dieser Systemfragen intensiver nachzugehen, als es im Rahmen dieses Dokumentes möglich ist.

133. Mit folgenden Themen wollen wir uns hier auseinandersetzen: 1. Beschäftigung; 2. Armut; 3. Ernährung und Landwirtschaft; 4. die Rolle der USA in der Weltwirtschaft. Diese Themen wurden ausgewählt sowohl wegen ihrer Bedeutung für die wirtschaftlichen „Zeichen der Zeit" als auch für die ethischen Grundsätze unserer Tradition. Jedes Thema ist ein Beispiel für die amerikanische Politik in ihrer Bedeutung für die wirtschaftliche Gerechtigkeit in der Nation und in der Welt, und jedes Thema beleuchtet wichtige, ethische Grundsätze und Normen der Katholischen Soziallehre. Unsere Behandlung dieser Themen stellt keine umfassende Analyse der Wirtschaft der Vereinigten Staaten dar. Wir betonen ausdrücklich, daß diese Themen Beispiele sind für die Wechselbezie-

hung zwischen sittlichen Werten und wirtschaftlichen Bedingungen in unserer Zeit, daß sie aber nicht alle diesbezüglichen Werte und Bedingungen umfassen. Dieses Dokument ist keine technische Blaupause für eine Reform der Wirtschaft. Es ist vielmehr der Versuch einer ernsthaften ethischen Analyse, die zu einer gerechteren Wirtschaft hinführen soll.

134. Wir konzentrieren uns auf einige zentrale Wirtschaftsthemen der Vereinigten Staaten unter dem Blickwinkel ethischer Grundsätze. Dabei sind wir uns darüber im klaren, daß der Schritt vom Grundsatz zur politischen Anwendung komplex und schwierig ist und daß diese ethischen Grundsätze – so wesentlich für die Festlegung der Politik sie sind – keine bestimmten Lösungen vorschreiben. Sie müssen in Wechselwirkung treten mit empirischen Daten, mit historischen, sozialen und politischen Gegebenheiten und auch mit dem Wettbewerb um begrenzt vorhandene Ressourcen. Die Richtigkeit unserer Beurteilung hängt nicht nur von der moralischen Kraft unserer Grundsätze ab, sondern auch von der Genauigkeit unserer Informationen und von der Gültigkeit unserer Annahmen.

135. Unsere Beurteilungen und Empfehlungen zu bestimmten Wirtschaftsthemen haben nicht dieselbe moralische Autorität wie unsere Aussage zu allgemeinen ethischen Grundsätzen und zur formalen Lehre der Kirche. Erstere stehen in Zusammenhang mit Umständen, die sich ändern können oder die von Menschen guten Willens unterschiedlich interpretiert werden können. Wir erwarten und begrüßen die Auseinandersetzung mit unseren politischen Empfehlungen. Jedoch wünschen wir, daß unsere Aussagen zu diesen Themen ernsthaft bedacht werden von Katholiken, die überlegen, ob ihre eigene sittliche Beurteilung übereinstimmt mit dem Evangelium und der Katholischen Soziallehre. Wir stehen auf dem Standpunkt, daß Unterschiede in komplexen Wirtschaftsfragen – wenn diese im Rahmen der akzeptierten Grundsätze und Werte auftauchen – im Geiste gegenseitiger Achtung und in offenem Dialog vorgetragen werden sollten[3].

A. Beschäftigung

136. Vollbeschäftigung ist die Grundlage einer gerechten Wirtschaft. Die Schaffung neuer Arbeitsplätze mit angemessener Bezahlung und menschenwürdigen Arbeitsbedingungen hat höchste Priorität auf dem Gebiet der nationalen Wirtschaftspolitik. Wir als Nation müssen es ermöglichen, daß jeder Arbeitssuchende in einem angemessenen Zeitraum einen Arbeitsplatz findet. Bei der Betonung dieses Ziels stützen wir uns auf die Überzeugung, daß die menschliche Arbeit eine besondere Würde besitzt und bei der Herstellung von Gerechtigkeit in der Gesellschaft eine Schlüsselrolle spielt[4].

137. Arbeit ist ein Grundrecht; ein Recht, das die Freiheit aller schützt, am wirtschaftlichen Leben der Gesellschaft teilzunehmen. Es ist dies ein Recht, das den Grundsätzen der Gerechtigkeit entspringt, die wir oben darlegten. Diesem Recht entspricht auf der Seite der Gesellschaft die Pflicht, den Schutz dieses Rechtes zu sichern. Die Bedeutung dieses Rechtes geht aus der Tatsache hervor, daß Beschäftigung für die meisten Menschen entscheidend ist für ihre Selbstverwirklichung wie auch für die Erfüllung ihrer materiellen Bedürfnisse. Da in unserer Gesellschaft nur wenige Eigentum an Produktionsmitteln besitzen, ist Beschäftigung auch der beste Schutz vor Armut. Arbeitsplätze nutzen der Gesellschaft ebenso wie den Arbeitenden, denn sie ermögliches es mehr Menschen, zum Gemeinwohl beizutragen wie auch zur Produktivität, die für eine gesunde Wirtschaft unerläßlich ist.

1. Umfang und Auswirkung der Arbeitslosigkeit

138. Die Arbeitslosigkeit wird zu einem immer weiter verbreiteten und tief verwurzelten Problem in unserem Lande. In den Vereinigten Staaten gibt es etwa 8 Millionen Menschen, die Arbeit suchen und keine finden. Das sind etwa 7 Prozent der arbeitenden Bevölkerung[5]. Die amtliche Arbeitslosenzahl umfaßt weder diejenigen, die aufgehört haben, nach Arbeit zu suchen, noch die, die eine Teilzeitbeschäftigung haben, aber gerne Vollzeitbeschäftigung hätten. Wenn diese Gruppen hin-

zugerechnet werden, sieht man, daß etwa ein Achtel der arbeitenden Bevölkerung direkt von Arbeitslosigkeit betroffen ist[6]. Das Arbeitslosenproblem wird noch durch die Tatsache verschärft, daß fast drei Viertel der Arbeitslosen keine Zahlungen aus der Arbeitslosenversicherung erhalten[7].

139. In den letzten Jahren gab es einen beständigen Trend zu immer höheren Arbeitslosenzahlen, sogar in guten Zeiten. Zwischen 1950 und 1980 war die jährliche Arbeitslosenrate nur in den Rezessionsjahren 1975 und 1976 höher als heute. Zeiten wirtschaftlicher Erholung in diesen drei Jahrzehnten senkten die Arbeitslosenzahlen auf drei und vier Prozent. Seit 1979 liegt die Rate jedoch allgemein über sieben Prozent.

140. Wer sind die Arbeitslosen? Überproportional vertreten sind unter den Arbeitslosen Schwarze, Spanischsprachige, junge Erwachsene, Frauen, die allein eine Familie ernähren sowie Personen mit unzureichender Bildung. Die Arbeitslosenzahl ist unter ethnischen Minderheiten fast doppelt so hoch wie unter Weißen. Bei den alleinverdienenden Frauen liegt die Arbeitslosenzahl über zehn Prozent. Bei schwarzen Teenagern erreicht die Arbeitslosenzahl die skandalöse Höhe von mehr als einem Drittel[8].

141. Die menschlichen Härten hoher Arbeitslosigkeit werden deutlich, wenn wir ihre Auswirkungen auf das Leben und die Menschenwürde untersuchen. Es ist eine tief verwurzelte Überzeugung in der amerikanischen Kultur, daß die Arbeit für die Freiheit und das Wohlergehen der Menschen von besonderer Bedeutung ist. Die Arbeitslosen erhalten oft das Gefühl, wertlos und gesellschaftlich unproduktiv zu sein. Jeden Tag, an dem sie arbeitslos sind, sagt ihnen die Gesellschaft: Wir brauchen dein Talent nicht. Wir brauchen deine Initiative nicht. Wir brauchen *dich* nicht. Arbeitslosigkeit wirkt sich verheerend auf die Gesundheit und die Stabilität des einzelnen und der Familie aus. Sie ruft Familienstreitigkeiten hervor, erhöht Alkoholkonsum, Kindes- und Ehegattenmißhandlung, Scheidung und höhere Kindersterblichkeit[9]. Arbeitslose haben oft das Gefühl, daß die Gesellschaft ihnen ihre Arbeitslosigkeit zum Vorwurf macht. Sehr wenige Menschen überstehen lange Zeiträume von Arbeitslosigkeit ohne psychischen Schaden, so-

gar wenn sie genügend Geld für ihre Bedürfnisse haben[10]. Im Extremfall kann der Druck der Arbeitslosigkeit Menschen in den Selbstmord treiben[11].

142. Neben der schrecklichen Verschwendung von Talent und schöpferischen Fähigkeiten ist die Arbeitslosigkeit auch für die Gesellschaft als Ganzes von Übel. Die Arbeitslosen zahlen wenig oder überhaupt keine Steuern und vermindern so das Einkommen der Kommunen, Länder und des Bundes. Zugleich erfordert eine steigende Arbeitslosenzahl größere Ausgaben für Arbeitslosenunterstützung, Essensmarken und andere Hilfeleistungen. 1986 wird schätzungsweise jeder Prozentpunkt an gestiegener Arbeitslosigkeit eine Steigerung von etwa 40 Milliarden Dollar für das Defizit des Bundes bedeuten[12]. Die Kosten für die Gesellschaft zeigen sich außerdem in einem Anwachsen der Kriminalität in Verbindung mit der Arbeitslosigkeit. Das Federal Bureau of Prisons meldet, daß steigende Arbeitslosigkeit eine steigende Zahl von Gefängnisinsassen nach sich zog. Andere Studien ergaben Verbindungen zwischen der Arbeitslosenrate und der Häufigkeit von Morden, Raubüberfällen, Diebstählen, Drogenmißbrauch und Jugendkriminalität[13].

143. Unsere eigenen Erfahrungen mit den Menschen, den Familien und den Gemeinden, die unter der schwierigen Last der Arbeitslosigkeit leiden, bringen uns zu der Überzeugung, daß wir es uns als Nation einfach nicht leisten können, Millionen gesunder Männer und Frauen arbeitslos zu lassen. Wir können uns die wirtschaftlichen Kosten nicht leisten, aber auch nicht die soziale Entwurzelung und die verheerenden menschlichen Tragödien, welche die Arbeitslosigkeit mit sich bringt. Schließlich können wir uns am allerwenigsten den Angriff auf die Menschenwürde leisten, der dann erfolgt, wenn Millionen von Menschen ohne angemessene Arbeit leben müssen. Daher müssen wir zu der Schlußfolgerung kommen, daß die derzeitigen Arbeitslosenzahlen unerträglich sind und daß sie uns die moralische Verpflichtung auferlegen, uns für politische Maßnahmen einzusetzen, welche die Arbeitslosigkeit reduzieren.

2. Arbeitslosigkeit in einer sich wandelnden Wirtschaft

144. Die Struktur der amerikanischen Wirtschaft befindet sich in einem Wandel, der sich sowohl auf die Quantität als auch auf die Qualität der Arbeitsplätze in unserem Lande auswirkt. Der Umfang und die Struktur der arbeitenden Bevölkerung beispielsweise haben sich in den letzten Jahren spürbar verändert. Aus verschiedenen Gründen gibt es heute mehr Menschen auf dem Arbeitsmarkt als je zuvor in unserer Geschichte. Das Bevölkerungswachstum hat den Vorrat an Arbeitsfähigen vergrößert. Hinzu kam eine große Zahl von Frauen, die ins Berufsleben eintraten, um ihre Begabungen und Ausbildung besser zu nutzen, aber auch aus wirtschaftlicher Notwendigkeit. Viele Familien benötigen zwei Einkommen, um in einigermaßen menschenwürdigen Umständen leben zu können. Haushalte mit alleinverdienenden Frauen hängen oft vom Einkommen der Mutter ab, um nicht dem Staat zur Last zu fallen. Aber auch Einwanderer, die in den Vereinigten Staaten ein besseres Leben suchen, haben die arbeitende Bevölkerung vergrößert. Allerdings können diese demographischen Veränderungen allein die gestiegene Arbeitslosigkeit nicht völlig erklären.

145. Auch technologische Veränderungen haben eine dramatische Auswirkung auf das Beschäftigungsbild der USA. Die voranschreitende Technologie hat zahlreiche Vorteile, sie kann aber auch soziale und wirtschaftliche Kosten hervorrufen einschließlich der Herabstufung und Freisetzung von Arbeitnehmern. Hochtechnologie und fortgeschrittene Automation verändern das Gesicht der Industrien und Beschäftigung in unserem Lande. in den siebziger Jahren entstanden etwa 90% aller neuen Arbeitsplätze im Dienstleistungssektor. Bis 1990 wird der Dienstleistungssektor voraussichtlich 72% aller Arbeitnehmer beschäftigen. Ein großer Teil der neu hinzugekommenen Arbeitsplätze in den 80er Jahren liegt im Bereich der seit eh und je schlecht bezahlten, rasch wechselnden Stellen wie etwa der Verkäufer, Büroangestellten, Pförtner und Kellner[14]. Allzuoft verfügen diese Arbeitsplätze nicht über Aufstiegsmöglichkeiten in Positionen mit höheren Anforde-

rungen und besserer Bezahlung. Infolgedessen könnte die sich wandelnde Struktur der amerikanischen Wirtschaft eine Umschichtung in Richtung auf Arbeitsplätze mit geringerer Bezahlung und geringerer Qualifikation herbeiführen.

146. Der steigende Wettbewerb am Weltmarkt ist ein weiterer Faktor, der die Zahl der Arbeitslosen in unserem Lande beeinflußt. Viele andere Exportländer haben die modernste Technologie angeschafft und entwickelt, die ihnen die Möglichkeit gibt, ihre Produktivitätsrate beträchtlich zu steigern. Verbunden mit sehr niedrigen Löhnen in vielen Ländern hat ihnen dies einen größeren Anteil am amerikanischen Markt und an den amerikanischen Exportmärkten verschafft. Gleichzeitig haben viele Konzerne ihre Niederlassungen in den USA stillgelegt und ihr Kapital, ihre Technologie und ihre Arbeitsplätze ins Ausland verlegt.

147. Die Diskriminierung auf dem Arbeitsmarkt ist einer der Gründe für die hohe Arbeitslosenzahl und das niedrige Einkommen bei ethnischen Minderheiten und Frauen. Zusätzlich zu den normalen Problemen bei der Arbeitsbeschaffung leiden Schwarze, Spanischsprachige, Indianer, Einwanderer und andere Minderheiten unter dieser Last der Diskriminierung. Die Diskriminierung gegen Frauen wird verschärft durch das Fehlen ausreichender Kindergärten und durch die mangelnde Bereitschaft zahlreicher Arbeitgeber, flexible Arbeitsbedingungen zu schaffen oder zusätzliche Sozialleistungen auf Teilzeitangestellte auszudehnen.

148. Hohe Ausgaben für die Verteidigung haben ebenfalls eine Auswirkung auf die Anzahl der Arbeitsplätze in unserer Wirtschaft. In unserem Hirtenbrief „Die Herausforderung des Friedens" haben wir die schwerwiegenden wirtschaftlichen Verzerrungen hervorgehoben, die durch das Wettrüsten bewirkt werden, wie auch die verheerenden Folgen für die Möglichkeit der Gesellschaft, für die Armen und die Bedürftigen zu sorgen. Die Beschäftigungssituation ist ein Gebiet, auf dem diese Verbindung sehr klar zutage tritt. Die Hunderte von Millionen Dollar, die unser Land jährlich für den Rüstungswettlauf ausgibt, bewirken eine riesige Belastung für die amerikanische Wirtschaft, aber auch einen ernstzunehmenden „Brain

Drain". Diese Ausgaben für das Wettrüsten bedeuten einen Nettoverlust an Arbeitsplätzen in der Wirtschaft, denn die Rüstungsindustrie ist weniger arbeitsintensiv als andere große Wirtschaftszweige[15]. Hinzu kommt, daß fast die Hälfte der amerikanischen Naturwissenschaftler und Techniker an Programmen arbeitet, die mit der Verteidigung in Verbindung stehen und über 60% des gesamten Forschungs- und Entwicklungsbudgets der Bundesregierung für militärische Zwecke ausgegeben wird[16]. Wir müssen die Frage stellen, ob unser Land jemals unsere Wirtschaft modernisieren und Vollbeschäftigung herstellen kann, wenn wir weiterhin einen so großen Teil unserer wirtschaftlichen und menschlichen Ressourcen den Projekten zuführen, die mit unserer Verteidigung zusammenhängen.

149. Dies sind einige der Faktoren, welche die Arbeitslosenzahl in den letzten Jahren in die Höhe getrieben haben. Obwohl unsere Wirtschaft seit 1970 mehr als 20 Millionen neue Arbeitsplätze geschaffen hat[17], gibt es weiterhin einen chronischen und sogar wachsenden Mangel an Arbeitsplätzen. Vor dieser Herausforderung haben es die Institutionen der Wirtschaft nicht geschafft, sich richtig und schnell genug anzupassen. So haben zum Beispiel das Versäumnis, in bestimmten Industriezweigen und Regionen ausreichend zu investieren, unzureichende Bildung und Ausbildung neuer Arbeitskräfte und unzulängliche Hilfen für Arbeitnehmer, die durch neue Technologien verdrängt wurden, das Beschäftigungsproblem verschärft.

150. Eine angemessene Zahl an Arbeitsplätzen in unserer Wirtschaft zu schaffen, ist unter den sich ändernden und vielschichtigen Bedingungen dieses Problemes eine komplexe Aufgabe. Sie erfordert zahlreiche Kompromisse und erhebliche Kosten. Trotzdem kann man sie lösen. Das Ziel der Vollbeschäftigung kann umfangreiche Anpassungsmaßnahmen und unsere Phantasie in einem Maße fordern, das die Grenzen der heutigen Politik und der Institutionen übersteigt, aber es ist eine Aufgabe, der wir uns stellen müssen.

3. Richtlinien des Handelns

151. Wir empfehlen unserem Lande, sich der Vollbeschäftigung als einer großen Aufgabe mit Nachdruck zu widmen. Gegenwärtig wird das Ideal der Vollbeschäftigung mit Worten beschworen, es gibt jedoch keinerlei feste Verpflichtung, sie zu verwirklichen. Wenn derzeit jede Anstrengung unternommen würde, die notwendigen Arbeitsplätze zu schaffen, dann könnte man sagen, die heutige Situation sei alles, was wir überhaupt erreichen könnten. Dies ist aber nicht der Fall. Unser Land tut weit weniger, als es könnte, um Arbeitsplätze zu schaffen.

152. Im vergangenen Jahrzehnt haben die Wirtschaftswissenschaftler, Politiker wie auch die Öffentlichkeit willfähriger eine Arbeitslosenquote von 6 bis 7 oder gar mehr Prozent hingenommen[18]. Wiewohl wir uns über die Schwierigkeiten und die Kompromisse im klaren sind, die bei der Reduzierung der Arbeitslosigkeit in Kauf genommen werden müssen, sind wir der Ansicht, daß eine Quote von 6 bis 7 Prozent weder unvermeidlich noch akzeptabel ist! Wenn es auch in einer Wirtschaft, in der ständig neue Arbeitskräfte auf den Markt kommen und andere ihre Stellen wechseln, sicher unmöglich ist, eine Null-Arbeitslosenziffer zu erreichen, so können doch geeignete politische Maßnahmen und aufeinander abgestimmte private und öffentliche Programme die Situation beträchtlich verbessern, vorausgesetzt, der Wille dazu ist vorhanden. Keine Wirtschaft kann als wirklich gesund betrachtet werden, wenn so vielen Millionen Menschen durch Kräfte, die sie nicht kontrollieren können, der Arbeitsplatz verwehrt wird. Die Akzeptanz der gegenwärtigen Arbeitslosenzahlen wäre vor zwanzig Jahren undenkbar gewesen. Sie sollte auch heute unerträglich sein.

153. Zuerst müssen wir einen Konsens darüber erzielen, daß der Mensch ein Recht auf Arbeit hat. Dann fällt die Aufgabe, Vollbeschäftigung herbeizuführen auf uns alle. Die Politiker, die Wirtschaft, die Gewerkschaften und die Allgemeinheit müssen die Voraussetzungen schaffen, die dieses Recht schützen. Wir müssen dafür sorgen, daß im ganzen Land ein

neuer Konsens entsteht, und wir müssen den notwendigen politischen Willen auf allen Ebenen mobilisieren, damit das Ziel der Vollbeschäftigung erreicht wird.

154. Wichtige Schritte im privaten und öffentlichen Bereich wie auch gemeinsame Maßnahmen beider Bereiche werden notwendig sein, wenn die Beschäftigungsrate in unserem Lande erhöht werden soll. Privatinitiative und Unternehmungsgeist sind für diese Aufgabe unverzichtbar, denn der private Sektor stellt etwa 80% der Arbeitsplätze in Amerika, und hier entstehen auch die meisten neuen Stellen[19]. Daher muß eine vernünftige Strategie zur Schaffung von Arbeitsplätzen davon ausgehen, daß private Firmen und kleine Betriebe hierbei eine wichtige Rolle spielen. Zugleich muß aber anerkannt werden, daß der Staat bei der Lösung des Arbeitslosenproblems eine wesentlich und unverzichtbare Rolle spielt. Der Markt allein wird nicht automatisch eine Vollbeschäftigung herstellen. Daher muß die Regierung handeln, um sicherzustellen, daß dieses Ziel erreicht wird. Sie muß dazu die allgemeine Wirtschaftspolitik koordinieren, Arbeitsbeschaffungsprogramme entwerfen und andere geeignete Maßnahmen treffen.

155. Wirksame Schritte gegen die Arbeitslosigkeit erfordern eine sorgfältige Mischung von wirtschaftspolitischen Maßnahmen und gezielten Beschäftigungsprogrammen. Insgesamt sollten diese Maßnahmen und Programme die Vollbeschäftigung zum höchsten Ziel haben.

a) Allgemeine Wirtschaftspolitik

156. Die allgemeine oder makroökonomische Politik der Bundesregierung ist ein wichtiges Mittel zur Förderung gleichmäßigen Wirtschaftswachstums, das mehr und bessere Arbeitsplätze hervorbringt. *Wir empfehlen, daß die Steuer- und Geldpolitik des Landes – wie etwa die Ausgabenpolitik des Bundes, die Steuer- und Zinspolitik – in dem Streben nach Vollbeschäftigung koordiniert werden sollten*

157. Die allgemeine Wirtschaftspolitik muß sich in ihrem Bemühen um mehr Arbeitsplätze auch mit dem Problem der Inflation auseinandersetzen[20]. Es besteht ein echtes Risiko in-

flationären Drucks als Ergebnis einer solchen Expansionspolitik. Unsere Antwort darauf sollte aber nicht darin bestehen, das Ziel der Vollbeschäftigung aufzugeben, sondern wirksame antiinflationäre Maßnahmen zu entwickeln.

158. Obwohl das Wachstum der Wirtschaft eine wichtige und notwendige Voraussetzung zum Abbau der Arbeitslosigkeit ist, reicht es allein doch nicht aus. Wenn man etwas für die Vollbeschäftigung und Inflationsbegrenzung tun will, muß man außerdem speziellere Maßnahmen und Programme entwickeln, die auf Einzelaspekte des Problems der Arbeitslosigkeit zielen[21].

b) Zielgerichtete Beschäftigungsprogramme

159. (1) *Wir empfehlen die Erweiterung von Ausbildungs- und Lehrlingsprogrammen im privaten Sektor in Zusammenarbeit von Wirtschaft, Gewerkschaften und Staat.* Jede wohldurchdachte Strategie der Beschäftigung muß sich systematisch mit der Entwicklung der technischen und organisatorischen Fähigkeiten befassen, die in einer dynamischen und produktiven Wirtschaft gebraucht werden. Investitionen in eine gute Ausbildung der Arbeitnehmer sind eine Vorbedingung zur Erhaltung des Wirtschaftswachstums und zur Erlangung größerer Gerechtigkeit in den Vereinigten Staaten. Die Pflicht, hier zu investieren, trifft sowohl den privaten als auch den öffentlichen Sektor. Heute müssen die Unternehmer, die Gewerkschaften und der Staat ihre Bemühungen koordinieren und ihre Ressourcen vereinen, damit sie einen spürbaren Anstieg in der Zahl der Lehrlings- und Weiterbildungsprogramme erzielen. Wir empfehlen ein nationales Engagement zur Beseitigung des Analphabetentums und dazu, Menschen mit den Fähigkeiten auszustatten, die sie brauchen, um sich den wechselnden Anforderungen der Arbeitswelt anzupassen.

160. Bei der Geschwindigkeit des technologischen Wandelns in unserer Zeit ist die berufliche Weiterbildung sogar noch wichtiger geworden als in der Vergangenheit. Die Wirtschaft muß sie ermöglichen, denn gut ausgebildete Arbeitnehmer sind für die Produktivitätssteigerung unerläßlich. Die

Gewerkschaften sollten dies ebenfalls unterstützen, da ihre Mitglieder Versetzungen und Arbeitsplatzverlust immer mehr ausgeliefert sind, wenn sie nicht ihre Fertigkeiten und ihre Flexibilität am Arbeitsplatz ständig weiterentwickeln. Und auch die örtlichen Gemeinden sollten ein Interesse daran haben, weil ihr finanzielles Wohlergehen Schaden nimmt, wenn die ortsansässige Industrie sich nicht weiterentwickelt, sondern schließen muß.

161. Die beste Medizin gegen Betriebsstillegungen ist die Vorbeugung. Die Vorbeugung hängt nicht nur davon ab, ob Kapitalinvestitionen in hochentwickelte Technologie die Produktivität steigern sollen, sondern auch von der Aus- und Weiterbildung der Arbeitnehmer im privaten Bereich. Wenn Fabriken stillgelegt werden müssen, haben Management, Gewerkschaften und Gemeinden die Pflicht, dafür zu sorgen, daß die Arbeitnehmer nicht einfach zur Seite gestellt werden. Umschulungsprogramme sind in solchen Fällen noch notwendiger.

162. (2) *Wir empfehlen eine umfangreiche Förderung direkter Stellenbeschaffungsprogramme, die sich an die Langzeitarbeitslosen und die Arbeitslosen mit besonderen Bedürfnissen wenden.* Solche Programme können eine direkte Anstellung im öffentlichen Dienst, aber auch Subventionen für Arbeitsplätze in der Privatwirtschaft vorsehen. In beiden Fällen werden Arbeitsplätze für wenig qualifizierte Kräfte geschaffen, und zwar kostengünstiger und weniger inflationsfördernd als durch eine allgemeine Ankurbelung der Wirtschaft[22]. Die Kosten der Arbeitsplatzbeschaffung müssen auch aufgerechnet werden mit den Einsparungen der Regierung durch geringere Ausgaben für die Arbeitslosenunterstützung und die gesteigerten Einnahmen aus den Steuern der Neueingestellten.

163. Wenn Gelder der öffentlichen Hand wirksam eingesetzt werden, können sie auch Arbeitsplätze in der Privatwirtschaft für Langzeitarbeitslose und besonders schwer zu vermittelnde Gruppen nach sich ziehen. Versuche sollten angestellt werden über die genaue Art, wie solche Subventionen am besten die Beteiligung der Wirtschaft und die Schaffung ständiger Arbeitsplätze bewirken können.

164. Diese Bemühungen um die Schaffung von Arbeitsplätzen sollten besonders darauf abzielen, ins Abseits gedrängte Menschen in die Arbeitswelt einzubeziehen. Sie sollten eine Netto-Steigerung in der Zahl der Arbeitsplätze erbringen und nicht die Last der Arbeitslosigkeit von einer auf die andere Bevölkerungsgruppe verschieben. Sie sollten außerdem auf die Schaffung langfristiger Stellen hinwirken und die notwendige Unterstützung umfassen, um den Arbeitslosen zu helfen, Arbeit zu finden und zu behalten.

165. Neugeschaffene Stellen sollten Güter und Dienstleistungen hervorbringen, welche die Gesellschaft braucht und schätzt. Es entspricht sowohl dem gesunden Menschenverstand als auch den Regeln vernünftigen Wirtschaftens, Arbeitsplätze dort zu schaffen, wo unbefriedigte Bedürfnisse der Gesellschaft liegen. Im ganzen Land gibt es in jedem Bundesstaat und an jedem einzelnen Ort genügend Beispiele für die Bedürfnisse der Gesellschaft, die nicht befriedigt werden. Viele unserer Parkanlagen und Freizeiteinrichtungen brauchen Pflege und Reparatur. Viele Brücken und Straßen in unserem Land müßten in Ordnung gebracht werden. Wir haben einen riesigen Bedarf an kostengünstigem Wohnraum. Unser Bildungssystem, unsere Tagesstätten und Einrichtungen für die alten Menschen wie auch andere Leistungen der Gemeinden sollten ausgeweitet werden. Gleichzeitig aber gibt es mehr als acht Millionen Amerikaner, die nach produktiver und sinnvoller Arbeit suchen. Wir haben die Möglichkeit, diesen Bedürfnissen zu entsprechen, indem wir arbeitswilligen Amerikanern an solchen Stellen Arbeit verschaffen, an denen ihr Einsatz dringend benötigt wird. Der übergeordnete sittliche Wert, der darin liegt, arbeitslosen Menschen durch Arbeit ein neues Gefühl von persönlicher Würde und Selbstachtung zu verschaffen, spricht ebenfalls sehr für diese Programme.

166. Diese Bestrebungen zur Arbeitsplatzbeschaffung werden mehr Zusammenarbeit und neue Verbindungen zwischen dem privaten und dem öffentlichen Sektor auf allen Ebenen erforderlich machen. Es gibt schon jetzt eine ganze Reihe von Beispielen dafür, wie erfolgreich solche Bemühungen sein können[23]. Wir glauben, daß die Möglichkeiten, die in dieser Art

von Partnerschaft enthalten sind, erst allmählich genutzt werden.

c) Überprüfung neuer Wege

167. Zusätzlich zu den oben vorgeschlagenen Maßnahmen sind wir der Ansicht, daß ein Bedarf besteht für die sorgfältige Untersuchung und Erprobung anderer Wege, welche die Qualität und auch die Quantität von Arbeitsplätzen verbessern können. Mehr Job-sharing, Zeitflexibilität und geringere Wochenarbeitszeit gehören zu den Themen, die weiterhin auf der Tagesordnung der öffentlichen Diskussion stehen sollten. Man sollte auch darüber nachdenken, Zwangsüberstunden einzuschränken oder abzuschaffen. Ebenso sollte man Maßnahmen untersuchen zum Abbau des übermäßigen Einsatzes von Teilzeitangestellten, die keine Zusatzleistungen erhalten[24]. Neue Wege sollten erforscht werden auf dem Gebiet der Ausbildung schwer zu vermittelnder, freigesetzter und behinderter Arbeitskräfte sowie von solchen mit besonderen Bedürfnissen. Besonders notwendig ist es, gleiche Bezahlung für Männer und Frauen zu erreichen sowie bessere Bezahlung und Arbeitsbedingungen für die Niedriglohngruppen. Unsere Nation sollte sich mehr um wirksame Maßnahmen zur Gleichbehandlung bemühen, um denen zu helfen, die in der Vergangenheit das Opfer von Rassen- oder Geschlechtsdiskriminierung wurden. Auch brauchen wir neue Wege der Arbeitsvermittlung. Ein weiterer wichtiger Punkt, der mehr Aufmerksamkeit verdient, ist die Verbesserung der Sicherheit am Arbeitsplatz.

168. Weit mehr Aufmerksamkeit aber verdient die langfristige Aufgabe, einen Teil der Rüstungsindustrie des Landes friedlicheren und gesellschaftlich produktiveren Zwecken zuzuführen. Unser Land muß wirksamere Wege finden, diese Industriezweige umzurüsten, die Arbeitskräfte umzuschulen und den betroffenen Gemeinden die notwendigen Anpassungshilfen zu leisten.

169. Dies sind einige der Wege, die auf der Suche nach einer gerechten Arbeitsmarktpolitik erkundet werden müssen. Der

Glaube an die innere Würde der menschlichen Arbeit und an das Recht auf Beschäftigung sollte die Menschen in allen Bereichen der Gesellschaft anregen, diese Suche auf neue und kreative Weise fortzuführen.

B. Armut

170. Mehr als 33 Millionen Amerikaner – etwa ein Siebtel unserer Gesamtbevölkerung – sind nach der offiziellen Definition der Regierung arm. Die Normen der Menschenwürde und die bevorzugte Behandlung der Armen zwingen uns, dieses Thema mit besonderem Nachdruck zu behandeln. Sich mit der Armut auseinanderzusetzen, ist kein Luxus, den sich unsere Nation leisten kann, wenn sie dazu die Zeit und die Ressourcen hat. Dies ist vielmehr ein sittliches Gebot von höchster Priorität.

171. Besonderns besorgniserregend ist die Tatsache, daß die Armut im letzten Jahrzehnt drastisch angestiegen ist. Der Umfang der Armut ist seit 1973 um etwa ein Drittel gestiegen. Obwohl die jüngste Wirtschaftserholung ein geringes Absinken der Armutsrate mit sich gebracht hat, liegt sie noch immer höher als irgendwann in den vergangenen zwei Jahrzehnten[25].

172. Als Seelsorger haben wir unmittelbar in die Gesichter der Armut in unserer Mitte geschaut. Menschen ohne Wohnsitz streifen in zerrissenen Kleidern durch die Städte und übernachten in Toreinfahrten oder U-Bahn-Schächten. Viele von ihnen sind ehemals psychisch gestörte Patienten, die aus den staatlichen Krankenanstalten entlassen wurden. Tausende stehen Schlange vor den Suppenküchen, denn sie können sich nicht anders ernähren. Millionen Kinder werden so schlecht ernährt, daß ihr körperliches und geistiges Wachstum ernsthaft beeinträchtigt wird[26]. Wir haben auch die wachsenden wirtschaftlichen Schwierigkeiten und die Unsicherheit gesehen, denen Amerikaner mit bescheidenen Einkommen ausgesetzt sind, wenn sie ihren Arbeitsplatz und ihr Einkommen durch Einflüsse verlieren, die sich ihrer Kontrolle entziehen. Dies sind alarmierende Zeichen und Entwicklungen. Sie rich-

ten an unser Land die dringende moralische und menschliche Forderung nach einer Gesellschaft, in der niemand ohne die grundlegenden materiellen Voraussetzungen der Menschenwürde und menschlicher Entfaltung auskommen muß.

173. Die Armut kann auf viele verschiedene Arten beschrieben und definiert werden. Sie kann geistige und auch materielle Armut beinhalten. Ebenso wechselt ihre Bedeutung je nach dem historischen, sozialen und wirtschaftlichen Umfeld. Die heutige Form der Armut unterscheidet sich von der noch schlimmeren Entbehrung, an der in früheren Jahrhunderten die Vereinigten Staaten litten, oder derjenigen, die manche Länder der Dritten Welt heute erleiden. Unsere Betrachtung über die Armut bezieht sich auf die heutige amerikanische Gesellschaft. Als Armut bezeichnen wir hier den Mangel an materiellen Mitteln, die für einen würdigen Lebensstandard nötig sind. Wir wenden die offizielle Armutsdefinition der Regierung an, obwohl wir ihre Grenzen erkennen[27].

1. Charakteristische Merkmale der Armut

174. Die Armut ist kein isoliertes Problem einer kleinen Anzahl von anonymen Menschen, die in unseren Städten leben. Sie ist auch nicht begrenzt auf eine abhängige Unterschicht oder auf eine bestimmte Gruppe in Amerika. Sie ist eine Erfahrung, die viele Menschen unterschiedlicher Berufe und unterschiedlicher Lebensumstände irgendwann einmal machen. Viele arme Menschen üben Berufe aus, aber zu Löhnen, die nicht ausreichen, um sie aus der Armut zu entlassen[28]. Andere können nicht arbeiten und sind daher auf Unterstützung von außen angewiesen. Wieder andere befinden sich am Rande der Armut; obwohl sie offiziell nicht als arm bezeichnet werden, leben sie in wirtschaftlicher Unsicherheit und in der Gefahr, zu verarmen.

175. Viele Arme schaffen es, dem Leben unterhalb der offiziellen Armutsgrenze zu entkommen, andere aber verharren lange Zeit dort. Armut über lange Zeiträume findet man vor allem bei ethnischen Minderheiten und bei Familien alleinernährender Frauen. Sie tritt außerdem besonders häufig in länd-

lichen Gebieten und in den Südstaaten auf[29]. Unter den langfristigen Armen sieht man in erster Linie Arbeiter, deren Löhne zu niedrig sind, um sie aus der Armut zu befreien, aber auch Alte, Behinderte, sowie Eltern von Vorschulkindern. Im allgemeinen können sie nicht mehr Stunden arbeiten, als sie bereits tun[30].

a) Kinder in Armut

176. Die Armut trifft manche gesellschaftliche Gruppen härter als andere. Am bedrückendsten ist vielleicht die steigende Zahl armer Kinder. Heute ist jedes vierte amerikanische Kind unter dem Alter von sechs Jahren und jedes zweite schwarze Kind derselben Altersklasse arm. Die Zahl der Kinder in Armut wuchs um vier Millionen in dem Jahrzehnt zwischen 1973 und 1983, mit dem Ergebnis, daß es heute in Amerika mehr arme Kinder gibt als irgendwann seit 1965[31]. Das Problem ist besonders schwerwiegend in Familien, deren Oberhaupt eine Frau ist; dort sind die Hälfte aller Kinder arm. Zwei Drittel der schwarzen Kinder und fast drei Viertel der spanischsprechenden Kinder in solchen Familien sind arm.

177. Sehr viele arme Familien mit Kindern erhalten keine öffentliche Unterstützung, sie haben keine Krankenversicherung und können Arztrechnungen nicht bezahlen. Weniger als die Hälfte von ihnen haben Immunschutz gegen verhütbare Krankheiten wie etwa Diphtherie und Kinderlähmung[32]. Arme Kinder sind schon vor ihrer Geburt benachteiligt; dadurch, daß ihre Mütter keinen Zugang zu guter praenataler Versorgung haben, ist bei ihnen die Gefahr der Frühgeburt, eines niedrigen Geburtsgewichtes, körperlicher und geistiger Schäden und des Todes innerhalb des ersten Lebensjahres besonders groß.

b) Frauen in Armut

178. In den letzten zwanzig Jahren haben wir eine dramatische Steigerung in der Armutsziffer bei Frauen erlebt[33]. Diese Ziffer umfaßt alleinerziehende Mütter ebenso wie Frauen mit unzureichendem Einkommen nach einer Scheidung, dem Tod

des Ehemannes oder im Alter. Mehr als ein Drittel aller von Frauen finanzierter Haushalte lebt in Armut. Unter den Minderheitsfamilien, die von Frauen ernährt werden, liegt die Armutsrate bei über fünfzig Prozent[34].

179. Die ungleiche Bezahlung der Frauen steht als Hauptursache hinter diesen hohen Armutsziffern. Viele Frauen haben eine Anstellung, bleiben aber arm, da ihre Löhne zu niedrig sind. Frauen mit Arbeitsplätzen außer Hause, die das ganze Jahr arbeiten, verdienen nur 61% dessen, was die Männer verdienen. Einen vollen Arbeitsplatz zu haben, ist also an sich noch kein ausreichendes Mittel gegen Frauenarmut. Hunderttausende von Frauen haben eine Ganztagsstelle, und trotzdem sind sie arm. Sechzig Prozent aller Frauen arbeiten in nur zehn verschiedenen Berufen, und die meisten neuen Arbeitsplätze für Frauen liegen in Bereichen mit niedriger Bezahlung und begrenzten Aufstiegsmöglichkeiten. Zahlreiche Frauen leiden unter eindeutiger Benachteiligung bei der Bezahlung, bei der Arbeitsplatzeinstufung, bei Beförderungen und anderen Dingen[35]. Daher finden sie sich dann an Arbeitsstellen mit geringem Status wieder, mit geringer Sicherheit, schwacher Gewerkschaftsvertretung und wenig zusätzlichen Sozialleistungen. Diese Diskriminierung ist unmoralisch. Es müssen Anstrengungen unternommen werden, um die Auswirkungen des Sexismus in unserer Gesellschaft zu beseitigen.

180. Die Verantwortung der Frauen für die Erziehung der Kinder ist ein weiterer Faktor, der berücksichtigt werden muß. Trotz der zahlreichen Veränderungen im Ehe- und Familienleben in den letzten Jahrzehnten, tragen die Frauen immer noch die Hauptverantwortung auf diesem Gebiet. Wenn Ehen zerbrechen, übernehmen gewöhnlich die Frauen das Sorgerecht für die Kinder und tragen die größte finanzielle Last, um sie zu ernähren. Die Frauen gehen oft schon im voraus davon aus, daß sie die Arbeitswelt verlassen werden, um Kinder zu bekommen und großzuziehen, und oftmals treffen sie ihre Berufswahl unter diesem Aspekt. In anderen Fällen werden sie wegen ihrer Pflichten der Kindererziehung nicht eingestellt oder nicht in höhere Positionen befördert. Außerdem erhalten die meisten geschiedenen oder getrennt lebenden Mütter kein

Kindergeld. 1983 erhielt weniger als die Hälfte aller alleinerziehenden Mütter Kindergeld, und von diesen wiederum erhielt nur die Hälfte das Geld in der vollen Höhe, zu der sie berechtigt waren. Noch weniger Frauen erhalten Alimente (14%), und zahlreiche ältere Frauen werden nach einem Leben für die Familie und die Kinder verlassen und leben in Armut[36]. Diese Frauen haben große Schwierigkeiten, Arbeit zu finden und sich gegen Krankheit zu versichern.

c) Ethnische Minderheiten und Armut

181. Obwohl die meisten Armen in unserem Lande Weiße sind, ist die Armut unter denen am weitesten verbreitet, welche die Wucht von Rassenvorurteil und -diskriminierung auszuhalten haben. Schwarze sind beispielsweise etwa mit dreimal größerer Wahrscheinlichkeit arm als Weiße. Während jeder neunte weiße Amerikaner arm ist, trifft dies auf jeden dritten Schwarzen und Indianer zu und auf jeden vierten Spanischsprachigen[37]. Zwar sind einige Mitglieder von Minderheiten auf der Leiter des wirtschaftlichen Erfolges nach oben gekommen, doch das Gesamtbild zeigt, daß das Einkommen einer schwarzen Familie nur 55% des Einkommens einer weißen Familie beträgt; d. h. wir haben es mit einem Einkommensunterschied zu tun, der heute größer ist als je in den letzten fünfzehn Jahren[38].

182. Trotz der Fortschritte, die in Richtung auf eine Gleichbehandlung der Rassen zu verzeichnen sind, schließen auch heute noch Vorurteile und Diskriminierung und deren Folgen aus der Vergangenheit viele Mitglieder ethnischer Minderheiten vom Hauptstrom des amerikanischen Lebens aus. Diskriminierende Praktiken am Arbeitsmarkt, im Bildungssystem und bei Wahlen schaffen Hindernisse für Schwarze, Spanischsprachige, Indianer und andere Minderheiten in ihrem Bemühen, ihre wirtschaftliche Situation zu verbessern[39]. Diese Diskriminierung beweist den Fortbestand des Rassismus mitten unter uns. In unserem Hirtenbrief *„Unsere Brüder und Schwestern“* haben wir diesen Rassismus als eine Sünde bezeichnet – „eine Sünde, welche die menschliche Familie teilt,

das Bild Gottes bei bestimmten Mitgliedern dieser Familie zerstört und die Menschenwürde jener verletzt, die Kinder desselben Vaters genannt werden"[40].

2. Wirtschaftliche Ungleichheit

183. Wichtig ist für unsere Diskussion der Armut in Amerika ist ein Verständnis für das Ausmaß der wirtschaftlichen Ungleichheit in unserem Lande. Unsere Wirtschaft ist geprägt von einer höchst ungleichen Verteilung von Vermögen und Einkommen. Es wird z. B. geschätzt, daß 28% des gesamten Nettovermögens den reichsten zwei Prozent aller Familien in den Vereinigten Staaten gehören. Die obersten zehn Prozent besitzen 57% des Nettovermögens[41]. Wenn man einmal Häuser und anderen Grundbesitz ausschließt, ist die Konzentration des Eigentums an „Finanzvermögen" sogar noch überwältigender. 1983 gehörten 54% des gesamten Finanzvermögens zwei Prozent aller Familien, nämlich denen, deren jährliches Einkommen oberhalb von 125 000 Dollar liegt. Sechsundachtzig Prozent dieser Werte gehörten den obersten zehn Prozent aller Familien[42].

184. Wenn auch die Ungleichheiten in der Einkommensverteilung weniger extrem sind, so sind sie doch auch beträchtlich. 1984 bezogen die unteren zwanzig Prozent der amerikanischen Haushalte nur 4,7% des Gesamteinkommens der Nation, und die unteren 40% bezogen nur 15,7%, den niedrigsten Anteil in der gesamten amerikanischen Geschichte. Im Gegensatz dazu bezog das oberste Fünftel 42,9% des Gesamteinkommens, das ist der höchste Anteil seit 1948[43]. Diese Zahlen sind nur partielle und sehr unvollkommene Meßwerte für die Ungleichheit in unserer Gesellschaft[44]. Sie deuten aber doch an, daß das Ausmaß der Ungleichheit sehr groß ist. Verglichen mit anderen Industrieländern gehören die USA zu den mehr unausgeglichenen im Bereich der Einkommensverteilung[45]. Darüber hinaus ist der Abstand zwischen den Reichen und den Armen in unserem Lande im letzten Jahrzehnt gewachsen[46]. Diese Ungleichheiten sind deswegen von besonderer Bedeutung, weil sie die unterschiedlichen Machtverhält-

nisse in unserer Gesellschaft widerspiegeln. Sie weisen darauf hin, daß der Grad der Teilnahme im politischen und sozialen Bereich auch sehr unausgewogen ist.

185. Die Katholische Soziallehre verlangt keine absolute Gleichheit bei der Verteilung von Einkommen und Vermögen. Ein gewisser Grad von Ungleichheit ist nicht nur akzeptabel, sondern kann sogar aus wirtschaftlichen und sozialen Gründen als wünschenswert betrachtet werden, wie etwa die Notwendigkeit des Anreizes und die Zuteilung größerer Belohnung für höheres Risiko. Dennoch sollte die ungleiche Verteilung nach einigen ethischen Grundsätzen bewertet werden, die wir zur Sprache gebracht haben: die Priorität der Grundbedürfnisse der Armen und die Notwendigkeit, den Umfang der Teilnahme aller Mitglieder der Gesellschaft am Wirtschaftsleben des Landes zu steigern. Diese Grundsätze bewirken einen starken Vorbehalt gegen extreme Ungleichheit an Einkommen und Vermögen, solange es unter uns arme, hungrige und obdachlose Menschen gibt. Sie deuten auch an, daß extreme Ungleichheit schädlich ist für die Entwicklung von Solidarität und Gemeinschaft. Im Hinblick auf diese Grundsätze finden wir die Unterschiede an Einkommen und Vermögen in Amerika unakzeptabel. Die Gerechtigkeit verlangt, daß alle Mitglieder unserer Gesellschaft sich für wirtschaftliche, politische und soziale Reformen einsetzen, die diese Ungerechtigkeiten abbauen.

3. Leitlinien des Handelns

186. Unsere Empfehlungen, wie mit der Armut in Amerika umzugehen sei, beruhen auf verschiedenen ethischen Grundsätzen, die im zweiten Kapitel dieses Briefes untersucht wurden. Die Themen Menschenwürde und die bevorzugte Behandlung der Armen befinden sich im Zentrum unserer Überlegungen; sie zwingen uns, das Thema Armut mit großer Dringlichkeit anzugehen.

187. Das Prinzip der Solidarität fordert, daß eine Abhilfe der Armut grundsätzliche Änderungen der sozialen und wirtschaftlichen Strukturen voraussetzt, welche die enormen Un-

gleichheiten begünstigen und Millionen von Bürgern von echter Teilnahme am wirtschaftlichen und sozialen Leben des Landes ausschließen. Dieser Umwandlungsprozeß muß so geartet sein, daß er alle Bürger unseres Landes zu einer Gemeinschaft verbindet, unabhängig von ihrem wirtschaftlichen Status.

188. Der Grundsatz der Teilnahme führt uns zu der Überzeugung, daß die angemessensten und die gründlichsten Abhilfen der Armut diejenigen sind, die Hilfe zur Selbsthilfe bieten. Denn Armut besteht nicht nur in einem Mangel an angemessenen Finanzmitteln. Sie bringt einen tieferliegenden Verlust mit sich, nämlich den Ausschluß von vollständiger Teilnahme am wirtschaftlichen, politischen und sozialen Leben der Gesellschaft sowie die Unfähigkeit, Entscheidungen, die das eigene Leben betreffen, zu beeinflussen. Das bedeutet eine Machtlosigkeit, die nicht nur den Geldbeutel, sondern auch die Menschenwürde der betreffenden Person in Mitleidenschaft zieht. Deswegen müssen wir Lösungen suchen, die den Armen helfen, sich durch Beschäftigung selbst zu helfen. Paternalistische Programme, die zuviel *für* und zuwenig *mit* den Armen *zusammen* tun, müssen vermieden werden.

189. Die Verantwortung, die Not der Armen zu lindern, liegt bei allen Mitgliedern der Gesellschaft. Alle Bürger haben als einzelne eine Verpflichtung, den Armen mit Werken der Nächstenliebe und persönlichem Einsatz zu helfen. Freilich sind private Mitmenschlichkeit und freiwillige Maßnahmen allein nicht ausreichend. Wir erfüllen unsere moralische Pflicht den Armen gegenüber auch dadurch, daß wir als Gemeinwesen durch die Regierung dafür sorgen, daß eine gerechte und wirksame Politik gemacht wird.

190. Obwohl die Aufgabe, Abhilfe für die Armut zu schaffen, komplex und anstrengend ist, sollten wir uns durch das Beispiel vergangener Erfolge unseres Landes auf diesem Gebiet ermutigen lassen. Unsere Geschichte beweist, daß wir die Armut abbauen können. In den sechziger und siebziger Jahren reduzierte sich die Armutsquote unseres Landes um die Hälfte, und zwar nicht nur aufgrund einer gesunden Wirtschaft, sondern auch durch politische Entscheidungen, die den Einkom-

menstransfer verbesserten. So wurden z.B. in den späten siebziger Jahren durch Programme staatlicher Sozialleistungen schätzungsweise etwa 70% der Betroffenen der Armut entrissen[47].

191. In den letzten fünfundzwanzig Jahren hat das staatliche Wohlfahrtsnetz die Armut bei älteren Menschen drastisch gesenkt[48]. Zusätzlich bewahrte es 1983 fast 1,5 Millionen Kinder von pensionierten, verstorbenen oder kranken Arbeitnehmern vor Armut[49]. Das staatliche Gesundheitsprogramm „Medicare" verbesserte die Lebenserwartung und den Gesundheitszustand der älteren und invaliden Menschen, und das Programm „Medicaid" senkte die Säuglingssterblichkeit und verbesserte wesentlich die Gesundheitsfürsorge für die Armen[50].

192. Diese und andere erfolgreiche Wohlfahrtsprogramme beweisen das Engagement unseres Landes für soziale Gerechtigkeit und ein menschenwürdiges Leben für alle. Sie zeigen auch, daß wir die Fähigkeit besitzen, wirksame Lösungsmöglichkeiten zu entwerfen, die den Bedürftigen die notwendige Unterstützung auf eine Weise verschaffen, die ihre Menschenwürde respektiert. Doch es ist auch offensichtlich, daß nicht alle sozialen Wohlfahrtsprogramme ihr Ziel erreicht haben. Einige waren schlecht geplant, unwirksam und verschwenderisch. Niemand war sich dessen bewußter als die Armen selbst, welche die Konsequenzen zu tragen hatten. Wir sollten die schlechten Programme streichen, von unseren Fehlern lernen und eine bessere Alternative gestalten. Die guten Programme sollten wir als solche anerkennen und auf ihren Erfolgen aufbauen. In jedem Fall müssen wir eine neue Kreativität und neuen Einsatz aufbringen, um die Armut in unserer Mitte auszumerzen und allen Amerikanern ihr Recht darauf zu sichern, an den Segnungen unseres Landes teilzunehmen.

193. Bevor wir die Leitlinien der politischen Reform besprechen, müssen wir zuerst offen Mißverständnisse und Vorurteile den Armen gegenüber zur Sprache bringen. Eine weitverbreitete Fehleinschätzung liegt etwa in der Annahme, die meisten Armen gehörten zu ethnischen Minderheiten. Tatsächlich sind aber fast zwei Drittel der Armen Weiße[51]. Es wird

auch oft behauptet, die Menschen bezögen über viele Jahre hin Sozialunterstützung, arbeiteten nicht, obwohl sie dies mit gutem Willen durchaus könnten, und setzten Kinder in die Welt, die dann ebenfalls Sozialhilfeempfänger würden. In Wahrheit aber zeigen zuverlässige Erhebungen, daß diese Beschreibungen auf die meisten Armen und Sozialhilfeempfänger nicht zutreffen. Über ein Jahrzehnt hin betrachtet, beziehen die Menschen unterschiedlich lange Unterstützung, und weniger als ein Prozent erhält diese Zuwendungen für die gesamten zehn Jahre[52]. Unwahr ist auch die Behauptung, die Empfängerlisten der Organisation „Aid to Families with Dependent Children" (Hilfe für Familien mit abhängigen Kindern) seien voll von gesunden, arbeitsfähigen Leuten, die einen Arbeitsplatz haben könnten, wenn sie nur wollten. Die Mehrheit von Unterstützungsempfängern von AFDC sind kleine Kinder und ihre Mütter, die zu Hause bleiben müssen[53]. Diesen Müttern wird auch der Vorwurf gemacht, sie brächten mehr Kinder zur Welt, um so ihre Zuwendungen erhöhen zu können. Die Wahrheit ist, daß 70% der Familien, die AFDC-Hilfe erhalten, nur ein oder zwei Kinder haben und daß ein weiteres Kind nur einen sehr geringen finanziellen Vorteil bringt. Jedes Jahr umfaßt etwa die Hälfte der Familien, die AFDC-Beihilfen erhalten, einen ganz- oder halbtags arbeitenden Erwachsenen[54]. Forschungsberichte haben immer wieder festgestellt, daß Arme denselben starken Wunsch nach Arbeit haben wie der Rest der Bevölkerung.[55]

194. Wir bitten alle, sich solcher Taten, Worte oder Einstellungen zu enthalten, welche die Armen brandmarken, die Zuwendungen, die diese erhalten, als übergroß darstellen und das Ausmaß an Betrug bei den Sozialleistungen übertreiben[56]. Dies sind Symptome einer strafenden Einstellung gegenüber den Armen. In diesem Land herrscht die Meinung, daß die Armen aus freien Stücken oder aufgrund ihrer Faulheit arm seien, daß jeder durch harte Arbeit der Armut entkommen könne und daß Wohlfahrtsprogramme es den Menschen erleichtern würden, nicht zu arbeiten.

Die Einstellung der Öffentlichkeit gegenüber den Hilfsprogrammen für die Armen unterscheidet sich erheblich von der

Bewertung anderer Vergünstigungen und Programme. Man hält manche äußerst großzügige Subventionen für einzelne und für Unternehmen für selbstverständlich und nennt sie nicht einmal „Zuwendungen", sondern „Ansprüche"[57]. Im Gegensatz dazu werden die Programme für die Armen als Hilfeleistung bezeichnet und mit viel kritischer Aufmerksamkeit verfolgt, obwohl sie weniger als zehn Prozent des Bundesbudgets ausmachen[58].

195. Wir möchten nun einige Vorschläge machen, die wir für eine landesweite Kampagne gegen die Armut für notwendig halten. Wir bieten damit keinen umfassenden Maßnahmenkatalog an, sondern eine Einladung an andere, sich an dieser Diskussion zu beteiligen und den Kampf gegen die Armut aufzunehmen.

196. a. *Der erste Vorstoß im Kampf gegen die Armut muß der Aufbau und die Aufrechterhaltung einer gesunden Wirtschaft sein, die Beschäftigungsmöglichkeiten zu gerechten Löhnen für alle arbeitsfähigen Erwachsenen bereitstellt.* Die Armut steht in direkter Verbindung mit dem Thema der Beschäftigung. Millionen Menschen sind arm, weil sie ihre Arbeitsplätze verloren haben oder weil ihre Löhne zu niedrig sind. Die durchgehend hohen Arbeitslosenzahlen im vergangenen Jahrzehnt sind ein Hauptgrund für die gestiegene Armut in den letzten Jahren[59]. Mehr Arbeitsplätze, vor allem im privaten Sektor, wären ein Fortschritt für die Menschenwürde, sie würden die Solidarität und das Selbstvertrauen der Armen steigern. Sie würden auch den Bedarf an Wohlfahrtsprogrammen verringern und das Einkommen schaffen, das zur Unterstützung derer gebraucht wird, die bedürftig sind und nicht arbeiten können: der Alten, der Invaliden und der chronisch Kranken wie auch der alleinerziehenden Eltern kleiner Kinder. Man sollte auch erkennen, daß andauernde Armut die Gesellschaft insgesamt schädigt, denn die verminderte Kaufkraft der Armen trägt mit bei zu den periodischen Stagnationszyklen in der Wirtschaft.

197. In den letzten Jahren haben die Mindestlöhne nicht mit der steigenden Inflation Schritt gehalten. Ihr tatsächlicher Wert ist seit 1981 um 24% gesunken. Wir stehen auf dem

Standpunkt, daß der Kongreß die Mindestlöhne anheben sollte, um einen Teil der Kaufkraft, die durch Inflation verlorenging, aufzufangen.

198. Zwar sind Arbeitsplatzbeschaffung und Lohngerechtigkeit sehr wichtige Elemente im landesweiten Kampf gegen die Armut, aber sie reichen offensichtlich nicht aus. Andere speziellere Maßnahmen sind notwendig, um die Institutionellen Ursachen der Armut zu beseitigen und für diejenigen zu sorgen, die nicht arbeiten können.

199. b. *Energisch muß auf eine Beseitigung der Hindernisse für eine volle und gleichrangige Beschäftigung von Frauen und Minderheiten hingewirkt werden.* Allzuviele Frauen und Angehörige von Minderheiten sind an Arbeitsplätze mit schlechter Bezahlung, unwürdigen Arbeitsbedingungen und geringen Aufstiegschancen gebunden. Solange wir eine Situation dulden, in der es Menschen gibt, die einen vollen Arbeitsplatz ausfüllen können und dennoch unterhalb der Armutsgrenze leben – eine Situation, die unter den Mindestlohnempfängern normal ist –, so lange werden allzuviele Menschen den „arbeitenden Armen" zugerechnet werden. Aufeinander abgestimmte Maßnahmen der Aus- und Weiterbildung sowie andere positive Aktionen müssen ergriffen werden, damit denen geholfen wird, die derzeit keine Chance haben, mehr zu verdienen. Außerdem müssen Wege gefunden werden, um die schlechter bezahlten Stellen aufzuwerten und um die ungerechten Lohnunterschiede auszuräumen, welche die Frauen benachteiligen.

200. c. *Bemühungen um Selbsthilfe bei den Armen sollten durch Programme und Maßnahmen im privaten wie auch im öffentlichen Bereich unterstützt werden.* Wir sind davon überzeugt, daß ein wirksamer Weg, der Armut zu begegnen, in Hilfsmaßnahmen kleineren Umfangs auf örtlicher Ebene liegt, welche die Armen zu mehr Selbstversorgung führen. Unternehmen, private Organisationen und die öffentliche Hand können Startgeld, Ausbildung und technische Hilfen geben wie auch organisatorische Unterstützung für Selbsthilfeprojekte auf vielen Gebieten, etwa: kostengünstige Wohnungen, Kreditvereine, Konsumgenossenschaften, Rechtsbeistand,

Nachbarschafts- und Gemeindeorganisationen, Maßnahmen, die den Armen Teilhabe am Eigentum und an der Verfügungsgewalt über wirtschaftliche Ressourcen verschaffen, sind besonders wichtig.

201. Die Armen müssen in die Lage versetzt werden, ihre eigene Zukunft in die Hand zu nehmen und für ihr persönliches wirtschaftliches Vorwärtskommen die Verantwortung zu tragen. Persönliche Motivation und Initiative, verbunden mit sozialer Reform, sind notwendige Elemente, die dem einzelnen bei seinem Weg aus der Armut helfen. Die Armen können sich selbst zu voller Teilnahme an unserem wirtschaftlichen, sozialen und politischen Leben verhelfen, indem sie die Möglichkeiten zu Bildung, Ausbildung und Beschäftigung nutzen und für eine Änderung der Verhältnisse zusammenarbeiten.

202. d. *Das Steuersystem muß nach seiner Wirkung für die Armen ständig bewertet werden.* Diese Bewertung muß von drei Grundsätzen geleitet sein: Erstens, das Steuersystem muß angemessene Mittel erheben, um die öffentlichen Bedürfnisse der Gesellschaft zu finanzieren, besonders um die Grundbedürfnisse der Armen zu befriedigen. Zweitens, das Steuersystem muß progressiv strukturiert sein, so daß diejenigen mit relativ größerem Einkommen einen höheren Steuersatz zahlen. Die Einführung eines solchen Grundsatzes in die Steuerpolitik ist ein wichtiges Mittel, um die beträchtlichen Ungleichheiten im Einkommen und Vermögen der Nation auszugleichen. Es muß etwas dagegen unternommen werden, daß die meisten Verkaufssteuern und Einkommenssteuern eine unproportionale Belastung für Empfänger niedrigerer Einkommen darstellen. Drittens, Familien unterhalb der offiziellen Armutsgrenze sollten überhaupt keine Einkommenssteuer zahlen müssen. Diese Familien verfügen – per definitionem – nicht über genügend Mittel, um das Lebensnotwendigste zu kaufen. Sie sollten nicht dazu gezwungen werden, die zusätzliche Last von Einkommenssteuer zu tragen[60].

203. e. *Die Gesamtgesellschaft muß eine erheblich größere Anstrengung für die Bildung und Ausbildung der Armen unternehmen.* Jede langfristige Lösung des Armutsproblems in unserem Lande muß dem Bildungswesen – dem öffentlichen

wie dem privaten, inner- und außerhalb der Schule – erhöhte Aufmerksamkeit schenken. Der Mangel an angemessener Ausbildung hindert, vor allem im innerstädtischen Bereich, viele Arme daran, ihrem Los zu entfliehen. Außerdem verdammt das Analphabetentum – ein Problem, das mehrere zehn Millionen Amerikaner betrifft – viele Menschen zu Arbeitslosigkeit oder zu chronisch niedrigem Einkommen. Darüber hinaus schließt es sie auf vielerlei Art vom politischen und geistigen Leben der Gemeinden aus[61]. Da die Armut im Prinzip ein Problem der Ohnmacht und der Ausgeschlossenheit ist, kann der Stellenwert der Ausbildung als einer Möglichkeit, ihr zu entrinnen, gar nicht stark genug betont werden.

204. Die Arbeit an der Verbesserung des Bildungssystems in unserer Gesellschaft ist eine Investition in die Zukunft, eine Investition, die sowohl die öffentlichen als auch die privaten Schulen einbeziehen sollte. Unsere katholischen Schulen haben den wohlverdienten Ruf, ausgezeichnete Bildung zu vermitteln, vor allem für die Armen. Katholische Innenstadtschulen versorgen zahlreiche arme Familien mit einer sonst nicht gebotenen Erziehungsmöglichkeit. Sie stellen für benachteiligte Schüler ein wirksames Instrument zur Verfügung, mit dem sie sich selbst aus der Armut befreien können. Wir anerkennen die Arbeit all jener, die große Opfer bringen, um diese Innenstadtschulen zu unterhalten. Wir geloben, auch in Zukunft, die katholischen Schulen zu Modellen für die Bildung und Erziehung der Armen zu machen.

205. Wir möchten aber auch unsere nachhaltige Unterstützung für das öffentliche Schulsystem in den Vereinigten Staaten zum Ausdruck bringen. Es gibt keinen Ersatz für die ausgezeichnete Bildungsarbeit an den öffentlichen Schulen, denn dort wird die Mehrheit aller Schüler, einschließlich der katholischen, erzogen. In der Katholischen Soziallehre wird die Grundausbildung als ein menschliches Grundrecht bezeichnet[62]. In unserer Gesellschaft ist ein starkes öffentliches Schulsystem von großer Bedeutung, wenn wir dieses Grundrecht verteidigen und es jedem einzelnen ermöglichen wollen, alle seine Anlagen voll zu entwickeln. Daher unterstreichen wir nachdrücklich die jüngsten Aufrufe für Verbesserungen

und Unterstützung des öffentlichen Schulsystems, wobei damit sowohl die Qualität des Unterrichts als auch Vergütungen der Lehrer gemeint sind[63]. Auf allen Ebenen des Bildungssystems müssen wir die Wirksamkeit unserer Institutionen verbessern, persönliche und technische Fähigkeiten zu vermitteln, die gebraucht werden, um heutzutage auf dem Arbeitsmarkt konkurrieren und am Leben der Gesellschaft teilnehmen zu können.

206. f. *Die allgemeine Politik und auch die Einzelprogramme sollten auf allen Ebenen auf die Stärkung der Familien hinwirken, vor allem jener Familien, die von der Wirtschaft benachteiligt sind.* Als eine Nation müssen wir alle Aspekte des Wirtschaftslebens gründlich untersuchen und ihre Auswirkungen auf die Familien prüfen. Arbeitsverhältnisse, das Krankenversicherungswesen, Mindestlöhne, Steuerpolitik und auch Dienstleistungsprogramme können die Familien in ihrer Aufgabe, Kinder großzuziehen und gebrechliche oder abhängige Verwandte zu pflegen, sowohl unterstützen als auch behindern.

207. Wir bestätigen das von Johannes Paul II. formulierte Prinzip, dem zufolge die Institutionen und die Politik einer Gesellschaft so angelegt sein sollten, daß die Mütter kleiner Kinder nicht aus wirtschaftlichen Gründen gezwungen sind, ihre Kinder allein zu lassen, um eine Arbeit außerhalb ihres Hauses aufzunehmen[64]. Das Wohlfahrtssystem und die Steuerpolitik eines Landes sollten die Entscheidung von Eltern, für ihre eigenen Kinder zu sorgen, unterstützen und die Arbeitsleistung der Eltern innerhalb der häuslichen Gemeinschaft als einen Wert für die Familie und die ganze Gesellschaft hochschätzen.

208. Für Kinder, deren Eltern einer Arbeit außer Hause nachgehen, besteht ein ernsthafter Mangel an guten, kostengünstigen Tagesstätten. Arbeitgeber, Regierung und private Organisationen sind aufgefordert, mehr gute Kindertagesstätten zur Verfügung zu stellen. Ebenso könnte die Einrichtung von Elternschaftsurlaub mit Arbeitsplatzsicherheit für junge Eltern den Familien helfen.

209. Die hohe Scheidungsrate und das alarmierende Ausmaß von Schwangerschaften Jugendlicher unter zwanzig Jah-

ren in unserem Lande sind traurige Zeichen für den Zusammenbruch der traditionellen Familienwerte. Diese Auflösungserscheinungen sind in allen Bereichen unserer Gesellschaft anzutreffen, bei Arm und Reich, bei Weiß, Schwarz und Braun, in der Stadt und auf dem Land. Jedoch sind sie im allgemeinen bei den Armen sichtbarer und haben schlimmere wirtschaftliche Folgen. Wir müssen diesen Auflösungserscheinungen mit einem neu belebten Sinn für persönliche Verantwortung und für die verpflichtenden Werte der Familie begegnen.

210 g. *Eine gründliche Reform der nationalen Wohlfahrts- und Unterstützungsprogramme ist notwendig.* Für Millionen armer Amerikaner ist das öffentliche Wohlfahrtssystem das einzige Netz wirtschaftlicher Sicherheit. Die Einzelprogramme, aus denen sich dieses System zusammensetzt, müssen die Not der Armen auf eine Weise lindern, die ihre Menschenwürde nicht verletzt und ihnen angemessene Unterstützung verschafft. Nach unserer Auffassung wird das gegenwärtige Wohlfahrtssystem diesen Anforderungen nicht angemessen gerecht[65]. Wir sind der Meinung, daß innerhalb des bestehenden Wohlfahrtssystems einige Verbesserungen gemacht werden können und gemacht werden sollten. Auf die Dauer jedoch werden weiterreichende Reformen, die über den derzeitigen Rahmen hinausgehen, notwendig werden. Zu den Verbesserungen, die sofort vorgenommen werden können, gehören folgende:

211. (1) *Die öffentlichen Wohlfahrtsprogramme sollten darauf ausgerichtet sein, so weit wie möglich den Empfängern zu helfen, durch Erwerbstätigkeit für ihren eigenen Unterhalt zu sorgen.* Wer einen Arbeitsplatz hat, darf wirtschaftlich nicht schlechter gestellt sein als derjenige, der sich nur auf öffentliche Unterstützung verläßt. Nach den geltenden Bestimmungen verlieren Menschen, welche die Wohlfahrtsunterstützung aufgeben zugunsten eines schlecht bezahlten Arbeitsplatzes, kurz danach die Gesundheitsversorgung „Medicaid". Hilfe zur Selbsthilfe und Abbau der Abhängigkeit von öffentlicher Wohlfahrt bedeutet: Unterstützungsmaßnahmen müssen begleitet sein von Maßnahmen der Arbeitsplatzbeschaffung; dazu rechnen auch Ausbildung, Beratung, Stellenvermittlung

sowie die Unterbringung der Kinder. Arbeitsplätze für Empfänger öffentlicher Wohlfahrtsleistungen sollten mit gerechter Bezahlung ausgestattet sein, so daß die Arbeitnehmer alle Vergünstigungen und Rechte erhalten, die mit einer Erwerbstätigkeit verbunden sind.

212. (2) *Die Wohlfahrtsprogramme müssen die Empfänger mit angemessenen Leistungen versehen.* Diese müssen die Grundbedürfnisse an Nahrung, Kleidung und Unterbringung, Gesundheitsfürsorge sowie andere Notwendigkeiten abdekken. Gegenwärtig erhalten nur vier Prozent der armen Familien mit Kindern genügend Barmittel zur Unterstützung, um oberhalb der Armutsgrenze zu existieren[66]. Die Leistungen der AFDC und der Essensmarkenzuteilung erreichen zusammen im Durchschnitt weniger als drei Viertel des Betrages, der offiziell definierten Armutsgrenze[67]. Die Sozialhilfeempfänger sollten am Monatsende nicht vor Hunger und Obdachlosigkeit stehen, nicht ihre Kinder in zerlumpten Kleidern zur Schule schicken müssen oder keine ausreichende Gesundheitsfürsorge haben.

213. (3) *Wir brauchen bundesweit geregelte Bemessungsmaßstäbe der Unterstützungswürdigkeit und der Mindestzuwendungen der öffentlichen Hilfe.* Zur Zeit bestehen in diesen beiden Punkten große Unterschiede zwischen den einzelnen Staaten der USA. Im Jahre 1985 konnte ein Dreipersonenhaushalt ohne Einkommen von der AFDC in Mississippi höchstens 96 Dollar im Monat beziehen, aber in Vermont 558 Dollar[68]. Um diese Ungleichheiten zu beseitigen, die weit größer sind als die regionalen Unterschiede der Lebenshaltungskosten, und um einen Grundsockel an Zuwendungen für alle Bedürftigen zu schaffen, muß unser Land einheitliche Mindestzuwendungen sowie die Bedürftigkeitskriterien für bar gezahlte Leistungen festlegen[69].Die Leistungen sollten auch an einen Index gebunden werden, damit Änderungen in den Lebenshaltungskosten berücksichtigt werden können. Eine solche Indizierung gibt es in unserem Lande bereits für Alte, Behinderte und Kriegsveteranen. Ist es nicht möglich, dasselbe für Kinder und ihre Mütter zu tun, die öffentliche Unterstützung beziehen?

214. (4) *Sozialleistungen sollten sowohl für Familien mit zwei als auch für solche mit nur einem Elternteil gezahlt werden.* Die meisten Bundesstaaten begrenzen derzeit die AFDC-Leistungen auf Familien mit einem Elternteil, meistens Frauen[70]. Die Zahlungen dieses Programms sollten auf Familien mit zwei Elternteilen ausgedehnt werden, so daß arbeitslose oder schlecht bezahlte Väter ihr Heim nicht verlassen müssen, um ihre Kinder zu unterstützen. Eine solche Änderung wäre ein wesentlicher Schritt zur Stärkung vom Familien mit zwei Elternteilen, die arm sind.

4. Schlußfolgerung

215. Das Streben nach humaneren und wirksameren Wegen, mit der Armut fertig zu werden, sollte nicht auf kurzfristige Reformen begrenzt sein. Auf der Themenliste der öffentlichen Diskussion sollte auch eine ernsthafte Auseinandersetzung mit Alternativen zum jetzigen Wohlfahrtswesen stehen. Wir empfehlen dringend, Vorschläge für Familiengeld oder Kindergeld als eine Maßnahme der Einkommensstützung für Familien mit Kindern gründlich zu prüfen[71]. Besondere Aufmerksamkeit erfordern neue Maßnahmen gegen die langfristige Armut, der erwiesenermaßen mit dem üblichen Sozialhilfesystem am wenigsten beizukommen ist. Die „negative Einkommensteuer" ist ein weiteres Thema, über das die Diskussion nicht abreißen darf[72]. Diese und andere Vorschläge sollten Bestandteile einer einfallsreichen und fortwährenden Bemühung werden, ein System der Einkommensstützung für die Armen zu entwerfen, das ihre Menschenwürde schützt und die notwendige Hilfe gerecht und wirksam leistet.

C. Ernährung und Landwirtschaft

216. Der Prüfstein eines Wirtschaftssystems liegt in seiner Fähigkeit, die menschlichen Grundbedürfnisse der jetzigen Generation wie auch zukünftiger Generationen gerecht zu befriedigen. Nahrungsmittel, Wasser und Energie brauchen wir zum Leben; ihr Überfluß in den Vereinigten Staaten hat

uns ziemlich selbstzufrieden gemacht. Doch diese Güter – die Grundlage der Gottesgabe Leben – sind allzu wichtig, um sie für selbstverständlich zu halten. Gott erinnerte das Volk Israel daran, daß „das Land mir gehört, und ihr seid nur Fremde und Halbbürger bei mir" (Lev 25,23). Unser christlicher Glaube ruft uns dazu auf, Gottes schöpferisches und erhaltendes Wirken zu betrachten und unsere Zusammenarbeit mit dem Schöpfer daran zu messen, wie wir die Reichtümer der Erde menschlichen Bedürfnissen nutzbar machen. Obwohl die katholische Soziallehre über die Sorge für die Umwelt und den Umgang mit den natürlichen Ressourcen immer noch in den Anfängen steckt, gibt uns die christliche Sittenlehre den klaren Auftrag, sie zur Befriedigung der menschlichen Bedürfnisse zu nutzen.

217. Kein Aspekt dieses Anliegens ist dringlicher als das Ernährungssystem in unserem Lande. Wir sind besorgt über dieses Ernährungssystem, da die Zahl der Farmbankrotte und -schließungen steigt und damit auch die Konzentration des Landbesitzes[73]. Gleichermaßen sind wir besorgt über die wachsenden Schäden an den natürlichen Ressourcen, die aus vielen Praktiken der modernen Landwirtschaft resultieren: der übermäßige Verbrauch von Wasser, die Erosion des Bodens, die Verschmutzung des Landes und des Wassers. Schließlich machen wir uns Sorgen über die grausame Wirklichkeit des Hungers in der Welt trotz Lebensmittelüberschüssen. Unser System der Lebensmittelerzeugung muß dringend überdacht und reformiert werden.

1. Die amerikanische Landwirtschaft – Vergangenheit und Gegenwart

218. Man muß die gegenwärtige Krise im Zusammenhang sehen mit den gewaltigen Unterschieden der amerikanischen Getreidearten und Klimata. Zum Beispiel hat die Landwirtschaft in den Apalachen, wo das meiste Land nicht den Bauern selbst gehört und wo der Kohlebergbau und die Holzwirtschaft die wichtigsten Wirtschaftszweige sind, wenig gemeinsam mit den Familienbetrieben im Mittelwesten, die sich ganz der Ge-

treideproduktion widmen, oder mit den Ranches in den Great Plains. Ebenso ist der großflächige, mit künstlicher Bewässerung betriebene Obst-, Gemüse- und Baumwollanbau im kalifornischen Central Valley sehr unterschiedlich von der Milchwirtschaft in Wisconsin oder dem Tabak- und Erdnußanbau im Südosten.

219. Zwei Aspekte der komplexen Geschichte der amerikanischen Landwirtschafts- und Ernährungspolitik sind besonders wichtig. Erstens gab es zu Beginn dieses Jahrhunderts in den Vereinigten Staaten eine breit gestreute Verteilung des Eigentums an ertragreichem Land. Die „Pre-Emptions-Acts" („Vorkaufsgesetz") des frühen 19. Jahrhunderts und der „Homestead Act" („Freilandzuweisungs-Gesetz") von 1862 sind wesentliche Bestandteile dieser Geschichte. Die breit gestreute Besitzverteilung spiegelte sich in der Zahl und Dezentralisation der Farmen in Amerika wider, eine Entwicklung, die in den dreißiger Jahren dieses Jahrhunderts ihren Höhepunkt erreichte. Die amerikanische Landwirtschaft umfaßte im Jahre 1935 etwa sieben Millionen Eigentümer, die zugleich auch Bewirtschafter waren[74]. Bis zum Jahre 1983 ist die Zahl der amerikanischen Farmen auf 2,4 Millionen zurückgegangen, und nur noch etwa 3% der Bevölkerung war im Bereich der Nahrungsmittelerzeugung tätig[75]. Zweitens hatte die amerikanische Ernährungspolitik immer das Ziel, die Verbraucherpreise niedrig zu halten. Daher geben die Amerikaner heute von ihrem verfügbaren Einkommen weniger für Nahrungsmittel aus als die Menschen in irgendeinem anderen Industrieland[76].

220. Diese Ergebnisse verlangen eine genaue Prüfung. In erster Linie haben der Verlust an Farmen und die Abwanderung der Farmer von ihrem Land zum Verlust eines wertvollen Lebensstils geführt, zum Niedergang vieler ländlicher Gemeinden und zu erhöhter Konzentration des Landbesitzes. Zweitens, während die niedrigen Lebensmittelpreise den Verbrauchern nutzen, ihnen gestatten, Einkommensteile für andere Zwecke zu verwenden, setzt diese Preispolitik die Farmer unter Druck, ihre Produktion zu steigern und ihre Kosten niedrig zu halten. Das hat dazu geführt, daß man die menschliche Ar-

beitskraft durch billigere Energie ersetzte, daß die Größe der Farmen zunahm, damit neue Technologien für größere Anbauflächen rentabel wurden, daß der Schutz des Bodens und der sparsame Umgang mit Wasser vernachlässigt wurden, daß Farmarbeiter unterbezahlt wurden und daß sich die Farmer der gewerkschaftlichen Organisation der Farmarbeiter widersetzten[77].

221. Heute kommt fast die Hälfte der amerikanischen Lebensmittelproduktion von den 4% der Farmen, die mehr als 200000 Dollar im Jahr umsetzen[78]. Viele dieser größten Farmen werden nicht mehr von Familien, sondern von angestellten Managern betrieben[79]. Etwa drei Viertel aller Farmen, die nur 13% der gesamten Umsätze machen, sind verhältnismäßig klein. Sie werden oft von Teilzeitfarmern betrieben, die den größten Teil ihres Einkommens aus einer anderen Tätigkeit beziehen. Die restlichen 39% des Umsatzes stammen von den 24% derjenigen Farmen, die zwischen 40000 und 200000 Dollar im Jahr umsetzen. Genau diese Gruppe von Farmern, die landesweit anzutreffen sind und die von dem langfristigen Trend zu weniger, aber größeren Betrieben betroffen sind, steht im Mittelpunkt der Farmkrise.

222. In den 1970er Jahren schufen neue Märkte für Agrarexporte zusätzliche Gewinnchancen und beschleunigten die Industrialisierung der Landwirtschaft; eine Entwicklung, die schon durch neue Technologien auf Petroleumbasis angeregt worden war und die es den Farmern ermöglichte, viel mehr Boden zu bearbeiten. Die Steuerpolitik des Bundes sowie Farmprogramme verstärkten diese Entwicklung, indem sie allzu hohe Kapitalinvestitionen in die Landwirtschaft förderten und Großraummaschinen begünstigten[80]. Die Ergebnisse waren: größere Produktion, Wertsteigerungen von Grund und Boden sowie verstärkte Kreditaufnahme, um die Expansion zu finanzieren. In den achtziger Jahren können bei schrumpfenden Exportmärkten und sinkenden Waren- und Bodenpreisen viele Farmer ihre Kredite nicht zurückzahlen.

223. Ihre Lage wurde durch bestimmte „externe" Umstände verschlechtert: anhaltend hohe Zinsen, die es erschweren, Kredite zurückzuzahlen oder weiterzufinanzieren, der hohe

Schuldenberg der nahrungsmittelarmen Länder, die hohen Dollarnotierungen, drastisch erhöhte Defizite im amerikanischen Finanzhaushalt sowie in der Außenhandelsbilanz und schließlich der allgemeine Rückgang des Welthandels als Folge der weltweiten Rezession der frühen achtziger Jahre. Es ist unwahrscheinlich, daß die Vereinigten Staaten ihren früheren Anteil am Welthandel mit Nahrungsmitteln und Rohfasern wieder erlangen; es ist auch nicht unbedingt ein erstrebenswertes Ziel. Exporte sind nicht die Lösung amerikanischer Farmprobleme. In der Vergangenheit hat der große Produktionsanteil für Überseemärkte unsere natürliche Ressourcengrundlage belastet und außerdem die Anstrengungen vieler Entwicklungsländer untergraben, in der Ernährung ihrer Bevölkerung unabhängig zu werden. Bei dem Versuch, diese Fehlentwicklungen zu korrigieren, dürfen wir jedoch nicht unsere Fähigkeit reduzieren, in Krisenfällen Lebensmittel zu liefern.

224. Manche Farmer stehen vor der Zahlungsunfähigkeit aufgrund ihres Übereifers, etwas auszunutzen, das wie eine günstige Investitionsmöglichkeit aussah. Dies geschah zum Teil als Reaktion auf finanzielle Anreize der öffentlichen Hand und auf den Rat von Wirtschaftlern und Finanzfachleuten. Trotzdem müssen die Farmer einen Teil der Verantwortung für ihre derzeitige Notlage selber tragen.

225. Vier andere Aspekte der derzeitigen Situation bedrükken uns. Erstens, der Grundbesitz konzentriert sich immer mehr, da die Betriebe, die nun vor dem Bankrott stehen, den bereits bestehenden Farmen und nicht-landwirtschaftlichen Unternehmen hinzugefügt werden. Die breite Streuung von Eigentum und die Vielfalt der Teilnahme gehen auch in diesem Wirtschaftszweig zurück. Da unterschiedliche Betriebsgrößen und der Faktor Familienarbeit für die Produktivität der amerikanischen Farmen wesentlich waren, weist die zunehmende Konzentration des Grundbesitzes fast überall in der Landwirtschaft auf einen grundlegenden Wandel dieses Systems hin[81]. Besondere Besorgnis erregt nicht nur das wachsende Phänomen „vertikaler Integration", bei der einzelne Unternehmen zwei oder drei Glieder der Lebensmittelkette übernehmen: als Lieferanten von Agrarprodukten, als Landbe-

sitzer und in der Verarbeitung von Lebensmitteln. Diese erhöhte Konzentration könnte auch ebenfalls die Lebensmittelpreise ungünstig beeinflussen.

226. Zweitens, die Vielfalt und der Reichtum der amerikanischen Gesellschaft gehen in dem Maße verloren, wie Farmer ihr Land verlassen und ländliche Gemeinden verfallen. Dies ist nicht nur eine Frage, wie man mit zusätzlicher Arbeitslosigkeit und mit der Notwendigkeit der Umschulung und Umsiedlung fertig wird. Es geht dabei auch um Beschäftigungs- und Entwicklungsmöglichkeiten, die auf verschiedenen Sektoren der Wirtschaft und des kulturellen Lebens aufrechterhalten werden müssen.

227. Drittens, die Vereinigten Staaten haben zwar einen Weltmaßstab für die Lebensmittelproduktion gesetzt, jedoch mit beträchtlichen Kosten für unsere natürlichen Ressourcen[82]. Auf etwa einem Viertel unserer produktivsten Anbauflächen geht die Erosion des Bodens derzeit schneller vor sich, als sie sich durch natürliche Prozesse erneuern kann. Desgleichen wird das Grundwasser in den Gebieten ausgelaugt, in denen die Nahrungsmittelproduktion von künstlicher Bewässerung abhängt. Darüber hinaus verschmutzen Chemikalien wie Kunstdünger, Pestizide und Unkrautvernichtungsmittel, die für die heutige Landwirtschaft als unerläßlich gelten, die Luft, das Wasser und den Boden und bewirken zahllose Gefahren für die Gesundheit. Schließlich werden in Gebieten, in denen die Ausdehnung von Wohnflächen, Industrieansiedlungen und Freizeitgelände es attraktiv macht, riesige Flächen besten Farmlandes – manchen Schätzungen zufolge drei Millionen Morgen pro Jahr – nichtlandwirtschaftlicher Nutzung zugeführt. Die Fortsetzung dieser Praktiken, die kurzfristige Investitionsinteressen oder unmittelbaren Einkommensbedarf der Farmer oder anderer Landbesitzer widerspiegeln, stellt eine Gefahr für die zukünftige Nahrungsmittelerzeugung dar, da diese Praktiken nicht durchgehalten werden können.

228. Farmbesitzer und Landarbeiter sind die unmittelbaren Verwalter der natürlichen Ressourcen, die erforderlich sind, um die lebensnotwendige Nahrung herzustellen. Diese Ressourcen müssen als die Gaben eines großzügigen Gottes ver-

standen werden. Wenn sie in diesem Licht gesehen werden und die Menschheit als eine einzige sittliche Gemeinschaft verstanden wird, dann erhalten wir eine Vorstellung von der Verantwortung, die wir als Nation für das Welternährungssystem tragen. Die Befriedigung menschlicher Bedürfnisse erfordert heute und in der Zukunft von den Eigentümern und Managern aller Ressourcen, besonders jener, die zur Erzeugung von Lebensmitteln benötigt werden, ein erhöhtes Bewußtsein verantwortungsvoller Verwaltung und Erhaltung.

229. Viertens, die Lebensumstände ethnischer Minderheiten im amerikanischen Ernährungssystem sind ein besonderes seelsorgerisches Anliegen. Die Minderheiten sind weithin ausgeschlossen von aktiver Teilhabe am Leben der Landwirtschaft. Trotz der landwirtschaftlichen Herkunft so vieler Spanischsprachiger betreiben sie z. B. nur eine verschwindend geringe Zahl der Farmen in den USA[83]. Die Farmen, die Schwarzen gehörten, früher eine wichtige Quelle schwarzer Teilnahme an der Wirtschaft, sind in den letzten Jahren in drastischem Umfang verschwunden[84], eine Entwicklung, von der die Amerikanische Kommission für Bürgerrechte warnend sagte, daß „sie den Einfluß der Schwarzen im Sozialgefüge nur weiter verringern sowie ihre Skepsis bezüglich der Gleichheit aller vor dem Gesetz nur verstärken kann[85]."

230. Angehörige von Minderheiten nehmen vor allem als Landarbeiter, nicht aber als Farmbesitzer an der Landwirtschaft teil. Zusammen mit zahlreichen weißen Landarbeitern sind sie die am schlechtesten bezahlte und mit den geringsten Zusatzleistungen ausgestattete Arbeitnehmergruppe im ganzen Land. Außerdem sind sie vom Gesetzgeber und der Politik nicht so gut geschützt wie andere Gruppen; und ihre Bestrebungen, sich gewerkschaftlich zu organisieren und Lohnverhandlungen zu führen, stießen auf systematischen und nachdrücklichen Widerstand, meistens von seiten der Farmer selbst. Wandernde Feldarbeiter sind der Gefahr der Ausbeutung besonders stark ausgesetzt. Dies zeigt sich nicht nur an den niedrigen Löhnen, sondern auch am schlechten Zustand der Wohnungen, der Gesundheitsfürsorge und der Ausbildungsmöglichkeiten für diese Arbeiter und ihre Familien[86].

2. Richtlinien des Handelns

231. Wir sind der Überzeugung, daß die gegenwärtigen Entwicklungen auf dem Gebiet der Lebensmittelerzeugung nicht im besten Interesse der Vereinigten Staaten oder der Weltgemeinschaft verlaufen. Der zahlenmäßige Rückgang der mittelgroßen Farmen, die erhöhte Konzentration des Landbesitzes und die immer offensichtlicher werdende Tatsache unzureichenden Umweltschutzes stellen uns vor ernsthafte Fragen der Moral und der Politik. Als Seelsorger können wir nicht stumm bleiben, wenn Tausende von Farmerfamilien in der gegenwärtigen Krise ihr Heim, ihr Land und ihren Lebensstil verlieren. Wir nähern uns dieser Situation jedoch in dem Bewußtsein, daß sie längerfristige Bedingungen widerspiegelt, die für das gesamte System der Lebensmittelversorgung wie auch für die Ressourcen, die zur Lebensmittelerzeugung benötigt werden, Konsequenzen haben.

232. Wiewohl ein Großteil der notwendigen Veränderungen durch Gemeinschaftsanstrengungen der Farmer selbst bewirkt werden muß, sind wir fest davon überzeugt, daß die Politik eine wichtige Aufgabe zum Schutz des verbreiteten Eigentums der Familienfarmen wie auch der Natur wahrzunehmen hat. Zur Gestaltung der amerikanischen Landwirtschaft schlagen wir drei Richtlinien für die Politik und den privaten Sektor vor.

233. *Erstens, Farmen von bescheidener Größe, die von Familien auf Vollzeitbasis betrieben werden, müssen erhalten und ihre wirtschaftliche Lebensfähigkeit geschützt werden.* Gleichermaßen sollten kleine Farmen sowie die landwirtschaftliche Teilzeitarbeit, vor allem in Stadtnähe, gefördert werden. Wie wir schon an anderer Stelle in diesem Hirtenwort zum Ausdruck gebracht haben[87], liegt ein echter sozialer und wirtschaftlicher Wert in einer weitgestreuten Besitzverteilung am Produktivvermögen. Die Demokratisierung der Kontrolle über Grund und Boden, die sich aus einer weitgestreuten Verteilung des Farmbesitzes ergibt, ist ein Schutzwall gegen Machtkonzentration und einen daraus folgenden möglichen Verlust an Verantwortung für das Gemeinwohl in diesem wichtigen

Wirtschaftsbereich[88]. Außerdem wächst das aktive Engagement für das Ziel eines Unternehmens, wenn die Menschen, die in ihm arbeiten, auch an ihm beteiligt sind; dadurch wird ihre Teilnahme erhöht. Eigentum regt den Fleiß an und verstärkt das Empfinden, für die eigene Sache zu arbeiten. Dies ist besonders wichtig in einem Sektor, der für das menschliche Wohlergehen so bedeutsam ist wie die Landwirtschaft.

234. Darüber hinaus verhindert eine breite Streuung des Farmbesitzes die allzu große Abhängigkeit der Verbraucher von Geschäftsentscheidungen, die maximalen Gewinn für investiertes Kapital anstreben, was wiederum den Lebensmittelbereich übermäßig stark den Fluktuationen am Kapitalmarkt ausliefert. Dies fällt besonders dann ins Gewicht, wenn sich nicht-landwirtschaftliche Unternehmen auf der Suche nach hohen Gewinnen in der Landwirtschaft engagieren. Wenn der Gewinn stark zurückgeht oder es so aussieht, als könnten bessere Gewinne durch Investitionen anderswo erzielt werden, dann ist es durchaus möglich, daß das Unternehmen Betriebe verkleinert oder auch völlig stillegt, ohne Rücksicht auf Auswirkungen auf die Gemeinde oder die Ernährungslage überhaupt. Unter ähnlichen Bedingungen würden Vollzeitfarmer mit starkem persönlichem Engagement für ihre Farmen und engen Bindungen an die Gemeinde wahrscheinlich durchhalten, in der Hoffnung auf bessere Zeiten. Familienfarmen leisten außerdem einen wichtigen wirtschaftlichen und sozialen Beitrag zum Leben der Landgemeinden[89]. Sie vergeben Aufträge an Zulieferbetriebe der Landwirtschaft und andere Kaufleute am Ort, und ihre Farmen sorgen für das Steueraufkommen, von dem Straßen, Schulen und andere lebenswichtige Dienstleistungen bezahlt werden.

235. Diese gegenseitige Abhängigkeit auf dem Lande hat einen Wert, der über die ländliche Gemeinde selbst hinausgeht. Sowohl die Katholische Soziallehre als auch die Tradition unseres Landes haben betont, wie wichtig die reiche Vielfalt gesellschaftlicher Initiativen ist, denn durch sie wird die persönliche Freiheit und auch die Entfaltungsmöglichkeit des einzelnen in der Gemeinschaft gefördert. Die Entwicklung in Richtung auf eine kleine Zahl sehr großer Farmen, die Lohnar-

beiter beschäftigen, führt weg von dieser institutionellen Vielfalt. Vollzeitfarmer bereichern das soziale und politische Leben der Nation insgesamt, indem sie zu der Vitalität ihrer ländlichen Gemeinden beitragen. Auch das Wirtschaftsleben der Städte profitiert erheblich von einer gesunden, auf der Familienfarm gründenden Landwirtschaft. Allzuviel von dieser bereichernden Vielfalt ist durch die Abwanderung von Farmern und Landbewohnern schon verlorengegangen.

236. *Zweitens, die Möglichkeit, in der Landwirtschaft zu arbeiten, sollte als eine wertvolle Arbeit geschützt werden.* Zu einer Zeit, in der die Arbeitslosigkeit im Lande ohnehin schon zu hoch liegt, sollte eine unnötige Zunahme der Zahl arbeitsloser Menschen, auch wenn sie noch so klein ist, vermieden werden. Arbeitslosigkeit auf den Farmen führt zu weiterer Arbeitslosigkeit im ländlichen Umfeld, denn die ländlichen Geschäfte verlieren ihre Kunden und müssen schließen. Der Verlust an Landwirten bedeutet auch einen Verlust an Fachwissen und erfordert, daß eine andere Gruppe von landwirtschaftlichen Arbeitern umgesiedelt und umgeschult werden muß.

237. Es ist immer schmerzlich, seinen Arbeitsplatz zu verlieren, aber seine Farm zu verlieren und seinen eigenen Grund und Boden verlassen zu müssen, kann tragisch sein. Das bedeutet oft ein Familienerbe und einen Lebensstil zu opfern. Wenn ein Farmer einmal seinen Boden und seine Maschinen verkauft hat, ist sein Weggang praktisch unabänderlich. Die Kosten einer Rückkehr sind zu hoch, daß wenige, die weggehen, jemals zurückkehren. Selbst der gegenwärtige geringfügige Zustrom in die Landwirtschaft, der an den niedrigen Bodenpreisen liegt, wird diesen Verlust nicht ausgleichen. Die Gesellschaft muß denen helfen, die bereit und in der Lage sind, die Arbeit auf den Farmen ertragreich weiterzuführen.

238. *Drittens, der sinnvolle Umgang mit unseren natürlichen Ressourcen muß ein zentraler Punkt bei allen Überlegungen der amerikanischen Agrarpolitik sein.* Dies wäre ein Beitrag zum Gemeinwohl, der sich in rein wirtschaftlichen Kategorien kaum bewerten läßt, weil er die Ressourcen schont, die uns von unserem Schöpfer zum Wohle aller anvertraut

wurden. Die Verantwortung für den Umgang mit diesen Ressourcen liegt bei der Gesellschaft. Da aber die Farmer ihren Lebensunterhalt durch die Benutzung dieser Gabe verdienen, sind sie besonders verpflichtet, sorgfältige Verwalter des Bodens und des Wassers zu sein. Sie erfüllen diese Verpflichtung, indem sie an Programmen zur Reinhaltung von Boden und Wasser teilnehmen und solche landwirtschaftlichen Methoden anwenden, welche die Qualität der Ressourcen erhöhen und bestes Farmland für die Lebensmittelerzeugung erhalten, anstatt es für nicht-landwirtschaftliche Zwecke abzutreten.

3. Politische Maßnahmen

239. Das menschliche Leid in der gegenwärtigen Situation und der langfristige Strukturwandel in diesem Bereich machen verantwortliches Handeln der ganzen Gesellschaft notwendig. Ein halbes Jahrhundert subventionierter Produktpreise und Kredite, produktionsorientierter Forschung und Beratungsdienste sowie einer besonderen Steuerpolitik für die Farmer hat die Bundesregierung zu einer Schlüsselfigur für fast jeden Einzelbereich der amerikanischen Landwirtschaft gemacht[90]. Eine Umkehr der gegenwärtigen Trends kann ohne genaue Prüfung dieser Programme nicht erreicht werden.

240. Eine wichtige Überlegung bei allen Maßnahmen des Agrarhandels und der Lebensmittelhilfe sollte dem Beitrag gelten, den unser Land zur Ernährung der Welt leisten kann. Dies bedeutet Weiterführung und Verstärkung der Lebensmittelhilfe, ohne die Märkte der Dritten Welt zu belasten oder Lebensmittel als Waffe in der Außenpolitik zu benutzen. Es bedeutet auch, Exporte nicht in einer Weise zu subventionieren, die zu Handelskriegen und Instabilität an den internationalen Lebensmittelmärkten führen.

241. Für den Agrar- und Lebensmittelsektor machen wir der Regierung folgende Vorschläge.

242. a. Die gegenwärtige Krise erfordert besondere Hilfsmaßnahmen für an sich lebensfähige Familienfarmen, die von Bankrott oder Stillegung bedroht sind. Die Betreiber solcher Farmen müssen Zugang zu Notkrediten, ermäßigten Zinsen

und Umschuldungsprogrammen haben. Landwirtschaftlichen Kreditinstituten, die Probleme haben, weil große Farmkredite langsam oder gar nicht zurückgezahlt werden, sollte ebenfalls vorübergehend geholfen werden. Die Farmer, ihre Familien und auch ihre Gemeinden werden unmittelbaren Gewinn aus diesen und anderen kurzfristigen Maßnahmen ziehen, die darauf gerichtet sind, diese Menschen auf ihrem Grund und Boden zu halten.

243. b. Bundesweite Farmprogramme, deren Zuwendungen zur Zeit überproportional den größten Farmen zugute kommen[91], sollten auf ihre Langzeitwirkungen auf die landwirtschaftliche Struktur hin neu bewertet werden. Einkommensstützungen, die entsprechend der produzierten Lebensmittelmenge oder der bestellten Fläche gewährt werden, müssen in solchen Grenzen erfolgen, die allen Farmerfamilien ein gerechtes Einkommen garantieren. Außerdem muß die Begünstigung durch diese Projekte auf die wirklich Bedürftigen beschränkt werden. Es muß auch eine Obergrenze bei der Zahlung von Preisstützungen streng eingehalten werden, die Farmer in Zeiten fallender Preise erhalten, so daß die Zuwendungen an kleine oder mittlere Betriebe gehen. Um eine Umleitung der Unterstützung aus diesem Programm erfolgreich durchzuführen und dabei gleichzeitig die Kosten für die Allgemeinheit niedrig zu halten, sollte man über die Einführung verbindlicher Produktionskontrollen nachdenken[92].

244. c. Wir halten eine Reform der Steuerpolitik für angebracht, die derzeit das Wachstum der Großfarmen begünstigt, landwirtschaftliche Investitionen durch Nicht-Farmer, die auf der Suche nach Steuervorteilen sind, anzieht und die ungerechterweise den großen, gut finanzierten Farmbetrieben zugute kommt[93]. Die Möglichkeit, Einkommen aus anderen Bereichen mit „Verlusten" auf der Farm zu verrechnen, hat viele Investoren mit hohem Einkommen dazu bewogen, Farm-Konkursmasse zu erwerben ohne jede Absicht, damit ihren Lebensunterhalt zu verdienen, so wie das die Familienfarmer tun müssen. Die Möglichkeit einer schnelleren Kapitalabschreibung, als sie der tatsächlichen Wertminderung entspricht, ist ein Vorteil für reiche Investoren und Farmer. Niedrigere

Steuersätze für Kapitalerträge haben zur Ausdehnung der Farmen und zu größeren Investitionen in Maschinen mit hohem Energieverbrauch angeregt, welche die menschliche Arbeitskraft ersetzen. Änderungen in der Erbschaftssteuergesetzgebung haben konsequent die größten Erbhöfe begünstigt. All diese Ergebnisse beweisen, daß wir eine Neubewertung dieser und ähnlicher Steuerverordnungen brauchen[94]. Wir befürworten auch weiterhin eine progressive Grund- und Bodensteuer, um die Entstehung übermäßig großer Besitzungen zu verhindern.[95].

245. d. Obwohl oft behauptet wird, daß Farmen möglichst groß sein müssen, um die hochentwickelten und kostspieligen Technologien bestens zu nutzen, haben zahlreiche Studien gezeigt, daß mittelgroße kommerziell betriebene Farmen die höchste Kosteneffizienz in der heutigen Landwirtschaft erzielen. Wir empfehlen daher, daß die Geldmittel, die der Bund und die Universitäten für Forschung und Beratung zur Verfügung stellen, umverteilt werden im Sinne einer Produktionsverbesserung der kleinen und mittleren Farmen[96].

246. e. Da die Reinhaltung von Boden und Wasser, genauso wie andere Umweltschutzmaßnahmen, einen Beitrag zum Wohl der Gesamtgesellschaft darstellt, ist es richtig, daß die Öffentlichkeit einen Teil der diesbezüglichen Kosten trägt und die Meßwerte für den Umweltschutz festlegt. Der Staat sollte deshalb die Farmer auffordern, mehr Schutzvorkehrungen zu treffen, und die Kosten dafür breiter verteilen.

247. f. Die Gerechtigkeit fordert, daß Schutzgarantien und -maßnahmen wie etwa die Festsetzung von Mindestlöhnen, zusätzliche Vergünstigungen und Arbeitslosenunterstützung den Landarbeitern in demselben Maße zugute kommen wie allen anderen Arbeitern. Es besteht außerdem ein dringender Bedarf an zusätzlichen Wohnungen, an Gesundheitsfürsorge und Erziehungsbeihilfe für Landarbeiter.

4. Die Solidarität der Farmer

248. Wenn auch die Regierung viel tun kann und muß, um die Richtung der Agrarpolitik in diesem Land zu ändern, so hängt diese Richtungsänderung doch auch von der Mitarbeit und dem guten Willen der Farmer ab. Die Anreize zur Risikobereitschaft, zur Ausdehnung der Farmgröße sowie zur Bodenspekulation sind in unserem Agrarsystem beträchtlich. Deshalb müssen die Farmer und Rancher diese Anregungen abwägen gegen die Werte der Familie, der ländlichen Gemeinschaft, der Sorge für den Acker und für ein Ernährungssystem, das sowohl auf die kurz- wie langfristigen Nahrungsbedürfnisse des Landes und der Welt reagiert. Der stets vorhandenen Versuchung zu Individualismus und Habgier muß in der Farmergemeinschaft durch eine entschlossene Bewegung zur Solidarität begegnet werden. Die Farmer sollten ihre Arbeit genossenschaftlich organisieren und beim Kauf von Vorräten und Geräten wie auch bei der Vermarktung ihrer Produkte mit anderen Farmern zusammenarbeiten. Es ist nicht nötig, daß jeder Farmer sich mit jedem anderen im Wettbewerb befindet. Eine solche Zusammenarbeit kann ausgedehnt werden bis hin zur Einflußnahme der Farmer durch ihre verschiedenen Organisationen auf die Agrarpolitik der Regierung[97]. Ebenso ist es möglich, Technologien auszuwählen, welche die Kosten verringern und die Produktivität steigern, ohne daß eine Zunahme in der Größe der Farmen erforderlich ist. Neue Technologien werden den Bauern nicht aufgezwungen, sie selbst entscheiden sich für sie.

249. Die Farmer müssen auch ihren Widerstand gegen die gewerkschaftliche Organisation der Landarbeiter aufgeben. Die Landarbeiter haben ein Recht darauf, Gewerkschaften ihrer Wahl anzugehören, die in Tarifverträgen gerechte Löhne und Arbeitsbedingungen aushandeln. In der Ausübung dieses Rechtes schützen sie den Wert der Arbeit in der Landwirtschaft, ein Schutz, der ebenso den Farmern zukommt, die mit ihrer eigenen Arbeitskraft ihre Landwirtschaft betreiben.

5. Schlußfolgerung

250. Das amerikanische Ernährungssystem ist ein Bestandteil der Volkswirtschaft und Weltwirtschaft. Diese Rolle erfordert die Zusammenarbeit ländlicher und städtischer Interessengruppen im Umgang mit den Herausforderungen und Problemen der Landwirtschaft. Durch die Eigenart landwirtschaftlichen Unternehmertums und durch die Traditionen der Familienfarm in diesem Lande ist dieser Sektor in hohem Maße wettbewerbsorientiert geblieben mit einem weit gestreuten Eigentum am grundlegendsten Produktionsfaktor, dem Boden. Die wettbewerbsorientierte, vielgestaltige Struktur, die sich als zuverlässiger Erzeuger nahrhafter und preisgünstiger Lebensmittel für uns selbst und Millionen von Menschen in anderen Teilen der Welt erwiesen hat, ist nun bedroht. Die lebensnotwendige Nahrung, die für die Herstellung dieser Lebensmittel benötigten Ressourcen Wasser und Boden wie auch die Lebensform der Menschen, die den Boden bearbeiten, sind in Gefahr. Die sozialen und ethischen Traditonen der katholischen Kirche messen jeder dieser Komponenten moralische Bedeutung bei. Unsere Antwort auf die gegenwärtige Situation muß zeigen, daß wir uns von dieser moralischen Bedeutung angesprochen fühlen und daß wir entschlossen sind, dafür einzutreten, daß die Vereinigten Staaten auch in Zukunft die ihnen angemessene Aufgabe im weltweiten Kampf gegen den Hunger einnehmen wird. Schließlich muß unsere Antwort beweisen, daß wir uns verantwortlich fühlen, den zukünftigen Generationen eine saubere natürliche Umwelt und denselben leichten Zugang zu den lebensnotwendigen Dingen zu hinterlassen, den die meisten von uns heute genießen. Den Farmern und Farmarbeitern, die unter der Landwirtschaftskrise leiden, versprechen wir unsere Solidarität, unseren Rat, unsere Gebete und die anderen geistlichen Hilfen unseres katholischen Glaubens.

D. Die amerikanische Wirtschaft und die Entwicklungsländer: Komplexität, Herausforderung und Alternativen

1. Die Komplexität der wirtschaftlichen Beziehungen in einer interdependenten Welt

251. Die Weltwirtschaft besteht aus Volkswirtschaften in den Industrieländern des Nordens und den Entwicklungsländern des Südens, die durch ein Netz von Wirtschaftsbeziehungen miteinander verbunden sind. Dies ist der Rahmen, in dem die Solidarität, die wir auf nationaler Ebene suchen, ihren internationalen Ausdruck findet. Die traditionelle katholische Lehre bezüglich dieser weltweiten Interdependenz hebt die Menschenwürde, die Einheit der Menschheitsfamilie und die universale Zweckbestimmung der Güter dieser Erde zum Wohle aller hervor; ferner: die Notwendigkeit, das internationale wie auch das nationale Gemeinwohl zu suchen und das Gebot der Verteilungsgerechtigkeit zu befolgen. Die Vereinigten Staaten haben eine führende Rolle im System der Weltwirtschaft; und wir wünschen uns, daß die Beziehungen unseres Landes zu allen anderen Nationen – Kanada, Europa, Japan und unseren übrigen Handelspartnern, aber auch den sozialistischen Ländern – diese Lehre (der katholischen Kirche, Anmerkung der Redaktion) widerspiegeln und von Gerechtigkeit und gegenseitiger Achtung gekennzeichnet sind.

252. Ohne im geringsten den Wert dieser Beziehungen herabsetzen zu wollen, bewegt uns doch unsere Betonung der „Option für die Armen" dazu, unsere Aufmerksamkeit in erster Linie auf die Beziehungen der Vereinigten Staaten zur Dritten Welt zu richten. Wenn nicht bewußte Schritte zum Schutz der Menschenwürde und der Solidarität in diesen Beziehungen unternommen werden, müssen wir mit wachsenden Konflikten und einer Ungerechtigkeit rechnen, welche die anfälligen Wirtschaften dieser relativ armen Länder weit mehr bedrohen werden als unsere relativ starke Wirtschaft. Außerdem ist es ein Gebot der Gerechtigkeit – zumal die Tatsache ge-

genseitiger Abhängigkeit immer deutlicher wird –, daß die *Qualität* dieser Interdependenz verbessert werden muß, damit „der Skandal der himmelschreienden Ungleichheiten zwischen Reichen und Armen“[98] in einer Welt, die immer schärfer in diese beiden Lager geteilt wird, verschwindet.

253. Im übrigen sehen sich die Entwicklungsländer selbst oft als abhängig von den Industrieländern, vor allem den USA, weil das System der internationalen Beziehungen als solches und die Art, wie die Vereinigten Staaten in ihm wirken, sie unterwirft. Die Industrieländer bestimmen im wesentlichen, zu welchen Preisen sie ihre Güter exportieren sowie Nahrungsmittel und Fertiggüter importieren können, sie setzen bei Krediten die Zinssätze und die übrigen Konditionen fest, aber auch die wirtschaftlichen Verhaltensrichtlinen für ausländische Investoren, die Höhe und die Rahmenbedingungen für ausländische Hilfe, etc. Und schließlich sind ihre traditionellen Kulturen zunehmend empfänglich für das aggressive kulturelle Eindringen des Nordens (vor allem der USA) mit seinen Werbe- und Medienprogrammen. Die Entwicklungsländer sind allenfalls Juniorpartner.

254. Die Grundsätze der kirchlichen Lehre erhalten eine neue moralische Dringlichkeit, je mehr wir begreifen, wie benachteiligt sehr viele Menschen und Länder in dieser Welt gegenseitiger Abhängigkeit sind. Die Hälfte der Weltbevölkerung, etwa 2,5 Milliarden Menschen, lebt in den Ländern, in denen das Pro-Kopf-Einkommen 400,-- Dollar oder weniger beträgt[99]. Wenigstens 800 Millionen Menschen in jenen Ländern leben in absoluter Armut, „unterhalb jeder vernünftigen Grenze menschlicher Zumutbarkeit.“[100] Fast eine halbe Milliarde Menschen lebt in ständigem Hunger, trotz reichlicher Ernten weltweit[101]. Fünfzehn von hundert Kindern, die in solchen Ländern zur Welt kommen, sterben, bevor sie fünf Jahre alt werden, und Millionen Überlebende sind körperlich und geistig verkümmert. Noch so viele Einzelbeispiele vermöchten nicht die schrecklichen Unterschiede innerhalb dieser bitterarmen Länder und zwischen ihnen und unseren angemessen darzustellen. Und ihr Elend ist nicht das unvermeidliche Ergebnis geschichtlicher Entwicklung oder der Gesetzmäßigkeit einzel-

ner Kulturen, sondern es ist das Ergebnis menschlicher Entscheidungen und menschlicher Institutionen.

255. Auf der Bühne der Weltwirtschaft gibt es drei Hauptdarsteller, die besondere Aufmerksamkeit verlangen: bestimmte Länder mit großem Einfluß, multilaterale Institutionen, die Geld, Macht, Ideen und Einfluß lenken und die transnationalen Unternehmen und Banken, deren Anzahl, Größe, Einflußbereich und Leistungsfähigkeit seit dem Zweiten Weltkrieg enorm zugenommen haben[102]. Auf weniger eindeutige Weise beeinflussen Gewerkschaften, Volksbewegungen, private Organisationen der Entwicklungshilfe sowie regionale Gruppierungen einzelner Länder die Weltwirtschaft. Das Zusammenwirken all dieser Faktoren bestimmt das Umfeld politischer Entscheidungen, die letztlich bestimmen, ob die Interdependenz wirklich gefördert wird oder aber die Abhängigkeit der Benachteiligten wächst.

256. In dieser Arena, in der sich Tatsachen und ethische Forderungen begegnen, besteht die moralische Aufgabe darin, Richtlinien für die Hauptdarsteller zu entwerfen, durch die eine gerechte internationale Ordnung näherrückt. Eines der schwierigsten Probleme liegt darin, die Gewinnorientierung der transnationalen Gesellschaften mit dem Gemeinwohl zu vereinbaren, dem sie gemeinsam mit den Regierungen und deren multilateralen Institutionen dienen sollen.

257. Der Gedanke der gegenseitigen Abhängigkeit läßt die schwache Trennlinie zwischen Innen- und Außenpolitik verschwinden. Zahlreiche außenpolitische Entscheidungen (z. B. über Handel, Investitionen und Einwanderung) haben direkten und nachhaltigen Einfluß auf die Wählerschaft der Vereinigten Staaten. Ebenso haben viele Maßnahmen, die man als innenpolitisch einstuft, (z. B. bezüglich der Agrar- und der Zinspolitik, des Finanzhaushaltes oder -defizits) wichtige Konsequenzen für andere Länder. Diese zunehmend klarer erkannte Verbindung zwischen innen- und außenpolitischen Themen richtet an die Politik unseres Landes neue praktische und moralische Fragen.

2. Die Herausforderung der Katholischen Soziallehre

258. Die katholische Lehre über die internationale Wirtschaftsordnung erkennt deren Komplexität an, bietet aber keine speziellen Lösungen. Statt dessen versuchen wir sicherzustellen, daß moralische Kriterien berücksichtig werden. Alle Elemente der ethischen Sichtweise, die wir bisher aufgezeichnet haben, enthalten wesentliche Konsequenzen für die internationalen Beziehungen. (1) Die Gebote *christlicher Liebe* und *menschlicher Solidarität* fordern alle wirtschaftlich Handelnden auf, der Gemeinsamkeit vor dem Chaos den Vorrang zu geben. Sie erfordern eine Definition der politischen Gemeinschaft, die weitergeht als die nationale Souveränität auf eine Politik zielt, welche die sittlichen Bande zwischen allen Menschen anerkennt. (2) Grundgerechtigkeit bedeutet, daß alle Völker das Recht besitzen, an der zunehmend enger verflochtenen Weltwirtschaft teilzunehmen, und zwar in einer Weise, die ihre Freiheit und ihre Würde anerkennt. Wenn ganze Gemeinschaften von gerechter Teilnahme an der internationalen Ordnung ausgeschlossen sind, wird die Grundgerechtigkeit verletzt. Wir fordern eine Welt, die allen Gerechtigkeit zukommen läßt. (3) *Respekt vor den Menschenrechten*, und zwar im politischen wie im wirtschaftlichen Bereich, bedeutet, daß internationale Entscheidungen, Institutionen und Politik von Werten geprägt sein müssen, die mehr als rein wirtschaftlicher Natur sind. Die Schaffung einer Weltordnung, in der diese Rechte für jeden einzelnen gesichert sind, muß ein vorrangiges Ziel sein für alle, die aktiv Einfluß nehmen auf das internationale Geschehen. (4) *Der besondere Platz der Armen* in diesem ethischen Konzept besagt, daß das erste Ziel jeder internationalen Politik darin bestehen muß, die Grundbedürfnisse von Millionen elender und hungriger Menschen in der Welt zu befriedigen.

259. Diese Perspektiven münden in die Forderung nach einer grundlegenden Reform der internationalen Wirtschaftsordnung. Ob es sich nun um das Problem der Kriegsverhütung und Friedensarbeit handelt oder darum die Nöte der Armen anzusprechen, die katholische Lehre betont nicht nur das Ge-

wissen des einzelnen, sondern auch die politischen, gesetzlichen und wirtschaftlichen Strukturen, durch die Politik bestimmt und Tatbestände beurteilt werden[103]. Wir versuchen hier nicht, die verschiedenen Vorschläge zur internationalen Wirtschaftsreform zu bewerten oder die Wirtschaftsbeziehungen zwischen den USA und anderen Industrieländern zu behandeln. Wir drängen vielmehr darauf, daß aus Gründen praktischer und moralischer Eindeutigkeit, besonders die heikle Lage der Entwicklungsländer, die Wiederaufnahme des Dialogs zwischen den Industrieländern des Nordens und den Entwicklungsländern des Südens erforderlich ist mit dem Ziel, die internationalen Wirtschaftsbeziehungen neu zu organisieren, um größere Gerechtigkeit herzustellen und die Grundbedürfnisse der armen Mehrheit zu befriedigen[104].

260. *Wie anderswo hat auch hier die Option für die Armen Vorrang bei der Wahl politischer Mittel.* Sie bringt eine einmalige Perspektive einer Außenpolitik, durch welche die Beziehungen der Vereinigten Staaten, insbesondere zu den Entwicklungsländern, neu bewertet werden können. Die herkömmliche Analyse der Außenpolitik berücksichtigt Machtüberlegenheit und Festlegung des nationalen Interesses; aber die Armen haben – per definitionem – keine Macht. Wenn wir ihren Bedürfnissen, ihren Nöten und Interessen angemessenes Gewicht verleihen wollen, müssen wir über wirtschaftlichen Gewinn oder nationale Sicherheit als Ausgangspunkte des politischen Dialogs hinausgehen. Wir wollen überall an der Seite der Armen stehen, und wir glauben, daß die Beziehungen zwischen den Vereinigten Staaten und den Entwicklungsländern in erster Linie von der Sorge für die menschlichen Grundbedürfnisse und von der Achtung kultureller Traditionen gekennzeichnet sein sollten.

3. Die Rolle der Vereinigten Staaten in der Weltwirtschaft: konstruktive Alternativen

261. Wie wir in unserem Hirtenwort die „Herausforderung des Friedens" bemerkten, haben die letzten Päpste die Vereinten Nationen als einen wichtigen Schritt nach vorn in Rich-

tung auf die Entwicklung und Organisation der menschlichen Gemeinschaft nachdrücklich unterstützt. Wir teilen ihr Bedauern darüber, daß es zur Zeit keine internationale politische Institution mit der Verantwortlichkeit und der Macht gibt, das Gemeinwohl der Welt zu fördern. Wir fordern die Vereinigten Staaten nachdrücklich auf, die Bemühungen der UNO in dieser Richtung zu unterstützen. Wenn man eine gerechte Weltwirtschaftsordnung ohne eine solche zentrale Autorität errichten will, müssen die Nationalregierungen eine Politik betreiben, die es den armen Nationen und den entrechteten Menschen ermöglicht, an der Weltwirtschaft teilzunehmen. Da kein anderes Land über eine ähnliche Wirtschaftsmacht verfügt wie wir, glauben wir, daß die Verantwortung dafür besonders bei den Vereinigten Staaten liegt. Sie muß aber in Zusammenarbeit mit anderen Industrieländern geschehen, wie etwa bei der Stützung des Dollarkurses. Dies ist ein weiterer Beweis für die tatsächlich bestehende Interdependenz. Gemeinsames Handeln auf diese Ziele hin sorgt nicht nur für mehr Gerechtigkeit und weniger Elend in der Dritten Welt, sondern liegt auch im Interesse der USA und anderer Industrieländer.

262. In den letzten Jahren hat jedoch die amerikanische Entwicklungspolitik für die Dritte Welt zunehmend die Nord-Süd-Problematik aus der Sicht des Ost-West-Konfliktes behandelt, und dies zu Lasten der menschlichen Grundbedürfnisse und der wirtschaftlichen Entwicklung. Diese Sicht macht die nationale Sicherheit zum Angelpunkt der Politik[105]. Die Entwicklungsländer sind weitgehend zum Versuchsgelände im Ost-West-Konflikt geworden; ihre Bedeutung und ihr Wert scheinen vor allem im Bereich dieser übergeordneten geo-politischen Überlegungen zu liegen. Daraus ergibt sich, daß Fragen der Grundbedürfnisse der Menschen und der wirtschaftlichen Entwicklung in der politisch-strategischen Gewichtung an zweiter Stelle rangieren. Dieser Tendenz müssen wir widerstehen.

263. Im übrigen setzt uns die amerikanische Teilnahme an den Nord-Süd-Verhandlungen oft in die Position, die Vorschläge der Entwicklungsländer abzulehnen, ohne selbst reali-

stische Gegenvorschläge zu machen[106]. Der Nord-Süd-Dialog ist komplex, langwierig und voll von symbolischen und oft unrealistischen Forderungen; doch die Situation ist nun an einem Punkt angekommen, an dem der Rest der Welt von den Vereinigten Staaten eine zögernde, ablehnende Haltung in diesen Diskussionen schon fast erwartet. Die amerikanische Einstellung gegenüber den Bedürfnissen der Entwicklungsländer muß dringend geändert werden. Ein so großes, reiches und mächtiges Land wie das unsrige hat die moralische Verpflichtung, in der Bekämpfung der Armut in der Dritten Welt führend zu sein.

264. Wir glauben, daß die amerikanische Entwicklungspolitik unsere traditionelle Wertschätzung der Menschenrechte und unser Bemühen um sozialen Fortschritt widerspiegeln muß. Wie wir bereits in unserem Hirtenbrief über den Atomkrieg zum Ausdruck brachten, sind die internationalen Wirtschaftsbeziehungen der Hilfe, des Handelns, der Finanzen und Investitionen voneinander abhängig und zeigen die Spannweite der Interdependenz, der sich die amerikanische Politik gegenübersieht. Die drei wichtigsten Wirtschaftsfaktoren sind an allen diesen Beziehungen beteiligt. Jede einzelne Beziehung bietet uns die Möglichkeit zu mehr sozialer Gerechtigkeit in den Entwicklungsländern. Aber leider bleiben wir jedesmal hinter unseren Möglichkeiten zurück. Wir müssen dringend und sofort Schritte unternehmen, um diese Defizite auszugleichen.

265. a. *Enztwicklungshilfe:* Die offizielle Entwicklungshilfe, welche die Industrieländer und die ölproduzierenden Staaten der Dritten Welt in Form von Schenkungen, Langzeitkrediten zu niedrigen Zinssätzen, Gebrauchsgütern und technischer Hilfe leisten, sind ein wichtiger Beitrag zu deren Entwicklung. Obwohl der Teil des amerikanischen Bruttosozialprodukts, der für Auslandshilfe veranschlagt wird, jetzt weniger als ein Zehntel des Marshall-Plans beträgt, der dazu beitrug, die zerstörten, aber hochentwickelten europäischen Volkswirtschaften wieder aufzubauen, bleiben wir das größte Geberland. Wir spielen immer noch eine Hauptrolle bei diesem Ressourcen-Transfer, aber wir geben kein Beispiel mehr

für andere Spender. In der Bereitstellung von Ressourcen liegen wir proportional hinter den meisten anderen Industrienationen, und wir scheinen uns weniger denn je um die Entwicklung der Dritten Welt zu kümmern. Unsere bilaterale Hilfe wird immer mehr militarisiert und sicherheitsbezogen, und unsere Beiträge zu multilateralen Institutionen wurden in den letzten Jahren verringert[107]. Nicht alle diese Änderungen sind zu rechtfertigen. Die Projekte der International Development Agency z. B. scheinen der Unterstützung wert zu sein.

266. Dies ist eine schwerwiegende Verzerrung der Priorität, welche die Entwicklungshilfe verdient. Wir sind bestürzt darüber, daß die Vereinigten Staaten, die einst der Pionier der Auslandshilfe waren, jetzt fast an letzter Steller unter den siebzehn Industrieländern der Organisation für Wirtschaftliche Zusammenarbeit (OECD) liegen, gemessen am prozentualen Anteil des Bruttosozialproduktes für Hilfsmaßnahmen. Die Reduzierung der Beiträge der USA an Institutionen der multilateralen Entwicklungshilfe ist besonders bedauernswert, weil diese Einrichtungen oft besser als die bilateralen in der Lage sind, sich auf die Armen zu konzentrieren und die Abhängigkeit in den Entwicklungsländern abzubauen[108]. Dies ist auch ein Bereich, in dem in der Vergangenheit unsere Führung und unser Beispiel großen Einfluß ausübten. Eine nachdrücklichere Präsenz der Vereinigten Staaten in diesen Einrichtungen, wie wir sie bei ihrer Gründung annahmen, könnte ihre Wirksamkeit verbessern, ein ermutigendes Zeichen bezüglich der amerikanischen Absichten setzen und dazu beitragen, daß der Dialog über die wachsende Armut und Abhängigkeit der Dritten Welt wiedereröffnet wird.

267. b. *Handel:* Der Handel ist weiterhin ein wichtiger Bestandteil der internationalen Wirtschaftsbeziehungen. Er war wichtig für das schnelle wirtschaftliche Wachstum vieler Entwicklungsländer in den sechziger und siebziger Jahren und wird das wahrscheinlich auch weiterhin sein, wenn auch für ein langsameres. Die Option für die Armen bringt nicht schon aus sich heraus eine Handelspolitik hervor; aber sie liefert einen Bezugsrahmen. Vor allem muß ein gerechtes Handelssystem, das den Armen helfen soll, Vorteile gerecht verteilen

und so ausgerichtet sein, daß Exportprodukte aus Entwicklungsländern gerechte Preise erzielen gemäß einem Übereinkommen zwischen allen Handelspartnern. Die Entwicklungsländer haben ein Recht auf gerechte Preise für ihre Rohstoffe, die einen angemessenen Gewinn ermöglichen.

268. Die Handelspolitik ist ein Beispiel für die Konflikte, die durch Interdependenz entstehen können. Der Klage der Entwicklungsländer, ungerecht behandelt zu werden, weil ihnen der Zugang zum Weltmarkt versagt wird, steht bei den Industrieländern die Klage der ungerechten Behandlung gegenüber, wenn Arbeitsplätze bedroht sind und Einkommen zurückgehen. Der landwirtschaftliche Handel und einige Industriezweige bieten dafür besonders akute Beispiele.

269. Wir glauben, daß die ethischen Normen, die wir für unsere eigene Volkswirtschaft angewandt haben, hier genauso Geltung haben[109]. So wie in anderen wirtschaftlichen Angelegenheiten sind die grundlegenden Fragen: Wer profitiert von einer bestimmten politischen Maßnahme? Wie können Vorteile und Nachteile gerecht verteilt werden? Wir müssen z. B. fragen, inwieweit der Erfolg bestimmter Importprodukte in den USA mit ausbeuterischen Arbeitsbedingungen im exportierenden Land zusammenhängt, mit Bedingungen also, die in manchen Fällen eine Investition erst attraktiv machten. Die Vereinigten Staaten müssen alles in ihrer Macht stehende tun, daß im Außenhandel die ärmsten Gesellschaftsschichten der Entwicklungsländer gerecht behandelt und Menschenrechtsverletzungen vermieden werden. Insbesondere sollten sich die Vereinigten Staaten für wirksame Sondermaßnahmen im Rahmen des „General Agreement on Tariffs and Trade" (GATT)[110] zum Wohle der ärmsten Länder einsetzen.

270. Gleichzeitig muß den amerikanischen Arbeitern und ihren Familien, die unter den Auswirkungen des Handelssystems zu leiden haben, durch Ausbildung und andere Maßnahmen geholfen werden, sich den Veränderungen anzupassen, die der Entwicklung und dem Kampf gegen die Armut in der Dritten Welt dienen. Dies ist ein sehr ernstes, unmittelbares und wachsendes Problem. Nach unserem Urteil sind Programme zur Entwicklungsanpassung in Amerika schlecht kon-

zipiert und verwaltet sowie mit unzureichenden Finanzmitteln ausgestattet. Eine Gesellschaft und eine Wirtschaft so wie die unsere kann sich veränderten Handelsbedingungen besser anpassen als die von Armut geplagten Entwicklungsländer.

271. c. *Finanzen:* Hilfen und handelspolitische Maßnahmen allein, auch wenn sie noch so gut durchdacht sind, reichen den Entwicklungsländern nicht aus; sie müssen auch in Verbindung mit internationalen Finanzen und Investitionen gesehen werden. Das Schuldner-Gläubiger-Verhältnis ist ein gutes Beispiel sowohl für die gegenseitige Abhängigkeit innerhalb der internationalen Wirtschaftsordnung als auch für ihren asymmetrischen Charakter, d. h. für die *Abhängigkeit* der Entwicklungsländer. Die angehäufte Außenschuld der Entwicklungsländer nähert sich jetzt der Summe von Tausend Milliarden Dollar[111], das ist mehr als ein Drittel ihres zusammengenommenen Bruttosozialproduktes. Diese Summe hat sich zwischen 1979 und 1984 verdoppelt, und sie steigt weiterhin. Durchschnittlich werden die ersten zwanzig Prozent der Exporterlöse für den Schuldendienst ausgegeben, ohne die Schuld selbst wesentlich zu verringern. In manchen Ländern betragen die Kreditkosten fast hundert Prozent dieser Einnahmen, so daß kaum noch Geld für die eigenen Entwicklungsprogramme übrigbleibt.

272. Die Wurzel dieser sehr komplexen Schuldenkrise liegen sowohl in der Geschichte als auch im System. *Historisch* gesehen liegt die Verantwortung für die gegenwärtige Schwierigkeit bei den drei Hauptakteuren der Wirtschaft aufgrund von Entscheidungen, die während der siebziger und achtziger Jahre getroffen und verwirklicht wurden. 1972 kaufte die Sowjetunion den gesamten amerikanischen Weizenüberschuß auf, und die Weizenpreise verdreifachten sich. Zwischen 1973 und 1979 erhöhte die Organisation Erdöl-exportierender Länder (OPEC) den Ölpreis um das Achtfache und legte den größten Teil der Gewinne bei kommerziellen Banken im Norden an. Um von den Zinsen auf diese Einlagen zu profitieren, drängten die Banken den begierigen Schuldnern aus der Dritten Welt immer größere Kredite auf, die diese brauchten, um das immer teurere Öl zu kaufen. Eine zweite Ölpreisverdoppe-

lung im Jahre 1979 zwang viele dieser Länder dazu, ihre Kredite zu refinanzieren und zu steigenden Zinssätzen mehr Geld zu leihen. Eine 1979 beginnende weltweite Rezession bewirkte, daß die Preise für Exportgüter aus Ländern der Dritten Welt fielen und damit deren Möglichkeiten sanken, ihre wachsende Schuldenlast mit Hilfe von Exporteinnahmen abzubauen.

273. Das weltweite *System* von Finanzen, Entwicklung und Handel, das bei der Bretton-Woods-Konferenz im Jahre 1944 geschaffen wurde – die Weltbank, der Internationale Währungsfonds und das GATT – wurden vom Norden eingerichtet, um eine Wiederholung der wirtschaftlichen Probleme zu verhindern, die als Grund für den Zweiten Weltkrieg angesehen wurden. Vierzig Jahre danach scheint dieses System – wenn es nicht von Grund auf geändert wird – ungeeignet zu sein, den Schuldnerländern, die an seiner Schaffung nicht beteiligt waren, im Umgang mit ihrer immer unerträglicher werdenden Schuldensituation wirksam und gerecht zu helfen. Die Weltbank, die größte dieser Institutionen, hat sich bisher vor allem mit der Finanzierung bestimmter Projekte und nicht mit einer gesunden gesamtwirtschaftlichen Entwicklung befaßt. Der Internationale Währungsfonds (IMF) sollte ursprünglich als Kurzzeit-Gläubiger zur Verfügung stehen, um bei vorübergehenden Zahlungsschwierigkeiten einzuspringen; aber in der gegenwärtigen Situation tritt er als Ordner in kommerziellen Finanztransaktionen und als Bewerter der Kreditwürdigkeit eines Schuldners auf – und ist daher der Schlüssel zur Lösung dieser Probleme. Das GATT, das keine Institution ist, wurde als Handelsordner für die Entwicklungsländer weitgehend ersetzt durch die UNCTAD[112], der die letzteren mehr Vertrauen entgegenbringen.

274. Die Krise umfaßt aber nicht nur das System; sie wirkt sich auf Menschen aus. Sie unterdrückt eine Vielzahl von Menschen, die ohnehin schon erheblich benachteiligt sind. Hier liegt der Skandal: Gerade die Ärmsten leiden am meisten unter den Sparmaßnahmen, die gefordert werden, wenn ein Land das „Zustimmungssiegel" des IMF bekommen möchte, das die Kreditwürdigkeit für einen Handelskredit (oder viel-

leicht für ein auswärtiges Hilfsprogramm) feststellt. Genau dieselben Menschen leiden am meisten, wenn die Rohstoffpreise fallen, wenn Nahrungsmittel nicht eingeführt werden können oder sie sie nicht kaufen können, und wenn Naturkatastrophen sich ereignen. Unsere Verpflichtung zur Bevorzugung der Armen erlaubt uns nicht, unter diesen Umständen zu schweigen. Es müssen Möglichkeiten gefunden werden, um die unmittelbare Not zu lindern: Neben Stundung von Zahlungen, Umwandlung einiger Dollar-Schulden in Schulden in Landeswährung; die Gläubiger könnten sich bereit erklären, einen Teil der Last zu übernehmen, indem sie ausgewählte Kredite teilweise abschreiben, Zinsen kapitalisieren oder vielleicht sogar ihre Zahlung erlassen.

275. Die ärmsten Länder, besonders diejenigen in Afrika südlich der Sahara, sind am wenigsten entwickelt, leiden am meisten unter Hunger und Unterernährung und werden vom Verfall der Rohstoffpreise am härtesten getroffen; sie leben in äußerst gefährdeten Umständen[113]. Obwohl der von ihnen angehäufte Schuldenberg von mehr als hundert Milliarden Dollar, (ein großer Teil davon muß an multilaterale Institutionen zurückgezahlt werden) ein Viertel der lateinamerikanischen Schulden ausmacht, ist bei ihnen die Deckung dieser Beträge (Öl, Mineralien, Industrieprodukte, Getreide, etc.) erheblich schlechter, ihre Fähigkeit, Auslandsschulden zu begleichen, weit geringer und ihre Chance, diese neu festzulegen, sehr klein. Für Länder wie diese, mit niedrigem Einkommen, besteht die größte Hilfe in längeren Zahlungsperioden, niedrigeren Zinssätzen und einer Änderung der IMF-Anpassungsverpflichtungen, welche die ohnehin schon kargen Lebensverhältnisse der Armen noch verschärfen[114]. Besonders hilfreich für einige afrikanische Länder wäre es, wenn Schulden gegenüber Regierungen gestrichen werden könnten, eine Maßnahme, die einige Gläubigerländer bereits ergriffen haben.

276. Reichere Schuldnerländer müssen auch in der Lage sein, ihre Schulden ohne Bestrafung der Armen anzupassen. Obwohl die Entscheidungen über die Zuweisung der Anpassungskosten letztlich bei den Regierungen der Schuldnerländer liegen, sollten bei der Festsetzung der Bedingungen für

Umschuldung und zusätzliche Darlehen die Erwägungen der Gerechtigkeit berücksichtigt werden. So sollten beispielsweise keine Lohnkürzungen beschlossen und keine grundlegenden öffentlichen Dienstleistungen für die Armen gestrichen werden, um die Kapitalflucht ins Ausland abzubauen. Da dieses Schuldenproblem, wie die meisten anderen, im System begründet liegt, reicht eine Lösung von Fall zu Fall nicht aus: Kreditbedingungen und Wechselkurse sind nicht nur wirtschaftliche Fragen, sondern sie sind durch und durch politischer Natur.

277. Darüber hinaus erfordert die wachsende Auslandsverschuldung, die das umfassende Wirtschaftsproblem der Dritten Welt geworden ist, Änderungen im System, damit unmittelbare Hilfe geleistet und Wiederholung vermieden werden kann. Die Instutitionen von Bretton Woods repräsentieren die Schuldnerländer der Dritten Welt nicht angemessen, und ihre Maßnahmen behandeln die Probleme dieser Nationen nicht wirksam. Diese Institutionen müssen grundlegend erneuert und ihre Maßnahmen verbessert werden, während gleichzeitig das unmittelbare Schuldenproblem der Dritten Welt behandelt wird. Die Vereinigten Staaten müssen solche Reformen und Korrekturen unterstützen und an ihnen teilnehmen. Diese Aufgabe ist nicht nur moralisch richtig, sie liegt auch im wirtschaftlichen Interesse der Vereinigten Staaten. Mehr als ein Drittel der Schulden muß an amerikanische Banken gezahlt werden. Die Lebensfähigkeit des internationalen Bankensystems (und jener amerikanischen Banken) hängt zum Teil von der Fähigkeit der Schuldnerländer ab, mit diesen Schulden fertigzuwerden. Wer hartnäckig auf Rückzahlung in voller Höhe besteht, könnte sie zwingen, überhaupt nicht mehr zu zahlen – was zu großen wirtschaftlichen Verlusten in den Vereinigten Staaten führen würde. In diesem Zusammenhang dürfen wir nicht übersehen, welche Bedeutung die amerikanischen Budget- und Handelsbilanzdefizite auf die Zinssätze haben. Diese hohen Zinsen verschlimmern die ohnehin schon schwierige Schuldensituation. Sie locken außerdem Kapital fort, das sonst in die Entwicklung von Ländern der Dritten Welt investiert werden könnte.

278. d. *Ausländische Privatinvestitionen:* Obwohl direkte

Privatinvestitionen in Entwicklungsländern durch amerikanische transnationale Konzerne in den letzten Jahren zurückgegangen sind, betragen sie doch immer noch ungefähr sechzig Milliarden Dollar und stellen jedes Jahr beträchtliche Transaktionen dar. Diese Investitionen in Entwicklungsländern müsser erhöht werden in Übereinstimmung mit den Entwicklungszielen des jeweiligen Gastgeberlandes und mit den Normen einer gerechten Verteilung. Besondere Anstrengungen müssen unternommen werden, um mittelgroße und kleine Unternehmen zu Investitionen anzuregen, aber auch zu Joint-Ventures, die für die Lage des Entwicklungslandes angemessener sein können. In absehbarer Zukunft jedoch werden private Investitionen wahrscheinlich nicht den Bedarf an Infrastruktur in den ärmsten Ländern decken – Straßen, Transportwesen, Kommunikationsnetze, Bildung und Erziehung, Gesundheitswesen, etc; denn in diesen Bereichen kann man gewöhnlich keinen Gewinn erzielen, so daß sie für privates Kapital uninteressant sind. Doch ohne diese Infrastruktur kann kein Wirtschaftswachstum entstehen.

279. Direkte Auslandsinvestitionen, so riskant sie für das investierende Unternehmen wie auch für das Entwicklungsland sein mögen, können das benötigte Kapital, Technologie und unternehmerischen Know-how bringen. Man muß Vorsicht walten lassen, damit solche Investitionen nicht Abhängigkeiten schaffen oder fortsetzen, die besonders die Menschen auf den untersten Sprossen der Einkommensleiter schaden. Man sollte sich vor Investitionen hüten, die in einem Entwicklungsland Ungerechtigkeiten erhalten oder gar verschärfen, repressive Eliten an der Macht halten oder die Abhängigkeit auf dem Ernährungssektor verstärken, indem sie hochwertige landwirtschaftliche Produkte für den Export auf Kosten der örtlichen Bedürfnisse produzieren. Ausländische Investoren, die von den niedrigen Arbeitslöhnen in weniger entwickelten Ländern angezogen werden, müssen sowohl den möglichen Verlust an Arbeitsplätzen im Heimatland als auch eine denkbare Ausbeutung der Arbeitskräfte in den Gastgeberländern berücksichtigen[115]. Sowohl die Produkte als auch die Technologien der investierenden Firmen müssen dem Ent-

wicklungsland entsprechen; sie dürfen sich weder ausschließlich an eine kleine Gruppe reicher Verbraucher wenden, noch kapitalintensive Anlagen errichten, die Arbeitsplätze, vor allem im landwirtschaftlichen Bereich, ersetzen[116].

280. Solche ungerechten Ergebnisse sind aber nicht notwendige Folgeerscheinungen der Aktivitäten transnationaler Konzerne. Diese können durchaus die Entwicklung fördern, indem sie hochkarätige Manager und anderes Personal einstellen und ausbilden, indem sie bei der Organisation wirksamer Marketing-Systeme helfen, zusätzliches Kapital zu schaffen, Finanzierungsverantwortlichkeit einführen oder verstärken und das Wissen aus ihren eigenen Forschungs- und Entwicklungsarbeiten mit anderen teilen. Die Möglichkeiten der Konzerne, über nationale Grenzen hinweg zu planen, zu agieren und zu kommunizieren ohne Berücksichtigung der Interessen des betreffenden Landes, erschwert es den Regierungen, diese Aktivitäten dem Gemeinwohl nutzbar zu machen; dennoch muß man sich darum bemühen. Die christliche Ethik ist unvereinbar mit einer Auffassung, die in erster Linie oder sogar ausschließlich nach Gewinnmaximierung strebt. Wir fordern die Unterstützung der Vereinigten Staaten zugunsten eines Verhaltenskodex für ausländische Konzerne, der deren quasi-öffentlichen Charakter anerkennt und zur Entwicklung wie auch zu einer gerechten Verteilung ihrer Erlöse auffordert. Transnationale Unternehmen müssen angehalten werden, einen solchen Kodex anzuerkennen und ihr Verhalten den darin enthaltenen Bedingungen anzupassen.

281. e. *Das Ernährungsproblem der Welt – eine Sache von besonderer Dringlichkeit:* Diese vier Kanäle des Ressourcentransfers – Hilfe, Handel, Finanzen und Investitionen – kreuzen und überlappen sich auf allen Gebieten der Wirtschaft, doch auf keinem deutlicher als im internationalen Ernährungssystem. Das größte Einzelpaket an Entwicklungshilfe geht an den Bereich der Landwirtschaft und an kurzfristige Nahrungshilfe in Notfällen und für besonders bedürftige Gruppen. Die Nahrungsmittel stellen einen der kritischsten Bereiche des Handels dar. Die Entwicklungsländer haben am internationalen Kapitalmarkt in großen Mengen Geld geborgt,

um die Einfuhr von Lebensmitteln zu finanzieren, und ein wesentlicher Anteil der direkten Privatinvestitionen fließt in die Landwirtschaft.

282. Die Entwicklung der Landwirtschaft der Vereinigten Staaten hat unserem Land eine beherrschende Position im internationalen Ernährungssystem verschafft. Die beste Art, der Verantwortung gerecht zu werden, die diese Position der Überlegenheit mit sich bringt, besteht in einer amerikanischen Ernährungs- und Landwirtschaftspolitik, die zu einer erhöhten Ernährungssicherheit führt, d. h. eine erreichbare und angemessene Ernährung für jedermann. Eine Welt, in der fast eine halbe Milliarde Menschen hungern, hat noch keine Ernährungssicherheit erreicht. Das Problem des Hungers hat für diejenigen, welche die Heilige Schrift lesen und sich zum christlichen Glauben bekennen, besondere Bedeutung. Angefangen bei Gottes Gebot, den Hungrigen zu essen zu geben, bis hin zur Eucharistie, die wir als das Brot des Lebens feiern, fordert unser Glaube von uns, aktiv an der Verteilung der lebenserhaltenden Nahrung teilzunehmen. Es gibt kein grundlegenderes Bedürfnis des Menschen. Der Aufruf des Evangeliums erhält neue Dringlichkeit in einer Welt, in der bei reichen Ernten Hunderte von Millionen Menschen vor dem Hungertode stehen. Hilfe und Vorbeugung für ihren Hunger darf nicht der Arithmetik des freien Marktes überlassen bleiben[117].

283. Der chronische Hunger derer, die tatsächlich von einem Tag auf den anderen leben, ist ein Symptom des Problems der Armut. Die Befreiung und Vorbeugung gegen den Hunger sind Teil eines übergeordneten Feldzugs gegen die Armut. Die Menschen müssen ihren Bedarf an Lebensmitteln entweder selbst herstellen oder kaufen können, ohne auf ungewisse Almosen warten zu müssen. Es gibt keinen Ersatz für langfristige Entwicklung der Landwirtschaft und des Ernährungssystems in den Ländern, die jetzt unter der Last des Hungers seufzen. Die meisten Fachleute sind sich darüber einig, daß hier die Lösung bei den Kleinbauern liegt, von denen die meisten aus Mangel an wirtschaftlichen Anreizen nicht auf dem Ernährungssektor arbeiten; denn einerseits ist der größte Teil der Bevölkerung arm, andererseits fehlt es am notwendigen Zugang

zu den Voraussetzungen der Landwirtschaft, besonders an Grund und Boden, was wiederum vor allem auf ihre eigene Armut zurückzuführen ist. In diesen armen Ländern, in denen es nicht genug zu essen gibt, braucht eine kleine Familienfarm Unterstützung und Schutz, genauso wie in unserem eigenen Land.

284. Doch die Einsicht in dieses langfristige Problem löst nicht schon die kurzfristige Verpflichtung der USA als weltgrößter Nahrungsexporteur, auf diesem Gebiet genügend Lebensmittelhilfe zur Verfügung zu stellen, um den Hunger der Armen zu stillen; und die nicht nur, um die eigene Überproduktion zu verwerten, sondern in einer Weise, die gleichzeitig die örtliche Nahrungsmittelproduktion anregt. Es kann keine erfolgreiche Lösung des Hungerproblems in der Welt geben ohne die Teilnahme der Vereinigten Staaten an einer gemeinschaftlichen Anstrengung, die mit verstärker Nahrungshilfe ein langfristiges Programm verbindet, um die Selbstversorgung in den nahrungsbedürftigen Entwicklungsländern in Gang zu setzen.

285. Das Problem des Hungers wird oft in Verbindung mit den Problemen des Bevölkerungswachstums gesehen, und zwar als Wirkung einer Ursache. Wenn auch diese Beziehung oft in einer allzu vereinfachenden Art dargestellt wird, können wir doch nicht umhin, zuzugeben, daß die Ressourcen der Erde begrenzt sind und daß die Bevölkerung rapide zunimmt. Ob die Erde ein wirklich menschenwürdiges Leben für doppelt so viele Menschen oder mehr, wie derzeit auf ihr leben, bieten kann (und viele von diesen leiden schon heute bitteren Mangel), ist eine besorgniserregende Überlegung, die nicht vernachlässigt werden darf[118].

286. Obwohl wir nicht glauben, daß die Menschen in erster Linie deshalb arm und hungrig sind, weil sie große Familien haben, unterstützt die Kirche voll und ganz die Notwendigkeit einer verantwortlichen Elternschaft. Die Größe der Familien hängt weitgehend vom wirtschaftlichen Entwicklungsstand ab, wie auch von der Bildung, dem Respekt vor der Frau, von den Möglichkeiten des Gesundheitswesens sowie von den kulturellen Traditionen der Gesellschaft. Bei der Behandlung des

Bevölkerungswachstums empfehlen wir daher nachdrücklich alle Bemühungen, die sich mit diesen besonderen sozialen und wirtschaftlichen Faktoren befassen.

287. Die Bevölkerungspolitik muß Teil einer Gesamtstrategie zur vollen menschlichen Entwicklung sein. Sie muß die Freiheit der Elternschaft respektieren und Zwang vermeiden. Wie Papst Paul VI. über die Bevölkerungspolitik sagte: „Es ist richtig, daß zu oft ein schnelles Anwachsen der Bevölkerung für das Entwicklungsproblem eine zusätzliche Schwierigkeit bedeutet; die Bevölkerung wächst schneller als die zur Verfügung stehenden Hilfsmittel, und man gerät sichtlich in einen Engpaß. Dann ist die Versuchung groß, das Anwachsen der Bevölkerung durch radikale Maßnahmen zu verhindern. Der Staat hat zweifellos innerhalb der Grenzen seiner Zuständigkeit das Recht, hier einzugreifen, eine zweckmäßige Aufklärung durchzuführen und geeignete Maßnahmen zu treffen, vorausgesetzt, daß diese in Übereinstimmung mit dem Sittengesetz sind und die berechtigte Freiheit der Eheleute nicht antasten. Ohne das unabdingbare Recht auf Ehe und Zeugung gibt es keine Würde des Menschen."[119]

4. Die amerikanische Verantwortung für eine Reform des internationalen Wirtschaftssystems

288. Die Vereinigten Staaten können nicht der einzige Retter der Entwicklungsländer sein, und die Länder der Dritten Welt sind auch nicht völlig unschuldig an ihrem eigenen Versagen oder völlig hilflos, ihr eigenes Schicksal in die Hand zu nehmen. Viele dieser Länder werden positive Schritte unternehmen müssen, um Entwicklung und Wirtschaftswachstum voranzutreiben. Sie müssen ihre Verwaltung entbürokratisieren, über Gelder Rechenschaft ablegen, vernünftige Programme planen und weitere Schritte unternehmen, um ihr Volk in die Selbstverantwortung zu führen. Eine fortschreitende Entwicklung wird außerdem einige schmerzhafte Heilungsmaßnahmen notwendig machen: die Kapitalflucht zu verhindern, weniger Schulden zu machen, die Preisdiskriminierung der ländlichen Gebiete abzubauen, die Korruption im Umgang mit Geld und anderen Res-

sourcen zu beenden und die Finanzierung unwirksamer öffentlicher Unternehmen zu beschneiden. Die Allgegenwart der Vereinigten Staaten in vielen Teilen unserer Welt stellt uns auch vor die Verantwortung, unsere ganze Wirtschaftsmacht – nicht nur unsere Hilfe – immer mehr im Dienste der Menschenwürde und der Menschenrechte einzusetzen, und zwar sowohl der politischen als auch der wirtschaftlichen.

289. Wie wir bereits in unserem früheren Hirtenbrief „Die Herausforderung des Friedens" vermerkten, zeigt insbesondere der Gegensatz zwischen den Ausgaben für die Rüstung und den für Entwicklungszwecke einen Prioritätenwandel weg von den menschlichen Bedürfnissen hin zu mehr „nationaler Sicherheit", also eine massive Verzerrung der Zuweisung von Ressourcen. Im Jahre 1982 waren z. B. die Militärausgaben der Industrienationen siebzehnmal größer als ihre Auslandshilfe. 1985 gaben die Vereinigten Staaten allein für die Verteidigung über zwanzigmal so viel aus wie für die Auslandshilfe, und fast zwei Drittel davon wiederum kam in der Gestalt militärischer Unterstützung (einschließlich subventionierter Waffenverkäufe) oder ging in Länder von strategischer Bedeutung für die USA[120]. *Anstatt amerikanischen Waffenverkäufe zu fördern, insbesondere an Länder, die sich diese gar nicht leisten können, müssen wir für ein internationales Abkommen zum Abbau dieses todbringenden Handels werben.*

290. Kurzum: Die internationale Wirtschaftsordnung, wie zahlreiche Bereiche unserer eigenen Wirtschaft, steckt in einer Krise. Die Kluft zwischen den reichen und den armen Ländern, aber auch zwischen Reichen und Armen in jedem einzelnen Land, weitet sich aus. Die Vereinigten Staaten sind der mächtigste Einzelfaktor in der Gleichung der Weltwirtschaft. Doch obwohl wir von einer Krise sprechen, sehen wir eine Möglichkeit, wie die USA eine weltweite Kampagne für Gerechtigkeit und wirtschaftliche Rechte starten können, um die ermutigende, wenn auch noch unvollendete politische Demokratie, die wir in unserem Lande unter so vielen Schmerzen und Opfern aufgebaut haben, zu ergänzen.

291. Um die internationale Ordnung im Sinne größerer Gerechtigkeit und Teilnahme neu aufzubauen und die bevor-

zugte Berücksichtigung der Armen in der Weltwirtschaft besser zu verankern, müssen wir wenigstens Opfer des Ausmaßes auf uns nehmen, wie wir sie jahrelang beim Aufbau unseres Landes gebracht haben. Wir müssen uns wieder besinnen auf Eigenschaften wie Führungskraft und Weitsicht, durch die wir unsere Geschichte geformt haben, als wichtige Entscheidungen zu treffen waren. Papst Johannes Paul II. sagte 1979 während seines Besuches in den USA: „Amerika, das in den vergangen Jahrzehnten Güte und Großzügigkeit bei der Verteilung von Nahrung an die Hungernden dieser Welt bewiesen hat, wird sicherlich noch einmal diese Großzügigkeit an den Tag legen und einen ebenso überzeugenden Beitrag zur Einführung einer Weltordnung leisten, die die notwenigen Wirtschafts- und Handelsbedingungen für eine gerechtere Beziehung aller Länder in dieser Welt untereinander schafft."[121]

292. Wir teilen seine Überzeugung, daß die meisten Themenbereiche, die allgemein als wirtschaftlich bezeichnet werden, im Grunde moralische sind und deswegen die Anwendung ethischer Grundsätze erforderlich machen, die aus der Heiligen Schrift, aus der daraus entwickelten Soziallehre der Kirche und aus anderen Traditionen hervorgehen[122]. Wir wissen auch, daß wir es hier mit delikaten internationalen Problemen zu tun haben, die nationale Grenzen überschreiten. *Trotzdem rufen* wir, um Frieden und Gerechtigkeit wahrzumachen, *nach einer internationalen Wirtschaftspolitik der USA, die darauf angelegt ist, den Menschen überall zur Selbsthilfe zu verhelfen, ihnen ein Gefühl für ihren eigenen Wert zu geben, ihnen bei der Verbesserung ihrer Lebensqualität zu helfen und sicherzustellen, daß die Erträge des Wirtschaftswachstums gerecht verteilt werden.*

E. Schlußfolgerung

293. Keines der Themen, über die wir in diesem Kapitel gesprochen haben, kann isoliert betrachtet werden. Sie sind alle miteinander verbunden, und zu ihrer Lösung bedarf es schwieriger Kompromisse zwischen widerstreitenden Interessen und Werten. Weltwirtschaftliche Veränderungen beeinflussen z. B.

die Bemühungen um Vollbeschäftigung in den Vereinigten Staaten und um die Gesunderhaltung des landwirtschaftlichen Sektors. Ähnlich dürfen politische Maßnahmen und Programme zum Abbau von Arbeitslosigkeit und Armut mögliche inflationsfördernde Wirkungen nicht übersehen. Die schwierigen Güterabwägungen gehören zu den Tatsachen des Lebens, und man muß mit ihnen fertigwerden, aber sie sind keine Entschuldigung für Nicht-Handeln. Wir dürfen uns von ihnen bei unserem Streben nach einer gerechteren Wirtschaftsordnung nicht lähmen lassen.

294. Viele Reformen, die wir in diesem Kapitel zur Diskussion gestellt haben, sind teuer. Zu einer Zeit, in der die Vereinigten Staaten jährlich große Verluste zu verzeichnen haben, mögen manche Leute diese Ausgaben für zu hoch halten. Doch die Überlegungen darüber müssen im Zusammenhang damit gesehen werden, wie die Ressourcen bei uns eingesetzt werden und wie unermeßlich groß der Schaden für den einzelnen und die Gesellschaft sein wird, wenn wir es nicht schaffen, auf diese drängenden Probleme aktiv einzugehen. Wir sind davon überzeugt, daß die Frage nach der Aufbringung angemessener Mittel zur Deckung der Bedürfnisse unseres Landes gerecht und sachlich beantwortet werden muß. Reformen im Steuersystem, die Schlupflöcher zustopfen und ein größeres Steueraufkommen bewirken, gehören beispielsweise zu den Schritten, die man erwägen muß, um ein Bundesbudget aufzustellen, das sowohl finanzpolitisch vernünftig als auch sozial zu verantworten ist. Auch müssen die Sozialausgaben verglichen werden mit der Summe von dreihundert Milliarden Dollar, die unser Land jährlich für Verteidigungszwecke ausgibt. Obwohl einige dieser Ausgaben für die Verteidigung unseres Landes notwendig sind, gibt es auch Ausgabenpunkte im Verteidigungshaushalt, die sowohl verschwenderisch als auch für den Weltfrieden gefährlich sind[123]. In diesen Bereichen kann man vorsichtig sparen, um Gelder für soziale und wirtschaftliche Reformen freizusetzen. Letzten Endes ist es nicht die Frage, ob die Vereinigten Staaten die notwendigen Finanzmittel für unsere sozialen Bedürfnisse aufbringen können, sondern ob wir den politischen Willen haben, dies zu tun.

VIERTES KAPITEL

Ein neues amerikanisches Experiment: Partnerschaft für das Gemeinwohl

295. Über zweihundert Jahre lang haben sich die Vereinigten Staaten in dem kühnen Versuch, eine demokratische Gesellschaftsform zu verwirklichen, engagiert. Die Gründer unserer Nation hatten sich vorgenommen, Gerechtigkeit zu üben, die allgemeine Wohlfahrt zu fördern sowie die Segnungen der Freiheit für sich selbst und für ihre Nachkommen zu sichern. Die Menschen, die heute in diesem Land leben, profitieren von diesem großartigen menschlichen Wagnis. Unser Überblick über einige der dringlichsten Wirtschaftsprobleme unserer Zeit zeigt aber, daß diese Unternehmung noch nicht vollendet worden ist. Gerechtigkeit für alle bleibt ein hohes Ziel; vielen Menschen wird ein gerechter Anteil am Gemeinwohl verwehrt. Zusätzlich zu den bereits formulierten politischen Empfehlungen halten wir eine langfristige und grundsätzlichere Antwort für notwendig. Diese wird eine phantasievolle Vision der Zukunft fordern, mit der die wirtschaftlichen Verhältnisse einfallsreich neu gestaltet werden können. Wir möchten nun einige Bestandteile eines solchen Entwurfes vorstellen sowie einige Neuerungen in den Wirtschaftsstrukturen, die dazu beitragen können, diesen Entwurf zu verwirklichen.

296. Wenn man das unvollendete amerikanische Experiment vollenden will, braucht man neue Wege der Zusammenarbeit und der Partnerschaft der Menschen, deren tägliche Arbeit den Grundstein für Reichtum und Gerechtigkeit in unserem Lande legt. Die Vereinigten Staaten sind stolz auf ihren Sinn für Wettbewerb, Initiative und Teamgeist. Heutzutage brauchen wir einen noch besser entwickelten Sinn für Partnerschaft und Teamarbeit. Der Wettbewerb allein wird nicht genügen. Er hat zu viele negative Auswirkungen auf das

Familienleben, auf die wirtschaftlich Schwachen und die Umwelt. Nur eine erneuerte Verpflichtung aller auf das Gemeinwohl kann einfallsreich mit den Gegebenheiten der gegenseitigen internationalen Abhängigkeit und mit den Veränderungen innerhalb unserer heimischen Wirtschaft fertig werden. Die bürgerlichen Tugenden erfordern einen ausgeprägten Sinn dafür, daß man als aktives Glied einer Gemeinschaft sowohl Pflichten als auch Rechte hat[1]. Das wirtschaftliche Wohl eines Landes hängt davon ab, daß diese Tugenden bei allen Bürgern wach sind und institutionell gestärkt werden[2].

297. Die Gründer unserer Nation unternahmen mutige Schritte, um Strukturen der Teilnahme zu schaffen, um gegenseitige Verantwortung und eine weitverzweigte Machtverteilung zur Sicherung der politischen Rechte und Freiheiten aller zu bewirken. Wir sind davon überzeugt, daß heute ähnliche Maßnahmen nötig sind, um die Teilnahme am Wirtschaftsleben auszudehnen, um die Verteilung wirtschaftlicher Macht zu erweitern und wirtschaftliche Entscheidungen mehr an die Verantwortung für das Gemeinwohl zu binden. Wie schon vermerkt, besagt das Subsidiaritätsprinzip, daß wirtschaftliche Gerechtigkeit auf allen Ebenen der Gesellschaft angestrebt werden muß. Dieses Prinzip stellt bestimmte Anforderungen an die kleine Gemeinschaft der Familie, an die große Weltgemeinschaft und an alle Ebenen dazwischen. Es gibt viele Möglichkeiten, die aktive Mitwirkung all dieser Gruppen an der Gestaltung der Zukunft zu verstärken. Da keine einzelne Neuerung alle Probleme auf einmal lösen kann, empfehlen wir, mit verschiedenen Möglichkeiten vorsichtig zu experimentieren, die zur Hoffnung auf verbesserte Partnerschaft und auf eine verstärkte gegenseitige Verantwortung für wirtschaftliche Gerechtigkeit Anlaß geben.

A. Zusammenarbeit innerhalb der Betriebe und Industriezweige

298. Ein neuer Versuch, demokratische Ideale in das Wirtschaftsleben einzubringen, erfordert ernsthafte Überlegungen darüber, wie man weitere Modelle partnerschaftlicher Zusam-

menarbeit in einzelnen Unternehmen und Industriezweigen entwickeln kann[3]. Jedes Unternehmen, vom kleinsten bis zum größten, einschließlich der Farmen und Ranches, hängt in seinem wirtschaftlichen Erfolg von verschiedenen Einzelpersonen und Gruppen ab: von den Arbeitern, den Managern, den Eigentümern bzw. den Aktionären, von Lieferanten, Kunden, Kreditgebern, der örtlichen Gemeinde und dem größeren gesellschaftlichen Umfeld. Alle diese Beteiligten leisten einen Beitrag zum Unternehmen, und alle nehmen teil an seinem Risiko, zu wachsen oder unterzugehen. Aber nach dem derzeitigen Trend der Bewertungen, erkennt man weder diese Leistungen an noch deckt man dieses Risiko ab. Eine der wichtigsten Aufgaben der Wirtschaft ist heute die Entwicklung neuer institutioneller Zurechnungsmechanismen, die zugleich die notwendige Flexibilität haben, um auf den raschen Wandel in der Wirtschaft schnell reagieren zu können[4].

299. Neue Formen der Partnerschaft zwischen Arbeitnehmern und Arbeitgebern sind ein Weg, eine stärkere Teilnahme und Verteilung der Verantwortlichkeit innerhalb einzelner Betriebe zu ermöglichen[5]. Jüngste Erfahrungen haben gezeigt, daß beide Tarifpartner in Mitleidenschaft gezogen werden, wenn der Gegensatz zwischen ihnen allzu extrem wird. Wie Papst Leo XIII. feststellte: „Die eine bedarf durchaus der anderen; das Kapital bedarf der Arbeit, und die Arbeit des Kapitals."[6] Die Unternehmensorganisation muß diese gegenseitige Partnerschaft widerspiegeln und hervorheben. Insbesondere werden neue Formen der Arbeitsteilung zwischen Männern und Frauen, die dem Familienleben förderlicher sind, sowohl den Angestellten als auch den Unternehmen Vorteile bringen.

300. Arbeitnehmer in Betrieben und auf Farmen brauchen ganz besonders den erhöhten Schutz durch eine Institution, denn ihre Arbeitsplätze und ihr Lebensunterhalt sind auf dem heute höchst wettbewerbsintensiven Arbeitsmarkt den Entscheidungen Dritter besonders ausgeliefert. Folgende Modelle finden in den Vereinigten Staaten immer weitere Verbreitung: Gewinnbeteiligung der Arbeitnehmer eines Unternehmens; die Beteiligung in Form von Belegschaftsaktien; mehr Einfluß

der Arbeitnehmer auf die Festlegung ihrer Arbeitsbedingungen; genossenschaftliches Eigentum aller Arbeitnehmer an dem Unternehmen, in dem sie arbeiten, Pläne für die Beteiligung einer weit größeren Anzahl von Amerikanern, ungeachtet ihres Arbeitsverhältnisses, am Aktienkapital erfolgreicher Konzerne. Diese Initiativen können die Produktivität steigern, die Gewinne der Unternehmen erhöhen, den Arbeitnehmern größere Arbeitsplatzsicherheit und Zufriedenheit geben sowie Konflikte abbauen[7]. In unserem Programm des Sozialen Umbaus aus dem Jahre 1919 haben wir folgende Beobachtung angestellt: „Die Möglichkeiten der Produktionssteigerung werden so lange nicht voll ausgeschöpft, wie die Mehrzahl der Arbeitnehmer bloß Lohnempfänger bleiben. Irgendwie müssen sie in ihrer Mehrheit zumindest teilweise Miteigentümer an den Produktionsmitteln werden."[8] Wir glauben, daß dieses Urteil auch noch heute allgemeine Gültigkeit besitzt.

301. Keiner dieser Vorschläge liefert ein Allheilmittel, und alle haben auch gewisse Nachteile. Trotzdem glauben wir, daß eine weitere Erforschung und ein Experimentieren mit diesen Ansätzen nützlich sein wird. Die Katholische Soziallehre hat bei vielen Gelegenheiten eine stärkere Beteiligung der Arbeitnehmer an den Unternehmen vorgeschlagen[9]. Inwieweit die jweiligen Maßnahmen angemessen sind, hängt von den Einzelumständen des betreffenden Unternehmens bzw. des Industriezweiges ab wie auch davon, wie wirksam sie von Fall zu Fall zu einer wirklich kooperativen Entscheidungsfindung führen. Die bekanntesten Beispiele für solche Bemühungen stammen aus großen Unternehmen, denen schwere Finanzkrisen drohten. Wenn mehr Teilnahme und Mitwirkung der Arbeitnehmer einen Firmenzusammenbruch vermeiden helfen, warum sollten sie dann nicht auch einem gesunden Unternehmen zusätzliche Kraft geben? Kooperatives Eigentum ist besonders empfehlenswert bei der Neugründung von Unternehmen[10].

302. Partnerschaft zwischen Arbeit und Management ist nur dann möglich, wenn beide Gruppen die Freiheit und die Macht haben, auf Entscheidungen wirksam Einfluß nehmen zu können. Das bedeutet, daß Gewerkschaften weiterhin eine

wichtige Funktion haben in dem Prozeß, der zu mehr wirtschaftlicher Teilnahme innerhalb einzelner Unternehmen und Industriezweige hinführen soll. Mit Recht weisen die Arbeitnehmer Forderungen nach weniger kontroversen Arbeitsbeziehungen zurück, wenn diese nur als Vorwand dafür dienen, daß allein die Arbeitnehmer Zugeständnisse machen sollen. Echte Partnerschaft ist eine Straße mit zwei Fahrtrichtungen, mit einfallsreichen Initiativen und dem beiderseitigen Willen zur Zusammenarbeit.

303. Wenn ein Unternehmen vorhat, ein Werk zu schließen oder Kapital abzuziehen, ist es schlechthin ungerecht, den Arbeitnehmern jede Mitwirkung am Ergebnis dieser schwierigen Entscheidung zu versagen[11]. Auf dem Gebiet der verarbeitenden Schwerindustrie können heute technologischer Wandel und internationaler Wettbewerb schmerzhafte Entscheidungen notwendig machen, die zu dem Verlust von Arbeitsplätzen oder zu Lohnkürzungen führen können. Wenn auch derartige Entscheidungen mitunter notwendig sein können, so würde doch ein Modell der Zusammenarbeit und der gegenseitigen Verantwortung für das Unternehmen bedeuten, daß nicht die Arbeitnehmer allein sämtliche Lasten des Wirtschaftswandels tragen müssen. Management und Investoren müssen ebenso ihren Anteil an den Opfern auf sich nehmen, vor allem, wenn das Management daran denkt, ein Werk stillzulegen oder Kapital in ein scheinbar lukrativeres oder konkurrenzfähigeres Unternehmen zu verlagern. Kapital, über welches das Management verfügen kann, ist z. T. aus der Arbeit derjenigen Menschen entstanden, die sich jahrelang in dem Unternehmen abgemüht haben, einschließlich der derzeit angestellten Mitarbeiter[12]. Die Arbeitnehmer haben wenigstens das Recht, im voraus von solchen Überlegungen informiert zu werden; sie haben das Recht, mit dem Management über mögliche Alternativen zu verhandeln, und schließlich haben sie das Recht, für etwaige Umschulungs- und Umzugskosten angemessen entschädigt zu werden. Da selbst diese Mindestrechte ohne Tarifverhandlungen gefährdet sind, erfordert die industrielle Zusammenarbeit in unserer wechselhaften Wirtschaft starke Gewerkschaften.

304. Die Gewerkschaften selbst sind in Anbetracht der gegenwärtigen Wirtschaftslage aufgefordert, sich um neue Aufgaben zu bemühen. Der Zweck der Gewerkschaften liegt nicht bloß darin, die bestehenden Löhne und Interessen der bei ihnen organisierten Arbeitnehmer zu verteidigen, sondern sie müssen auch darauf hinwirken, daß die Arbeitnehmer schöpferische Beiträge leisten zu ihrem Unternehmen, ihrer Gemeinde sowie zum gesellschaftlichen Umfeld, und zwar in organisierter und kooperativer Weise[13]. Derartige Beiträge erfordern, daß man in der amerikanischen Arbeiterbewegung neue Richtungen erprobt.

305. Ebenso müssen die Aufgaben der Manager und der Aktionäre sorgfältig überprüft werden. Nach amerikanischem Gesetz besteht die erste Aufgabe der Manager darin, zum Zwecke der Gewinnerzielung für Investoren kluge geschäftliche Entscheidungen zu treffen. Moralisch kann diese rechtliche Verantwortung jedoch durch Rechte der Arbeitnehmer, der Kunden, der Lieferanten wie auch der örtlichen Gemeinden begrenzt sein. Der Zusammenschluß von Unternehmen oder deren Übernahme aus Gründen der Marktbeherrschung mag den Aktionären größere Gewinne einbringen, aber solche gehen oft zu Lasten der örtlichen Gemeinden, und sie liefern kleine und größere Städte Entscheidungen aus, die von außen getroffen werden.

306. Die meisten Aktionäre üben heutzutage relativ wenig Einfluß auf die Leitung eines Unternehmens aus[14]. Obwohl die Aktionäre bei der Wahl des Vorstandes, bei Investitionsentscheidungen und anderen Fragen der Unternehmenspolitik mitwirken können und sollen, scheint doch der Investitionsertrag das entscheidende Kriterium für das Verhältnis zwischen ihnen und dem Management zu sein. Wir glauben nicht, daß dies eine angemessene Erklärungsgrundlage für Entscheidungen von Aktionären ist. Die Frage, wie sich die Rechte und Pflichten der Aktionäre zu denen anderer Menschen und Gemeinden, die von den Unternehmensentscheidungen betroffen werden, verhalten, ist schwierig und nicht völlig geklärt. Wir empfehlen daher gründliche, langfristige Untersuchungen und Versuche auf diesem Gebiet. Wirksamere Methoden der

Behandlung solcher Fragen können den Unternehmen helfen, dem Gemeinwohl zu dienen.

B. Zusammenarbeit auf der örtlichen und regionalen Ebene

307. Das Umfeld, in dem amerikanische Firmen sich geschäftlich betätigen, wirkt sich unmittelbar auf deren Möglichkeit aus, zum Gemeinwohl beizutragen. Einzelne Unternehmen, ja sogar ganze Industriezweige sind nicht allein Herr ihres eigenen Schicksals. Es müssen größere Anstrengungen gemacht werden, damit die örtlichen, die regionalen, die nationalen und internationalen Rahmenbedingungen besser der wirtschaftlichen Gerechtigkeit dienen können.

308. Im Subsidiaritätsprinzip betont die Katholische Soziallehre seit langem, wie wichtig kleine und mittelgroße Gemeinschaften oder Institutionen bei der Ausübung moralischer Verantwortung sind. Diese intermediären Strukturen verbinden den einzelnen mit der Gesamtgesellschaft auf eine Art, die den Menschen mehr Freiheit und mehr Handlungsspielraum gibt[15]. Zu solchen Gruppen gehören Familien, Nachbarschaften, kirchliche Vereinigungen, Gemeindegruppen, Bürger- und Wirtschaftsvereinigungen, Interessenverbände, Organisationen für Gemeinwesenentwicklung und zahlreiche andere Gruppierungen. Alle diese sozialen Gebilde können eine entscheidende Rolle zur Herstellung kreativer Partnerschaften für das Gemeinwohl auf lokaler und regionaler Ebene spielen.

309. Der Wert der Partnerschaft wird deutlich, wenn man sich vorstellt, wie neue Arbeitsplätze geschaffen werden. Der Aufbau neuer Unternehmen zum Wohle der örtlichen Gemeinde spielt eine große Rolle bei der Wiederbelebung von Gebieten mit hoher Arbeitslosigkeit[16]. Die Städte und Regionen mit dem größten Bedarf an neuen Arbeitsplätzen stehen vor ernsten Problemen, Unternehmen anzuziehen, die diese Arbeitsplätze anbieten können. Mangel an finanziellen Mitteln, geringe unternehmerische Tüchtigkeit, eine beschädigte und unsichere Umwelt sowie eine zerfallende Infrastruktur sind die Ursachen für einen circulus vitiosus, der das Risiko für

neue Investitionen in diesen Gebieten erhöht und sie somit unwahrscheinlicher werden läßt.

310. Um aus diesem circulus vitiosus auszubrechen, bedarf es einer gemeinsamen Anstrengung unter Einsatz aller Ressourcen der Gemeinde[17]. Gesellschaften für Gemeinwesenentwicklung können sich vor allem um diejenigen kümmern, die sich in einer besonderen Notlage befinden. Bestehende Unternehmen, Gewerkschaften, Finanzinstitute und Universitäten können als Partner innovativer Unternehmer Spezialwissen einbringen. Neue Strukturen des Eigentums werden der Gemeinde oder Region ein stärkeres Interesse an der Wirtschaft geben und – was noch wichtiger ist – der Wirtschaft umgekehrt ein stärkeres Interesse an den Kommunen[18]. Die Regierungen auf kommunaler, Landes- und Bundesebene müssen eine wesentliche Funktion übernehmen, vor allem durch Steuermaßnahmen, die Investitionen in Problemgebieten interessant machen, aber auch durch eine Ausgabenpolitik, die der Erhaltung der Umwelt und den Erfordernissen der Infrastruktur dient. Solche Initiativen können helfen, den Bedürfnissen der Gesellschaft auf verschiedenen Ebenen zu begegnen.

311. Die Kirche selbst kann ein wertvoller Partner auf lokaler und regionaler Ebene sein. Wissen aus erster Hand über die Bedürfnisse der Gemeinde und das Engagement für die Menschenwürde jeder Person sollten die Kirchenführer zu Vorkämpfern einer Strategie der Zusammenarbeit machen. Da die Kirche Mitglieder verschiedener gesellschaftlicher Gruppen umfaßt, kann sie als Mittler zwischen einander mißtrauisch gegenüberstehenden Gruppen auftreten. Wir empfehlen den kirchlichen Gruppen partnerschaftliche Zusammenarbeit mit anderen privaten und öffentlichen Gruppierungen bei der Lösung lokaler und regionaler Probleme.

C. Partnerschaft bei der Entwicklung nationaler Strategien

312. Die Ursachen unserer nationalen Wirtschaftsprobleme und ihre Lösungsmöglichkeiten sind heute das Thema lebhafter Auseinandersetzungen. In dieser Diskussion geht es immer

wieder um die Rolle, welche die Bundesregierung bei der Entstehung dieser Probleme gespielt hat und welche sie bei deren Lösung spielen könnte. Wir möchten einige Überlegungen anstellen, die beim Aufbau neuer Formen staatsbürgerlicher Zusammenarbeit bei der Gestaltung des Wirtschaftslebens unseres Landes hilfreich sein könnten.

313. Erstens, obgleich wirtschaftliche Freiheit und persönliche Initiative in unserer Gesellschaft mit Recht hoch geschätzt werden, haben wir doch in steigendem Maße die unentrinnbare soziale und politische Qualität der Wirtschaft erkannt. Der Markt ist immer in einen bestimmten sozialen und politischen Kontext eingebettet. Das Steuersystem hat Auswirkungen auf den Verbrauch, das Sparaufkommen sowie auf die Investitionen. Die nationale Geldpolitik, Programme zur Innen- und zur Verteidigungspolitik, der Schutz der Umwelt und die Sicherheit am Arbeitsplatz sowie die internationale Handelsordnung haben alle ihren Einfluß auf die Gesamtwirtschaft. Entscheidungen in diesen Bereichen beeinflussen Inlandsinvestitionen, Arbeitslosenzahlen, den Außenhandel, die Befindlichkeit der gesamten Weltwirtschaft.

314. Das Subsidiaritätsprinzip verlangt ein Eingreifen des Staates, wenn kleine oder intermediäre Gruppen in der Gesellschaft unfähig oder nicht bereit sind, Maßnahmen für mehr Grundgerechtigkeit zu ergreifen. Papst Johannes XXIII. beobachtete, daß die zunehmend komplizierteren Wechselbeziehungen zwischen den Bürgern zu einer wichtigeren Rolle des Staates in den modernen Gesellschaften geführt haben[19]. Diese Rolle besteht darin, partnerschaftlich mit den zahlreichen anderen gesellschaftlichen Gruppen zusammenzuarbeiten, ihnen bei der besseren Erfüllung ihrer Pflichten und Verantwortungen zu helfen und sie nicht etwa zu verdrängen oder zu zerstören. Unsere Herausforderung besteht heute darin, die abstrakten Diskussionen darüber, ob wir ein Mehr oder ein Weniger an Staat brauchen, hinter uns zu lassen und einfallsreich über Wege nachzudenken, wie Staat und Privatgruppen wirksam zusammenarbeiten können.

315. In diesem Sinne verstehen wir die Empfehlung Papst Johannes Pauls II., daß die Gesellschaft „eine Gesamtplanung“

für die Wirtschaft entwerfen soll[20]. Auf verschiedenen Ebenen muß geplant werden, wobei die Regierung sicherstellen muß, daß die Grundgerechtigkeit geschützt sowie die Rechte und Freiheiten aller anderen Beteiligten garantiert sind. Die Worte des Papstes lauten:

„Diese Gesamtsorge obliegt letzten Endes dem Staat, darf jedoch nicht einer einseitigen Zentralisierung durch die öffentliche Hand gleichkommen. Es geht vielmehr um eine gerechte und überlegte *Koordinierung,* in deren Rahmen die *freie Initiative* der einzelnen Personen, der unabhängigen Gruppen, der örtlichen Betriebe und Unternehmen garantiert sein muß."[21]

316. Wir sind uns darüber klar, daß allein schon das Wort Wirtschaftsplanung in der amerikanischen Gesellschaft eine starke Negativreaktion auslösen wird. Dieses Wort beschwört die Vorstellung von zentralen Planungsbehörden, Zwangswirtschaft, untüchtiger Verwaltung sowie von Papierbergen herauf. Fest steht auch, daß die Bedeutung des Wortes „Planung" eine große Vielfalt von Interpretationen zuläßt und in verschiedenen Ländern sehr unterschiedliche Formen angenommen hat[22]. Man darf das Papstwort nicht als die Empfehlung einer zentralverwalteten oder gar einer totalitären Wirtschaftsplanung auslegen. Seine Forderung nach einer „gerechten und vernünftigen Koordination" der zahlreichen Wirtschaftskräfte ist als Aufruf zu verstehen, sich um neue Wege der Partnerschaft und der Teilnahme an der Gestaltung nationaler Programme zu bemühen.

317. Schon heute gibt es viele Formen wirtschaftlicher Planung in den Vereinigten Staaten. Der einzelne und auch die Familien planen ihre wirtschaftliche Zukunft. Das Management und die Gewerkschaften entwickeln regelmäßig kurz- und langfristige Pläne. Kleine und große Städte sowie ganze Regionen vergeben wichtige Aufträge zur Planung ihrer sozialen und wirtschaftlichen Zukunft. Wenn die Parlamente der einzelnen Bundesstaaten oder auch der amerikanische Kongreß über den Staatshaushalt oder fast jeden beliebigen anderen Gesetzesentwurf abstimmen, dann ist das eine Art öffentlicher Planung. Die Katholische Soziallehre schlägt kein bestimmtes politisches oder wirtschaftliches Modell vor, durch das diese

Ebenen institutionell miteinander verknüpft werden sollen. Jedoch betont sie nachdrücklich, daß eine vernünftige Abstimmung zwischen den einzelnen Teilbereichen der Politik eine wesentliche Vorbedingung der Gerechtigkeit ist. Dies ist eine moralische Voraussetzung für gutes staatsbürgerliches Verhalten, sowohl von Einzelpersonen wie auch von Institutionen. Ohne sie kann keine politische Struktur Gerechtigkeit in der Gesellschaft oder Wirtschaft garantieren. Wirksame Entscheidungen in diesen Dingen erfordern eine bessere Zusammenarbeit aller Staatsbürger. Um unsere Mitbürger anzuregen, über ein besseres Gleichgewicht zwischen privaten und kommunalen Initiativen einerseits und der nationalen Wirtschaftspolitik andererseits gründlich nachzudenken, geben wir einige Empfehlungen.

318. *Erstens: In einer hochentwickelten Industriegesellschaft wie der unseren müssen alle Teile der Gesellschaft, einschließlich des Staates, an der Gestaltung einer nationalen Wirtschaftspolitik mitarbeiten.* Steuern, Geldpolitik, hohe Staatsausgaben und viele andere Regierungsvorschriften werden uns nicht verlassen. Eine moderne Wirtschaft ohne derartige Eingriffe des Staates ist nicht mehr denkbar. Diese Eingriffe sollten die Beiträge der übrigen am Wirtschaftsleben Beteiligten nicht verdrängen, sondern sie zum Gemeinwohl lenken. Die Entwicklung wirksamer neuer Formen der Partnerschaft zwischen privaten und öffentlichen Einrichtungen wird in einer enorm komplexen Situation wie der in den Vereinigten Staaten, in denen verschiedene Aspekte der nationalen Politik miteinander zu widersprechen scheinen, schwierig sein[23]. Auf der theoretischen Ebene wird für eine verbesserte Koordination von kompetenter Seite eine Analyse der Beziehungen zwischen den einzelnen Teilbereichen der Wirtschaft erwartet. In der Praxis heißt das: Die verschiedenen Untergruppen unserer Gesellschaft müssen ihren Einsatz für das Gemeinwohl verstärken und ihre eigenen kurzfristigen Interessen zurückschrauben.

319. *Zweitens: Die Auswirkungen der nationalen Wirtschaftspolitik auf die Armen und Schwachen sind oberster Maßstab für die Beurteilung ihres moralischen Wertes.* In die-

sem Hirtenbrief haben wir immer wieder auf die Sonderstellung der Armen und Schwachen bei jeder ethischen Bewertung der amerikanischen Wirtschaft hingewiesen. Wenn die nationale Wirtschaftspolitik zum Aufbau eines wahren Gemeinwesens beitragen soll, dann muß sie unbeirrbar für die Rechte derjenigen Menschen eintreten, die in unserer Gesellschaft zu kurz kommen: die Armen, die Arbeitslosen, die Obdachlosen und Vertriebenen. Staatsbürger dieses Landes sein heißt, Verantwortung zu tragen für die Gestaltung und Durchsetzung einer solchen Politik.

320. *Drittens: Die besorgniserregende Verzerrung der volkswirtschaftlichen Prioritäten durch die enormen Verteidigungsausgaben muß behoben werden.* Bei genauer Betrachtung zeigt sich, daß Regierung und Wirtschaft durch militärische Forschungen und durch Verteidigungsaufträge eng verwoben sind. Industriezweige, die für die Verteidigung produzieren, machen einen großen Teil der amerikanischen Wirtschaft aus; sie unterhalten enge Kontakte zu den Streitkräften sowie zur Regierung. Diese Kontakte führen oft weg vom Wettbewerbsmodell der freien Marktwirtschaft. Außerdem hat die Verwendung eines so erheblichen Teiles unserer nationalen Finanzen für militärische Zwecke katastrophale Auswirkungen auf die Armen und die Schwachen bei uns und in anderen Ländern. Die Ausgabenpolitik unseres Landes muß im Sinne von Gerechtigkeit und Frieden revidiert werden[24].

321. Wir wissen, daß diese Vorschläge keinen vollständigen Maßnahmenkatalog darstellen. Wir sind uns auch bewußt, daß zwischen einer vernünftigen Zielsetzung der Politik und der Erreichung dieser Ziele mit demokratischen Mitteln eine Spannung besteht. Wenn es uns aber gelingt, einen größeren Einsatz für das Gemeinwohl und eine Erstarkung der staatsbürgerlichen Tugenden in unserem Lande zu bewirken, werden wir diese Ziele eher erreichen können. Diese fundamentalen moralischen Überlegungen haben uns als Bischöfe dazu bewogen, in die Diskussion über die Wertmaßstäbe der Nation einzugreifen.

D. Zusammenarbeit auf internationaler Ebene

322. Wenn unser Land seine internationalen Wirtschaftsbeziehungen an Kriterien der Menschenwürde und der Gerechtigkeit ausrichten soll, dann müssen wir unsere Auffassung von der moralischen Verantwortung der Bürger für das Gemeinwohl auf den ganzen Planeten ausdehnen. Zusammenarbeit ist nicht auf die örtliche, regionale oder nationale Ebene begrenzt. Die Wirtschaftspolitik kann nicht mehr allein nationalen Zielen dienen. Die Tatsache, daß „die soziale Frage weltweit" geworden ist[25], verlangt von uns, daß wir unseren Horizont erweitern sowie unsere Zusammenarbeit und unsere Solidarität auf den ganzen Erdkreis ausdehnen. Das Anliegen der Demokratie ist eng verbunden mit dem Anliegen wirtschaftlicher Gerechtigkeit. Das noch unvollendete amerikanische Experiment umfaßt die Bildung neuer internationaler Partnerschaften, vor allem mit den Entwicklungsländern, und zwar auf der Grundlage gegenseitiger Achtung, Zusammenarbeit und einer Hingabe an den Grundwert Gerechtigkeit.

323. Das Subsidiaritätsprinzip fordert Eingriffe der Regierung in die Wirtschaft, wenn die Grundgerechtigkeit eine bessere soziale Koordination und Aufgabenverteilung unter den beteiligten Personen und Institutionen notwendig macht. Auf dem Gebiet der globalen Wirtschaftsbeziehungen aber gibt es keine internationale Institution, die diese Koordination und Aufgabenverteilung vornimmt. Die UNO, einschließlich der Weltbank, des IMF und des GATT, verfügt nicht über die notwendige Autorität. Papst Johannes XXIII. nannte diese institutionelle Schwäche einen „Strukturfehler" bei der Organisation der menschlichen Gemeinschaft. Die Strukturen der Weltordnung, einschließlich der wirtschaftlichen, sind „als ungenügend anzusehen, um das gemeinsame Wohl aller Völker zu fördern."[26]

324. Da wir alle miteinander in diese Welt mit ihren begrenzten materiellen Ressourcen und ihren wachsenden Problemen eingebunden sind, helfen oder schaden wir uns gegenseitig durch die Wahl unserer Wirtschaftspolitik. Alle in unserer Gesellschaft aktiven Wirtschaftskräfte müssen sich deshalb be-

wußt und besonnen um das Wohlergehen der ganzen Menschheitsfamilie kümmern. Wir müssen allesamt die Wirksamkeit internationaler Einrichtungen stärken, um weltweite Probleme zu lösen, mit denen die einzelnen Länder allein nicht fertigwerden können. Insbesondere wiederholen wir unseren Aufruf aus „Die Herausforderung des Friedens" an die Vereinigten Staaten, in bezug auf die Vereinten Nationen, eine Führungsrolle einzunehmen[27]. In den Jahren nach dem Zweiten Weltkrieg übernahmen die Vereinigten Staaten die Führung bei der Gründung multilateraler Körperschaften zur Lösung von wirtschaftlichen Nachkriegsproblemen. Leider hat dieses Land in den letzten Jahren Schritte unternommen, welche die multinationalen Ansätze eher geschwächt als gestärkt haben. Diese Politik ist kurzsichtig und muß geändert werden, wenn wir den langfristigen Bedürfnissen unserer interdependenten Welt Rechnung tragen wollen[28]. Das größte Problem beim Entwurf wirksamer Maßnahmen zur Herstellung internationaler wirtschaftlicher Gerechtigkeit liegt darin, wie wir dahin gelangen, wo wir sein sollten. Der Fortschritt auf dieses Ziel hin erfordert positive und oft schwierige Schritte seitens der Konzerne, der Banken, der Gewerkschaften, Regierungen und anderer Hauptdarsteller auf der Bühne des internationalen Wirtschaftslebens. Wie auch immer das einzelne Problem gelagert sein mag, die notwendige Priorität, die Armut in den Entwicklungsländern zu lindern, ist unbestreitbar; und die Bilanz unterlassener Hilfe läßt sich aufmachen in der Anzahl der Menschenleben, die zugrunde gingen oder verkümmerten, der verschwendeten Talente, der ungenutzten Chancen, des verlängerten Elendes und Leidens sowie der verziehenen Ungerechtigkeit.

325. Selbstbeschränkung und Selbstkritik sind bei allen Beteiligten notwendige Voraussetzung zur Stärkung der internationalen Strukturen, die das Gemeinwohl schützen sollen. Sonst wird die wachsende gegenseitige Abhängigkeit zum Konflikt und zu mehr wirtschaftlich bedingten Bedrohungen der Menschenwürde führen. Dies ist eine wichtige langfristige Herausforderung für die wirtschaftliche Zukunft unseres Landes und für unseren Platz in der heraufziehenden weltwirtschaftlichen Gemeinschaft.

FÜNFTES KAPITEL
Ein Engagement für die Zukunft

326. Da Christi Gebot der Nächstenliebe universal ist, sind wir der Überzeugung, daß das Leben eines jeden Menschen auf dieser Welt heilig ist. Dies verpflichtet uns dazu, eine gerechte Wirtschaftsordnung herzustellen, in der alle Menschen ausnahmslos mit Würde behandelt werden, und dazu, mit denjenigen zusammenzuarbeiten, welche dieselbe Überzeugung haben. Die Welt ist komplex und dies kann uns oft dazu verleiten, einfache und eigennützige Lösungen anzustreben. Aber als eine Gemeinde von Jüngern sind wir zu neuer Hoffnung und zu der neuen Überzeugung aufgerufen, daß wir ohne Angst und ohne übertriebene Vereinfachung leben sollen. Wir müssen nicht nur mehr lernen für übergeordnete wirtschaftliche Themen, die das tägliche Leben jedes einzelnen Menschen auf dieser Erde betreffen, sondern wir wollen auch dazu beitragen, die Kirche zu einem Modell für soziale und wirtschaftliche Gerechtigkeit zu machen. Daher handelt dieses Kapitel von der christlichen Berufung in der Welt von heute, es ist die Rede von den besonderen Herausforderungen an die Kirche zu diesem geschichtlichen Zeitpunkt, von Möglichkeiten, wie die Themen dieses Briefes weiterverfolgt werden können, und von der Aufforderung zu einem Engagement, wie es zur Gestaltung der Zukunft notwendig sein wird.

A. Die christliche Berufung in der Welt von heute

327. In diesem Brief haben wir uns zu vielen Themen geäußert, die gemeinhin als profan gelten, z. B. zu Beschäftigungsraten, zur Höhe der Einkommen und zu internationalen

Wirtschaftsbeziehungen. Doch die Angelegenheiten dieser Welt, einschließlich der wirtschaftlichen, können nicht losgelöst werden von dem Hunger nach geistiger Nahrung in den Herzen der Menschen. Wir haben die biblische Sicht der Menschheit und die moralische und religiöse Tradition der Kirche als Rahmen für die tiefergehenden Fragen nach dem Sinn des Wirtschaftslebens sowie für den Versuch, Antworten zu geben, dargestellt. Aber Worte allein reichen nicht aus. Die christliche Einstellung zum Sinn des Wirtschaftslebens muß das Leben der einzelnen, der Familien und sogar der gesamten Kultur verändern. Das Evangelium verleiht jedem Christen die Berufung, Gott und seinen Nächsten zu lieben, und das auf eine dem Leben der Gesellschaft zuträgliche Art. Diese Berufung besteht vornehmlich in einem Wandel des Herzens: eine Umkehr, die sich im Lobe Gottes und in Taten dienender Gerechtigkeit ausdrückt.

1. Umkehr

328. Die Umwandlung sozialer Strukturen fängt mit einer Umkehr des Herzens an und wird von ihr stets begleitet[1]. Als Jünger Jesu ist jeder von uns zu einer tieferen persönlichen Bekehrung und zum „Handeln für Gerechtigkeit und Teilnahme an der Wandlung der Welt" aufgerufen[2]. Durch Glaube und Taufe sind wir zu „neuen Geschöpfen" geworden; wir sind erfüllt vom Heiligen Geist und einer neuen Liebe, die uns antreibt, eine neue und tiefe Beziehung zu Gott, zur menschlichen Familie und zu allen Geschöpfen zu suchen[3]. Eigennützigen Wünschen zu entsagen, unser tägliches Kreuz zu tragen und das Erbarmen Christi nachzuahmen, all dies fordert einen persönlichen Kampf gegen die eigene Habgier und Selbstsucht und eine persönliche Bemühung um die eigene Menschenwürde und die der anderen, indem man der eigenen Schwäche sowie denjenigen Neigungen widersteht, die uns für die Lebensbedingungen der Mitmenschen unempfindlich machen und die soziale Solidarität aushöhlen. Christus warnte uns vor der Bindung an materielle Dinge, vor übergroßem Selbstvertrauen, vor dem Götzendienst, der in der Anhäufung materiel-

ler Güter liegt, in denen man Sicherheit sucht. Wir müssen diese Lehren ernst nehmen und in ihrem Licht prüfen, wie jeder einzelne von uns lebt und sich anderen gegenüber verhält. Persönliche Umkehr ist jedoch keine Angelegenheit, die ein für allemal erfolgt. Sie ist ein Prozeß, der unser ganzes Leben durchzieht. Darüber hinaus findet Umkehr in einer größeren Glaubensgemeinschaft statt: durch die Taufe sind wir in die Kirche aufgenommen, durch gemeinsames Gebet sowie durch gemeinsames Handeln im Dienste der Gerechtigkeit.

2. Gottesdienst und Gebet

329. Wenn wir das Wirtschaftsleben der Vereinigten Staaten aus einer christlichen Überzeugung herausfordern wollen, brauchen wir ein tieferes Bewußtsein um die enge Verbindung zwischen Gottesdienst und Welt der Arbeit. Gottesdienst und gemeinsames Gebet sind die Quellen, die das Nachdenken über wirtschaftliche Probleme mit Leben erfüllen und die Beteiligten ständig zu treuerer Gefolgschaft aufrufen. Den Gott des Universums zu verehren und zu ihm zu beten, bedeutet, die heilende Liebe Gottes anzuerkennen, die sich ausdehnt auf alle Menschen und auf alle Bereiche ihrer Existenz, einschließlich der Arbeit, der Freiheit, des Geldes, der wirtschaftlichen und politischen Macht und ihrer Anwendung und schließlich auf all jene praktischen Maßnahmen, die zur Gerechtigkeit führen oder sie behindern. Wenn also Christen zusammenkommen, um zu beten, dann übernehmen sie die Verpflichtung, Gottes Liebe in alle diese Bereiche des Lebens zu tragen.

330. Auf einzigartige Weise findet die Einheit von Arbeit und Gottesdienst ihren Ausdruck in der Eucharistie. Als das Volk des Neuen Bundes vernehmen die Gläubigen die Herausforderung des Gotteswortes, das ihnen verkündet wird – eine Botschaft der Hoffnung an die Armen und Unterdrückten – und sie rufen den Heiligen Geist an, sie alle zu vereinen – als einen Leib Christi. Damit die Eucharistie ein lebendiges Versprechen auf die Fülle des Gottesreiches sein kann, müssen die Gläubigen sich verpflichten, als Erlöste mit der gleichen Sorge und Liebe für ihre Mitmenschen zu leben, wie Jesus sie gezeigt

hat. Der Leib des Herrn, den die Gläubigen in der Kommunion empfangen, ist auch eine Erinnerung an die versöhnende Kraft seines Kreuzestodes. Er gibt ihnen die Kraft, sich für die Heilung der gebrochenen Gesellschaft und menschlichen Beziehungen einzusetzen und in einem Geiste, der sich selbst für die anderen aufopfert, zu wachsen.

331. Die Liturgie lehrt uns die Dankbarkeit: Gott zu danken für die Gabe des Lebens, die Gabe dieser Erde und die Gabe aller Menschen. Sie wendet unsere Herzen ab von Selbstsucht und hin zu einer geistigen Einstellung, welche die Zeichen wirklicher Nachfolge Christi darin sieht, unsere Güter zu teilen und für Gerechtigkeit zu sorgen. Dadurch, daß sie uns im Gebet mit dem ganzen Volk Gottes vereint, mit den Reichen und den Armen, mit den Nahen und den Fernen, liegt in der Liturgie eine Herausforderung an unsere Lebensweise und eine Verfeinerung unserer Werte. Vereint in der Gemeinde des Gottesdienstes, werden wir ermutigt, die Güter dieser Erde zum Wohle aller zu nutzen. Im Gottesdienst und in Akten der Gerechtigkeit wird die Kirche ein „Sakrament", ein sichtbares Zeichen jener Einheit in Gerechtigkeit und Frieden, die Gott der ganzen Menschheit wünscht[4].

3. Die Berufung zur Heiligkeit in der Welt

332. Heiligkeit ist nicht beschränkt auf den kirchlichen Raum oder das private Gebet; sie ist ein Aufruf, unser ganzes Herz und unser ganzes Leben auf Gott und Gottes Plan für diese Welt zu richten. Für den Laien ist die Heiligkeit erreichbar mitten in der Welt, in der Familie, der Gemeinde, in Freundschaften, bei Arbeit und Freizeit und als Staatsbürger. Durch ihre Sachkunde und ihren Einsatz haben Männer und Frauen als Laien die Berufung, das Licht des Evangeliums in die Welt der Wirtschaft zu tragen, „so daß die Welt vom Geiste Christi erfüllt sein möge und ihr Schicksal in Gerechtigkeit, in Liebe und in Frieden besser erfüllen möge"[5].

333. Doch als Jünger Christi müssen wir uns ständig fragen, wie tief die biblische und moralische Überzeugung von Gerechtigkeit und Liebe unser Denken durchdringt. Wie nach-

haltig beeinflußt sie die Art, wie wir leben? Wir können uns hinter der Vielschichtigkeit der einzelnen Aspekte verstecken oder die Bedeutung unseres persönlichen Beitrages leugnen; trotzdem hat jeder von uns eine Aufgabe wahrzunehmen, denn er trifft jeden Tag wirtschaftliche Entscheidungen. Bedingt durch ihre Arbeit oder ihre Stellung in der Gesellschaft haben einige die Berufung, ausschlaggebend an den Entscheidungen mitzuwirken, die das wirtschaftliche Wohl der anderen betreffen. Diese müssen in ihrem Streben nach mehr Gerechtigkeit von der Gemeinschaft unterstützt und getragen werden.

334. Mitunter sind wir dazu angehalten, bestimmte kulturelle Ausdrucksformen abzulehnen, weil sie Werte und Ziele begünstigen, die egoistisch oder verschwenderisch sind und im Gegensatz zu der Heiligen Schrift stehen. Gemeinsam müssen wir über unsere persönlichen und Familienentscheidungen nachdenken und überflüssige Wünsche zugunsten der Bedürfnisse anderer Menschen zurückstellen. Viele Fragen müssen wir uns immer wieder vorlegen: Werden wir in einer „Wegwerfgesellschaft" immer verschwenderischer? Können wir unterscheiden zwischen unseren wirklichen Bedürfnissen und solchen, die uns durch die Werbung und eine Gesellschaft, die Verbrauch höher schätzt als Sparen, aufgedrängt werden? Wir alle können uns sehr wohl fragen, ob wir als Zeugen Christi nicht aufgefordert sind, angesichts der enormen Anhäufung materieller Güter, die eine Überflußgesellschaft kennzeichnet, ein einfacheres Leben zu führen.

335. Besonders müssen Ehepartner ihre Bedürfnisse sorgfältig abwägen und die richtige Rangfolge der Werte festlegen, wenn sie überlegen, ob beide Elternteile einem Beruf außer Hause nachgehen sollen und welche Verantwortung eine sorgfältige und aufmerksame Kindererziehung mit sich bringt. Manchmal werden wir als einzelne oder auch als Familien, als Pfarrgemeinden oder Kirche dazu aufgerufen, uns mehr auf die Armen einzulassen in ihrem Kampf um Teilnahme und um die Verständniskluft zwischen ihnen und den Reichen zu schließen. Wenn wir die Perspektiven der Leidenden zu den unsrigen machen, können wir wirtschaftliche und soziale Pro-

bleme tiefer verstehen; das führt dazu, daß wir nach dauerhafteren Lösungen suchen.

336. Am Arbeitsplatz müssen Laien oft schwere Entscheidungen treffen, mit nur geringen Informationen darüber, welche Konsequenzen diese Entscheidungen für das wirtschaftliche Leben anderer haben. Solche Situationen erfordern den Dialog mit den Mitarbeitern, aber auch betendes Meditieren über die Heilige Schrift und über ethische Grundsätze. Dasselbe gilt für konkrete Maßnahmen der Politik, die vernünftige ethische Grundsätze widerspiegeln und die Teil unseres politischen und sozialen Systems werden können. Da dies ein Teil der Berufung der Laien ist, ihrer Berufung zur Heiligkeit, müssen sie versuchen, eine moralische und ethische Dimension in die öffentliche Diskussion derartiger Themen einzubringen und die ethischen Fragen zu formulieren, um die es geht. Wenn man politische Möglichkeiten nach Kriterien abwägen will, die jenseits von Leistung und Zweckmäßigkeit liegen, braucht man das Gebet, die Meditation sowie das Gespräch über alle relevanten ethischen Grundsätze. Die Heiligkeit der Laien wird auch die Opfer umfassen, die ein solches Leben des Gebetes und der Meditation inmitten einer frommen und helfenden Glaubensgemeinde fordert. So können die Laien den Graben überbrücken, der allzu leicht zwischen den ethischen Grundsätzen, die das persönliche Leben des Christen leiten, und jenen Überlegungen entsteht, die den Entscheidungen in der Gesellschaft, in den politischen Gremien und in der Wirtschaft zugrunde liegen.

4. Freizeit

337. Manche Schwierigkeit, den christlichen Glauben in das Wirtschaftsleben der Vereinigten Staaten von heute einzubringen, ergibt sich aus den Hindernissen, im täglichen Leben ein Gleichgewicht zwischen Arbeit und Freizeit zu schaffen. Ermüdende und langweilige Arbeit führt dazu, daß manche Menschen nur in der Zeit außerhalb ihrer Arbeit nach Erfüllung suchen. Andere wiederum werden zu „workaholics" (Arbeitssüchtigen), zu Menschen, die zwanghaft arbeiten, ohne

Überlegung über den tieferen Sinn des Lebens und ihres Handelns. Qualität und Rhythmus der Arbeit müssen mehr dem menschlichen Maß angepaßt werden, damit die Menschen Würde und Wert ihrer Arbeit besser erleben können und sie auch für andere Verpflichtungen Zeit bekommen. Dieses Gleichgewicht ist lebensnotwendig für die Erhaltung der sozialen, politischen, bildungsmäßigen und kulturellen Strukturen unserer Gesellschaft. Besonders die Familie braucht ein solches Gleichgewicht. Ohne Freizeit kommt das Eheleben zu kurz. Man braucht Zeit für die Beziehungen zwischen Eltern und Kindern sowie für Verpflichtungen in anderen wichtigen Gruppen: die größere Familie, der Freundeskreis, die Pfarrgemeinde, die Nachbarschaft, Schulen und politische Organisationen. Warum hört man heutzutage so wenig darüber, die Arbeitswoche zu verkürzen, vor allem, wenn beide Elternteile arbeiten? Eine solche Änderung gäbe ihnen mehr Zeit füreinander, für ihre Kinder sowie für ihre übrigen sozialen und politischen Verpflichtungen.

338. Die Freizeit steht in Zusammenhang mit unserem gesamten Wertesystem und wird von dem allgemeinen kulturellen Umfeld, in dem wir leben, beeinflußt. Sie kann durch Langeweile und Faulheit entwertet werden oder zu nichts weiter führen als dem Bedürfnis nach mehr Konsum und Verschwendung. Der Umgang mit der Freizeit kann für die Jünger Christi bedeuten, sich gegen die „Kultur" zu stellen. Die christliche Tradition erblickt in der Freizeit einen Raum, in dem man die Familien und gesellschaftlichen Beziehungen aufbaut, aber auch eine Gelegenheit zu gemeinschaftlichem Gebet und Gottesdienst, zu gelassener Betrachtung und Freude an Gottes Schöpfung und zur Pflege der Künste, die für das menschliche Streben nach Ganzheit sehr wichtig sind. Vor allem aber müssen wir davon überzeugt sein, daß wirtschaftliche Entscheidungen unseren Gebrauch der Freizeit beeinflussen und daß diese Entscheidungen auch auf moralischen und ethischen Überlegungen beruhen müssen. Gerade auf dem Gebiet der Freizeit müssen wir auf der Hut sein, damit wir nicht von einem Mangel an kulturellen Werten und den wechselnden Moden einer Überflußgesellschaft hinweggefegt werden. In der

Schöpfungsgeschichte schuf Gott die Welt in sechs Tagen und ruhte am siebten Tag (Gen 2, 1–4). Dieses Bild müssen wir ernstnehmen und lernen, wie wir Aktivität und Ruhe, Arbeit und Freizeit in ein Gleichgewicht bringen, damit beide dazu beitragen können, die Person, die Familie und die Gemeinde aufzubauen.

B. Herausforderungen an die Kirche

339. Die Kirche besteht aus dem ganzen Gottesvolk, das sich aus kleinen Glaubensgruppen zusammensetzt; sie wird geführt und verwaltet vom Papst und einer Hierarchie von Bischöfen, die unterstützt werden durch Priester, Diakone, Ordensleute und Laien, denen sichtbare Institutionen und Einrichtungen der Verwaltung dienen. Die Kirche ist also in erster Linie eine durch den Heiligen Geist gestiftete Vereinigung von Menschen mit Christus als ihrem Oberhaupt, die sich in gegenseitiger Liebe unterstützen und in dieser Welt als ein Zeichen oder Sakrament wirken. Sie besteht ihrem Wesen nach aus Menschen, die zu einem transzendenten Ziel berufen sind; aber sie ist auch eine sichtbare soziale Institution, die in dieser Welt wirkt. Entsprechend ihrer Berufung nehmen die Glieder der Kirche an deren Sendung und an ihrer Aufgabe teil und teilen sich in unterschiedlichem Maße die Verantwortung für das Leben der Kirche[6]. Zu diesem Zeitpunkt der Geschichte ist es besonders wichtig, die Verantwortung der ganzen Kirche für die Bildung und das Familienleben zu betonen.

1. Bildung

340. Wir betonten bereits die Verpflichtung, für eine gute Erziehung und Ausbildung der Armen zu sorgen, wenn diese ihren rechtmäßigen Platz im Wirtschaftsgefüge unserer Gesellschaft einnehmen sollen. Wir riefen der Kirche ihre eigene Verpflichtung auf diesem Gebiet in Erinnerung und wir forderten Verbesserungen im Bereich des öffentlichen Bildungswesens.

341. Die Kirche hat einen Bildungsauftrag nicht nur den

Armen gegenüber, sondern für alle ihre Mitglieder. Wir wiederholen unser Statement aus dem Jahre 1972: „Durch Bildung versucht die Kirche, ihre Mitglieder darauf vorzubereiten, das Evangelium zu verkünden und diese Verkündigung in Taten umzusetzen. Da die Berufung der Christen darin liegt, sich selbst und die Gesellschaft mit Gottes Hilfe zu verändern, müssen die Bildungsbemühungen der Kirche einem doppelten Zwecke dienen: dem Streben nach persönlicher Heiligkeit und einer Sozialreform im Geiste christlicher Werte."[7] Die Kirche versucht durch ihren Bildungsauftrag das Wissen über diese Welt mit einer Offenbarung Gottes zu integrieren, Gottes Beziehung zur Menschheit und ihrer letztendlichen Bestimmung im Königreich Gottes zu verstehen, menschliche Gemeinschaften in Gerechtigkeit und Frieden aufzubauen und den Wert der gesamten Schöpfung zu lehren. Indem es diese Werte einbringt, leistet das Bildungswesen der Kirche einen Beitrag zur Gesellschaft und zur sozialen Gerechtigkeit. Wirtschaftliche Fragen werden somit als Teil einer Gesamtschau gesehen: vom Menschen und von der menschlichen Familie, vom Wert der erschaffenen Erde und von den Pflichten und der Verantwortung, die alle füreinander und diesem Universum gegenüber haben.

342. Aus diesen Gründen muß die Kirche auf allen Ebenen ihres Bildungssystems die Lehre von der sozialen Gerechtigkeit sowie die biblischen und ethischen Grundsätze, die diese stützen, einfließen lassen. Wir fordern besonders unsere Universitäten auf, die Katholische Soziallehre und die Sozialenzykliken der Päpste in ihre Lehrpläne aufzunehmen, vor allem für diejenigen, die zu einer aktiven Rolle in der Wirtschaft und Politik unseres Landes berufen sind. Glauben und technischer Fortschritt sind keine Gegensätze, sondern dieser Fortschritt muß von Werten geleitet werden, welche die Menschenwürde achten und die soziale Solidarität fördern, nicht aber von Habgier, Selbstsucht oder Neuerung um ihrer selbst willen.

343. Die Kirche hat immer den Standpunkt vertreten, daß die Aufgabe und die Verantwortung für die Erziehung zuerst in den Händen der Eltern liegt; sie haben das Recht, frei die Schulen und andere Mittel zu wählen, um ihre Kinder im

Glauben zu erziehen[8]. Die Kirche hat sich auch immer wieder dafür eingesetzt, daß die öffentliche Hand Subventionen für die Erziehung der Kinder so einsetzt, daß die Eltern dieses Wahlrecht frei und ohne ungerechte Belastungen ausüben können. Dieses Elternrecht sollte ihnen nicht genommen werden. Noch einmal fordern wir die gerechte Zuteilung öffentlicher Zuschüsse an die Eltern, die ihre Kinder zu privaten oder kirchlichen Schulen schicken. Eine solche Beihilfe muß vor allem den Eltern mit niedrigen Einkommen zugänglich sein. Obwohl viele dieser Eltern für die Erziehung ihrer Kinder große Opfer bringen, wird anderen die Möglichkeit, dieses Recht auszuüben, vorenthalten.

2. Unterstützung für die Familie

344. Das Wirtschaftsleben hat tiefgreifende Auswirkungen auf alle Teile der Gesellschaft und besonders auf die Familie. Ein Auseinanderbrechen der Familien bringt oftmals Härten und Armut mit sich. Scheidungen, mangelnde Hilfe für Mütter und Kinder, das Verlassen von Kindern sowie uneheliche Schwangerschaften tragen allesamt zu der Armut unter uns bei. Obwohl das Auseinanderbrechen von Ehen und Familien bei den Armen sichtbarer ist, betrifft es nicht nur diesen Teil unserer Gesellschaft. Man könnte sogar behaupten, viele dieser Zusammenbrüche lägen an den falschen Werten der Reicheren – Werte, die auf die Dauer die gesamte Gesellschaft durchdringen.

345. Wir brauchen mehr Untersuchungen über den möglichen Zusammenhang zwischen Wohlstand und Zusammenbruch von Ehen und Familien. Die ständige Suche nach persönlichem Genuß und der übertriebene Individualismus unserer Zeit, die stimuliert werden durch falsche Werte, wie sie in der Werbung und im Fernsehen oft zu sehen sind, tragen zum mangelnden Engagement für eine Ehe und zu destruktiven Vorstellungen von Verantwortung und Selbstverwirklichung bei[9].

346. Aus gutem Grund hat die Kirche traditionell die Auffassung vertreten, daß die Familie der Grundstein einer jeden

Gesellschaft ist. Indem sie wirtschaftliche Maßnahmen bekämpft, welche die Familie schwächen, leistet die Kirche einen Beitrag zum Wohl der ganzen Gesellschaft. Dasselbe gilt für die kirchliche Lehre über verantwortungsvolle menschliche Sexualität und ihre Auswirkung auf Ehe und Familie. Wirtschaftliche Maßnahmen müssen die Familie unterstützen und ihre Festigkeit fördern.

3. Die Kirche als Wirtschaftsfaktor

347. Wenn auch alle Mitglieder der Kirche jeden Tag in ihrem persönlichen Leben wirtschaftsbezogen handeln, spielen sie auch – zur Kirche vereint – eine wirtschaftliche Rolle. Die Kirche stellt viele Menschen an, in den Pfarreien und Diözesen, in ihren Büros und Organisationen, die Kirche tätigt Investitionen, sie verfügt über ausgedehnte Ländereien zum Zwecke des Gottesdienstes und der Mission. *Alle ethischen Grundsätze für die gerechte Leistung eines wirtschaftlichen Unternehmens gelten auch für die Kirche mitsamt ihren verschiedenen Einrichtungen; ja, die Kirche muß sogar mit gutem Beispiel vorangehen.* Die Bischofssynode 1971 formulierte diese Forderung sehr zutreffend: „Da die Kirche gehalten ist, von der Gerechtigkeit Zeugnis abzulegen, gibt sie zu, daß jeder, der sich anschickt, vor den Menschen von Gerechtigkeit zu sprechen, zuerst einmal in ihren Augen gerecht sein muß. Daher müssen wir die Handlungsweisen, die Besitztümer und den Lebensstil innerhalb der Kirche selbst prüfen"[10]

348. Die Katholiken in den Vereinigten Staaten können mit Recht stolz sein auf ihre Leistungen beim Bau und der Erhaltung von Kirchen und Kapellen, eines ausgedehnten Systems von Schulen, Krankenhäusern sowie wohltätigen Einrichtungen. Mit Opfern und persönlichem Einsatz haben unsere in dieses Land eingewanderten Vorfahren Institutionen aufgebaut. Jahrzehntelang haben Frauen und Männer im Ordensgewand für sehr wenig Geld in unseren Schulen unterrichtet und in unseren Krankenhäusern gearbeitet. Und heutzutage beobachten wir denselben Geist der Großzügigkeit bei

Ordensschwestern wie bei Laien, auch wenn wir versuchen, angemessenere Gehälter zu zahlen.

349. Trotzdem wären wir unaufrichtig, wenn wir die Notwendigkeit leugneten, das wirtschaftliche Leben der Kirche selbst zu erneuern sowie ihre Rolle innerhalb der amerikanischen Gesellschaft und Kultur im Hinblick auf ihr verstärktes Eintreten für die Werte, die der wirtschaftlichen Gerechtigkeit dienen, neu zu überdenken[11].

350. Wir wählen in diesem Zusammenhang fünf Themenkreise aus: (1) Löhne und Gehälter; (2) die Rechte der Arbeitnehmer; (3) Investitionen und Eigentum; (4) Werke der Nächstenliebe und (5) die Arbeit für wirtschaftliche Gerechtigkeit.

351. Wir Bischöfe verpflichten uns zu dem Grundsatz, daß diejenigen, die der Kirche dienen – Laien, Priester und Ordensleute – einen ausreichenden Lebensunterhalt sowie die sozialen Zuwendungen erhalten müssen, die von verantwortlichen Arbeitgebern in unserem Lande gezahlt werden. Diese Ausgaben können aber nicht ohne größere Beiträge aller Mitglieder der Kirche finanziert werden. Wir fordern alle auf, ihrer Verpflichtung nachzukommen, mit Geld zu der Unterstützung der Menschen beizutragen, die den öffentlichen Auftrag der Kirche ausführen. Opfergaben oder der Zehnte von allen Gläubigen würden die notwendigen Gelder erbringen, damit diese angemessenen Gehälter für Ordensleute und Laien gezahlt werden können; Mangel an Mitteln ist gewöhnlich der Grund dafür, daß keine angemessenen Gehälter gezahlt werden. Die Verpflichtung, die kirchlichen Einrichtungen am Leben zu erhalten – Erziehung und Gesundheitsfürsorge, Sozialstationen, kirchliche Bildungsprogramme, Sorge für die Alten, Jugendseelsorge, u. ä. –, liegt aufgrund ihrer Taufe bei allen Mitgliedern der Gemeinde, nicht nur bei den Benutzern oder Veranstaltern dieser Einrichtungen. Wir brauchen auch mehr Mittel zur Unterstützung älterer Ordensleute. Diese selbstlosen Frauen und Männer haben sich nicht immer um Unterstützungen oder Pensionen bemüht, um ihre Zukunft zu sichern. Es wäre ein Bruch unserer Verpflichtung ihnen gegenüber, wenn wir es zuließen, daß sie oder ihre Ordensgemein-

schaften keine ausreichenden Mittel der Altersversorgung haben.

352. Viele ehrenamtliche Helfer leisten der Kirche und ihrer Sendung Dienste, die nicht in Dollar und Cent bemessen werden können. Diese Dienste sind für das Leben und die Kraft der Kirche in den Vereinigten Staaten wichtig; sie führen eine gute Sitte weiter, welche die Geschichte der Kirche in diesem Land seit seiner Gründung gekennzeichnet hat. Aus dieser Tradition heraus fordern wir junge Menschen auf, sich vor ihrer Berufsausbildung für ein Jahr oder mehr dem freiwilligen Dienst zur Verfügung zu stellen. Wir empfehlen, auch Ruheständler in die freiwilligen Dienstleistungen einzubeziehen; wir ermutigen alle, die sich auf diese Herausforderung eingelassen haben.

353. In allen kirchlichen Einrichtungen muß man auch die Rechte der Angestellten anerkennen, sich zu organisieren und durch freigewählte Vereinigungen mit ihren kirchlichen Arbeitgebern zu verhandeln[12]. Im Hinblick auf neue Modelle der Zusammenarbeit zwischen Arbeitnehmern und Arbeitgebern, wie sie an früherer Stelle in diesem Brief beschrieben wurden, richten wir an unsere kirchlichen Einrichtungen den Aufruf, nach neuen, wirksamen Formen der Zusammenarbeit zu suchen. Obgleich die Kirche ihr eigenes Wesen und ihre eigene Sendung hat, die geachtet und gefördert werden müssen, sind wir sehr erfreut darüber, daß viele Menschen anderen Glaubens, doch ähnlicher Hoffnungen und Wünsche für die menschliche Gesamtfamilie mit uns zusammenarbeiten, um dieses Zukunftsbild zu verwirklichen. Wenn wir uns um mehr Lohngerechtigkeit bemühen, müssen wir besonders wachsam sein gegenüber der fortgesetzten Diskriminierung der Frauen in Kirche und Gesellschaft, wie sie in den ungleichen Löhnen für Frauen und Männer sowie der Konzentration der Frauen auf Arbeitsplätzen am unteren Ende der Lohnskala besonders klar hervortritt.

354. Christen, die Aktien besitzen, und jene, die in kirchlichen Einrichtungen verantwortlich sind für deren Beteiligung an amerikanischen Konzernen, müssen darauf achten, daß die investierten Mittel verantwortungsvoll genutzt werden. Ob-

wohl es die moralische und rechtliche Verantwortung der Treuhänder ist, dafür zu sorgen, daß die Kirche zur Finanzierung ihrer Arbeit ein angemessenes Einkommen aus ihren Investitionen erzielt, hat die treuhänderische Tätigkeit auch eine weitergespannte moralische Dimension. Als Miteigentümer müssen sie an der Gestaltung der Unternehmenspolitik teilnehmen, und zwar durch den Dialog mit dem Management, durch aktive Teilnahme an Unternehmensversammlungen, durch Einbringung von Resolutionen und durch Teilnahme an Investitionsentscheidungen. Lobend wollen wir die Bemühungen der Diözesen und anderer religiöser und ökumenischer Körperschaften hervorheben, die an der Verwirklichung dieser Ziele mitarbeiten. Ebenfalls verdienen die Bemühungen um alternative Investitionsmöglichkeiten unser Lob, besonders jene, welche die wirtschaftliche Entwicklung in verarmten Gemeinden fördern und der Kirche bei ihrer Fürsorge für lokale und regionale Notfälle helfen[13]. Wenn die Entscheidung, Geld abzuziehen, unvermeidlich erscheint, sollte dies nur nach kluger Prüfung und unter klarer Darlegung der Motive geschehen.

355. Die Nutzung kirchlichen Besitzes verlangt heutzutage besondere Aufmerksamkeit. Demographische Veränderungen haben in manchen Pfarreien und sonstigen Einrichtungen leere oder nur teilweise genutzte Gebäude zurückgelassen. Der Rückgang der Ordensleute, die in Schulen unterrichten, sowie die gesunkene Anzahl der Priester haben dazu geführt, daß große Häuser oft von nur wenigen Personen bewohnt werden. In dieser Hinsicht muß die Kirche bedenken, daß der Besitz großer Anwesen oft den Eindruck erweckt, sie sei reich und im Umgang mit ihren Ressourcen verschwenderisch. Diesen Eindruck kann man nur durch eine klare und öffentliche Rechnungslegung ausräumen, in der das Finanzkapital, der Grundbesitz und seine Nutzung sowie die Dienste aufgelistet sind, welche die Kirche ihren Mitgliedern, aber auch der ganzen Gesellschaft leistet. Wir unterstützen und ermutigen die phantasievolle Nutzung dieser Anlagen, wie dies in vielen Pfarreien und Diözesen geschieht, um den Bedürfnissen der Armen gerecht zu werden.

356. Die Kirche hat eine besondere Berufung, Dienerin der

Armen, der Kranken und Benachteiligten zu sein und dadurch Zeugnis abzulegen von ihrer Sendung – einer Sendung, an der jedes Mitglied der christlichen Gemeinde teilhat. Die Kirche dient jetzt vielen Menschen als einer der größten privaten Dienstleistungsbetriebe im Lande. Das Netz von Organisationen, Einrichtungen aller Art sowie Hilfsprogrammen kommt Millionen Menschen aller Konfessionen zugute. Trotzdem müssen wir uns daran erinnern, daß in unserer Zeit unsere christliche Sorge zunehmen und sich über alle Grenzen hinweg ausdehnen muß, weil jeder Hilfsbedürftige unser Nächster ist. Auch müssen wir uns daran erinnern, daß Nächstenliebe mehr als die Linderung von Not bedeutet. Sie erfordert wahre Liebe zu dem notleidenden Menschen. Sie muß nach dem Sinn des Leidens fragen und eine Antwort geben, welche die Ursachen beseitigt. Wahre Nächstenliebe bedeutet, daß man Partei ergreift.

357. Nächstenliebe allein ist aber keine Abhilfe für alle wirtschaftlich-sozialen Übelstände. Durch verschiedene gesellschaftliche Organisationen und durch den Staat tragen alle Bürger unseres Landes Mitverantwortung für die Notleidenden. Auch die Kirche muß durch ihre einzelnen Mitglieder und durch ihre Organisationen die Ungerechtigkeiten beseitigen, die manche Menschen an der vollen Teilnahme am Wirtschaftsleben hindern. Unsere Erfahrung mit der „Kampagne für menschliche Entwicklung" („Campaign for Human Development") bestärkt uns in unserem Urteil darüber, daß Hilfe zur Selbsthilfe den Armen am besten dient. Diese Kampagne, die von amerikanischen Katholiken im Jahre 1970 gestartet und seitdem sehr gefördert wurde, ist ein Modell, das nach unserer Meinung hohe Maßstäbe für ähnliche Bemühungen setzt. Wir Bischöfe wissen um die vielen Gläubigen in allen Lebenslagen, die ihr Können und ihr Mitgefühl einsetzen auf der Suche nach neuen Wegen zur Verwirklichung der Ziele, die wir in diesem Brief vorschlagen. Dabei *sind* sie die Kirche, die sich für wirtschaftliche Gerechtigkeit einsetzt. Gleichzeitig hoffen wir, daß sie sich mit uns und ihren Priestern zusammenschließen werden, um auf unsere Gesellschaft Einfluß zu nehmen, damit noch mehr Schritte unternommen werden

können, Ungerechtigkeiten zu beseitigen. Mit der Unterstützung der Gemeinden müssen sich schließlich auch die Armen selbst anstrengen. Die gesamte christliche Gemeinde kann von der Art und Weise lernen, wie sich unsere mittellosen Brüder und Schwestern gegenseitig helfen.

358. Neben ihrer Eigenschaft als Wirtschaftsfaktor ist die Kirche eine wichtige kulturelle Kraft, die sich um die kulturellen Wurzeln unserer wirtschaftlichen Probleme bemüht. So wie wir bereits ein neues Experiment der Zusammenarbeit und der Teilnahme an der Entscheidungsfindung all derer angeregt haben, die von ihnen auf allen Ebenen der Gesellschaft der Vereinigten Staaten betroffen sind, so verpflichten wir auch die Kirche, ein Beispiel der Zusammenarbeit und der Teilnahme zu geben.

C. Die Straße, die vor uns liegt

359. Der Abschluß eines derartigen Briefes ist nur der Anfang eines langen Weges der Bildung, der Diskussion und des Handelns; sein Inhalt muß allen Mitgliedern der Kirche und der Gesellschaft übermittelt werden.

360. In dieser Hinsicht war die bereits erwähnte doppelte Zielsetzung dieses Hirtenwortes gemeint: den Katholiken bei ihrer Gewissensbildung über die moralischen Aspekte wirtschaftlicher Entscheidungen zu helfen und in die gesamtgesellschaftliche und politische Auseinandersetzung dieser Fragen eine ethische Perspektive einzubringen. Diese zwei Zielsetzungen helfen uns darüber nachzudenken, wie die Institutionen und Diener der Kirche den Laien helfen können, ihrer Berufung in dieser Welt nachzukommen: verstärkte Behandlung der Katholischen Soziallehre in unseren Schulen, Colleges und Universitäten; besondere Seminare mit Führungskräften der Wirtschaft, Gewerkschaftsführern, Abgeordneten, Banker; die Bildung kleiner Gruppen von Menschen aus unterschiedlichen Lebensbereichen, um gemeinsam über Evangelium und die ethischen Grundsätze zu meditieren; Familienprogramme, Verteilerstellen für verfügbare Materialien, Predigthilfen für

Priester, Fernseh- und Hörfunk-Programme für die Diözesen, Forschungsprojekte an unseren Universitäten – all dies sind geeignete Mittel für die Fortsetzung der Diskussion und deren praktische Konsequenzen. Einige dieser Mittel werden am besten auf Pfarrebene eingesetzt, andere auf der Ebene der Katholischen Konferenzen der Bundesstaaten und wieder andere auf jener der Nationalkonferenz der Katholischen Bischöfe. Diese Gremien können auch den Laien bei schwierigen Entscheidungen über politische Alternativen helfen, die sich auf die Wirtschaft auswirken. Wo es viele Alternativen gibt, müssen wir uns in den Diskussionen davor hüten, daß wir als Katholiken polarisiert werden. Sie alle müssen deutlich machen, wie die Entscheidungen, die sie treffen, und die Maßnahmen, die sie vorschlagen, dem ethisch-sittlichen Konzept entspringen, das wir hier entworfen haben. Wenn neue Probleme entstehen, hoffen wir, daß uns beständiges Nachdenken in die Lage versetzt, die Katholische Soziallehre weiter zu differenzieren und zu ihrer Weiterentwicklung beizutragen.

361. Wir wenden uns insbesondere an unsere Priester, damit sie sich weiterhin mit diesen Themen befassen, so daß sie die Botschaft des Evangeliums in einer Sprache verkünden, welche die Gläubigen zugleich anspornt und sie in ihrer Berufung in der Welt und für die Welt stützt und ermutigt. In unseren Priesterseminaren wird man Kandidaten für diese Aufgabe vorbereiten müssen.

362. Wir weisen auf die Notwendigkeit hin, auf vielen der Gebiete weiterzuforschen, die dieses Dokument nicht gründlich behandeln konnte und auch auf den Gebieten weiterzudenken, zu denen wir uns geäußert haben. Unsere katholischen Universitäten, Stiftungen und sonstige Institutionen fordern wir auf, sich an diesen notwendigen Projekten zu beteiligen. Folgende Forschungsgebiete sind lediglich als Anregung, nicht als erschöpfende Aufzählung zu verstehen: die Auswirkung der Rüstungsproduktion und der hohen Ausgaben für den Militärhaushalt auf die einheimische Volkswirtschaft und Kultur; die Beziehungen zwischen Waffenproduktion und -verkäufen und der Armut in der Dritten Welt; Steuerreform als Ausdruck der bevorzugten Hilfe für die Ar-

men; die Rechte der Frauen und der Minderheiten in der Arbeitswelt; die Entwicklung der Kommunikationstechnologie und ihre weltweiten Auswirkungen; Roboter, Automation und die Reduzierung der Rüstungsindustrie in ihrem Einfluß auf die Arbeitsmarktsituation; die Wirtschaft und die Stabilität der Familie; der Unterschied zwischen rechtmäßigen Gewinnen und Habgier; die Sicherung wirtschaftlicher Rechte; Fragen der Umwelt und der Ökologie; Zukunftsaufgaben der Arbeit und der Gewerkschaften; internationale Finanzinstitute und die Schulden der Dritten Welt; unser nationales Defizit; die Ernährungsprobleme der Welt; „Vollbeschäftigung" und ihre Verwirklichung. Betriebsschließungen und die Behandlung der menschlichen Kosten einer sich entwickelnden Wirtschaft; Genossenschaften und neue Formen der Beteiligung; Reform des Wohlfahrtssystems und der Bedingungen seiner Inanspruchnahme; Systeme der Einkommensstützung; die Konzentration des Grundbesitzes; Hilfe für Länder der Dritten Welt; Wanderungsbewegungen und ihre Folgen; Bevölkerungspolitik und Entwicklung; die Auswirkungen zunehmender Einkommensungleichheit in der Gesellschaft.

D. Für eine Gottesherrschaft der Liebe und Gerechtigkeit

363. Angesichts dieser Komplexität der Wirtschaft und auf der Suche nach Klarheit für die Zukunft können wir uns mit Recht eine einzige Frage vorlegen: Wie wirkt sich unser Wirtschaftssystem auf das Leben der Menschen – *aller* Menschen aus? Es war ein Teil des amerikanischen Traums, aus dieser Welt einen Ort zu machen, an dem die Menschen besser leben könnten. Heute muß dieser Traum alle Menschen auf dieser Erde einschließen. Da wir uns dazu bekennen, Mitglieder einer „katholischen", d.h. allumfassenden Kirche zu sein, müssen wir alle unsere Sorge auf das Wohl aller Menschen auf der Welt richten. Die Schulden der Dritten Welt werden unser Problem. Hungersnot und -tod in Afrika südlich der Sahara werden unser Anliegen. Steigende Rüstungsausgaben überall auf der Welt werden Teil unserer Angst um die Zukunft dieses

Planeten. Wir können nicht zufrieden sein, wenn die Umwelt vernachlässigt oder die natürlichen Ressourcen verschwendet werden. In diesem Brief haben wir Bischöfe oft von gegenseitiger wirtschaftlicher Abhängigkeit gesprochen. Der Augenblick, in dem wir alle die Wirklichkeit dieser Wirtschaftsordnung und ihre Konsequenzen ins Auge fassen müssen, ist jetzt. Wir können ihn als einen Augenblick der Gnade – kairos – auffassen, der uns alle in der großen Gemeinschaft der menschlichen Familie vereinen kann. Wir engagieren uns für diese Vision der Welt.

364. Die Größe und die Komplexität dieser Probleme können uns nicht erschrecken. Wir dürfen uns nicht entmutigen lassen. Mitten in diesem Kampf ist es unvermeidlich, daß wir auf Habsucht, Faulheit und Neid stoßen werden. Auf dieser Erde gibt es kein Utopia; aber da wir an die erlösende Liebe Gottes glauben und sein vergebendes Erbarmen erfahren haben, wissen wir, daß Gottes Vorsehung uns jetzt und in Zukunft nicht fehlen wird.

365. Wir wissen, daß die Erfüllung der menschlichen Bedürfnisse nicht der letzte Sinn der Erschaffung der menschlichen Person darstellt. Wir sind erschaffen worden, um am göttlichen Leben durch eine Bestimmung teilzunehmen, die weit über unsere menschlichen Fähigkeiten hinausgeht, und vor dem wir uns in ehrfürchtiger Bescheidenheit verneigen müssen. Wie Maria in ihrem Magnificat, so staunen wir über die Wunder, die Gott für uns getan hat, wie Gott die Armen und die Niedrigen erhöht und ihnen große Dinge in seinem Königreich versprochen hat. Jetzt fordert Gott von uns Opfer und Nachdenken über unsere Ehrfurcht vor der Menschenwürde – in uns selbst und in anderen – und auch über unseren Dienst und unsere Nachfolge, damit das göttliche Ziel für die Familie der Menschen und für diese Erde erfüllt werden kann. Vereinigung mit Gott, Teilnahme an seinem Leben umfaßt eine gegenseitige Bindung an alle auf diesem Erdkreis. Jesus lehrte uns, Gott und unseren Nächsten zu lieben, und der Begriff des „Nächsten" kennt keine Begrenzung. Wir wissen, daß wir aufgerufen sind, Mitglieder eines Neuen Bundes der Liebe zu sein. Wir müssen uns von unserer Verehrung der Unabhän-

gigkeit durch ein Verständnis wechselseitiger Abhängigkeit hin zu einem Engagement für menschliche Solidarität bewegen. Diese Herausforderung muß sich in der Art der Gemeinschaft ausdrücken, die wir unter uns aufbauen. Liebe fordert Sorge um jeden einzelnen – und besonders um die Armen – sowie ein fortgesetztes Bemühen um die wirtschaftlichen und gesellschaftlichen Strukturen, die es jedem gestatten, an einer Gemeinschaft teilzuhaben, die zu der erlösten Schöpfung gehört (Röm 8,21–23).

ANMERKUNGEN ZUM HIRTENBRIEF

Einleitung

[1] Pastoralkonstitution „Gaudium et Spes" des Zweiten Vatikanischen Konzils, Nr. 43. (Anm.: Der Hirtenbrief bezieht sich vielfach auf Dokumente des Zweiten Vatikanischen Konzils, päpstliche Enyzkliken und andere Verlautbarungen des kirchlichen Lehramtes. Vgl. die ausgewählte Bibiliographie.)
[2] Ebd. Nr. 43.

Erstes Kapitel

[3] Pastoralkonstitution „Gaudium et Spes" des Zweiten Vatikanischen Konzils, Nr. 1.
[4] Vgl. ebd., Nr. 10; 42; 43; Instruktion „Libertatis Conscientia", über christliche Freiheit und Befreiung, der Glaubenskongregation vom 5.4.1986, Nr. 34–36.
[5] Vgl. *Papst Johannes Paul II.*, Enzyklika „Laborem Exercens", Nr. 14, und *Papst Paul VI.*, „Octogesima Adveniens", Nr. 35. Vgl. auch *A. Okun*, Equality and Efficiency: The Big Tradeoff, Kap. 1, Washington (D.C.) 1975; *M. Walzer*, Spheres of Justice. A Defense of Pluralism and Equality, Kap. 4, New York 1983; *J. P. Gunnemann*, Capitalism and Commutative Justice, Vortrag auf der Jahrestagung 1985 der Society of Christian Ethics.
[6] Vgl. *Papst Johannes XXIII.*, Enzyklika „Pacem in Terris" Nr. 130f.
[7] Vgl. Dokument der Bischofssynode 1971 über Gerechtigkeit in der Welt, 8; *Papst Johannes Paul II.*, Enzyklika „Redemptor Hominis" , Nr. 15.
[8] Bericht des arbeitsstatistischen Büros des Arbeitsministeriums der USA über die Arbeitsmarktlage im August 1985, Tafel A–1.
[9] Ebd.
[10] *Statistisches Bundesamt der USA*, Erhebungen zum derzeitigen Bevölkerungsstand, Reihe P-60, 145: Geldeinkommen und Armutsstatus von Familien und Einzelpersonen in den USA für 1983, 20.
[11] *Greg H. Duncan*, Years of Poverty, Years of Plenty. The Changing Economic Fortunes of American Workers and Their Families, Ann Arbor (Mich.) 1984.
[12] Vgl. *Papst Johannes Paul II.*, Enzyklika „Familiaris Consortio", Nr. 46.
[13] Vgl. „Gaudium et Spes", Nr. 47.
[14] *National Conference of Catholic Bishops*, The Challenge of Peace. God's Promise and Our Response, Washington (D.C.) 1983.
[15] Joseph L. Kardinal Bernardin und John J. Kardinal O'Connor vor dem Kongreß-Ausschuß für auswärtige Angelegenheiten am 26.6.1984, in: Origins 14/10 (10.8.1984) 157.
[16] „Gaudium et Spes", Nr. 43.

[17] Vgl. z. B. *P. Berger, B. Berger, H. Kellner,* The Homeless Mind: Modernization and Consciousness, New York 1974.
[18] Wie wichtig und schwierig es ist, sich in diesen Fragen auf eine gemeinsame Sprache und eine gemeinsame Sicht zu einigen, zeigt die kürzlich erschienene Studie von *R. N. Bellah, R. Madsen, W. M. Sullivan, A. Swidler, St. M. Tipton,* Habits of the Heart. Individualism and Commitment in American Life, Berkeley (Calif.) 1985; vgl. auch *M. E. Marty,* The Public Church, New York 1981.
[19] Papst Johannes XXIII., Enzyklika „Mater et Magistra", Nr. 219; „Gaudium et Spes". Nr. 40.
[20] Vgl. die Instruktion der Glaubenskongregation zu „gewissen Formen" der Befreiungstheologie vom 6. 8. 1984; *Papst Paul VI.,* Enzyklika „Octogesima Adveniens", Nr. 42.
[21] „Octogesima Adveniens", Nr. 4.
[22] *Administrative Committee of the National Catholic War Council,* Program of Social Reconstruction, 12. 2. 1919. Erwähnenswert sind außerdem Erklärungen unserer Vorgänger zur wirtschaftlichen Lage: „The Present Crisis" vom 25. 4. 1933; „Statement on Church and Social Order" vom 4. 2. 1940; „The Economy. Human Dimensions" vom 20. 11. 1975. Diese und viele weitere Erklärungen in: *H. J. Nolan* (Hrsg.), Pastoral Letters of the United States' Catholic Bishops, 4 Bde., Washington (D.C.) 1984.

Zweites Kapitel

[1] „Mater et Magistra", Nr. 219 f.; vgl. „Gaudium et Spes", Nr. 63.
[2] Ökumenismus-Dektret des Zweiten Vatikanischen Konzils „Unitatis Redintegratio" Nr. 22 f.
[3] *C. Westermann,* Creation, Philadelphia 1974, und *B. Vawter,* On Genesis. A New Reading, New York 1977; vgl. auch „Gaudium et Spes", Nr. 34.
[4] *Cyprian von Karthago,* De opere et eleemosynis, 25, in der Übersetzung von R. J. Deferrari, St. Cyprian. Treatises, 36, New York 1958, 251. Lateinischer Text in: Migne, Patrologia Latina 4, 620. Zur Lehre der Kirchenväter vgl. *C. Avila,* Ownership. Early Christian Teaching, Maryknoll (N.Y.) 1983, Sammlung von Originaltexten und Übersetzungen.
[5] *T. Ogletree,* The Use of the Bible in Christian Ethics, Philadelphia 1983, 47–85.
[6] Wenn unter Exegeten auch keine Einigkeit darüber herrscht, ob das Jubiläum als Institution tatsächlich bestanden hat oder nur ein Ideal darstellte, berief man sich immer auf seine Bilderwelt, um Gottes Herrschaft über das Land und seine Sorge um die Armen und Unterdrückten zu betonen (z. B. Jes 61,1 f.; Lk 4, 16–19). Vgl. *R. North,* Sociology of the Biblical Jubilee, Rom 1954; *S. Ringe,* Jesus, Liberation and the Biblical Jubilee. Images for Ethics and Christology, Philadelphia 1985).
[7] Zum Thema Gerechtigkeit vgl. *J. R. Donahue,* Biblical Perspectives on Justice, in: J. C. Haughey (Hrsg.), The Faith That Does Justice, New York 1977, 6–112; *S. C. Mott,* Biblical Ethics and Social Change, New York 1982.

[8] Vgl. Ex 22,20–26; Dtn 15,1–11; Ijob 29,12–17; Ps 69,34; 72,2.4.12–24; 82,3f.; Spr 14,21.31; Jes 3,14f.; 10,2; Jer 22,16; Sach 7,9f.

[9] *J. Pedersen,* Israel. Its Life and Culture I–II, London 1926, 337–340.

[10] *J. Alfaro,* Theology of Justice in the World, Rom 1973, 40f.; *E. Mc Donagh,* The Making of Disciples, Wilmington (Del.) 1982, 119.

[11] Papst Johannes Paul II. hat sich in seinem Apostolischen Sendschreiben „Salvifici Doloris" dieses Gleichnisses bedient, um uns zur „Barmherzigkeit" den Bedürftigen gegenüber aufzurufen; vgl. Nr. 34–39.

[12] „Redemptor hominis", Nr. 21.

[13] Ansprache an die Arbeiter in São Paulo, 8, in: Origins 10:9, 1980, 139; und Ansprache im Yankee Stadion, in: Origins 9/19 (1979) 311f.

[14] *J. Dupont, A. George* (Hrsg.), La pauvreté évangélique, Paris 1971; *M. Hengel,* Property and Riches in the Early Church, Philadelphia 1974; *L. Johnson,* Sharing Possessions. Mandate and Symbol of Faith, Philadelphia 1981; *D. L. Mealand,* Poverty and Expectation in the Gospels, London 1980; *W. Pilgrim,* Good News to the Poor. Wealth and Poverty in Luke-Acts, Minneapolis 1981; *W. Stegemann,* The Gospel and the Poor, Philadelphia 1984.

[15] Vgl. Am 4,1ff.; Ijob 20,19; Sir 13,4–7; Jak 2,6; 5, 1–6; Offb 18, 11–19.

[16] Vgl. Abschnitte 85–91.

[17] Vgl. ausgewählte Bibliographie.

[18] Außerordentliche Bischofssynode 1985, Schlußbericht II,A.

[19] *Papst Paul VI.,* „Evangelii Nuntiandi", Nr. 31.

[20] Ebd., Nr. 24.

[21] „Gaudium et Spes", Nr. 32.

[22] Ebd; Nr. 25.

[23] Vgl. Abschnitt 35.

[24] *J. Pieper,* The Four Cardinal Virtues, Notre Dame (Ind.) 1966, 43–116; *D. Hollenbach,* Modern Catholic Teachings concerning Justice, in: J. C. Haughey (Hrsg.), The Faith That Does Justice, New York 1977, 207–231.

[25] *J. P. Gunnemann,* Capitalism and Commutative Justice, Vortrag auf der Jahrestagung 1985 der Society of Christian Ethics, wird im Annual of the Society of Christian Ethics veröffentlicht.

[26] „Gaudium et Spes", Nr. 69.

[27] *Papst Pius XI.,* Enzyklika „Divini Redemptoris", Nr. 51; *J. A. Ryan,* Distributive Justice, New York [3]1942, 188. Der Ausdruck „soziale Gerechtigkeit" hat in der katholischen Sittenlehre verschiedene, aber untereinander verwandte Bedeutungen. Vgl. *W. Ferree,* The Act of Social Justice, in: Philosophical Studies 72, Washington (D.C.) 1943.

[28] „Laborem Exercens", Nr. 6; 9.

[29] „Gaudium et Spes", Nr. 29.

[30] Ebd.; vgl. unten, Abschnitte 180ff.

[31] *Papst Paul VI.,* „Populorum Progressio", Nr. 19.

[32] „Mater et Magistra", Nr. 132.

[33] Bischofssynode 1971, Gerechtigkeit in der Welt, Nr. 10; 16; „Octogesima Adveniens", Nr. 15.

[34] „Gaudium et Spes", Nr. 25; Gerechtigkeit in der Welt, Nr. 51; *Papst Johannes*

Paul II., „Redemptionis Donum", Apostolische Exhorte über Aussöhnung und Buße, Nr. 16; *Glaubenskongregation*, Instruktion über Freiheit und Befreiung, Nr. 42; 74.

35 In den Worten der Bischofssynode von 1971: „Die Beteiligung stellt ein Recht dar, das auf wirtschaftlichem, sozialem und politischem Gebiet zur Anwendung kommen muß", Gerechtigkeit in der Welt, Nr. 18.

36 „Gaudium et Spes", Nr. 26.

37 Papst Johannes Paul II. in seiner Ansprache vor der UNO-Vollversammlung am 2. 10. 1979, Nr. 13f.

38 Vgl. Pfingstansprache Papst Pius' XII., 1941, in: *V. Yzermans*, The Major Addresses of Pope Pius XII, Bd. I, St. Paul 1961, 32f.

39 „Pacem in Terris", Nr. 8–27; vgl. „Laborem Exercens", Nr. 18f. „Pacem in Terris" und andere päpstliche Verlautbarungen unserer Zeit nennen das „Recht auf Arbeit" ein wirtschaftliches Grundrecht. Da der Ausdruck in den USA mehrdeutig ist und die Menschen normalerweise in unserer Gesellschaft ihren Lebensunterhalt durch bezahlte Arbeit verdienen, hat die NCCB schon früher erklärt, daß der Schutz der Menschenwürde verlangt, das Recht auf sinnvolle Arbeit für alle zu sichern, die fähig und gewillt sind, zu arbeiten. Vgl. *NCCB*, The Economy. Human Dimensions (20. 11. 1975), 5, in: NCCB, Justice in the Marketplace, 470. Vgl. auch *Glaubenskongregation*, Instruktion über Freiheit und Befreiung, Nr. 85.

40 „Populorum Progressio", Nr. 14.

41 *M. H. Good*, Freedom from Want. The Failure of United States Courts to Protect Subsistence Rights, in: Human Rights Quarterly 6 (1984) 335–365.

42 „Gaudium et Spes", Nr. 43.

43 „Mater et Magistra", Nr. 65.

44 Zur Verwendung dieses Ausdrucks in letzter Zeit vgl. *Glaubenskongregation*, Instruktion über Freiheit und Befreiung, Nr. 46–50; 66ff.; Evangelization in Latin America's Present and Future. Final Document of the Third General Conference of the Latin American Episcopate, Puebla, 27. 1.–13. 2. 1979, besonders Teil VI, Kap. 1: A Preferential Option for the Poor, in: J. Eagleson, und P. Scharper (Hrsg.), Puebla and Beyond, Maryknoll (N.Y.) 1979, 264–267; *D. Dorr*, Option for the Poor. A Hundred Years of Vatican Social Teaching, Dublin 1983.

45 „Octogesima Adveniens", Nr. 23.

46 An die brasilianischen Bischöfe, Nr. 6; 9, in: Origins 10/9. (31. 7. 1980) 135.

47 *Papst Johannes Paul II.*, Ansprache an die Arbeiter in São Paulo, Nr. 4, in: Origins 10/9 (31. 7. 1980) 138; *Glaubenskongregation*, Instruktion über Freiheit und Befreiung, Nr. 66ff.

48 „Gaudium et Spes", Nr. 47.

49 Ansprache über „Christliche Einheit im technischen Zeitalter", Toronto, 14. 9. 1984, in: Orginis 14/16 (4. 10. 1984) 248.

50 „Laborem Exercens", Nr. 3.

51 Ebd., Nr. 5f. 52 Ebd., Nr. 6; 10.

53 „Quadragesimo Anno", Nr. 79. Es ist nicht immer klar, was dieses Prinzip besagt. Zur Geschichte seiner Interpretation im katholischen Bereich vgl. *Calvez* und *Perrin* in: J. F. Cronin, Catholic Social Principles, Milwaukee 1950,

328–342; *J. Messner,* Freedom as a Principle of Social Order. An Essay in the Substance of Subsidiary Function", in: Modern Schoolman 28 (1951) 97–110; *R. E. Mulcahy,* Subsidiarity, in: New Catholic Encyclopedia XIII, New York 1966, 762; *F. H. Mueller,* The Principle of Subsidiarity in Christian Tradition, in: American Catholic Sociological Review 4 (1943) 144–157; *O. von Nell-Breuning,* Zur Sozialreform, Erwägungen zum Subsidiaritätsprinzip, in: Stimmen der Zeit 157, Bd. 81 (1955–1956) 1–11; *ders.,* Subsidiarity, in: Sacramentum Mundi VI, New York 1970, 6, 114–116; *A. F. Utz,* Formen und Grenzen des Subsidiaritätsprinzips, Heidelberg 1956; *ders.,* The Principle of Subsidiarity and Contemporary natural Law, in: Natural Law Forum 3 (1958) 170–183; *ders;* Grundsätze der Sozialpolitik. Solidarität und Subsidiarität in der Altersversicherung, Stuttgart 1969.

[54] „Gaudium et Spes", Nr. 31.

[55] Laborem Exercens", Nr. 16.

[56] „Rerum Novarum", Nr. 62; vgl. auch Nr. 9.

[57] „Laborem Exercens", Nr. 19.

[58] Ebd., Nr. 20. [59] Ebd. [60] Ebd.

[61] Papst Johannes Paul II. vor Geschäftsleuten und Wirtschaftsführern in Mailand, 22.5.1983.

[62] *Thomas von Aquin,* Summa Theologiae IIa IIae, q. 66.

[63] Wie Papst Johannes Paul II. erklärt hat, „ist dieses gigantische und mächtige Werkzeug – die Gesamtheit der Produktionsmittel, die in gewissem Sinne mit ‚Kapital' gleichgesetzt werden – Frucht der menschlichen Arbeit und trägt deren Zeichen" („Laborem Exercens", Nr. 12.).

[64] „Rerum Novarum", Nr. 10; 15; 36.

[65] „Mater et Magistra", Nr. 109.

[66] „Rerum Novarum", Nr. 65 f.; „Mater et Magistra", Nr. 115.

[67] „Populorum Progressio", Nr. 23.

[68] Eröffnungsansprache der Konferenz von Puebla in: *J. Eagleson, P. Scharper* (Hrsg.), Puebla and Beyond, 67.

[69] „Laborem Exercens", Nr. 14.

[70] Ebd., Nr. 17.

[71] „Divini Redemptoris", Nr. 49.

[72] „Pacem in terris", Nr. 60 ff.

[73] Erklärung über die Religionsfreiheit „Dignitatis Humanae" des Zweiten Vatikanischen Konzils, Nr. 6; vgl. *J. Courtney Murray,* The Problem of Religious Freedom, Westminster (Md.) 1965.

[74] „Pacem in terris", Nr. 63 f.; „Quadragesimo Anno", Nr. 80. Papst Leo XIII. hat in „Rerum Novarum" (Nr. 52) den Grundsatz aufgestellt, der das Eingreifen des Staates regelt: „Droht also der staatlichen Gesamtheit oder einzelnen Ständen ein Nachteil, dem anders nicht abzuhelfen ist, so ist es Sache des Staates, einzugreifen. Papst Johannes XXIII. hat die Auffassung der Kirche vom Zweck staatlicher Eingriffe in „Mater et Magistra", Nr. 20 f., so umrissen: „Der Staat, der für die Verwirklichung des Gemeinwohls in dieser Welt zuständig ist, darf die wirtschaftliche Tätigkeit seiner Bürger keineswegs geringschätzen. Er sollte vielmehr zur Stelle sein, um die Erzeugung einer ausreichenden Menge mate-

rieller Güter in rechter Weise zu fördern, aktiv zur Hebung des Lebensstandards der Arbeiter beitragen, ... dafür sorgen, daß Arbeitsverträge gerecht und fair abgeschlossen werden und daß in der Arbeitswelt die Menschenwürde weder physisch noch geistig verletzt wird."

75 „Quadragesimo Anno", Nr. 79.

76 Präfation am Christkönigssonntag im Römischen Meßbuch.

77 „Octogesima Adveniens", Nr. 26–35.

78 „Gaudium et Spes", Nr. 39.

79 Ebd.

80 „Octogesima Adveniens", Nr. 42.

Drittes Kapitel

1 „Octogesima Adveniens", Nr. 26–41; und „Laborem Exercens", Nr. 7; 13.

2 Program of Social Reconstruction, 33–40.

3 Vgl. The Challenge of Peace. God's Promise and Our Response, 9.

4 „Laborem Exercens", Nr. 3.

5 *U. S. Department of Labor Bureau of Labor Statistics,* The Employment Situation: April 1986 (Mai 1986).

6 *Full Employment Action Council,* Employment in America. Illusory Recovery in an Decade of Decline, Washington (D.C.) 1985, 19. Die Berechnungen beruhen auf Daten des Arbeitsstatistischen Büros des Arbeitsministeriums der USA.

7 *U. S. Department of Labor, Bureau of Labor Statistics,* The Employment Situation, August 1985. *U. S. Department of Labor, Employment and Training Administration,* Unemployment Insurance Claims, Woche vom 22. 6. 1985.

8 The Employment Situation: August 1985.

9 *M. H. Brenner,* Fetal, Infant and Maternal Mortality during Periods of Economic Instability, in: International Journal of Health Services (Sommer 1973); *P. H. Ellison,* Neurology of Hard Times, in: Clinical Pediatrics (März 1977); *S. V. Kasl, S. Cobb,* Some Mental Health Consequences of Plant Closings and Job-Loss, in: L. Ferman, J. P. Gordus (Hrsg.), Mental Health and the Economy, Kalamazoo (Mich.) 1979, 255–300; *L. E. Kopolow, F. M. Ochberg,* Spinoff from a Downward Swing, in: Mental Health 59 (Sommer 1975); *D. Shaw,* Unemployment Hurts More than the Pocketbook, in: Today's Health (März 1978).

10 *R. M. Cohn,* The Consequences of Unemployment on Evaluation of Self. Doktorarbeit, Department of Psychology, University of Michigan, 1977; *J. A. Garraty,* Unemployment in History. Economic Thought and Public Policy, New York 1978; *H. Maurer,* Not Working. An Oral History of the Unemployed, New York 1979.

11 *M. H. Brenner,* Estimating the Social Cost of National Economic Policy (US Congress, Joint Economic Committee, 1976); vgl. *ders.,* Mental Illness and the Economy, Cambridge (Mass.) 1973.

12 *Congressional Budget Office,* Economic and Budget Outlook: FY 1986 – FY 1990, Washington (D.C.) 1985, 75.

13 *US Bureau of Prisons,* Correlation of Unemployment and Federal Prison Population, Washington (D.C.) 1975; *M. Yeager,* Unemployment and Imprisonment, in: Journal of Criminal Law and Criminology 70 (1979) 4; Testimony of M. H. Brenner in: Unemployment and Crime (US Congress, House Hearings, 1977) 25.

14 *Committee on the Evolution of Work, AFL-CIO,* The Future of Work, Washington (D.C.) 1983, 11.

15 *Congressional Budget Office,* Defense Spending and the Economy, Washington (D.C.) 1983. Vgl. auch M. Edelstein, The Economic Impact of Military Spending, New York 1977; *R. De Grasse Jr.,* Military Expansion, Economic Decline, New York 1983. Vgl. auch *US Department of Labor, Bureau of Labor Statistics Report,* Structure of the US Economy in 1980 and 1985, Washington (D.C.) 1975; *M. Anderson,* The Empty Pork Barrel, Lansing (Mich.) 1982.

16 *US Office of Management and Budget,* Historical Tables. Budget of the United States Government Fiscal Year 1986, Washington (D.C.) 1985, Tabelle 10. 2, 10. 2(3). Vgl. auch *National Science Foundation Report,* Characteristics of Experienced Scientists and Engineers (1978), Detailed Statistical Tabelle, Washington (D.C.) 1978.

17 „Statistical Supplement to International Comparison of Unemployment", *Bureau of Labor Statistics,* 1984, unveröffentlicht.

18 I. V. Sawhill und CH. F. Stone formulieren die unter Wirtschaftswissenschaftlern vorherrschende Ansicht so: „Hohe Beschäftigung definiert man gewöhnlich als eine Arbeitslosenquote, die man ohne Inflationssteigerung halten kann; viele, doch nicht alle, Wirtschaftswissenschaftler glauben, daß diese Quote augenblicklich bei etwa 6% liegt" (The Economy. The Key to Success, in: *J. L. Palmer, I. V. Sawhill* (Hrsg.), The Reagan Record. An Assessment of America's Changing Domestic Priorities, Cambridge [Mass.] 1984, 72). Vgl. auch *S. Fischer, R. Dornbusch,* Economics, New York 1983, 731–743.

19 *W. L. Birch,* Who Creates Jobs?, in: The Public Interest 65 (Herbst 1981) 3–14.

20 *M. N. Baily, A. M. Okun* (Hrsg.), The Battle Against Unemployment and Inflation, New York [3]1982; *M. N. Baily,* Labor Market Performance, Competiton and Inflation, in: ders. (Hrsg.), Workers, Jobs and Inflation, Washington (D.C.) 1982. Vgl. auch *L. Klein,* „Reducing Unemployment Without Inflation", und *J. Tobin,* „Unemployment, Poverty, and Economic Policy", Aussage vor dem Subcommittee on Economic Stabilization, US House of Representatives Committee on Banking, Finance and Urban Affairs (19. 3. 1985), Nr. 99-5, Washington (D.C.) 1985, 15–18 31–33.

21 *J. Tobin,* „Unemployment, Poverty, and Economic Policy"; *Klein,* „Reducing Unemployment Without Inflation".

22 *R. H. Havemann,* Toward Efficiency and Equity through Direct Job Creation, in: Social Policy 11/1 (Mai/Juni 1980) 48.

23 *W. H. McCarthy,* Reducing Urban Unemployment. What Works at the Local Level, Washington (D.C.) 1985; *W. Schweke,* States that Take the Lead on a New Industrial Policy, in: B. G. Lall (Hrsg.), Economic Dislocation and Job Loss, New York 1985, 97–196; *D. Robinson,* Training and Jobs Programs in Action.

Case Studies in Private Sector Initiatives for the Hard to Employ, New York 1978. Vgl. auch das 4. Kapitel des Hirtenbriefes.

[24] *R. Oswald,* The Economy and Workers' Jobs. The Living Wage and a Voice, in: J. W. Houch, O. F. Williams (Hrsg.), Catholic Social Teaching and the US Economy. Working Papers for a Bishop's Pastoral, Washington (D.C.) 1984, 77–89. Was die Verkürzung der Wochenarbeitszeit angeht, so zeigt Oswald, daß die durchschnittliche Wochenarbeitszeit in den ersten 40 Jahren unseres Jahrhunderts von 60 auf 40 Stunden gefallen ist. Allerdings ist die regelmäßige Wochenarbeitszeit jetzt seit fast 50 Jahren unverändert geblieben.

[25] *US Bureau of the Census,* Current Population Reports, Reihe P-60, Nr. 149, Money Income and Poverty Status of Families in the United States: 1984, Washington (D.C.) 1985.

[26] *Massachusetts Department of Public Health,* Massachusetts Nutrition Survey, Boston (Mass.) 1983.

[27] Welchen Maßstab man am besten für die Armut setzt, ist recht umstritten. Einige vertreten die Ansicht, der regierungsamtliche Maßstab setze die Zahl der Armen zu niedrig an, und ein sachgerechter Maßstab würde bis zu 50 Millionen Amerikaner als arm ausweisen. Z. B. stellen sie fest, daß die Armutslinie, am Prozentsatz der mittleren Familieneinkommen gemessen, einen scharfen Knick aufweist: von 48% im Jahre 1959 auf 35% im Jahre 1983. Andere sind der Ansicht, man müsse die amtlichen Angaben um den Umfang der Sachleistungen, die die Armen erhalten – wie Lebensmittelgutscheine –, nach unten korrigieren. Das würde nach einigen Berechnungen die Zahl derer, die als Arme geführt werden, auf etwa 12 Millionen verringern. Wir kommen zu dem Schluß, daß der regierungsamtliche Maßstab für unseren Zweck einen geeigneten Mittelwert darstellt. Dieser Maßstab stützt sich auf eine Berechnung, die die Kosten für den Mindestverpflegungssatz der USDA mit 3 multipliziert. Der Maßstab wird alljährlich der Inflationsrate angeglichen.
Es empfiehlt sich auch deshalb, den amtlichen Maßstab zugrunde zu legen, weil er den Vergleich von Armutsdaten über längere Zeit hin erlaubt. Zu diesem Thema vgl. auch *L. Rainwater,* What Money Buys. Inequality and the Social Meanings of Income, New York 1975; *ders.,* Persistent and Transitory Poverty. A New Look, Cambridge (Mass.) 1980; *M. Orshansky,* How Poverty is Measured, in: Monthly Labor Review 92 (1969) 37–41., *M. Anderson,* Welfare, Stanford (Calif.) 1978; *M. Harrington,* The New American Poverty, New York 1984, 81 f.

[28] Von denen, die in Armut leben, arbeiten 3 Millionen das ganze Jahr hindurch und sind doch arm. Von den 22,2 Millionen Armen im Alter von 15 Jahren und darüber arbeiten über 9 Millionen manchmal im Laufe des Jahres. Seit 1979 ist die Armut, absolut genommén, unter denen am meisten gewachsen, die arbeiten und doch arm sind *(US Bureau of the Census).*

[29] *US Bureau of the Census,* Current Population Reports, Reihe P-60, Nr. 149, 19. Die Schwarzen sind etwa 12% der Gesamtbevölkerung, bilden aber 62% der dauernd Armen. Nur 19% der Gesamtbevölkerung leben in Familien mit weiblichem Familienvorstand, aber sie bilden 61% der dauernd Armen. 28% der Gesamtbevölkerung der USA wohnen außerhalb der großstädtischen Ballungsräume, aber auch 34% der Armen unseres Volkes wohnen dort.

[30] *G. J. Duncan u. a.* Years of Poverty, Years of Plenty. The Changing Economic Fortunes of American Workers and Their Families, Ann Arbor (Mich.) 1984. Diese Gemeinschaftsarbeit beruht auf der Panel Study of Income Dynamics, einer Untersuchung, die alljährlich vom Survey Research Center der Universität von Michigan an 5000 amerikanischen Familien durchgeführt wird. Vgl. *G. J. Duncan, J. N. Morgan,* Five Thousand American Families – Patterns of Economic Progress III, Ann Arbor (Mich.) 1975.

[31] *Congressional Research Service and Congressional Budget Office,* Children in Poverty, Washington (D.C.) 1985, 57. Diese neuere Studie zeigt auch, daß Kinder unter den Armen die größte Altersgruppe bilden. Wir sind die erste Industrienation der Welt, in der Kinder die ärmste Altersgruppe bilden. Vgl. *D. P. Moynihan,* Family and Nation, New York 1986, 112.

[32] *Children's Defense Fund,* American Children in Poverty, Washington (D.C.) 1984.

[33] Diese Tendenz hat man allgemein als „Feminisierung der Armut" bezeichnet. Der Ausdruck stammt von Dr. Diana Pierce, die ihn ihrem Report to the President of the National Advisory Council on Economic Opportunity für 1980 geprägt hat, um damit das dramatische Anwachsen des Anteils der Armen zu kennzeichnen, die in Haushalten mit weiblichem Vorstand leben.

[34] *US Bureau of the Census,* Technical Paper 55: Estimates of Poverty Including the Value of Non-Cash Benefits: 1984, Washington (D.C.) 1985, 5, 23.

[35] *B. Raskin, H. Hartmann,* Women's Work, Men's Work, Sex Segregation on the Job, Washington (D.C.) 1986, 10–26.

[36] *US Bureau of the Census,* Reihe P-23, Nr. 124: Special Study Child Support and Alimony: 1981, Washington (D.C.) 1981.

[37] *US House of Representatives Subcommittee on Oversight and Public Assistance and Unemployment Compensation, Committee on Ways and Means,* Background Material on Poverty, Washington (D.C.) 1983. Vgl. auch *Committee on Ways and Means, US House of Representatives,* Children in Poverty, 3.

[38] *The National Urban League,* The Status of Black America 1984, New York 1984.

[39] Ebd.

[40] *NCCB,* Brothers and Sisters to US. Pastoral Letter on Racism in Our Day, Washington (D.C.) 1979.

[41] *Federal Reserve Board,* Survey of Consumer Finances, 1983: A Second Report, Abdruck aus dem Federal Reserve Bulletin, Washington (D.C.) 1984, 857–868. Für diese Untersuchung ist der Netto-Wert die Differenz zwischen Brutto-Aktiva und Brutto-Passiva. Diese Studie berücksichtigt in ihren Einschätzungen alle finanziellen Aktiva, Wohnungshypotheken und sonstigen Immobilienbesitz wie auch alle finanziellen Passiva wie Einkaufsschulden und sonstige Verpflichtungen.

[42] Ebd., 863 f.

[43] *US Bureau of the Census,* Reihe P-60, Nr. 149, 11.

[44] Die Zahlen für die Einkommensverteilung liefern nur ein statisches Bild von der anteiligen Einkommenssituation. Sie vermitteln keine Vorstellung von dem beträchtlichen Auf und Ab, in dem sich über einen längeren Zeitraum hin Fa-

milien bald in dieser und bald in jener Einkommensklasse befunden haben. Vgl. Years of Poverty, Years of Plenty 13. Außerdem ist zu berücksichtigen, daß diese Zahlen Brutto-Einkommen darstellen. Da jedoch die Steuerstruktur auf Bundesebene für einen großen Teil der Bevölkerung proportional ist, macht das für die Einkommensverteilung kaum etwas aus. Vgl. *J. Pechman,* Who Paid Taxes: 1966–85?, Washington (D.C.) 1985, 51.

[45] *L. Osberg,* Economic Inequality in the United States, New York 1984, 24–28.

[46] *US Bureau of the Census,* Reihe P-60, Nr. 149. 11.

[47] Poverty in the United States: Where Do We Stand Now?, in: Focus, University of Wisconsin: Institute for Research on Poverty, Winter 1984. Vgl. auch *Danzinger* und *Gottschalk,* The Poverty of Losing Ground, in: Challenge 18/2 (1985). Wie diese Arbeiten zeigen, führte die Wirtschaftsflaute nach 1969 dazu, mehr Menschen verarmen zu lassen, eine Entwicklung, die zum großen Teil durch die Ausdehnung bundesweiter Wohlfahrtspflege auf einen größeren Personenkreis aufgefangen wurde. Auch die Kürzungen der Sozialhilfe in den letzten Jahren haben zum Anwachsen der Armut beigetragen. Zu weiteren Analysen der Ursachen der Armut und ihrer Bekämpfung vgl. *C. Murray,* Losing Ground. American Social Policy 1950–1980, New York 1984; *B. J. Wattenberg,* The Good News Is the Bad News Is Wrong, New York 1984; *M. Harrington,* The New American Poverty, New York 1984.

[48] Family and Nation, 111 ff.

[49] *Committee on Ways and Means,* Children in Poverty; die Berechnungen stützen sich auf die Tabellen 6-1 und 6-2, 180f., die Vorauskalkulation für Rententransfers auf die Tabellen 221 f.

[50] *P. Starr,* The Social Transformation of American Medicine, New York 1982, 373.

[51] *US Bureau of the Census,* Reihe P-60, Nr. 149. 11.

[52] Years of Poverty, Years of Plenty 13.

[53] *Center on Social Welfare Policy and Law,* Beyond the Myths. The Families Helped by the AFDC Program, New York 1985.

[54] Ebd. Dieses Heft führt Daten des Census Bureau an, aus denen ersichtlich ist, daß 1980 etwa 45% der Familien, die AFDC-Unterstützung erhalten haben, in diesem Jahr auch ein Arbeitseinkommen empfangen und im Jahresdurchschnitt 32,1 Wochen gearbeitet haben.

[55] *L. Goodwin,* Causes and Cures of Welfare, Lexington (Mass.) 1983, Kap. 1. Vgl. auch *ders.,* Can Workfare Work?, in: Public Welfare 39 (Herbst 1981) 19–25.

[56] Beyond the Myths. Zur irrtümlichen und betrügerischen Inanspruchnahme stellt das Heft fest, daß in weniger als 10% aller Fälle irrtümlich AFDC-Unterstützung geleistet wurde. Nur 8,1% der Familien, die AFDC empfangen, haben infolge irriger Angaben ihrerseits zu hohe Unterstützung erhalten. In weniger als 4,5% aller AFDC-Fälle im ganzen Land besteht Betrugsverdacht. Außerdem hat eine Überprüfung der Lage bei mehr als 40% dieser Fälle dem Vorwurf des Betruges die hinreichende Grundlage entzogen.

[57] *P. G. Peterson,* No More Free Lunch for the Middle Class, in: New York Times Magazine, 17. 1. 1982.

[58] *Interfaith Action for Economic Justice,* End Results. The Impact of Federal Policies Since 1980 on Low-Income Americans, Washington (D.C.) 2

[59] The Poverty of Losing Ground, 32–38.

[60] Die Steuerreformgesetze von 1986 haben das schon zum großen Teil erreicht. Sie haben sozusagen alle Familien, die unterhalb der amtlichen Armutsgrenze leben, von der Bundeseinkommensteuer befreit.

[61] *J. Kozol,* Illiterate America, New York 1985.

[62] „Pacem in Terris", Nr. 13.

[63] Zu diesen Berichten und Untersuchungen gehören: *E. Boyer,* High School. A Report on Secondary Education in America, Princeton 1983; *P. Cusick,* The American High School and the Egalitarian Ideal, New York 1983; *J. I. Goodlad,* A Place Called School. Prospects for the Future, New York 1983; *The National Commission on Excellence in Education,* A Nation at Risk. The Imperative for Educational Reform, Washington (D.C.)1983; *D. Ravitch,* The Troubled Crusade. American Education, 1945–1980, New York 1983; *T.R. Sizer,* Horace's Compromise. The Dilemma of the American High School, Boston 1984; *Task Force on Education for Economic Growth,* Action for Excellence. A Comprehensive Plan to Improve our Nation's Schools, Denver 1983; *The Twentieth Century Fund Task Force on Federal Elementary and Secondary Education Policy,* Making the Grade, New York 1983. Mit den in diesen Darstellungen angesprochenen Themen setzt sich auseinander die Harvard Educational Review 54 (Februar 1984) 1–31.

[64] *Vatikan,* Charter of the Rights of the Family, Washington (D.C.) 1983. Vgl. auch „Laborem Exercens", Nr. 19, „Familiaris Consortio", Nr. 23 und 81; und „Christian Solidarity Leads to Action", Ansprache an österreichische Arbeiter in Wien, September 1983, in: Origins 13–16 (1983) 275.

[65] *H. H. Rodgers jr.,* The Cost of Human Neglect. America's Welfare, Armonk (N.Y.) 1982; *C. T. Waxman,* The Stigma of Poverty, New York ²1983, bes. Kap. 5; *S. A. Levitan, C. M. Johnson,* Beyond the Safety Net. Reviving the Promise of Opportunity in America, Cambridge (Mass.) 1984.

[66] Children in Poverty.

[67] *US House of Representatives Committee on Ways and Means,* Background Materials and Data on Programs Within the Jurisdiction of the Committee on Ways and Means, Washington (D.C.) 1985, 345 f.

[68] Ebd., 347 f.

[69] 1982 haben acht ehemalige Minister für Health, Education and Welfare - jetzt Health and Human Services - ähnliche Vorschläge gemacht. In einem Bericht mit dem Titel „Welfare Policy in the United States" haben sie Empfehlungen gemacht, wie man für das ganze Land Mindestsätze festlegen könne, und mit Nachdruck auf die Einführung eines Grundsockels für alle Bundesstaaten und Territorien gedrängt.

[70] *Committee on Ways and Means,* Background Materials and Data on Programs.

[71] Frankreich hat 1932 ein „Familien-" oder „Kindergeld" eingeführt, danach Italien 1936, die Niederlande 1939, Großbritannien 1945 und Schweden 1947; vgl. *A. Heidenheimer, H. Heclo, C. Teich Adams,* Comparative Public Policy.

The Politics of Social Choice in Europe and America, New York 1975, 189 und 199. Vgl. auch *R. Kuttner,* The Economic Illusion, Boston 1984, 243–246; *J. Piccione,* Help for Families on the Front Lines. The Theory and Practice of Family Allowances, Washington (D.C.) 1983.

[72] *M. Friedman,* Capitalism and Freedom, Chicago 1962, 190–195.

[73] The Current Financial Condition of Farmers and Farm Lenders, Ag. Info. Bulletin, Nr. 490, Washington (D.C.) 1985, VIII-X.

[74] Die Angaben über Farmen und bäuerliche Bevölkerung stammen aus den Agricultural Statistics, den Jahresberichten des Landwirtschaftsministeriums, Washington (D.C.).

[75] *I. T. Elo, C. L. Beale,* Rural Development, Poverty, and Natural Resources, Washington (D.C.) 1985.

[76] National Food Review, USDA, Nr. 29, 1985. 1984 haben die Amerikaner 15,1% ihres verfügbaren Einkommens für Nahrungsmittel ausgegeben. Das ist ein Durchschnittswert. Viele Angehörige der unteren Einkommensstufen haben beträchtlich mehr und andere weit weniger ausgegeben.

[77] *L. Tweeten,* Causes and Consequences of Structural Change in the Farming Industry, Washington (D.C.) 1984, 7.

[78] Economic Indicators of the Farm Sector: Income and Balance Sheet Statistics, 1983, ECIFS 3–3, Washington (D.C.) 1984.

[79] *M. Clawson,* Ownership Patterns of Natural Resources in America. Implications for Distribution of Wealth and Income, Washington (D.C.) 1983.

[80] *L. Tweeten* (s. Anm. 77) 7; A Time to Choose. Summary Report on the Structure of Agriculture, Washington (D.C.) 1981.

[81] Mit diesem Wandel und seinen Auswirkungen haben sich im Februar 1979 das USCC Committee on Social Development and World Peace schon in einer Erklärung, „The Family Farm", beschäftigt und im Mai 1980 die Bischöfe des Mittleren Westens in einem gemeinsamen Hirtenbrief: Strangers and Guests. Toward Community in the Heartland.

[82] Soil Conservation in America: What Do We Have To Lose? Washington (D.C.) 1984; *E. P. Le Veen,* Domestic Food Security and Increasing Competition for Water, in: L. Busch, W. B. Lacy (Hrsg.), Food Security in the United States, Boulder (Colo.) 1984, 52. Vgl. auch America's Soil and Water. Condition and Trends, Washington (D.C.) 1981.

[83] 1982 Census of Agriculture.

[84] *US Commission on Civil Rights,* The Decline of Black Farming in America, Washington (D.C.) 1982, bes. 65–69 zu Eigentumsfragen.

[85] Ebd., 8.

[86] *US Department of Labor,* Hearings Concerning Proposed Full Sanitation Standards, Dokument Nr. H-308, Washington (D.C.) 1984.

[87] Kap. II, Abschn. 112.

[88] A Time to Choose, 148.

[89] *L. Tweeten,* The Economics of Small Farms, in: Science, Bd. 219, 1983, 1041.

[90] *US Department of Agriculture,* History of Agricultural Price-Support and Adjustment Programs 1933–1984, Ag. Info. Bulletin, Nr. 486, Washington (D.C.) 1984.

[91] The Distribution of Benefits from the 1982 Federal Crop Programs, Washington (D.C.) 1984.
[92] The Great Debate on Mandatory Production Controls, in: Farm Policy Perspectives. Setting the Stage for 1985 Agricultural Legislation, Washington (D.C.) 1984.
[93] A Time to Choose, 91.
[94] *R. Dunford,* The Effects of Federal Income Tax Policy on US Agriculture, Washington (D.C.) 1984.
[95] Das haben wir schon vor dreizehn Jahren vorgeschlagen in der Schrift „Where Shall the People Live? A Special Message of the Unites States Catholic Bishops, Washington (D.C.) 1972.
[96] *T. E. Miller,* Economies of Size in US Field Crop Farming, Washington (D.C.) 1981. [97] Vgl. Kap. IV.
[98] Instruktion „Libertatis Nuntius", 1,6; Vgl. auch „Pacem in Terris", Nr. 130f., und „Laborem Exercens", Nr. 11.
[99] *Overseas Development Council,* US Policy and the Third World. Agenda 1985–1986.
[100] *R. S. McNamara,* Rede vor dem Board of Governors der Weltbank, Washington (D.C.) 1980.
[101] *UN Food and Agricultural Organization,* Dimensions of Need, E 9, Rom 1982. Der Welternährungs-Rat der UNO nennt immer diese Zahl, zuletzt auf seiner 11. Jahrestagung in Paris.
[102] *J. Greenwald, K. Flamm,* The Global Factory, Washington (D.C.) 1985; vgl. auch *R. Muller, R. Barnet,* Global Reach, New York 1974; *R. Vernon,* The Economic and Political Consequences of Multinational Enterprise, Cambridge (Mass.) 1972; das United Nations Center on Transnational Corporations führt laufend Buch über diese Institutionen.
[103] „Pacem in Terris", Nr. 56–63.
[104] „Populorum Progressio", Nr. 44 58–63; auch von Papst Johannes Paul II. in: Origins 14/16 (1984) 247, zitiert.
[105] *President's Commission on Security and Economic Assistance,* A Report to the Secretary of State, Washington (D.C.) 1983.
[106] Z. B.: Nach zwölfjährigen Verhandlungen, in denen fast alles zur Zufriedenheit der USA geregelt wurde, haben sich die USA geweigert, dem Seerechtsvertrag beizutreten; nur die USA haben der UNO-Entschließung zur Babynahrung ihre Zustimmung versagt; die USA haben die beiden Menschenrechtsvereinbarungen der Vereinten Nationen nicht ratifiziert usw.
[107] *US Agency for International Development,* Congressional Presentation, Fiscal Year 1986, Main Volume, Washington (D.C.) 1985.
[108] Die Kunden der International Development Agency, des „Schalters für Kredite zu angepaßten Bedingungen" der Weltbank, sind die ärmsten Länder der Welt. Die USA haben – mit Erfolg – darauf bestanden, die derzeitige – siebte – Kapitalauffüllung der IDA um 25% zu kürzen. Wenn man die Inflation berücksichtigt, war das eine reale Kürzung um 40%, ausgerechnet zu einem Zeitpunkt, in dem die Schulden der Entwicklungsländer qualvoll hoch und die Preise für die Exportgüter extrem niedrig sind.

109 Vgl. Kap. II.
110 Das GATT, die dritte – neben der Weltbank und dem Weltwährungsfonds (IMF) – in Bretton Woods geschaffene Institution, ist eigentlich ein Vertrag, der von einem Sekretariat in Genf, Schweiz, überwacht und funktionsfähig erhalten wird. Periodische Verhandlungs-„Runden" seiner etlichen Dutzend Mitglieder in Nord und Süd dienen der Anpassung und Erweiterung seiner Ausführungsbestimmungen und Statuten.
111 Die Berechnung der Schulden beruht auf Angaben der Weltbank, des IMF und der Bank für internationale Schuldenregelung.
112 Die Konferenz für Handel und Entwicklung der Vereinten Nationen (UNCTAD) ist 1964 in Genf bei einer von den Vereinten Nationen einberufenen Tagung entstanden, um Handel, Entwicklung und damit verbundene Fragen der ärmeren Länder zu erörtern.
Sie hat sich für ihre Versammlungen auf einen Vierjahresturnus geeinigt und im Rahmen der UNO einen permanenten Apparat für die Behandlung dieser Fragen geschaffen. Ein Trade and Development Board (TDB) mit Dauer-Ausschüssen tritt alle zwei Jahre zusammen; es hat für seine Verwaltungsaufgaben ein kleines Sekretariat. UNCTAD gilt als Anwalt der Entwicklungsländer in ihrem ständigen Bemühen um größeren Einfluß auf die internationalen Entscheidungen in Handels- und Entwicklungsangelegenheiten und um günstigere Handelsbedingungen.
113 US Policy and the Third World, Tafel B-5.
114 Wenn der IMF einem Land hilft, seine Zahlungsbilanzschwierigkeiten in Ordnung zu bringen – z. B. durch Hilfe bei Umschuldungen im internationalen Bereich –, handelt er mit dem Schuldnerland Bedingungen zur Verbesserung seiner augenblicklichen Finanzlage aus. Normalerweise laufen diese darauf hinaus, daß das Land, das die Anleihe beantragt, mehr arbeitet und spart. Die Regelungen, landläufig als „Konditionalität" bezeichnet, treffen die Armen am empfindlichsten durch Kürzung von Beihilfen, öffentlichen Dienstleistungen und, häufig auch, Löhnen.
115 *North American Coalition for Human Rights in Korea,* Testimony before the US Trade Representative, 24. 6. 1985.
116 *E. F. Schumacher,* Small Is Beautiful. Economics As If People Mattered, New York 1973.
117 „Populorum Progressio", Nr. 44 58–63.
118 Ebd., Nr. 37; „Gaudium et Spes", Nr. 87.
119 „Populorum Progressio", Nr. 37.
120 *R. Leger Sivard,* World Military and Social Expenditures 1983, Washington (D.C.) 1983, 23.
121 *Päpstliche Kommission „Justitia et Pax",* The Social Teaching of John Paul II., 6, 1979.
122 „Populorum Progressio", Nr. 44 58–63.
123 Vgl. Testimony on US Arms Control Policy, in: Origins 14/10 (1984) 154 ff.

Viertes Kapitel

[1] „Octogesima Adveniens", Nr. 24.

[2] Für andere einschlägige Analysen, die von ganz anderen Voraussetzungen ausgehen, vgl. *M. Carnoy, D. Shearer, R. Rumberger,* A New Social Contract, New York 1983; *A. Etzioni,* An Immodest Agenda. Reconstructing America before the Twenty-First Century, New York 1983; *Ch. E. Lindblom,* Politics and Markets, New York 1977, bes. 346ff.; *G. C. Lodge,* The New American Ideology, New York 1975; *D. Sturm,* Corporations, Constitutions, and Covenants, in: Journal of the American Academy of Religion 41 (1973) 331–335; *L. Thurow,* The Zero-Sum Society, New York 1980, bes. Kap. 1; *R. Mangabeira Unger,* Knowledge and Politics, New York 1975; *G. F. Will,* Statecraft as Soulcraft. What Government Does, New York 1982, bes. Kap. 6.

[3] „Gaudium et Spes", Nr. 68; vgl. „Mater et Magistra", Nr. 75ff.

[4] C. W. Powers hat das in einem Referat sehr gut dargestellt, das er auf einer von der Harvard University Divinity School und dem Institute for Policy Studies vom 29.–31. 3. 1985 in Cambridge (Mass.) veranstalteten Konferenz gehalten hat.

[5] Vgl. *Johannes Paul II.,* The Role of Business in a Changing Workplace 3, in: Origins 15 (1986) 567.

[6] „Rerum Novarum", Nr. 28. Zu den lehramtlichen Verlautbarungen über die Einführung von Kooperativen und Partnerschaft vgl. *J. Cronin,* Catholic Social Principles. The Social Teaching of the Catholic Church Applied to American Economic Life, Milwaukee 1950, Kap. VII; *O. von Nell-Breuning,* Reorganization of Social Economy. The Social Encyclical Developed and explained, Milwaukee 1936, Kap. X–XII., *J. Y. Calvez, J. Perrin,* The Church and Social Justice, Chicago 1961, Kap. XIX.

[7] *M. Conte, A. S. Tannenbaum, D. McCulloch,* Employee Ownership, Research Report Series, Instiute for Social Research, Ann Arbor (Mich.) 1981; *R. A. Dahl,* A Preface to Economic Democracy, Berkeley (Calif.) 1985; *Harvard Business School,* The Mondragon Cooperative Movement. A case study, von D. P. Ellerman, Cambridge (Mass.) o. J.; *R. Jakall, H. M. Levin,* (Hrsg.), Worker Cooperatives in America, Berkeley (Calif) 1984; *D. Jones, J. Svejnar* (Hrsg.), Participatory and Self-Managed Firms. Evaluating Economic Performance, Lexington (Mass.) 1982; *I. H. Siegel, E. Weinberg,* Labor-Management Cooperation. The American Experience, Kalamazoo (Mich.) 1982; *S. M. Speiser,* Broadened Capital Ownership - The Solution to Major Domestic and International Problems, in: Journal of Post Keynesian Economics VIII (1985) 426–434; *J. Vanek* (Hrsg.), Self-Management. Economic Liberation of Man, London 1975; *M. L. Weitzmann,* The Share Economy, Cambridge (Mass.) 1984.

[8] Program of Social Reconstruction, in: NCCB, Justice in the Marketplace, 381.

[9] „Mater et Magistra", Nr. 32 77 85–103; „Laborem Exercens", Nr. 14.

[10] Der Jahresbericht der Campaign for Human Development, Washington (D.C.), bringt Beispiele für Arbeitnehmer-Eigentum an Betrieben und Arbeitnehmer-Führung von Betrieben, die mit Revolvingkrediten der CHD finanziert werden.

[11] „Quadragesimo Anno" stellt den Grundsatz auf, aus dem sich das ergibt: „Es widerstreitet den Tatsachen, einem der beiden, dem Kapital oder der Arbeit, die Alleinursächlichkeit an dem Ertrag ihres Zusammenwirkens zuzuschreiben; vollends widerspricht es der Gerechtigkeit, wenn der eine oder der andere Teil, auf diese angebliche Alleinursächlichkeit pochend, das ganze Erträgnis für sich beansprucht" (Nr. 53).

[12] „Laborem Exercens", Nr. 12.

[13] Ebd., Nr. 20. Das hat J. Cronin schon vor fünfundzwanzig Jahren in aller Deutlichkeit festgestellt: „Selbst wenn Ungerechtigkeit und Ausbeutung fast ganz beseitigt würden, wären Gewerkschaften immer noch mit Recht am Platz. Sie sind die normale Stimme der Arbeitnehmerschaft und erforderlich, um das Leben der Gesellschaft auf das Gemeinwohl hin zu organisieren. Das ist eine positive Aufgabe, die auch heute noch zu leisten ist, ganz unabhängig davon, ob irgendwelche sozialen Mißstände sich breitmachen. Ordnung und Eintracht fallen uns nicht einfach in den Schoß; sie sind die Frucht zielstrebigen Bemühens. Wenn wir auch hoffen dürfen, daß die Übelstände, die zum Entstehen der Gewerkschaften geführt haben, einmal verschwinden, so folgt daraus noch nicht, daß die Gewerkschaften damit ihre Funktion verloren hätten. Im Gegenteil, sie werden von unangenehmen, wenn auch zeitweilig notwendigen Aufgaben befreit und können dann all ihre Zeit und Mühe der besseren Gestaltung des Lebens in der Gesellschaft widmen" (Catholic Social Principles 418). Vgl. auch *AFL–CIO Committee on the Evolution of Work,* The Future of Work, Washington (D.C.) 1983.

[14] In geradezu klassischer Weise ist das Kräfteverhältnis zwischen Unternehmensleitung und Aktionären dargestellt in A. A. Berle, G. C. Means, The Modern Corporation and Private Property, New York 1932.

[15] *P. L. Berger, R. J. Neuhaus,* To Empower People. The Role of Mediating Structures in Public Policy, Washington (D.C.) 1977.

[16] *United States Small Business Administration,* 1978. Annual Report, Washington (D.C.) 1979.

[17] Unter verschiedenen Gesichtspunkten wurde das in neuerer Zeit zur Sprache gebracht in *R. Friedman, W. Schweke* (Hrsg.), Expanding the Opportunity to Produce. Revitalizing the American Economy through New Enterprise Development: A Policy Reader, Washington (D.C.) 1981; *J. A. Meyer* (Hrsg.), Meeting Human Needs. Toward a New Public Philosophy, Washington (D.C.) 1982; *Committee for Economic Development,* Jobs for the Hard-to-Employ. New Directions for a Public Private Partnership, New York 1978; *G. Alperovitz, J. Faux,* Rebuilding America. A Blueprint for the New Economy, New York 1984.

[18] *C. Mackin,* Strategies for Local Ownership and Control. A Policy Analysis, Somerville (Mass.) 1983.

[19] „Mater et Magistra", Nr. 59 62.

[20] „Laborem Exercens", Nr. 18. [21] Ebd.

[22] Beispiele und Darstellungen verschiedener Auffassungen von Wirtschaftsplanung finden sich in *N. Caiden, A. Wildavsky,* Planning and Budgeting in Poor Countries, New York 1974; *R. Dahl, C. E. Lindblom,* Politics, Economics and Welfare. Planning and Politico-Economic Systems Resolved into Basic So-

cial Processes, Chicago 1976; *St. S. Cohen,* Modern Capitalist Planning. The French Model, Berkeley (Calif.) 1977; *A. Waterston,* Development Planning. Lessons of Experience, Baltimore 1965; Rebuilding America, Kap. 14 f.

[23] Z. B. weisen viele Wissenschaftler, die sich mit Wirtschaftspolitik der jüngsten Vergangenheit beschäftigen, darauf hin, daß die Währungspolitik einerseits und die Finanzpolitik, die für Besteuerung und Staatsausgaben zuständig ist, anderseits nicht zueinander gepaßt haben, was zu höherer Staatsverschuldung und zu hohen Zinsen geführt hat. Vgl. *A. M. Rivlin* (Hrsg.), Economics Choices 1984, Washington (D.C.) 1984, bes. Kap. 2.

[24] The Challenge of Peace 270 f.

[25] „Populorum Progressio", Nr. 3.

[26] „Pacem in Terris", Nr. 134 f.

[27] The Challenge of Peace 268.

[28] Vgl. *R. O. Keohane, J. S. Nye jr.,* Two Cheers for Multilateralism, in: Foreign Policy 60 (1985) 148–167.

Fünftes Kapitel

[1] „Redemptionis Donum", Nr. 13.

[2] „Iustitia in Mundo" (Bischofssynode 1971), Nr. 6.

[3] Medellin Documents: Justice (1968) Nr. 4.

[4] „Lumen Gentium", Nr. 1; „Gaudium et Spes", Nr. 42 45; Liturgiekonstitution „Sacrosanctum Concilium", Nr. 26; Dekret über die Missionstätigkeit der Kirche „Ad Gentes", Nr. 5; Liturgy and Social Justice, hrsg. von M. Searle, Collegeville (Minn.) 1980; *National Conference of Catholic Bishops,* The Church at Prayer, Washington (D.C.) 1983.

[5] „Lumen Gentium", Nr. 36.

[6] „Iustitia in Mundo", Nr. 41.

[7] *National Conference of Catholic Bishops,* To Teach as Jesus Did. A Pastoral Message on Education, Washington (D.C.) 1972, 7.

[8] Vgl. *Zweites Vatikanisches Konzil,* Erklärung über die christliche Erziehung, „Gravissimum Educationis Momentum", Nr. 3 6. Vgl. auch Charter of the Rights of the Family, 5b; Instruktion über christliche Freiheit und Befreiung, „Libertatis Conscientia", Nr. 94.

[9] *Papst Johannes Paul II.,* On the Family, Washington (D.C.) 1981, 6. Vgl. auch *R. N. Bellah, R. Madsen, W. M. Sullivan, A. Swidler, St. M. Tipton,* Habits of the Heart. Individualism and Commitment in American Life, Berkeley (Calif.) 1985; The Family Today and Tomorrow. The Church Adresses Her Future, Boston (Mass.) 1985.

[10] „Iustitia in Mundo", Nr. 40.

[11] „Lumen Gentium", Nr. 8.

[12] *National Conference of Catholic Bishops,* Health and Health Care, Washington (D.C.) 1981, 50.

[13] Vgl. Kap. IV dieses Hirtenbriefes.

AUSGEWÄHLTE BIBLIOGRAPHIE

Dokumente des kirchlichen Lehramtes

Papst Leo XIII., „Rerum Novarum" (Über die Arbeiterfrage), 15. Mai 1891.
Papst Pius XI., „Quadragesimo Anno" (Über die Wiederherstellung der gesellschaftlichen Ordnung), 15. Mai 1931.
– „Divini Redemptoris" (Über den atheistischen Kommunismus), 19. März 1937.
Papst Johannes XXIII., „Mater et Magistra" (Über Christentum und sozialen Fortschritt), 15. Mai 1961
– „Pacem in Terris" (Über den Frieden in der Welt durch Wahrheit, Gerechtigkeit, Nächstenliebe und Freiheit), 11. April 1963.
Zweites Vatikanisches Konzil, „Lumen Gentium" (Dogmatische Konstitution über die Kirche), 21. November 1964.
– „Dei Verbum" (Dogmatische Konstitution über die göttliche Offenbarung), 18. November 1965.
– „Dignitatis Humanae" (Erklärung über die Religionsfreiheit), 7. Dezember 1965.
– „Gaudium et Spes" (Pastoralkonstitution über die Kirche in der Welt von heute), 7. Dezember 1965.
Papst Paul VI., „Populorum Progressio" (Über die Förderung des Fortschritts unter den Völkern), 26. März 1967.
– „Octogesima Adveniens" (Zum 80. Jahrestag von „Rerum Novarum"), 14. Mai 1971.
– „Evangelii Nuntiandi" (Über die Evangelisierung in der Welt von heute), 8. Dezember 1975.
Römische Bischofssynode von 1971, „Iustitia in Mundo" (Über die Gerechtigkeit in der Welt).
Papst Johannes Paul II., „Redemptor Hominis", 4. März 1979.
– „Dives in Misericordia", 30. November 1980.
– „Laborem Exercens", 14. September 1981.
– „Salvifici Doloris", 11. Februar 1984.

Sammlungen und Kommentare

Baum, Gregory, The Priority of Labor. A Commentary on „Laborem Exercens", New York 1982.

Benestadt, J. Brian, Ph. D., und *Butler, Francis J.,* S.T.D. (Hrsg.), Quest for Justice. A Compendium of the Statements of the United States Catholic Bishops on the Political and Social Order, 1966–1980, Washington (D.C.) 1981.

Byers, David M. (Hrsg.), Justice in the Marketplace. Collected Statements of the Vatican and the US Catholic Bishops on Economic Policy, 1891–1984, with commentary by Pawlikowski, John T., OSM, Ph. D., Washington (D.C.) 1985.

Calvez, Jean-Yves, The Social Thought of John XXIII.: „Mater et Magistra", Chicago 1964.

Calvez, Jean-Yves – Perrin, Jacques, The Church and Social Justice, Chicago 1961.

Camp, Richard L., The Papal Ideology of Social Reform, Leiden 1969.

Cronin, John F., Catholic Social Principles, Milwaukee 1950.

Dorr, Donald, Option for the Poor. A Hundred Years of Vatican Social Teaching, Dublin – Maryknoll (N.Y.) 1983.

Flannery, Austin, OP (Hrsg.) Vatican Council II. The Conciliar and Post Conciliar Documents, Vatican Collection, Bd. 1, Northport (N.Y.) 1975.

– Vatican Council II. More Post Conciliar Documents, Vatican Collection, Bd. 2, Northport (N.Y.) 1982.

Gibbons, William J., (Hrsg.), Seven Great Encyclicals, New York 1963.

Gremillion, Joseph (Hrsg.), The Gospel of Peace and Justice. Catholic Social Teaching Since Pope John XXIII, Maryknoll (N.Y.) 1976.

Gudorf, Christine E., Catholic Social Teaching on Liberation Themes, Lanham (Md.) 1980.

Heckel, Roger, The Social Teaching of John Paul II. The Use of the Expression „Social Doctrine" of the Church, Vatikanstadt 1980.

Holland, Joe – Henriot, Peter, Social Analysis. Linking Faith and Justice, Washington (D.C.) 1980.

Hollenbach, David, Claims in Conflict, New York 1979.

Lexikon für Theologie und Kirche, Bd. 12–14: Das Zweite Vatikanische Konzil. Konstitutionen, Dekrete und Erklärungen, Freiburg 1966 ff.

Moody, Joseph N., Church and Society. Catholic Social and Political Thought and Movements, 1789–1950, New York 1953.

Nell-Breuning, Oswald von, Reorganization of Social Economy, Milwaukee 1936.

Novak, Michael, Freedom with Justice. Catholic Social Thought and Liberal Institutions, San Francisco 1984.

O'Brien, David J. – Shannon, Thomas A. (Hrsg.), Renewing the Earth. Catholic Documents on Peace, Justice, and Liberation, Garden City (N.Y.) 1977.

Ryan, John A., A Living Wage, New York 1906.

– Distributive Justice, New York ³1942.

Schotte, Jan P., Reflections on „Laborem Exercens", Vatikanstadt 1982.

Vidler, Alec R., A Century of Social Catholicism, London 1964.

Walsh, Michael – Davies, Brian, (Hrsg.), Proclaiming Justice and Peace. Documents from John XIII – John Paul II, Mystic (Conn.) 1984.

KOMMENTAR

von Friedhelm Hengsbach SJ

Eine amerikanische Herausforderung

Der Wirtschaftshirtenbrief der US-amerikanischen Bischöfe gehört – wie der 1983 veröffentlichte Friedenshirtenbrief – in die Reihe jener profilierten Dokumente aktueller kirchlicher Sozialverkündigung, die sich durch eine hohe Wertkompetenz, die empirisch, sozialwissenschaftlich, bibeltheologisch, sozialethisch und praktisch abgesichert ist, ausweisen und die deshalb die Träger der katholischen Sozialbewegung und Soziallehre gerade auch in der Bundesrepublik herausfordern, ihre praktischen Ziele und Wege sowie ihre theoretischen Methoden und Inhalte in Frage zu stellen[1].

1. Umwälzende Vorgehensweise

Die Vorgehensweise des Wirtschaftshirtenbriefs ist meiner Ansicht nach umwälzend in doppelter Hinsicht – praktisch und theoretisch. Praktisch ist der Text im kirchlichen und gesellschaftlichen Dialog, der sich über mehrere Jahre hinzog, entstanden. Theoretisch fügt er aufeinander bezogene und einander ergänzende methodische Schritte zu einem kohärenten Verfahren zusammen.

1.1 Die praktische Methode

Wie entsteht ein Hirtenbrief? Nach herkömmlicher Vorstellung verfaßt ihn der Bischof selbst. Dabei mag er auch einen Berater oder eine Kommission beauftragen, einen Entwurf anzufertigen, den er am Ende übernimmt. Sowohl der frühere als auch der jetzige Bischof von Limburg haben bereits größere Teile des Klerus und der Gemeinden in diesen Beratungsprozeß einbezogen. Die amerikanische Bischofskonferenz ist indessen einen erheblichen Schritt weiter gegangen. Sie hat die Aussagen des Zweiten Vatikanischen Konzils über die Geistbegabung aller Christen, die wirksam ist, noch bevor sich die Kirche in Amtsträger und Laien ausdifferenziert, ernst genommen. In Rom hatten damals die Bischöfe festgehalten, daß alle Christen an dem prophetischen Amt Christi teilhaben, und daß die Gesamtheit der Gläubigen mit einem unfehlbaren Glaubenssinn ausgestattet ist[2]. Von dieser Einsicht begleitet ist der Wirtschaftshirtenbrief entstanden. Drei Entwürfe sind dem endgültigen Text, der im November 1986 mit 225 : 9 Stimmen verabschiedet wurde, vorausgegangen. An der Redaktion der einzelnen Entwürfe hat sich die kirchliche und gesellschaftliche Öffentlichkeit aktiv beteiligt. Im folgenden will ich die Phasen dieses Dialogs skizzieren.

a) Der Entwurf von 1984

Der erste Entwurf war von einer Kommission erarbeitet worden, der Erzbischof Rembert Weakland von Milwaukee vorstand. Sie konnte sich auf Vorarbeiten und Anhörungen von mehr als hundert Nationalökonomen, Geschäftsleuten, Gewerkschaftern, Regierungsbeamten, Theologen und Caritasdirektoren stützen[3] und erstellte einen Text, der neben einer Einleitung aus zwei Teilen bestand. Der erste Teil enthielt biblische und theologische Grundlagen. Die biblischen Perspektiven fächerten sich in vier Leitthemen aus: Schöpfung/Bund/Gemeinschaft, Primat der Gerechtigkeit, Reichtum und Armut, Jüngerschaft und soziale Gerechtigkeit. Die wirtschaftsethischen Normen wurden als wirtschaftliche Grundrechte sowie als Beteiligungsgerechtigkeit, Machtkritik und institutionelle Prioritäten formuliert. Träger dieser Rechte und Pflichten waren die Arbeitnehmer und Gewerkschaften, Manager, Investoren, Unternehmen und Banken, Staatsbürger, Regierung und Verwaltung, transnationale und internationale Körperschaften, Verbraucher und Kirche.

Der zweite Teil galt der politischen Praxis. Die Bischöfe gingen auf aktuelle Problemfelder ein, schilderten Erscheinungsweisen der Arbeitslosigkeit und der Armut, analysierten deren Ursachen und empfahlen konkrete Lösungen. Außerdem riefen sie zu einem neuen amerikanischen Experiment auf, zur Zusammenarbeit im Betrieb und Wirtschaftszweig, am Ort und in der Region, auf nationaler und internationaler Ebene. Und schließlich überprüften sie kritisch die Rolle der Vereinigten Staaten in der Weltwirtschaft [4].

Als der Text einen Tag nach der Wiederwahl des amerikanischen Präsidenten Reagan im November 1984 veröffentlicht wurde, lud man kirchliche und gesellschaftliche Gruppen ein, Stellung zu nehmen, Verbesserungsvorschläge zu machen und sich an der weiteren Meinungsbildung zu beteiligen.

b) Das öffentliche Echo

Die Resonanz in der amerikanischen Öffentlichkeit war überraschend lebhaft. Einige Nobelpreisträger der Wirtschaftswissenschaften, unter ihnen James Tobin und Lawrence Klein, unterstützten die ethischen Impulse und politischen Empfehlungen der Bischöfe, die Probleme der Arbeitslosigkeit und Armut zu bewältigen [5]. An der Universität Berkeley in Kalifornien diskutierten im Frühjahr 1985 die zwei herausragenden Vertreter der gegensätzlichen wirtschaftstheoretischen und wirtschaftspolitischen Schulen in den USA, Milton Friedman und J. K. Galbraith, über den Hirtenbrief und erläuterten ihre abweichenden Positionen [6].

Außerordentlich scharfe Kritik äußerten einige einflußreiche katholische Geschäftsleute und konservative Politiker.

William Simon, Finanzminister unter Richard Nixon, warf den Bischöfen mangelndes Verständnis wirtschaftlicher Zusammenhänge und atemberaubende Einseitigkeit vor. Ihre Empfehlungen könnten dem Wirtschaftsprogramm der Linken entnommen sein; ihr Vertrauen in den Staat, durch Wohlfahrtsprogramme das Armutsproblem zu lösen, sei erfahrungsgemäß nicht gerechtfertigt, da der Staat selbst ein Teil des Problems ist; die US-Regierung, die Multis und den Weltwährungsfonds mit der Weltbank für die Benachteiligung der Entwicklungsländer verantwortlich zu machen, sei voreilig; den Wohlstand vermehren könne nur eine Wirtschaft, die der freien Initiative Raum gibt; diese leiste für die Bedürftigen mehr als alle Regierungsprogramme, die im Namen der Gerechtigkeit die Armut nur umverteilen[7].

Andrew M. Greeley, ein in den USA bekannter Sozialwissenschaftler und Journalist, Priester der Diözese Chicago, kritisierte am Hirtenbrief, daß er die Autorität der Religion in Anspruch nehme, um komplexe wirtschaftliche Fragen wie Steuerprogression, Armutsursachen und Freihandelsgewinne, deren Interpretation unter Fachleuten umstritten ist, eindeutig zu beantworten. Außerdem versage der Hirtenbrief, weil er die Konzentration wirtschaftlicher Macht und die Verantwortungslosigkeit starrer Bürokratien, die Armut und Arbeitslosigkeit mitverursacht hätten, nicht hart genug kritisiere; statt dessen wärme er zu unpassender Zeit Parteitagsweisheiten der Demokraten auf und liefere ihnen den religiösen Unterbau, ohne den Vorzug der Mikrostrukturen in der katholischen Soziallehre zu bedenken[8].

Michael Novak, sozialwissenschaftlicher Berater eines Unternehmensinstituts in Washington, stellte stärker die wirtschaftsethischen Grundlagen des Hirtenbriefs in Frage. Drei Schlüsselbegriffe würden fehlerhaft verwendet: Die Wirtschaft sei kein personenvergessenes System, sondern Resultat freier Entscheidung von Menschen. Armut im Sinn der Bibel könne nicht mit der Armut im Sinn der US-Bundesstatistik gleichgesetzt werden. Die Proklamation wirtschaftlicher Rechte passe nicht in die amerikanische Verfassung, sei überflüssig oder gar schädlich, weil sie die Einzelinitiative lähme und die Grenzen der Staatstätigkeit aushöhle. Außerdem verwende der Hirtenbrief Begriffe von zweifelhafter Herkunft oder mehrdeutigem Inhalt wie Solidarität, Partizipation, Marginalität, Wirtschaftsdemokratie und Priorität. Wie die Armut beschrieben und durch die Konzentration von Einkommen und Vermögen bei privilegierten Eliten erklärt werde, sei fehlerhaft und anfechtbar; umstritten unter Wirtschaftswissenschaftlern blieben auch die politischen Empfehlungen, die vor mehr als einem

Jahrzehnt plausibel sein mochten, jetzt aber den neokonservativen Einwänden nicht standhielten[9].

Einen regelrechten Gegen-Brief verfaßte eine Gruppe von Katholiken, der neben den gerade erwähnten W. Simon und M. Novak Reagans erster Außenminister, General Alexander Haig, der transnationale Unternehmer J. Peter Grace und die ehemalige US-Botschafterin in Italien, Claire B. Luce, angehören. Der sogenannte Laienbrief, der wenige Tage vor dem Bischofshirtenbrief veröffentlicht worden war, besteht neben einer Präambel, die zur täglichen Gewissenserforschung drei Bibelstellen, nämlich die Gleichnisse von den Jungfrauen mit brennenden Lampen und von den Talenten sowie die Gerichtsszene am Schluß des Matthäusevangeliums, vorlegt, aus drei Teilen, die die Wirtschaft aus der Sicht amerikanischer Katholiken skizzieren, die Weltaufgabe der Laien als Mitschöpfung deuten und Vorschläge für eine bessere Wirtschaft in den USA enthalten. Die Verfasser fühlen sich der katholischen Soziallehre und den amerikanischen Institutionen eines demokratischen Kapitalismus verpflichtet. Sie bewerten Kapitalismus und Marktwirtschaft durchweg positiv und sehen in der unternehmerischen Initiative und offenen Märkten, nicht in kollektiver Planung die allein geeigneten Mittel, neue Arbeitsplätze zu schaffen und die differenzierten Erscheinungsweisen der Armut zu beseitigen[10].

Als Beispiel eines sehr ausgewogenen Urteils über den Hirtenbriefentwurf möchte ich die Stellungnahme des von Jesuiten getragenen Sozialinstituts „Center of Concern" in Washington anführen. Das Arbeitsteam schlug im Januar 1985 vor, ein kurzes Hirtenwort dem ausführlichen Hirtenbrief voranzustellen. Positiv wurden folgende Merkmale gewertet: die Sensibilität für die Armen, die Anerkennung struktureller Ungerechtigkeit, der Hinweis auf die kulturellen Traditionen der USA, der Anspruch, in der Kirche Gerechtigkeit zu verwirklichen, das Eingehen auf die Frauenfrage, der Aufruf zu einem „Neuen Amerikanischen Experiment" mit Alternativen zur herrschenden Wirtschaft, das Verständnis für die produktiven Aspekte der Wirtschaft, die enge Klammer zwischen inländischer und weltweiter Dimension der Wirtschaftspolitik sowie schließlich die ganzheitliche Berufung des Christen im ökonomischen Alltag.

Die Stellungnahme enthielt auch gewichtige Vorschläge, den Text zu verbessern: Eine umfassende Analyse der kapitalistischen US-Wirtschaft sei unverzichtbar. Die theologische Reflexion müsse aus einer Beschreibung der Zeichen der Zeit und einer Analyse der aktuellen wirtschaftlichen Lage hervorgehen. Die Gemeinschaftsgrundlage der wirtschaftlichen Rechte verdiene mehr Aufmerksamkeit. Der personale Charakter der menschlichen Arbeit sollte als Schlüsselgröße der Wirtschaft hervorgehoben werden. Dem Text würde eine erweiterte Umweltperspektive guttun. Unter Hinweis auf den Friedenshirtenbrief sollten die Fragen der militarisierten Wirtschaft, der Rüstungsproduktion und der Rüstungskonversion vertieft behandelt werden. Der Hirtenbrief könnte den wirtschaftlichen und gesellschaftlichen Beitrag, den die erwerbstätigen bzw. daheim arbeitenden Frauen leisten, stärker würdigen. Das Leitbild der einen Menschheit dürfte bei der Reform der Weltwirtschaftsordnung mehr Gewicht haben als die Tatsache der wechselseitigen Abhängigkeit; wie diese sich auf die weltweite Beschäftigungslage auswirke, müsse vertieft dargelegt werden. Schließlich habe der Hirtenbrief den Prozeß der Nacharbeit in den Gemeinden anzustoßen[11].

c) Der Entwurf von 1985

In den Gemeinden und Diözesen wurde der Hirtenbriefentwurf so gründlich beraten, die Rückantworten waren quantitativ und qualitativ so gewichtig, daß der ursprüngliche Zeitplan nicht eingehalten werden konnte. Am 7. Oktober 1985 ist dann ein erheblich veränderter zweiter Entwurf, in den die Ergebnisse des gesellschaftlichen und kirchlichen Dialogs eingeflossen sind, vorgelegt worden[12].

Worin unterschied sich der zweite Entwurf vom ersten?

Der Text war um ein Viertel gestrafft, die Gliederung wurde durchsichtiger. Reizworte für amerikanische und katholische Ohren waren weitgehend vermieden worden; so wurde das amerikanische Experiment nicht mehr als Experiment in wirtschaftlicher Demokratie vorgestellt, rigorose Werturteile über Arbeitslosigkeit, Armut, Einkommensverteilung wurden entfernt. Der Ton war stellenweise sanfter, die Formulierungen waren behutsamer, die moralischen Urteile weniger scharf. Dafür hatte man anschlußfähige Begriffe und Argumentationsfiguren gesucht; so wurden im biblischen Abschnitt sprachliche Vorgaben des Alten und Neuen Testaments gewählt. Im wirtschaftsethischen Abschnitt rückten die sozialen Pflichten vor die wirtschaftlichen Rechte, fügte sich die Option für die Armen in die Gerechtigkeitsvorstellungen und Gemeinwohlkonzepte der traditionellen Katholischen Soziallehre ein. Sehr rücksichtsvoll ging man mit den kulturellen Überlieferungen und politischen Neigungen der Amerikaner um; so gab man sich Mühe, den amerikanischen Traum von der Freiheit für jeden in den Beteiligungsgrundsatz und das Konzept wirtschaftlicher Grundrechte zu übersetzen. Auffällig war auch eine größere Achtung vor der relativen Selbständigkeit wirtschaftspolitischer Entscheidungsträger und Entscheidungsprozesse; allzu detaillierte Handlungsvorschläge wurden gestrichen oder in offene Sätze umgewandelt, das Vollbeschäftigungsziel wurde nicht mehr numerisch präzisiert.

Was blieb im zweiten Entwurf erhalten, wurde bekräftigt oder hinzugefügt, nachdem so manche Sätze gestrichen, abgeschwächt und umgestellt worden waren?

Unverändert hart hielt sich das Urteil über die wachsende Ungleichheit der Lebenschancen in den USA und in der Welt. Geblieben war die Empörung darüber, daß Frauen, Schwarze und andere Minderheiten auf dem Arbeitsmarkt diskriminiert werden. Der Maßstab biblischer Gerechtigkeit, die Option für die Armen, der Grundsatz aktiver Beteiligung sowie die wirtschaftsethischen Prioritäten, soziale Ausgrenzung zu beenden, wurden bekräftigt. Bestätigt wurde auch die herausragende Rolle des Staates, wenn es darum geht, private und öffentliche Wirtschaft zu koordinieren und das wirtschaftliche Grundrecht auf Arbeit einzulösen.

Der zweite Entwurf unterstrich auch den pragmatischen,

evolutionären Charakter des neuen amerikanischen Experiments. Vermehrt fanden sich Hinweise auf die weltwirtschaftliche wechselseitige Verflechtung der Nationen und einseitige Abhängigkeit der Entwicklungsländer sowie auf Rüstungsausgaben und Waffenexporte, die kostbare Ressourcen verschwenden. Neu waren Aussagen über den Wert der menschlichen Arbeit, über das wirtschaftlich-soziale Grundrecht auf Arbeit und über alternative Lösungswese, die Arbeitslosigkeit zu beseitigen. Neu war auch der Hinweis, daß soziale Errungenschaften in den USA in der Regel von kämpferischen Auseinandersetzungen begleitet gewesen sind [13].

d) Vom Entwurf zur Endfassung

Wer den zweiten Entwurf mit der endgültigen Fassung des Hirtenbriefs vergleicht, entdeckt schon bald, daß der Text zwischen dem ersten und zweiten Entwurf entscheidend, danach aber nur noch unwesentlich verändert worden ist.

Dem zweiten Entwurf schienen die Diözesen und Gemeinden weitgehend zuzustimmen. Anderseits wurde gewünscht, die biblisch-theologischen Leitmotive mehr dem ganzen Brief aufzuprägen, die ökologischen Akzente stärker hervorzuheben, den rein männlichen Charakter des Jüngerseins zu beseitigen, den Stellenwert der Familie in einer menschengerechten Wirtschaft zu betonen, nach Alternativen jenseits der Grenzen des Sozialstaats auszuschauen, eine Strukturanalyse des Kapitalismus vorzunehmen und die Fragen der internationalen Arbeitsteilung, der technischen Entwicklung und der Energieversorgung zu berücksichtigen [14].

Der dritte Entwurf, der am 3. Juni 1986 fertiggestellt war, wies, abgesehen vom fünften Kapitel, nur kleinere Änderungen auf [15].

Zunächst war der neutestamentliche Abschnitt noch einmal umgearbeitet worden; fünf Schlüsselmotive wurden zu vier zusammengezogen: Gottesherrschaft und Gerechtigkeit / Berufung zur gemeinsamen Nachfolge / Armut, Reichtum und die Aufforderung zur Nachfolge / Gemeinschaft der Hoffnung. Und Jesus von Nazareth, die personale Mitte der Gottesherrschaft, rückte an den Beginn der neutestamentlichen Reflexion. Beachtenswert war außerdem, daß die Sorge für die Familie unter die wirtschaftsethischen Prioritäten aufgenommen wurde. Das Subsidiaritätsprinzip wurde an einer zweiten Stelle eingefügt, das asymmetrische Verhältnis der Weltwirtschaft kam eigens zur Sprache, und ein neuer Abschnitt ging ausführlich auf die Schuldenkrise der Entwicklungsländer ein. Das fünfte Kapitel erfuhr die auffälligsten Eingriffe. Zunächst charakterisierte der Text die christliche Berufung in der Welt von heute: in persönlicher Umkehr, in Gottesdienst und Gebet, in einer den Laien eigenen weltbezogenen Spiritualität des Alltags und auch der Muße. Erst danach wurde die Kirche als Erziehungsträger, als Anwalt der Familie und als Wirtschaftsmacht angemahnt.

Auf dem Weg vom dritten Entwurf zur endgültig verabschiedeten Textfassung stelle ich nur noch drei bemerkenswerte Änderungen fest. Erstens erleichterte ein Einschub den Übergang von der biblischen Gerechtigkeitsidee zu den Mindestforderungen der Gerechtigkeit (Ziffer 68)[16]. Zweitens wurde den Unternehmen das Recht auf einen Ordnungsrahmen eingeräumt, daß der Staat ihr verantwortliches Handeln nicht durch Steuer- und Regelungssysteme bestrafen darf (118). Und drittens dachte man ein wenig seriöser über das Verhältnis von Hunger, Bevölkerungswachstum und wirtschaftlicher Entwicklung nach (284 ff.). Dem Hirtenbrief, der nun die Überschrift „Wirtschaftliche Gerechtigkeit für alle" erhielt, ist ein Hirtenwort vorangestellt worden, das die Motive und Absichten der Bischöfe erläutert, die Hauptaussagen zusammenfaßt und zu tätiger Umkehr aufruft[17].

e) Vorphasen der Dialogmethode in der Bundesrepublik

Die fast sechsjährige Entstehungsgeschichte des Wirtschaftshirtenbriefs offenbart eine Dialogmethode, die für die kirchliche Sozialverkündigung umwälzend und beispielhaft ist.

Ist ein vergleichbares Verfahren in der Bundesrepublik vorstellbar? Mit Hirtenbriefen ihrer Bischöfe haben die Katholiken hierzulande wechselnde Erfahrungen gemacht. Die Wahlaufrufe hatten in der Regel parteipolitische Schlagseite. Die Beiträge zur sogenannten Grundwertediskussion waren ein wenig an das bürgerlich-konservative Milieu gebunden. Beide Merkmale hängen nicht unwesentlich davon ab, wie die bischöflichen Berater ausgewählt und die Beratungsgremien zusammengesetzt sind; daß nämlich Bischofsbriefe im Alleingang am Schreibtisch und nicht im Dialog mit wissenschaftlichen und politischen Eliten entstehen, kann auch hierzulande ausgeschlossen werden. Ich bin davon überzeugt, daß die Beratungsgremien unserer Bischöfe in der Regel zu gleichgesinnt erscheinen, daß sie weder die theoretische und praktische Vielfalt katholischer Christen noch die der Gesellschaft, sondern allenfalls die herrschenden wissenschaftlichen und politischen Trends widerspiegeln, und daß sie insbesondere alternative Denk- und Lebensformen ausblenden. Diese Ansicht kann belegt werden durch die Art und Weise, wie die Bischöfe in der Bundesrepublik mit dem Problem der Massenarbeitslosigkeit umgegangen sind[18].

Seit einigen Jahren jedoch verschieben sich gleitend einige Akzente. Kirchliche Jugend- und Sozialverbände, evangelische Christen und die Gewerkschaftsbewegung wirken stärker auf Thema und Aussagerichtung von Bischofsworten ein. Sie ziehen die westdeutschen Bischöfe damit in eine innerkirchliche Bewegung, die sich von den Positionen des Zentralkomitees der deutschen Katholiken und infolgedessen auch von dessen wissenschaftlicher und parteipolitischer Verflechtung absetzt. Mir scheint diese Tendenz ablesbar an neueren Dokumenten der kirchlichen Sozialverkündigung, in denen sich die Bischöfe hierzulande für Umwelterhaltung und Frieden sowie gegen Jugendarbeitslosigkeit und Ausländerhaß engagieren[19].

Damit ist allerdings der Unterschied zur Dialogmethode der US-amerikanischen Hirtenbriefe nicht eingeebnet. Bischofsworte hierzulande entstehen hinter verschlossenen Türen; allenfalls werden die Mitglieder von Beratungsgruppen bekanntgegeben. Daß aber z.B. ein Textentwurf, der die Massenarbeitslosigkeit und die dadurch verursachte Armut sozialethisch zu beurteilen versucht, den katholischen Gemeinden, der Caritas und den Sozialverbänden sowie der sozialwissenschaftlichen und politischen Öffentlichkeit vorgelegt, eine bewegende Diskussion durchlaufen und dann als gemeinsames Dokument der katholischen Kirche in der Bundesrepublik beschlossen würde, ist gegenwärtig nur erst ein Kirchentraum. Aber warum eigentlich? Und wie lange wohl noch? Ist der mögliche Einwand der Bischöfe berechtigt, daß ihre Glaubensverkündigung dann lediglich widerspiegelte, was die Gläubigen für richtig hielten, und daß die Sonderrolle des kirchlichen Amtes dann eingeebnet sei?

Zunächst hat der Wirtschaftshirtenbrief der US-amerikanischen Bischöfe durch die Dialogmethode nicht jenes charakteristische Profil verloren, das ihn davor bewahrte, lediglich Reflex dessen zu sein, was die amerikanischen Katholiken mehrheitlich denken oder was sie als kleinsten gemeinsamen Nenner ansehen. Zum anderen wird gerade in der Dialogmethode die Doppelrolle des kirchlichen Amtes bekräftigt, nämlich Sprecher und Vertreter der eigenen Gemeinden zu sein, zugleich aber für alle Gemeinden zu sprechen, die über den Raum und die Zeit hinweg verstreut sind, und deren Rechte zu vertreten. Mir scheint, daß diese Doppelrolle des kirchlichen Amtes in der Art und Weise, wie sich die westdeutschen Bischöfe gegenüber den Asylanten und ausländischen Arbeitnehmern – und zwar im Gegensatz zu ihren Gemeinden – verhalten haben, offenbar geworden ist.

1.2 Die theoretische Methode

Der Wirtschaftshirtenbrief der amerikanischen Bischöfe hat ein methodisches Profil, das von der katholischen Soziallehre, wie sie hierzulande vorherrscht, abzuweichen scheint. Worin besteht diese Abweichung? Ist sie so umwälzend, daß sie jener „hermeneutischen Revolution" ähnelt, die deutsche Soziallehrer bei Befreiungstheologen ausfindig gemacht haben?[20] Sind die amerikanischen Bischöfe zu unverdächtigen Anwälten der Befreiungstheologen und ihres „revolutionären" Dreischritts (Befreiungspraxis, Gesellschaftsanalyse, theologische Reflexion) geworden? Worin sonst liegt das Ungewöhnliche ihrer Methode?

a) Der Anstoß des Konzils

Die methodische Unsicherheit der katholischen Soziallehre ist durch das Zweite Vatikanische Konzil, eher noch durch Papst Johannes XXIII. ausgelöst worden. Dieser Papst hatte in seinen Ansprachen und Rundschreiben die biblische Redewendung von den „Zeichen der Zeit" bevorzugt[21], und von zwei „Lebensäußerungen der Kirche nach innen und außen" gesprochen[22]. Das Konzil entschied sich demgemäß bewußt gegen eine katholische Soziallehre, die im Denkstil der Pius-Päpste und ihrer Berater aus dem deutschen Sprachraum entstanden war; ganz und gar nicht zufällig vermied es den Ausdruck „katholische Soziallehre"[23]. Die Konzilsväter zogen eine biblisch-pastorale Sprache und eine christliche Anthropologie den philosophisch-rationalen Ableitungen der naturrechtlichen Ethik vor. So wurde schließlich ein französischsprachiger Text, nachdem drei Entwürfe aus dem deutschen Sprachraum abgelehnt worden waren, zur Vorlage der Pastoralkonstitution „Die Kirche in der Welt von heute". Während die Pastoralkonstitution entstand, gewann die kirchliche Sozialverkündigung ein neues Selbstverständnis, das durch vier Merkmale gekennzeichnet werden kann:

Erstens sind die Lebensäußerungen der Kirche als Glaubensgemeinschaft durch zwei Bezugspunkte polarisiert, nämlich durch Christus als den geschichtlichen Ursprung der Kirche und durch die Welt von heute als ihre unmittelbare Erfahrung. Die Kirche ist nicht über eine Einbahnstraße des Belehrens auf die Welt bezogen, sondern durch einen wechselseitigen Austausch- und Lernprozeß.

Zweitens muß die Kirche als Volk Gottes, dem das gemeinsame Priestertum und der unfehlbare Glaubenssinn ursprünglich zukommen (und nicht in erster Linie das Amt, das in die Reihe der Glaubenden eingegliedert ist), auf die tatsächliche Situation und Wertdynamik der gegenwärtigen Welt hinhören; infolgedessen ist eine mehr induktive Methode gerechtfertigt – eine Beschreibung der Phänomene, eine Analyse der Ursachen, eine theologische Deutung.

Drittens richtet eine konsequent christologische Sichtweise

die geschichtliche Dynamik auf Christus als den Zielpunkt der Schöpfung aus und begründet die Einheit der christlichen Berufung, die irdischen Aufgaben zu erfüllen und die eschatologische Gottesherrschaft zu erwarten, wenngleich die beiden Bewegungen nicht deckungsgleich sind.

Viertens steht die Kirche in einem wechselseitigen solidarischen Lebenszusammenhang mit der Welt, aber auch in einer kritischen Distanz ihr gegenüber.

Die profilierte Methode des Wirtschaftshirtenbriefs der amerikanischen Bischöfe geht zweifellos (ähnlich wie die Theologie der Befreiung) auf Anstöße des Zweiten Vatikanischen Konzils zurück.

b) Kohärenzverfahren

Die Vorgehensweise läßt sich formelhaft als „Kohärenzverfahren" charakterisieren. Was ist damit gemeint?

Der Hirtenbrief bezieht unterschiedliche Reflexionsbereiche und Reflexionsverfahren aufeinander und bindet sie zu einer Einheit zusammen. So achtet er die personale Verantwortung der Menschen und sieht sie zugleich abhängig von gesellschaftlichen Strukturen. Der Glaube an Gott und das Engagement für Gerechtigkeit gelten als untrennbar, wenngleich nicht identisch. Biblische Theologie wird ohne philosophische, zeitgemäße Ethik als Torso eingeschätzt. Praktisches Betroffensein drängt nach einer tieferen gesellschaftlichen Analyse. Und wirtschaftsethische Grundsätze durchbrechen einen abstrakten Wolkenhimmel, um sich in politischen Empfehlungen zu verkörpern. Das Kohärenzverfahren ist ein methodisches Wagnis, das so lange berechtigt bleibt, als die Einzelelemente „ungetrennt und unvermischt" gehalten werden.

Die amerikanischen Bischöfe wenden das Kohärenzverfahren in einer doppelten Kreisbewegung an:

Ein äußerer Ring wird im Dreischritt des Sehens, Urteilens und Handelns aus dem ersten Kapitel, aus dem zweiten Kapitel sowie aus dem vierten und fünften Kapitel geformt.

Das erste Kapitel sieht in der amerikanischen Wirtschaft

von heute „viele Zeichen der Hoffnung" (2), aber auch „schwere und häßliche Fehlschläge" (3). Es erinnert an den natürlichen Reichtum des Landes und daran, daß persönliche Freiheit, Gleichheit und sozialer Fortschritt mit blutiger Revolution, brutalem Bürgerkrieg und bedrohlichen Konflikten bezahlt werden mußten (7). Dann würdigt es die geschichtliche Leistung des marktwirtschaftlichen Systems und der unternehmerischen Initiative, aber auch der sozialen und politischen Korrektureinrichtungen (8). Und schließlich schildert es die drängenden aktuellen Probleme: weltweit Konkurrenzdruck, Umweltgefahr und wachsende Ungleichheit (10–13), in den USA Massenarbeitslosigkeit, bittere Armut, Zerfall der Familien, Rüstungsproduktion und Rüstungswettlauf (14–21).

Das zweite Kapitel sucht ein Urteil über die Wirtschaft und einen Maßstab wirtschaftlichen Handelns zu finden. Es stellt ein Spektrum biblischer Leitmotive vor, aus denen sich die Idee der Gerechtigkeit und der vorrangigen Option für die Armen bildet (30–55). Nach dem biblischen Fundament formuliert es die wirtschaftsethischen Normen: erst die sozialen Pflichten (63–78), dann die wirtschaftlichen Grundrechte (79–84) und schließlich moralische Prioritäten (85–94). Es identifiziert am Ende jene wirtschaftspolitischen Entscheidungsträger, nämlich Personen und Institutionen, denen ein Engagement für mehr Gerechtigkeit zuzutrauen ist (96–124).

Die beiden letzten Kapitel sprechen unterschiedliche Handlungsträger, nämlich die zwei Adressaten des Hirtenbriefs, an. So lädt das vierte Kapitel die amerikanische Gesellschaft, das sind die freien gesellschaftlichen Kräfte und die Regierungen, zum Neuen amerikanischen Experiment einer Partnerschaft für das Gemeinwohl, zur Zusammenarbeit auf mehreren Ebenen ein (295–325). Das fünfte Kapitel dagegen ruft erst die einzelnen Christen (327–338) und danach die Kirche einschließlich ihrer Einrichtungen (339–358) zu einem verbindlichen Engagement für die Zukunft auf.

Ein innerer Ring besteht aus dem dritten Kapitel, das beispielhaft vier drängende Themen, nämlich Arbeitslosigkeit, Armut, Ernährung und Landwirtschaft sowie die Stellung der USA in der Weltwirtschaft, behandelt. Warum sind gerade diese Themen aufgegriffen worden? Weil sie nach Ansicht der amerikanischen Bischöfe zu den ökonomischen Zeichen der Zeit gehören und eine wirtschaftsethische Reflexion geradezu verlangen; für die Katholische Soziallehre bilden sie einen Bewährungstest (133).

Auch der innere Ring ist in den vier Themenbereichen jeweils nach einem Dreischritt des Sehens, Urteilens und Handelns aufgebaut. So werden zuerst vielfältige Erscheinungsweisen und Merkmale sozialer Ausgrenzung beschrieben: Umfang und Auswirkungen der Arbeitslosigkeit (138–143), charakteristische Merkmale der Armut (170–182), der Zusammenbruch kleiner und mittlerer Farmbetriebe (217, 220–224), einseitige Abhängigkeit der Entwicklungsländer innerhalb komplexer weltwirtschaftlicher Beziehungen (252–254).

Danach wird regelmäßig – wenigstens ansatzweise – der Versuch unternommen, die beschriebene Situation analytisch zu erklären: Einige strukturelle Ursachen der Arbeitslosigkeit werden angeführt (144–148); Armut hat etwas damit zu tun, daß Einkommen und Vermögen extrem ungleich verteilt sind (183–185); die Farmkrise deckt Vorgaben der Agrarpolitik und Turbulenzen der Geld- und Kapitalmärkte, aber auch eine fortwährende Unternehmenskonzentration sowie eine die Umwelt zerstörende Wirtschaftsweise auf (219, 221–230); und die Randsituation der Entwicklungsländer erscheint weniger rätselhaft, wenn die Hauptakteure der Weltwirtschaft und die Strukturelemente der Entwicklungshilfe, des Welthandels, der Finanz- und Agrarmärkte sowie der Auslandsinvestitionen durchleuchtet werden (255, 262–287). Gegen Ende finden sich jeweils Leitlinien politischen Handelns, um die Arbeitslosigkeit zu bekämpfen (151–169), die Armut zu beseitigen (186–214), kleine und mittlere Farmbetriebe zu erhalten, die Umweltgefahren einzugrenzen (231–249) und die Weltwirtschaft beteiligungsgerecht zu ordnen (288–292).

Leider ist es den Redakteuren des Hirtenbriefs nicht gelungen, diese an sich durchsichtige Logik in allen Themenbereichen konsequent durchzuhalten. Nur der erste und zweite Themenbereich haben eine formal übereinstimmende dreigliedrige Struktur; für den dritten und vierten Themenbereich gilt das bereits nicht mehr. Denn im Themenbereich Ernährung und Landwirtschaft sind beschreibende und erklärende Aussagen zu einem einzigen Abschnitt zusammengefaßt (218–230); politische Empfehlungen werden indessen auf drei Abschnitte verteilt, von denen nur einer jene Überschrift erhalten hat, die in den ersten beiden Themenbereichen verwendet worden ist (231). Der Themenbereich Weltwirtschaft kündigt zwar in der Überschrift eine Dreistufung an (251), gliedert den Text aber in vier Abschnitte; der erste und der dritte Abschnitt (251–257, 261–287) enthalten sowohl beschreibende als auch erklärende Aussagen, sie werden von einer ethischen Reflexion unterbrochen, die vier Leitmotive des zweiten Kapitels aufgreift (258–260); der dritte und der vierte Abschnitt (261–287, 288–292) verbinden jeweils analytische Aussagen und politische Empfehlungen miteinander.

Die deutschen Übersetzungen[24] tragen noch dazu bei, die dreigliedrige Logik der vier Themenbereiche im dritten Kapitel zu verschleiern. Es hätte nahe gelegen, den Orignalausdruck „Guidelines for Action" (151, 186, 231) einheitlich als „Leitlinien des Handelns" zu übertragen. Aber der von Publik-Forum vorgelegte Text wechselt zwischen „Leitlinien für Maßnahmen" und „Handlungsanleitungen", während der Text des Instituts für Gesellschaftswissenschaften Walberberg jeweils „Leitlinien des Handelns" oder „Richtlinien des Handelns" verwendet.

c) Berechtigtes Verfahren

Das Kohärenzverfahren, wie es der Wirtschaftshirtenbrief in der doppelten Kreisbewegung und dem jeweiligen Dreischritt anwendet, scheint mir ein schöpferischer Beitrag des (nord- und latein-)amerikanischen Kontinents zu sein, der die traditionelle katholische Soziallehre des deutschen Sprachraums anregen kann[25].

Dieser Beitrag ist allerdings umstritten. Die einen kritisieren, daß der religiöse mit dem politischen Bereich vermischt werde, daß moralische Grundsätze in die Wirtschaft eindringen, daß die Theologie auf die Ethik übergreife und die Wahrheit durch die Praxis manipuliert werde. Die anderen beklagen, daß der Hirtenbrief methodisch unausgewogen sei; zwar beschreibe er scharf die gesellschaftlichen Defizite und stelle rigorose ethische Ansprüche, aber seine Gesellschaftsanalyse bleibe ziemlich oberflächlich und die Vorschläge zur Wirtschaftsreform klängen eher zaghaft.

Die Bischöfe haben anscheinend mit diesen Einwänden gerechnet, denn der Hirtenbrief rechtfertigt an mehreren Stellen das von ihm gewählte Kohärenzverfahren.

Die exemplarische Auswahl der vier Probleme – Beschäftigung, Armut, Ernährung/Landwirtschaft, Rolle der USA in der Weltwirtschaft – wird damit begründet, daß diese zu den ökonomischen Zeichen der Zeit gehören und veranschaulichen, wie ethische Werte und ökonomische Probleme wechselseitig aufeinander einwirken (133). Eine wichtige Rolle bei der Themenauswahl spielen auch Missionare, Schwestern, Mitarbeiterinnen der Caritas und Gemeindeleiter, die von den am Rand der Gesellschaft lebenden Menschen unmittelbar oder wenigstens mittelbar betroffen waren und ihre Erfahrungen in die kirchlichen Zentren meldeten (3, 172).

Das Engagement der Kirche für die angeblich vorletzten, weil weltlichen Fragen der Wirtschaft hat seinen Grund in der polaren Zwei-Einheit der christlichen Berufung. Zwischen dem Gottesdienst bzw. dem Gebet und der alltäglichen Arbeit besteht eine integrale Verbindung (327, 329). Ebenso ist die wirtschaftsethische Reflexion des Hirtenbriefs kein Phänomen am Rand der Kirche, sondern ein integraler Bestandteil der Verkündigung des Evangeliums (21, 60)[26].

Die Argumentationsweise des Hirtenbriefs, die von einer deduktiv und naturrechtlich orientierten Soziallehre abweicht, kann sich darauf berufen, daß zwischen religiöser Überzeugung und vernünftiger Überlegung, zwischen biblischem Bekenntnis und philosophischer Einsicht kein Gegensatz, sondern ein Verhältnis der wechselseitigen Ergänzung besteht (61, 65). Glaube und Vernunft werden aber nicht in einer abstrakt ungeschichtlichen Sphäre aufeinander bezogen, vielmehr ist die religiös-ethische Reflexion der Bischöfe eingebettet in einen vielschichtigen Bewußtseins- und Entscheidungsprozeß, der sich an biblischen Schlüsselmotiven, theologisch-philosophischen Traditionsketten, zeitgemäßen Erfahrungen und anerkannten Gesellschaftsanalysen orientiert (28f., 56–61).

Die zweipolige Argumentationsstruktur des Hirtenbriefs kann auch dadurch gerechtfertigt sein, daß sich die Bischöfe an zwei Adressaten in verschiedener Absicht richten, einmal um das Gewissen der Katholiken für die ethische Dimension wirtschaftlicher Entscheidungen zu schärfen, zum anderen um eine ethische Perspektive in die öffentliche Debatte über die ökonomische und gesellschaftliche Zukunft einzubringen (27, 360).

Dem Einwand, die Bischöfe mischten sich trotz fehlender Sachkompetenz zu sehr in wirtschaftspolitische Details ein und mißbrauchten damit ihre religiös-ethische Autorität, begegnet der Hirtenbrief mit dem Hinweis, daß der Weg von der ethischen Grundsatzerklärung zum politischen Handeln sehr komplex sei, daß die allgemeinen Grundsätze weder eine Gesellschaftsanalyse ersetzen noch Blaupausen für die wirtschaftliche Reform abgeben, noch konkrete Lösungen bei der Durchsetzung diktieren könnten. Die politischen Empfehlungen des Hirtenbriefs haben auch nicht denselben Verbindlichkeitsgrad wie die religiösen Grundsätze oder die wirtschaftsethischen Prioritäten. Sie sind begründete Urteile, die von besonderen Umständen abhängen; diese können sich ändern oder von unterschiedlichen Personen abweichend interpretiert werden (94, 133ff., 321).

Die Bischöfe rechnen sogar mit Meinungsverschiedenheiten unter Christen, die sich an den politischen Empfehlungen des Hirtenbriefs entzünden. Um ein kluges und abwägendes Urteil über das, was zu tun ist, zu finden, empfiehlt sich einmal eine funktionale und personelle Arbeitsteilung zwischen Amtsträgern und Laien, zum anderen der gesellschaftliche und kirchliche Dialog (94, 126, 135, 336).

Gegen den Vorwurf mangelnder Radikalität wehren sich die Bischöfe, indem sie auf die Existenz des Christen zwischen den Zeiten der Schöpfung und der Neuschöpfung aufmerksam machen (53); dieser unterscheidet sich als Realist von naiven Optimisten und zynischen Pessimisten, bleibt skeptisch gegenüber denen, die eindeutige Formeln und endgültige Antworten anbieten, und bemüht sich darum, trotz Rückschlägen und Schwierigkeiten eine menschengerechte Wirtschaft zu schaffen (53, 67, 126f.). Deshalb hält der Hirtenbrief nichts davon, sich mit abstrakten Gespenstern auseinanderzusetzen und gegensätzliche Systeme wie Marktwirtschaft und Planwirtschaft modellartig zu vergleichen; ebensowenig kann er sich mit einer freien Marktwirtschaft ohne sozialstaatliche Korrekturen wie mit einem Wirtschaftssystem ohne Privateigentum und Profit, nachdem der Kapitalismus abgeschafft ist, anfreunden. Die Wirtschaft der USA ist ein gemischtes System; dessen Reform wird als ein vertretbarer pragmatischer Mittelweg risikoreichen Extremen vorgezogen (128f.).

Nachdem ich die praktische und theoretische Vorgehensweise des Wirtschaftshirtenbriefs erläutert habe, scheint mir ein Urteil über dessen methodisches Profil möglich und vertretbar. Ob man von einer „hermeneutischen Revolution" sprechen kann? Eine solche Formel wäre zu hoch angesetzt; sie war es bereits beim Urteil über die Befreiungstheologie, wenngleich nur die theoretische Methode gemeint war. Umwälzend für die kirchliche Sozialverkündigung bzw. die katholische Soziallehre ist die Vorgehensweise schon, wenn man sowohl die praktische Methode: den gesellschaftlichen und kirchlichen Dialog, als auch die theoretische Methode: das Kohärenzverfahren, gleichzeitig bewertet.

2. *Skandal wachsender Ungleichheit*

In der Bundesrepublik war mit dem Wiederaufleben konservativer Werte und liberaler Ideen ein Amerikabild, insbesondere ein Bild der amerikanischen Wirtschaft entstanden, das den starken Dollar, den wirtschaftlichen Aufschwung, die neu geschaffenen Arbeitsplätze, die geplante Steuerreform und die Technologieparks im Silicon Valley verglänzte.

2.1 Bildstörung

Der Wirtschaftshirtenbrief der amerikanischen Bischöfe scheint dieses von Wirtschaftsinteressen aufgebaute Amerikabild der westdeutschen Katholiken zu zerstören.

Dabei erkennen die Bischöfe ausdrücklich die geschichtlichen und aktuellen Leistungen der amerikanischen Wirtschaft an: einen beispiellosen Lebensstandard, Arbeitsplätze für Millionen von Einwanderern, die USA unter den wirtschaftlich mächtigsten Ländern der Erde, ja die führende Wirtschaftsmacht der Welt (6, 10). Das amerikanische Wertesystem hat die Menschenrechte anerkannt, eine Gewerkschaftsbewegung hervorgebracht sowie einen Sozialstaat geschaffen, der das Marktgeschehen eingrenzt (8).

Und seit 1970 hat die US-Wirtschaft mehr als 20 Millionen neue Arbeitsverhältnisse geschaffen (15, 149).

a) Arbeitslose

Aber 8 Millionen registrierte Arbeitslose, von denen drei Viertel kein Arbeitslosengeld erhalten, dazu eine Stille Reserve von 4,5 Millionen, sind eine offene Wunde der amerikanischen Wirtschaft und ein Angriff auf die Menschenwürde. Im Unterschied zu früheren Konjunkturzyklen scheint die Arbeitslosenrate neuerdings selbst in der Aufschwungphase nicht unter 7% zu sinken. Eine besondere Tragik liegt darin, daß die Arbeitslosigkeit personell und regional ungleich verteilt ist. Doch sie trifft jeden Mann, jede Frau in ihrer Selbstachtung; die Gesellschaft sagt ihnen, daß man sie nicht braucht. Und man scheint ihnen noch vorzuwerfen, daß sie arbeitslos sind. Arbeitslos sein wirkt verheerend auf die davon Betroffenen und ihre Familien, verschwendet kostbare Begabungen und ist unverhältnismäßig teuer für die Gesellschaft.

Erschwerend wirkt die steigende Toleranzschwelle der Bevölkerung: vor zwanzig Jahren wäre eine Arbeitslosenrate, wie sie jetzt vorliegt, nicht hingenommen worden. Deshalb kann, so schließen die Bischöfe, auch die gegenwärtige Höhe der Arbeitslosigkeit nicht toleriert werden (15, 138–143).

b) Arme

33 Millionen Amerikaner, die im Sinn der offiziellen Statistik arm sind, dazu der dramatische Anstieg der Armut in den letzten zehn Jahren, müssen als Alarmsignal gedeutet werden (16, 170f.). Armut hat viele Gesichter: Obdachlose, unvollständige Familien, Arbeitslose, Niedriglohngruppen, Ältere, Behinderte (172, 174). Armut ist auch ungleich verteilt: Kinder bilden die größte Einzelgruppe unter den Armen, Frauen und ethnische Minderheiten geraten überdurchschnittlich unter die Armutsschwelle (176, 178, 181). Armut heißt nicht nur Geldmangel, sondern Verlust der Beteiligung am gesellschaftlichen Leben sowie Ohnmacht, die Entscheidungen, von denen man betroffen ist, zu beeinflussen; eine solche Ohnmacht verletzt die Menschenwürde (188). Verletzend sind auch die in der Mittelschicht verbreiteten Fehleinschätzungen und Vorurteile, die Armen seien aus freien Stücken oder aus Faulheit arm, sie könnten durch harte Arbeit der Armut entkommen, würden aber durch die hohen Sozialleistungen davon abgehalten (193f.). Nach dem Urteil der Bischöfe ist die Armut so vieler Menschen in einem so wohlhabenden Land wie den USA „ein nicht zu übersehender sozialer und moralischer Skandal" (16).

c) Familien in der Landwirtschaft

4,5 Millionen selbständige landwirtschaftliche Betriebe haben in den vergangenen 50 Jahren aufgegeben. Die kritische Lage der Landwirtschaft, die sich darin spiegelt, schildert der Hirtenbrief in vier Dimensionen. An erster Stelle steht die humane Dimension: das menschliche Leid, das sich in mittleren Familienbetrieben abspielt; gerade sie geraten massiv unter Druck, die Zinsen für ihre Kredite aufzubringen, werden zahlungsunfähig, müssen Land verkaufen, Konkurs anmelden und ihre Produktion einstellen. Besonders drastisch ist neuerdings das Ausmaß, wie Betriebe, die von Schwarzen geleitet werden, verschwinden. Ebenso tragen abhängige Landarbeiter und Wanderarbeiter ein Dauerrisiko, ausgebeutet zu werden.

Der Lohn ist extrem niedrig, der soziale Schutz denkbar gering, der Lebens- und Wohnstandard niedrig; gewerkschaftlicher Zusammenschluß und Tarifvertrag werden unterbunden.

Eine zweite Dimension erfaßt die gesellschaftlichen Schäden im ländlichen Raum: Arbeitslosigkeit auf dem Land gefährdet die Existenzgrundlage der Geschäfte am Ort, zehrt die Landgemeinden wirtschaftlich aus und verschlechtert die Lebensqualität der Dorfgemeinschaften. Mit dem Verlust ihres Hofes geben die Bauern eine eigenständige Lebensweise auf; mit der Landflucht zerfällt die Vielfalt der Wohn- und Lebenskultur in den USA.

Eine dritte Dimension registriert die wirtschaftlichen Veränderungen: Mittlere Familienbetriebe werden von Großunternehmen geschluckt, die Konzentration in der Landwirtschaft nimmt zu, Kapital und Technik verdrängen fortwährend menschliche Arbeitskraft. Der Agrarsektor wird durch Kapitalgesellschaften aus anderen Wirtschaftszweigen überfremdet, die Kontrolle über die Nahrungsmittelkette gelangt in die Hand einiger Konzerne.

Die vierte Dimension signalisiert die ökologischen Schäden, die aus der modernen Agrarproduktion erwachsen: Tragfähiger Boden wird ausgelaugt, Grundwasser abgesenkt, Chemikalien verschmutzen Luft, Wasser und Boden in einem gesundheitsschädlichen Ausmaß. Einige der natürliche Ressourcen, mit denen sich die Amerikaner überreich ausgestattet wähnten, sind bereits jetzt unwiderruflich zerstört (217, 219–222, 224–227, 229–231, 234-237).

d) Menschen in Entwicklungsländern

800 Millionen Menschen auf der Welt leben in absoluter Armut, unterhalb des physischen Existenzminimums. Und eine halbe Milliarde Menschen leidet unter chronischem Hunger – trotz weltweiter Nahrungsmittelüberschüsse. Die Hälfte der Menschheit lebt in Ländern mit einem jährlichen Pro-Kopf-Einkommen bis zu 800 DM; dort sterben 15% der Kinder, bevor sie fünf Jahre alt werden (254).

Die Spaltung der Welt in zwei extrem ungleiche Hälften ist

schockierend, ein Skandal. Aber die Kluft zwischen den reichen und armen Ländern weitet sich aus. Die Weltwirtschaft, die ein Netz wechselseitiger Beziehungen zwischen den Ländern zu knüpfen scheint, ist aus der Sicht der Entwicklungsländer ein asymmetrisches Verhältnis. Einseitige Abhängigkeit wird erfahren, wenn die Industrieländer Preise und Zinsen festsetzen, wenn der Internationale Währungsfonds die Kreditwürdigkeit eines verschuldeten Landes bescheinigt (252f., 274, 290).

Die Entwicklungspolitik der USA ist an geostrategischen Interessen orientiert, sodaß die Entwicklungsländer zum Versuchsgelände im Ost-West-Konflikt herabgestuft werden. Einem ernsthaften Nord-Süd-Dialog indessen weicht man aus, multilaterale Hilfe schichtet man zugunsten der bilateralen um. Wie sehr die USA auf eine Politik der nationalen Sicherheit fixiert sind, zeigt der Kontrast zwischen Rüstungsausgaben und Entwicklungshilfe: 1985 war der Verteidigungshaushalt mehr als 20mal so hoch wie der Entwicklungshilfehaushalt; und zwei Drittel der Außenhilfe waren Militärhilfe (262, 265, 289).

2.2 Bilderstreit

Die Bischöfe malen ein Bild von Amerika, das dem herrschenden Meinungsklima widerspricht. Ist das Bild zutreffend? Manche Kommentatoren warfen dem Hirtenbrief atemberaubende Einseitigkeit vor. Insbesondere das Zahlenmaterial über die Armut in den USA sei umstritten. Die verwendete Statistik enthalte keine Sachleistungen wie Lebensmittelmarken, medizinische Dienste und Wohngeld; wenn man diese berücksichtigt, halbiere sich der Anteil der Bevölkerung unterhalb der Armutsgrenze[27].

Der Hirtenbrief definiert Armut als Mangel an materiellen Ressourcen, die für einen einigermaßen würdigen Lebensstandard nötig sind (173). Natürlich ist jede, erst recht eine monetäre Definition relativer Armut starken Vorbehalten ausgesetzt. Denn das Kernproblem liegt nicht bloß darin, die vorhandene Armutslücke finanziell zu beseitigen; dazu müßten gegenwärtig vielleicht nur $ 45 Mrd aufgebracht werden[28]. Armut ist ebenso gewichtig eine menschliche Frage. Dennoch scheint der Rückgriff auf eine offiziell anerkannte, am Geldeinkommen orientierte Armutsdefinition, die 1983 für einen nicht landwirtschaftlichen Haushalt mit vier Personen bei $ 10 200 lag, durchaus plausibel. Denn eine Statistik, die beim Empfang von Sachleistungen ansetzt, müßte mit einer erheblichen Dunkelziffer rechnen. Auch der Laienbrief stellte im Disput mit den Bischöfen das bundesamtliche Zahlenmaterial nicht in Frage; zumindest als gemeinsame Gesprächsgrundlage war es anerkannt. Bischöfe und Laien stritten nicht über die Tatsache der Armut, sondern über deren Ursachen und die Wege, sie zu beseitigen.

Ob der Hirtenbrief die Notlage der mittelgroßen landwirtschaftlichen Familienbetriebe nicht überzeichnet? Denn daß der überdurchschnittliche Produktivitätszuwachs der modernen Landwirtschaft Massenproduktion und größere Betriebseinheiten gestattet sowie Arbeitskräfte freisetzt und daß diese in die Industrie oder in den Dienstleistungssektor und damit in die städtischen Verdichtungsräume abwandern, scheint wenig umkehrbar zu sein. Ob aber die sozialen und ökologischen Begleiterscheinungen einfach toleriert werden müssen? Ob es dazu keine Alternativen gibt?

Mir scheint, daß der Hirtenbrief wie in keinem Abschnitt sonst die verheerenden menschlichen und natürlichen Folgeschäden extrem kapitalistischer Marktwirtschaft und einer verengt ökonomischen Denkweise aufzudecken versucht.

Der gemeinsame Blickwinkel, aus dem heraus vier Teilbereiche der amerikanischen Gesellschaft gekennzeichnet werden, ist das Gespür der Bischöfe für einen wachsenden Trend sozialer Disparität, Polarisierung und Spaltung. Als Farbiger arbeitslos zu werden, während die Produktion und die Realeinkommen der Erwerbstätigen steigen, ist empörend. Als alleinverdienende Frau und Mutter arm zu sein, während gleichzeitig der Luxuskonsum wächst, ist grausam. Als Bauernfamilie den eigenen Grund und Boden, einen gemeinsamen Lebensstil zu verlieren, während wirtschaftliche Konzentration und Naturzerstörung zunehmen, ist bitter.

Ständig zu hungern, am Rand der Existenz zu leben und aussichtslos verschuldet zu sein, während Nahrungsmittel vernichtet werden und Rüstungsausgaben expandieren, ist ein Skandal.

2.3 Bildwechsel

„Arm in diesem Deutschland" war im Januar 1987 das fünfseitige Dossier einer Wochenzeitung überschrieben[29]. Ist es vorstellbar, daß sich eine vergleichbare Armut in der Bundesrepublik ausbreitet, wie die amerikanischen Bischöfe sie für ihr Land behaupten? Kann das Urteil des Hirtenbriefs überhaupt auf Deutschland übertragen werden, da ein ausgebautes System der sozialen Sicherung besteht, aus dem man nicht leicht herausfällt? Und wenn, hätten dann Caritas und Diakonie nicht längst Alarm geschlagen?

a) Armut in einem reichen Land

Wenn Menschen in der Bundesrepublik heute arm sind, dann leben sie nicht am Rande des Existenzminimums; sie sind reich im Verhältnis zu ihren Großeltern, zur Masse der Bevölkerung in den Entwicklungsländern, zu ihren Verwandten in der DDR. Armut ist immer relativ. „Unsere Armen sind nicht in Indien und nicht in der Sowjetunion, sie sind auch nicht im 19. Jahrhundert arm, sie sind es hier und jetzt, in der Bundesrepublik Deutschland, im 20. Jahrhundert. Im Verhältnis zur übrigen Gesellschaft sind sie Entrechtete", so formulierte Heiner Geißler 1976 eine neue soziale Frage[30].

Eine relative Armutsgrenze, also die Höhe eines sozio-kulturellen Existenzminimums, wird in der Bundesrepublik anders als in den Vereinigten Staaten nicht gesetzlich definiert. Das Niveau des Sozialhilfeanspruchs im Rahmen der Hilfe zum Lebensunterhalt könnte jedoch diese Rolle übernehmen. Nur ist dieser Anspruch 1962, als das Bundessozialhilfegesetz eingeführt wurde, auf der Basis eines sehr bescheidenen Warenkorbs festgelegt worden[31], außerdem sind die indizierten Regelsätze hinter der Nettolohn- und Gehaltsentwicklung zurückgeblieben; würde schließlich der Warenkorb entsprechend den aktuellen Lebensgewohnheiten neuberechnet, ergäbe sich eine Lücke von 20%.

Wenngleich Armut mehrere Dimensionen einschließt und nicht auf die rein monetäre Dimension beschränkt bleibt, bietet die sogenannte Einkommensarmut doch einen überprüfbaren Maßstab.

Diese Armut hat in den letzten Jahren dramatisch zugenommen. Während die Zahl der jährlichen Sozialhilfeempfänger 1963–1972 konstant bei 1,5 Mill. lag, stieg sie seit 1973 kontinuierlich an und erreichte 1982 bereits 2,3 Mill. 1985 haben 2,8 Millionen Menschen in der Bundesrepublik Sozialhilfe beansprucht. Wollte man den Kreis der Armen halbwegs realistisch erfassen, dann könnte man von den 2,1 Mill. Personen ausgehen, die 1984 auf Grund des Bundessozialhilfegesetzes Hilfe zum Lebensunterhalt bezogen. Hinzugerechnet werden müßten die verdeckt Armen, die den Weg zum Sozialamt scheuen; ihre Dunkelziffer wird bis zu 100% der Sozialhilfebezieher geschätzt. Schließlich gehörten dazu die potentiell Armen, die den Sozialhilfeanspruch einlösten, wenn die Regelsätze höher lägen; es gilt als wahrscheinlich, daß die Zahl der Sozialhilfeberechtigten um 100% wächst, wenn die Regelsätze um 20% steigen.

Wie ist der Kreis der Sozialhilfeempfänger zusammengesetzt? Nach dem Haushaltstyp verteilen sich u. a. etwa 65% auf Alleinstehende, 12% auf Ehepaare mit Kindern und 16% auf Alleinstehende mit Kindern. Das Verhältnis von Männern zu Frauen liegt ungefähr bei 1 : 1,3; im Unterschied zu den USA kann man nicht von einer Feminisierung der Armut sprechen. In den letzten Jahren verschieben sich die Anteile von der älteren zur mittleren und zur jüngeren Generation; dramatisch hat die Zahl der 18–25jährigen zugenommen. Auch der Anteil der sozialhilfebeziehenden Haushalte mit Kindern. Wie groß mag die Gruppe der dauerhaft Armen sein? Schätzungsweise waren 1986 etwa ein Drittel der Haushalte länger als drei Jahre von Sozialhilfe abhängig; rund zwei Drittel wären also nur zeitweise arm[32].

Arm zu sein unter Armen, mag erträglich sein. Doch Armut inmitten eines demonstrativen Luxus verletzt die Menschenwürde. Während in der Bundesrepublik noch nie so viele Personen wie im Jahr 1986 unter die Sozialhilfegrenze fielen, signalisieren die Warenangebote in den vornehmen Straßen der Innenstädte, wo Kaufkraft vorhanden ist. Ein Kaschmirschal kann für DM 1900, ein Paar Damenstiefel für DM 3900, ein Pelzmantel für DM 59 000 und mehr gekauft werden, Lederkoffer sind für DM 13 000, Elektro-Kinderautos für DM 25 000, Armbanduhren für DM 80 000 und mehr zu haben[33].

b) Armut der Arbeitslosen

Eine neue Form von Armut entsteht durch gesellschaftliche Ausgrenzung infolge lang anhaltender Massenarbeitslosigkeit[34]. 1985 war der Sozialhilfebezug bei einem Viertel der betroffenen Haushalte mit dem Verlust des Arbeitsplatzes begründet; das Sozialbudget der Städte wurde zu einem Drittel von der Sozialhilfe aufgezehrt, die infolge von Arbeitslosigkeit gewährt wird. „Arbeitslosenrutsche" heißt der finanzielle Abstieg, der einen Vierpersonenhaushalt im Verlauf von weniger als zwei Jahren treffen kann, wenn infolge kumulierter Arbeitslosigkeit ein scheinbar gesichertes Familieneinkommen von DM 4600 auf DM 1900 zusammenschrumpft. Wie kommt dieser Abstieg zustande?

Das System der Risikoabwehr bei Arbeitslosigkeit besteht aus zwei Teilen: dem Arbeitslosengeld als Versicherungsleistung und der Arbeitslosenhilfe als Fürsorgeleistung. Das Arbeitslosengeld, das 63% des letzten Nettoarbeitsentgelts ausmacht, ist zeitlich befristet und wird höchstens ein Jahr gezahlt. Danach wird die Arbeitslosenhilfe mit 56% des letzten Nettoarbeitsentgelts gewährt, nachdem die Bedürftigkeit des Arbeitslosen geprüft und bejaht ist. Während 1974 75% der Anspruchsberechtigten Arbeitslosengeld und 10% Arbeitslosenhilfe bezogen, lag das Verhältnis zehn Jahre später bei 34% : 27%. Wegen der unterschiedlichen Höhe von Arbeitslosengeld und Arbeitslosenhilfe verursacht der Übergang vom einen in das andere System bereits einen finanziellen Abstieg.

Die Bezugsdauer von Arbeitslosengeld und Arbeitslosenhilfe ist an den Nachweis sozialversicherungspflichtiger Beschäftigung (Anwartschaftszeit) während der letzten drei Jahre gebunden. Die anhaltende Beschäftigungskrise hat die Zahl der Langzeitarbeitslosen anschwellen lassen. Im Dezember 1986 betrug der Anteil der registrierten Arbeitslosen, die überhaupt keine Arbeitslosenunterstützung erhielten, 38%; darunter sind viele Jugendliche, deren Einstieg ins Erwerbsleben mit Arbeitslosigkeit beginnt. Zu den mehr als 2 Millionen registrierten Arbeitslosen muß eine „Stille Reserve" von mindestens 1 Million hinzugerechnet werden, die keine Chance sehen, sich über das Arbeitsamt vermitteln zu lassen oder überhaupt einen Arbeitsplatz zu finden.

Neue Armut in Deutschland ist die Armut der Arbeitslosen – der gleitende Abstieg vom Erwerbseinkommen zum Arbeitslosengeld, zur Arbeitslosenhilfe, zur Sozialhilfe.

Ist diese Armut politisch herbeigeführt oder mitverursacht?

Zumindest ist sie nicht ausschließlich durch mangelnde Qualifikation, fehlenden Leistungswillen, gesundheitliche Schwäche, psychische und familiäre Probleme zu erklären. Ebensowenig überzeugt mich die Ansicht, daß die Armut der Arbeitslosen wie die gegenwärtige Höhe der Arbeitslosigkeit unvermeidbar seien; gegen beide Vermutungen in den USA haben die amerikanischen Bischöfe bereits Stellung bezogen.

In der Bundesrepublik sind seit Mitte der 70er Jahre Sozialleistungen im Bereich der Arbeitslosenversicherung massiv beschnitten worden[35]. Das Haushaltsstrukturgesetz von 1976 hat den Anfang gemacht. Dann setzte das Arbeitsförderungskonsolidierungsgesetz von 1982 die Anwartschaft zum Bezug von Arbeitslosengeld herauf, veränderte dessen Bemessungsgrundlage und koppelte die Regelsätze nach dem Bundessozialhilfegesetz von der allgemeinen Preissteigerungsrate ab. Das Haushaltsbegleitgesetz von 1983 kürzte die Bezugsdauer des Arbeitslosengelds und verschob die fällige Erhöhung der Regelsätze der Sozialhilfe. Das Haushaltsbegleitgesetz von 1984 nahm dann eine direkte Kürzung des Arbeitslosengelds und der Arbeitslosenhilfe sowie des Arbeitslosengeldes für Jugendliche, die gerade ihre Ausbildung abgeschlossen hatten, vor. Inzwischen sind einige besonders harte Einschnitte bereits korrigiert worden[36]. Dennoch scheint es mir offensichtlich zu sein, daß die erwähnten rigorosen Kürzungen der Sozialleistungen die bestehende Armut der Arbeitslosen mitverursacht haben.

Schweigt die Kirche zur Armut der Arbeitslosen?

Die Caritasverbände waren innerhalb der katholischen Kirche die ersten, die diese Form der Armut zu spüren bekamen und von ihr betroffen waren. Bis deren Informationen in die kirchlichen Leitungszentren vordrangen und dort zur Kenntnis genommen wurden, verging einige Zeit. Dann war abzuwägen, ob ein öffentlicher Protest gegen die neue Armut den Caritasverband nicht parteipolitisch vereinnahmt hätte, sodaß in einer Reihe von Bundesländern öffentliche Finanzquellen versiegt wären, die man dringend benötigte, um die härtesten Erscheinungsweisen der neuen Armut zu lindern, die man aber nur solange anzapfen konnte, als die neue Armut öffentlich nicht genannt wurde. Doch die Caritasarbeit hat sich nicht auf Sanierungsarbeiten beschränkt, sondern die politische Dimension der Arbeitslosenarmut erkannt und angesprochen[37].

Die Jahrestagung der katholischen Sozialethiker 1986 in Mönchengladbach war dem gleichen Problem gewidmet[38]. Die Evangelische Akademie Loccum hatte das Armutsthema bereits im Herbst 1984 auf die Tagesordnung gesetzt[39], während der Kirchliche Dienst in der Arbeitswelt im Frühjahr 1986 ein Diskussionspapier „Armut in einer reichen Gesellschaft" veröffentlichte[40].

3. Anfrage an das Wirtschaftssystem

Dem ersten Entwurf des Wirtschaftshirtenbriefs war vorgehalten worden, er betrachte die Wirtschaft als ein Ding oder System, das Entscheidungen treffe. Durch diese Sichtweise werde dem einzelnen Verantwortung entzogen und den Strukturen zuviel Gewicht beigemessen; die Eigenart einer freien Wirtschaft, die dem einzelnen die Freiheit gewährt, wirtschaftliche Entscheidungen zu treffen, werde verkannt[41]. Ist dieser Vorbehalt berechtigt? Ist er gegen die Endfassung aufrechtzuerhalten?

3.1 Entscheidungstheorie der Wirtschaft

Der Hirtenbrief begreift die Wirtschaft als einen Bereich menschlichen Handelns. Menschlich handeln heißt entscheiden – aus mehreren Handlungsmöglichkeiten eine auswählen und sich in dieser Auswahl selbst bestimmen. Wirtschaftliches Handeln ist demnach ein Entscheidungsprozeß, der von verantwortlichen Personen getragen wird. Selbst die Wirtschaft als kollektive Einrichtung ist aus menschlichen Entscheidungen hervorgegangen und auf solche hingeordnet.

Die entscheidungstheoretische Sicht der Wirtschaft durchzieht in drei Motivreihen den Hirtenbrief:

Erstens wird der Vorrang persönlicher Entscheidung vor jedem Systemdruck behauptet. Die Wirtschaft ist keine Maschine, die nach eigenen unerbittlichen Gesetzen arbeitet, und die Menschen sind keine bloßen Objekte, die von wirtschaftlichen Sachzwängen hin- und hergestoßen werden (96). Selbst das Elend in den Entwicklungsländern ist nicht das unvermeidliche Resultat geschichtlicher Entwicklung oder kultureller Gesetzmäßigkeit, sondern Ergebnis menschlicher Entscheidungen und menschlicher Einrichtungen (254). Jeder Mensch fällt täglich für sich wirtschaftliche Entscheidungen, während von Unternehmensleitern erwartet wird, daß sie Entscheidungen treffen, die das Leben anderer beeinflussen (111, 333).

Zweitens identifiziert der Hirtenbrief Systemagenten und Hauptakteure der Wirtschaft und spricht diese auf ihre Verantwortung an. Dem Recht der Arbeitnehmer, sich zu Gewerkschaften zusammenzuschließen, entsprechen die Pflichten der Gewerkschaften, ein neues Rollenverständnis zu finden, keine Diskriminierung in den eigenen Reihen zu dulden und weltweit solidarisch zu sein (106–109). Eigentümer, Manager und vor allem dynamische Unternehmergestalten sind für eine funktionsfähige Marktwirtschaft unverzichtbar[42]. Aber die natürliche Umwelt und das durch menschliche Arbeit geschaffene Kapital sind ihnen als treuhänderischen

Verwaltern anvertraut. Deshalb dürfen sie nicht bloß nach dem Eigeninteresse einzelwirtschaftlicher Rentabilität entscheiden, ihre Freiheit ist vielmehr an das allgemeine Interesse gebunden (110, 112–114). Die Manager transnationaler Unternehmen und Banken haben die Macht, durch ihr Verhalten zur weltweiten Gerechtigkeit beizutragen, anstatt die Ungleichheit zu vergrößern und die internationale Ordnung zu destabilisieren (116).

Solange es in der Welt keine politische Institution gibt, die für das Weltgemeinwohl verantwortlich wäre und die Macht hätte, es durchzusetzen (261, 323), verdienen drei Hauptakteure besondere Aufmerksamkeit: die Regierungen der Nationalstaaten, die noch ziemlich großen Einfluß haben, die internationalen Einrichtungen, die Ideen, Macht und Einfluß kanalisieren, und die transnationalen Unternehmen. Ein abgestuft wirksamer Einfluß geht von Gewerkschaften, sozialen Bewegungen und anderen Gruppierungen aus (255).

Drittens sind die Vorliebe für verhaltensethische Argumentationsmuster und ein personbezogenes Verständnis der christlichen Berufung in der Welt unübersehbar. Das Teilkapitel über die wirtschaftsethischen Normen beginnt mit einem Abschnitt über die gesellschaftlichen Pflichten des Menschen: Nächstenliebe, Gerechtigkeit und Sorge für die Armen (63–78); ihm folgen die Abschnitte über wirtschaftliche Rechte (79–84) und über vier ethische Prioritäten als Grundlage wirtschaftspolitischer Entscheidungen (85–95). Der Abschnitt über die gesellschaftliche Verantwortung der Person übersetzt das Doppelgebot der Gottes- und Nächstenliebe in das Gebot der Solidarität und Beteiligungsgerechtigkeit (63–67, 68–76) und verurteilt verschiedene Formen gesellschaftlicher Ausgrenzung (77 f.). Das fünfte Kapitel, das ein verbindliches Engagement der Christen für die Zukunft skizziert, hat – anders als die ersten Textentwürfe – den Abschnitt über die christliche Berufung in der heutigen Welt mit den Themen: Umkehr, Gottesdienst/Gebet, Heiligkeit und Muße (327–338) erheblich erweitert und dazu jenem Abschnitt vorangestellt, der das Engagement der Kirche als Wirtschaftsmacht (339–358) behandelt.

Mir scheint, daß die entscheidungstheoretische Sichtweise der Wirtschaft klar ausgedrückt ist. Die ursprünglich geäußerten Vorbehalte wurden zum Teil berücksichtigt, zum Teil sind sie unberechtigt.

3.2 Systemtheorie der Wirtschaft

Der Hirtenbrief bleibt nicht bei einer nur entscheidungstheoretischen Sichtweise stehen.

Die Bischöfe betonen erstens, daß nicht nur das Gewissen des Einzelnen sondern auch die gesellschaftlichen Strukturen politisches Handeln bestimmen und Probleme regeln (259). Die ethische Dimension der Wirtschaft kann sich nicht darin erschöpfen, die Pflichten des Einzelnen zu bestimmen, ohne z. B. die Konzentration wirtschaftlicher Macht bei Großunternehmen und Großbanken zu überprüfen (111). Eine individuelle Tugend- bzw. Pflichtenethik muß ergänzt werden durch einen mehr systematischen Ansatz bei den Gruppen und Einrichtungen, die das Wirtschaftsleben steuern (76). Die für das katholische Milieu typische Meinung, Arbeitslosigkeit und Armut seien freiwillig gewählt und persönlich verschuldet, wird ausdrücklich zurückgewiesen (193 f.).

Mit solchen Aussagen verbindet sich zweitens eine systemkritische Perspektive: Das Übergewicht des Systems und seiner Struktur wirkt bedrohlich. Zu offensichtlich nämlich wird verantwortetes Entscheiden durch die sozio-ökonomischen Verhältnisse erschwert. Ein Schulsystem benachteiligt bestimmte Gruppen, und ein Arbeitszeitsystem belastet viele Familien. Untere Einkommensschichten empfinden sich als Opfer wirtschaftlicher Sachzwänge, die sie nicht kontrollieren können (85). Die Konzentration von Privilegien, Macht und Reichtum, wie sie heute beobachtet wird, gründet eher in strukturellen Verhältnissen als in unterschiedlicher Begabung oder Leistungsbereitschaft (76).

Daraus ergeben sich drittens Anfragen an das Wirtschaftssystem selbst. Wie wirkt es sich auf die Menschen aus? Verteidigt oder bedroht es die Menschenwürde (130)? Legt es mehr Wert auf Gewinnmaximierung, Machtkonzentration, übermäßigen

Materialismus und Militärausgaben oder darauf, daß die Grundbedürfnisse befriedigt, der Ertrag gleichmäßig verteilt, die Umwelt geschützt und die Rohstoffe sparsam verbraucht werden? Die Bischöfe fordern dazu auf, solchen Systemfragen intensiver, als der Hirtenbrief es gestattet, nachzugehen (132).

Die Systemkritik der amerikanischen Bischöfe hält sich viertens innerhalb eng gezogener Grenzen. Zunächst erscheint es als unvorstellbar, daß ein System sich von den persönlichen oder kollektiven Entscheidungsträgern ganz abkoppeln könne; die Wirtschaft ist von Menschen geschaffen worden und kann durch sie verändert werden (129). Folglich wehren die Bischöfe dann eine radikale Systemveränderung ab. Eine uneingeschränkt freie Marktwirtschaft, da jeder seinem aufgeklärten Eigeninteresse folgt und der Staat sich möglichst wenig einmischt, wird ebenso zurückgewiesen wie die Abschaffung des Kapitalismus und dessen Ersatz durch ein völlig anderes System, das Privateigentum, Gewinn und freien Markt nicht kennt. Extremen, idealtypischen und vermutlich gegenproduktiven Systementwürfen wird ein pragmatischer, evolutionärer Ansatz gegenübergestellt, der ein real existierendes gemischtes System mit erstaunlichen Anpassungs- und Reformleistungen zu analysieren und auf mehr Gerechtigkeit hin zu reformieren sucht. Der Hirtenbrief äußert schließlich eine positive Systemerwartung, daß nämlich die repräsentative Demokratie der Vereinigten Staaten zusammen mit den riesig vorhandenen ökonomischen, technischen und menschlichen Ressourcen eine solche Reform zustande bringt (129–131).

3.3 Strukturanalyse der US-Wirtschaft

Das Vorhaben der Bischöfe, sowohl wirtschaftliches Handeln als auch wirtschaftliche Strukturen und Resultate zu prüfen, wie sie sich auf die Menschen auswirken, klingt anspruchsvoll. Wie löst der Hirtenbrief diesen Anspruch ein? Mit welchen strukturellen Ursachen erklärt er Arbeitslosigkeit, Armut, Umweltzerstörung und Unterentwicklung?

Der Markt zeigt Steuerungsdefizite, ist eine erste Aussage. Sie hört sich weniger anstößig an, wenn man bedenkt, daß nicht ein idealtypisches Marktmodell, sondern die aktuelle US-Wirtschaft beurteilt wird. Diese ist durch einen hohen Konzentrationsgrad charakterisiert, der einen dynamischen Wettbewerb erschwert oder gar aufhebt (111, 114). Das Vertrauen in die Marktsteuerung bzw. in die Selbstheilungskräfte des Marktes ist außerdem begrenzt, weil ein freier Markt noch keine Gerechtigkeit garantiert, und der Markt allein nicht automatisch Vollbeschäftigung herstellt (115,154).

Arbeitslosigkeit ist nur mehrdimensional zu erklären, so lautet eine zweite Aussage. Demographische Veränderungen, Einwanderer und wachsende Erwerbsneigung der Frauen beeinflussen das Angebot an Arbeitskräften. Neue Technologien setzen Arbeitskräfte frei und entwerten erlernte Qualifikationen. Der Weltmarkt erzwingt strukturelle Anpassungen, wenn sogenannte Schwellenländer mit inländischen Unternehmen auf dem amerikanischen Markt konkurrieren, und wenn Produktionsstätten aus den USA in Entwicklungsländer ausgelagert werden. Frauen und rassische Minderheiten werden bei der Arbeitssuche diskriminiert, das Wettrüsten bewirkt einen Nettoverlust an Arbeitsplätzen (144–148).

Zwischen der Armut und der Einkommens- bzw. Vermögensverteilung besteht eine Beziehung, so kann man eine dritte Aussage formulieren. In den USA ist die Disparität der Einkommen und Vermögen extrem hoch, wenn man andere Industrieländer zum Vergleich heranzieht; sie wird von den Bischöfen als unannehmbar bezeichnet, zumal sie die ungleichen Machtverhältnisse und Beteiligungschancen in der amerikanischen Wirtschaft spiegelt und in den letzten zehn Jahren noch zugenommen hat (183–185). Eine Lohndiskriminierung, die auf Sexismus und Rassismus zurückgeht, verursacht spezifische Armutsformen (179,182).

Kapitalistisches Wirtschaften zerstört die soziale und natürliche Umwelt, so fasse ich eine vierte Aussage zusammen. Für die Zerstörung von Familien im ländlichen Raum und die Verschwendung nicht erneuerbarer Ressourcen ist ein ruinöser Wettbewerb verantwortlich, der zuletzt wenige marktbeherrschende Unternehmen übrig läßt. An diesem Konkurrenzkampf nehmen sektorfremde Konzerne teil, sie investieren in arbeitssparende Techniken, um Verluste zuweisen und Steuern einsparen zu können. Nun ist der Staat ein Teil des Agrarkapitalismus: landwirtschaftliche Produktion ist auch in den USA mehr Agrarpolitik als Marktwirtschaft. Die subventionierten Agrarpreise und offensiven Agrarexporte, die Steuerpolitik und das Haushaltsdefizit, die Zinspolitik und der Dollarkurs erklären einen erheblichen Teil des Risikos, dem landwirtschaftliche Familien ausgesetzt sind (222–224, 239).

In der Weltwirtschaft existiert einseitige Abhängigkeit, heißt eine fünfte Aussage. Die Organisation der Vereinten Nationen als möglicher Garant des Weltgemeinwohls ist politisch schwach; darin liegt ein Strukturfehler der Weltwirtschaft (261, 323). Wechselnd voneinander abhängig sind allenfalls Industrieländer. Die Entwicklungsländer sind einseitig abhängig von den Industrieländern und deren Führungsmacht USA, denn da werden die Preise, die privaten Direktinvestitionen und die Kreditbedingungen festgesetzt (253); GATT, Weltwährungsfonds und Weltbank decken den asymmetrischen Charakter der Weltwirtschaft auf (271). Umgekehrt ist die Entwicklungspolitik der USA am Machtkalkül und Eigeninteresse, an der nationalen Sicherheit und am wirtschaftlichen Vorteil orientiert. Sie steht unter dem Diktat strategischer Pläne, verfolgt eine aggressive Zins-, Haushalts- bzw. Wechselkurspolitik und verschleppt den Nord-Süd-Dialog (260–263).

Der militärisch-industrielle Komplex verzerrt die marktwirtschaftlichen Beziehungen, ist das Resümee einer sechsten Aussage. Wirtschaft und Staat in den USA sind durch militärische Forschung und Rüstungsaufträge eng verflochten. Rüstungsproduzenten unterhalten zur militärischen und politischen Führung[43] enge Kontakte (320). Die Ausgaben für militärische Forschung und der Einsatz von Wissenschaftlern in der Rüstungsproduktion entziehen anderen Sektoren qualifizierte Fachkräfte, stören eine optimale Faktorkombination, gefährden den Frieden und sind eine Katastrophe für die Armen (148, 320). Der Waffenhandel, in dem die USA führend sind, überträgt das Wettrüsten und die Ressourcenvergeudung in die ärmsten Länder (13, 20).

Gesellschaftliche Ausgrenzung ist eine Form sozialer Sünde, behauptet eine siebte, allerdings theologisch begründete Aussage. Christliche Gemeinden, die sich gegen institutionalisierte Ungerechtigkeit wehren, bemühen sich zugleich um eine Diagnose jener Zustände, die die Welt von Gott entfremden (55)[44]. Eine Person oder eine Personengruppe so zu behandeln oder aufzugeben, als gehörte sie nicht zur menschlichen Gemeinschaft, ist eine extreme Form von Ungerechtigkeit. Sie tritt in verschiedener Weise auf: politisch als Menschenrechtsverletzung, Machtkonzentration oder Unterdrückung, wirtschaftlich als unausweichliche, nach unten gerichtete Armutsspirale, als Ausschluß von weltwirtschaftlichen Entscheidungsprozessen, als Ohnmacht der in absoluter Armut Lebenden gegenüber der Willkür ungerechter Oberschichten und Regierungen (77).

Wie ist die Strukturanalyse der US-Wirtschaft, sofern sie im Hirtenbrief durchscheint, zu beurteilen?

Die thesenhaft formulierten Aussagen sollen nicht den Eindruck erwecken, als hätten die amerikanischen Bischöfe eine Strukturanalyse der US-Wirtschaft vorgelegt oder gar vorlegen wollen. Sie hätten sich damit einer Reihe von Angriffen ausgesetzt, die an dem religiös-ethischen Anspruch des Hirtenbriefs vorbeizielen. Und sie hätten sich auf eine kontroverse theoretische Diskussion eingelassen, z. B. inwiefern das Mindestlohnniveau den Beschäftigungsgrad beeinflußt, wie die Armut als Funktion der Einkommensverteilung präzise zu formulieren ist, ob die Weltwirtschaft nach dem Muster der Dependenztheorie gedeutet wird (wie die Befreiungstheologen es tun), worin die soziale oder ökologische Krise des ländlichen Raumes exakt besteht, welche privaten und staatlichen Einflußgrößen auf den Agrarmarkt einwirken. Solchen Anfragen sind die Bischöfe aus dem Weg gegangen, indem sie auf eine Totalanalyse des amerikanischen Wirtschaftssystems verzichtet haben (133).

Die thesenhaft formulierten Aussagen sollen anderseits auf den Begriff bringen, was an partiellen Erklärungsversuchen und Teilanalysen im Hirtenbrief enthalten ist. Die Bischöfe konnten es sich nicht leisten, auf analytische Arbeit ganz zu verzichten. Denn in der Art, wie sie Zustände beschreiben, und in dem, was sie politisch empfehlen, stecken jeweils bestimmte sozio-ökonomische Theorieelemente z.B. über das Gewicht der gesamtwirtschaftlichen Kaufkraft (197) oder über die Familie als Funktion bzw. Gegenstruktur der Wirtschaft (345f.). Deshalb ist es zu begrüßen, daß solche analytischen Elemente, die sich im Hirtenbrief verstreut finden, reflektiert und offen ausgewiesen werden. Wer meint, sie seien zu vorsichtig abgefaßt und konsensfähig formuliert, sollte an die Diskussion über den ersten Entwurf, an die Funktion eines Hirtenbriefs und an das religiös-ethische Kernanliegen dieses Hirtenbriefs denken.

Ein ziemlich gewagtes Vorhaben ist an einer Stelle des Hirtenbriefs behutsam angedeutet und reflektiert worden, nämlich die vom Glauben inspirierte Strukturanalyse der Wirtschaft und Gesellschaft. Die einzelnen Dimensionen einer solchen Analyse lassen sich so darstellen: Christliche Gemeinden solidarisieren sich mit den Leidenden und wehren sich gegen Einstellungen und Handlungsweisen institutionalisierter Ungerechtigkeit. Sie verkörpern in ihrem Leben die Werte der neuen Schöpfung, obwohl sie noch unter dem Gesetz der alten stehen. Sie bemühen sich um eine Diagnose jener Zustände, die die Welt weiterhin von Gott entfremden. Sie sind auf der Suche nach Gerechtigkeit, aus dem Leben in der Neuschöpfung entwerfen sie hoffnungsvolle und realistische Alternativen (55). Wie schwer dieses Vorhaben einzulösen ist, bestätigt der Hirtenbrief selbst, der nur einmal und dazu noch zögernd wagt, gesellschaftliche Ausgrenzung „soziale Sünde" (77) zu nennen.

3.4 Analytisches Bewußtsein katholischer Soziallehre

Das Verhältnis von Sozialwissenschaft und Theologie hat in dem Streit um die Theologie der Befreiung eine gewichtige Rolle gespielt, ob es nämlich zulässig sei, daß eine empirisch gehaltvolle Theorie zum Maß der Theologie werde oder daß die Theologie sich einer marxistischen Gesellschaftsanalyse bediene.

Der amerikanische Wirtschaftshirtenbrief ist in dieser Sache unverdächtig. Aber die verstreut und ansatzweise vorhandenen analytischen Elemente können die katholische Sozialbewegung und Soziallehre in Westdeutschland fragen, welches gesellschaftsanalytische Bewußtsein sie entwickelt haben.

a) Analytische Anleihen

Ein erster Versuch, das Verhältnis von Sozialwissenschaft und katholischer Soziallehre zu bestimmen, ist das „Scheinwerfer"-Modell: Während die Sozialwissenschaft von den sozialen Tatsachen her denkt, legt die Soziallehre den Maßstab des Evangeliums an diese Tatsachen, als würden die Scheinwerfer des Evangeliums auf die sozialen Tatsachen gerichtet[45].

Einen zweiten Versuch, dieses Verhältnis zu klären, bietet das „Zulieferer"-Modell: Die Soziallehre wertet die wissenschaftlich sicheren Erkenntnisse der Sozialwissenschaft aus. Sie präsentiert sie nicht als eigene Forschungsergebnisse, sondern benutzt sie als Arbeitsmaterial und Werkzeug. Die Ursachen der Arbeitslosigkeit zu untersuchen oder währungspolitische Maßnahmen zu beurteilen, ist nicht Sache der Soziallehre sondern der Sozialwissenschaft, fällt in die Zuständigkeit der Sachverständigen und Verantwortlichen[46].

Ein dritter Versuch, das Verhältnis zu erfassen, wird zutreffend „Austausch"-Modell genannt. Er ist den ersten beiden Versuchen überlegen. Warum? Weil soziale Tatsachen mit physikalisch nachweisbaren Sachverhalten nicht gleichzusetzen sind; die Einkommensverteilung in der Bundesrepublik wird anders wahrgenommen als ein vorbeifahrender Intercity. Weil der Lichteffekt des Scheinwerfers selbst ein Bestandteil der sozialen Tatsachen ist. Weil auch umgekehrt der Scheinwerfer sozialer Tatsachen auf das Evangelium fällt. Und weil ein Soziallehrer, der ungeprüft von wissenschaftlich gesicherten Erkenntnissen ausgeht, den Selbstbezug der Sozialwissenschaft als ihre nicht hintergehbare subjektive Dimension verkennt.

Das Austauschmodell rechnet mit einer komplizierten wechselseitigen, Vermittlung von Sozialwissenschaft und Soziallehre, läßt jedoch zwei abweichende Vorentscheidungen gelten.

Wilhelm Weber[47] ist beispielsweise der Ansicht, daß die Soziallehre in der Traditionslinie jener Christen stehe, die bürgerliche Ethiken und natürliche Strukturelemente aufgenommer, kritisiert und umgeformt haben. Sie finde ein bürgerliches Christentum und eine konservative Haltung ganz normal und bejahe sie unter bestimmten Bedingungen, weil die tradierten Verhaltensformen und Institutionen menschlichen Zusammenlebens in einem geschichtlichen Prozeß optimal entwickelt und verbindlich gemacht worden sind. Nicht die Tradition sondern die Veränderung sei begründungspflichtig. Eine solche Verteilung der Beweislast gehe auf die Einsicht zurück, daß die Totalität der Zustände viel zu komplex ist, als daß man ihren Vernunftcharakter beweisen oder widerlegen könne. Deshalb müsse man bis zum Erweis des Gegenteils auf den Vernunftcharakter gegebener Zustände vertrauen.

Clodovis Boff[48] dagegen fällt eine andere Vorentscheidung. Seiner Auffassung nach habe die Soziallehre keinen unmittelbaren Zugang zur sozialen Wirklichkeit und sei somit auf die Sozialwissenschaft angewiesen. Diese bereite eine konkrete Situation mit Hilfe ihres analytischen Begriffsapparats zu einer sozialen Theorie auf. Die so produzierte Gesellschaftstheorie werde dann von der Soziallehre aufgenommen und mit Hilfe theologischer Begriffsinstrumente zu einer Theologie des Sozialen verarbeitet. Angesicht der Vielfalt sozialwissenschaftlicher Analysen müsse die Soziallehre eine Auswahl treffen. Aber nach welchem Maßstab? Zunächst ließen sich zwei Grundtendenzen der Gesellschaftsanalyse identifizieren, nämlich eine funktionalistische und eine dialektische Tendenz. Die Auswahl sei wissenschaftlich nicht, ethisch aber wohl entscheidbar, nämlich auf Grund der praktischen Option christlicher Gemeinden für die Armen und ihres Widerstands gegen gesellschaftliche Ausgrenzung[49].

b) Systemvertrauen und Systemkritik

Eine Soziallehre, die analytische Anleihen bei ausgewiesenen Naturphilosophen und Sozialphilosophen eines bestimmten Denkstils macht[50], begreift die Gesellschaft vorrangig als Ordnungsgefüge, das sich in gemeinsamen Verhaltensmustern, Sinnwelten und Institutionen darstellt, die dem einzelnen Menschen selbständig gegenübertreten. Gerade die gesellschaftlichen Einrichtungen des Staates, der Ehe und Familie sowie des Privateigentums erscheinen als ein Strukturgerüst, das den einzelnen von dauerndem Entscheidungszwang entlastet, die Orientierung erleichtert und eine soziale Position zuweist. Der Vorrang des Gemeinwohls vor dem Einzelwohl sowie das Zurückstellen der Bedürfnisse des einzelnen erscheint plausibel, solange in der Ordnung der Gesellschaft, im Funktionieren des Systems nach den Grundsätzen der Gerechtigkeit zugleich die berechtigten Ansprüche des einzelnen aufgehoben sind.

Ist ein solches Vertrauen in die Funktionsfähigkeit, vor allem in die Gerechtigkeit sozialer und wirtschaftlicher Systeme gerechtfertigt? Diese skeptische Frage kommt nicht in erster Linie aus theoretischen Erwägungen sondern aus geschichtlichen Erfahrungen. Eine Privateigentumsordnung mag grundsätzlich Gerechtigkeit verbürgen, aber im Rahmen einer rein kapitalistischen Marktwirtschaft hat sie im vergangenen Jahrhundert ein asymmetrisches Verhältnis zwischen Kapitaleignern und Arbeitnehmern hervorgebracht. Aus dieser Asymmetrie ist die Gewerkschaftsbewegung entstanden, eine soziale Bewegung, die ethisch berechtigt und politisch wirksam war. Vergleichsweise mag der bürgerliche Rechtsstaat grundsätzlich jedem die formal gleichen Freiheitsrechte garantieren, doch bei ungleicher Verteilung materieller Lebenschancen hat nicht jeder in gleicher Weise diese Rechte einlösen können. Oder Ehe und Familie mögen grundsätzlich das Verhältnis der Geschlechter und der Generationen gerecht ordnen, aber die gegenwärtige Kleinfamilie wird vom ökonomischen System abhängig gehalten, verschärft eine geschlechtsbedingte Arbeitsteilung und benachteiligt einseitig die Frauen.

Eine repräsentative Demokratie mag grundsätzlich in der Lage sein, Herrschaft zu kontrollieren, abweichende Interessen auszugleichen und effizient zu entscheiden, aber in der Gestalt, wie sie zur Zeit in der BRD erlebt wird, scheint sie zu einem Parteien-, Verbände- und Verwaltungssystem zu verkrusten, das neue soziale Bewegungen und die Anliegen der nachwachsenden Generation an den Rand drängt. Die internationale Arbeitsteilung mag grundsätzlich allen Marktpartnern Vorteile bringen, aber das gegenwärtige Weltwirtschafts- und Weltwährungssystem ist von den reichen Nationen beherrscht und schließt die armen Länder aus.

Das stabile Funktionieren eines Wirtschafts- oder Sozialsystems garantiert also noch nicht, daß die Rechte und Pflichten der Mitglieder fair verteilt sind. Asymmetrische Verhältnisse können vielmehr auf eine ungerechte Verteilung wirtschaftlicher Positionen und gesellschaftlicher Macht hinweisen. In solch einem Fall müßte die katholische Soziallehre an die Seite sozialer Bewegungen treten, die um gesellschaftlichen Einfluß und um eine faire Machtbeteiligung kämpfen. Das hat sie in der Frühphase der alten sozialen Bewegung getan; ein vergleichbares Engagement wäre jetzt zugunsten der neuen sozialen Bewegungen, nämlich der Frauen-, Friedens- und Umweltbewegung, angebracht. Dazu allerdings müßte die Soziallehre ein analytisches Werkzeug erwerben, das die Gesellschaft nicht in erster Linie als Ordnungsgefüge sondern mehr als dynamische Bewegung begreift, und das nicht so viel Systemvertrauen ausstrahlt, sondern mehr systemkritische Elemente enthält.

Mir scheint, daß katholische Sozialbewegung und Soziallehre gerade in der Bundesrepublik ein solches analytisches Bewußtsein brauchen und daß sie sich mit einer Analyse gesellschaftlicher Konflikte und einer Theorie sozialer Bewegungen anfreunden sollten.

4. Biblische Gerechtigkeit

Die bibeltheologische Reflexion des Hirtenbriefs ist Teil des normativen zweiten Kapitels, das die Würde der menschlichen Person, die nur in Gemeinschaft mit anderen verwirklicht wird, zum Maßstab der Wirtschaftslebens erklärt (28). Die biblischen Perspektiven werden als gemeinsame Grundlage der christlichen Kirchen und der jüdischen Religion angesehen. Sie sind zusammen mit dem Wissen um drängende ökonomische Probleme und der Option eines ethischen Entwurfs entstanden. Deshalb wirken sie sehr selektiv (29).

Wer den vorliegenden Text des Hirtenbriefs mit dem ersten Entwurf vergleicht, sieht unmittelbar, daß gerade die biblischen Aussagen redaktionell und inhaltlich stark verändert worden sind.

Der erste Entwurf hatte vier biblische Textabschnitte: Schöpfung, Bund, Gemeinschaft / Primat der Gerechtigkeit / Reichtum und Armut / Jüngerschaft und soziale Gerechtigkeit. Zwar taucht jene dreigliedrige Motivkette: Schöpfung-Bund-Gemeinschaft im Hirtenbrief noch zweimal – vorgreifend (30) und rückblickend (53) – als Gliederungshinweis auf, aber der Text folgt nicht diesem Hinweis. Denn abweichend von dem nachträglichen Strukturhinweis auf vier Leitmotive, nämlich: Schöpfung, Bund, Gemeinschaft, Nachfolge, ist der biblische Inhalt in sechs Textabschnitte unterteilt[51].

Die thematischen Textabschnitte des ersten Entwurfs waren in sich nach alttestamentlichen und neutestamentlichen Inhalten strukturiert, der Hirtenbrief dagegen hat die neutestamentliche Reflexion (41–55) stärker von der alttestamentlichen (30–40) abgesetzt und die Person Jesu sowie die Jesusbewegung markant herausgehoben; entsprechend ist der Hinweis auf die gemeinsame biblische Grundlage umgestaltet: die jüdische Religion wird gesondert von den christlichen Kirchen gewürdigt (29).

Der erste Entwurf hatte im Textabschnitt Schöpfung-Bund-Gemeinschaft die Bildmotive einer biblischen, alt- und neutestamentlichen Zukunftserwartung entfaltet, aber erst nachdem das neutestamentliche Verständnis des gegenwärtigen neuen Lebens, der neuen Schöpfung erwähnt worden war. Der Hirtenbrief dagegen beschreibt die Gemeinschaft der Hoffnung im letzten Textabschnitt, stellt allerdings die beiden Zeitkomponenten um: nach der eschatologischen Zukunftserwartung richtet sich das Interesse stärker auf die geschichtliche Gegenwart als eschatologische Zeit (53–55).

Die folgende Erläuterung versucht, die redaktionelle Unebenheit des Textes zu umgehen und brennpunktartig je zwei beherrschende Motive des alt- und neutestamentlichen Textabschnittes hervorzuheben.

4.1 Schöpfung

Schöpfung ist ein theologisches Schlüsselwort, das in der Entstehungsgeschichte der Bibel relativ spät anzusetzen ist. Das ursprüngliche Glaubensbekenntnis Israels greift maßgeblich auf eine schöpferische, befreiende Tat Gottes in der Geschichte zurück: „Ich bin Jahwe, dein Gott, der dich aus Ägypten herausgeführt hat, aus dem Sklavenhaus." Diesem Anfang, da Israel von Gott geschaffen wurde, ist das Bekenntnis des Uranfangs vorangestellt worden, da Gott Himmel und Erde geschaffen hat. Während der erste Entwurf die Geschichte vom Auszug aus Ägypten dem Schöpfungsbericht vorangestellt hatte, ist nun im Hirtenbrief die Reihenfolge umgekehrt.

Das Schöpfungsmotiv des Hirtenbriefs umfaßt drei Dimensionen: Schöpfung Gottes ist erstens die Welt, die natürliche Umwelt des Menschen: Himmel und Erde, fruchtbare Ernten und reiche Herden. Sie sind Geschenk, Segen, Ort der Gegenwart Gottes.

Höhepunkt der Schöpfung ist zweitens der Mensch in seiner unveräußerlichen Personwürde, als Gottes Abbild. Die gleiche religiös begründete und gesellschaftlich vermittelte Würde hat der Mensch als Mann und Frau, als Bauer und Hirte, als Einheimischer und Fremder, als Reicher und Armer.

Die Schöpfung Gottes findet drittens im geschichtlichen Handeln der Menschen, in der Liebe zueinander und in der Arbeit, ihren Ausdruck. Doch kann sich das menschliche Handeln in sein Gegenteil verkehren, wenn die Jagd nach Geld und

Macht die Menschen ihrem Schöpfer entfremdet und sie untereinander zertrennt; Mißbrauch der natürlichen Ressourcen oder deren Aneignung durch eine Minderheit der Weltbevölkerung wäre ein Verrat an der Schöpfung (30–34).

4.2 Bundesvolk[52]

Israel, das fremd in einem fremden Land lebte, verdankt seine Existenz als Volk nicht der eigenen Leistungskraft, sondern ausschließlich dem Wohlwollen Gottes. Gott hat das unterdrückte, versklavte Volk, als es in Ägypten nach ihm schrie, befreit.

Der Bund am Sinai besiegelt den Auszug aus Ägypten; er bietet dem Volk eine Ordnung an, die ein würdiges Leben in der Gemeinschaft ermöglicht und besonders die schwachen Mitglieder: Witwen, Waisen, Arme und Fremde schützt.

Die Propheten verkünden einen Gott der Gerechtigkeit, der denen Recht verschafft, die keinen irdischen Anwalt haben. Israels Bundestreue erweist sich in Recht und Gerechtigkeit, im Gehorsam gegen Gott und in der Achtung des Mitmenschen. Biblische Gerechtigkeit ist kein Mindestbestand an Rechten und Pflichten, sondern die richtige Einstellung zu Gott sowie eine Liebe, die unter den Menschen Frieden stiftet. Die Gerechtigkeit einer Gemeinschaft ist daran ablesbar, wie sie mit den Ohnmächtigen und Verwundbaren in ihr umgeht; dieser Maßstab bildet zwar nicht – wie es der erste und zweite Entwurf unterstellten – ein unterscheidendes, wohl aber ein zentrales Merkmal der biblischen Botschaft (35–39).

Die prophetische Verheißung einer neuen Schöpfung, in der Gott Recht und Gerechtigkeit stiften wird, ist in dem alttestamentlichen Textabschnitt gar nicht angesprochen. Der Hirtenbrief liest das alte Testament vom Bundesbuch, nicht von den Zukunftserwartungen der Propheten her. Dabei hätte sich vom Jesajabuch aus unmittelbar eine Brücke zu den neutestamentlichen Evangelien, die vom Auftreten Jesu erzählen, spannen lassen[53].

4.3 Jesus-Nachfolge

Jesus – dieser Name steht ganz am Anfang der neutestamentlichen Reflexion. Seine Person, sein Auftreten in der Geschichte als Sohn Gottes, sein Handeln und seine Botschaft, daß die Gottesherrschaft nahe ist, sind der Ausgangspunkt einer Bewegung, die Gottes Gerechtigkeit nicht erst verheißt, sondern bereits lebt.

Erst im dritten Entwurf ist der Textabschnitt so zentriert worden; der zweite Entwurf begann mit der theologischen Reflexion der Evangelisten über Jesus und mit der Aussage des neuen Lebens in Christus. Die Überschrift „Gottesherrschaft und Gerechtigkeit" relativiert allerdings diese Jesus-Zentrierung.

Jesus lebt die Worte, die er verkündet. Er entscheidet sich gegen Macht und Prestige, hortet keinen Schatz auf der Erde, kümmert sich nicht um materielle Güter, sondern um Gottes Herrschaft und Gottes Gerechtigkeit. Er heilt Kranke, schenkt Sündern die Vergebung, ergreift Partei für die religiös und gesellschaftlich Diskriminierten, geißelt religiöse Praktiken, die sich dem Anspruch der Gerechtigkeit zu entziehen suchen.

Jesus antwortet auf die Frage nach dem größten Gebot, indem er das jüdische Glaubensbekenntnis zitiert und es zum Doppelgebot erweitert – Gott ganz zu lieben und den Nächsten wie sich selbst. Der barmherzige Samariter im Lukasevangelium veranschaulicht die Bewegung der Liebe zur wirksamen Tat. Die Gerichtszene im Matthäusevangelium identifiziert Jesus so mit den Armen, daß jeder, der ihnen begegnet, Gott selbst begegnet (41–44).

Jesus beruft mitten aus dem Alltagsleben Menschen, sich der Gottesherrschaft zu unterstellen. Christ sein heißt, auf diesen Ruf zu antworten sowie zur Gemeinschaft derer zu gehören, die Jesus folgen und seine Lebensform übernehmen. Was ist die Lebensform Jesu? Sich dem Willen Gottes öffnen, indem man für den Mitmenschen da ist. Die Nachfolge Jesu schließt den Weg zum Kreuz, das Risiko, um der Gerechtigkeit willen verfolgt zu werden, ein. Aber auch die Erfahrung der Macht und Gegenwart Gottes, der Jesus von den Toten auferweckt hat und seinen Geist mitteilt (45–47).

4.4 Nachfolge in Armut

Dem Hirtenbrief ist es sehr wichtig, die Lebensform Jesu und der Christen, wie das Lukasevangelium sie nachzeichnet, verbindlich darzustellen. Warum gerade das Lukasevangelium? Weil sich einmal in der Auswahl der biblischen Texte der Kreis erlebter Armut, analysierter Ungleichheit und politischer Ohnmacht, den der Hirtenbrief für die USA ausmalt, schließt. Und weil zum anderen die urchristliche Gemeinde, an die sich das Lukasevangelium wendet, aus armen und materiell besser gestellten Christen bestand. Denn das Evangelium enthält Sondergut, das auf die Frage der Armen und Reichen intensiv eingeht. Abweichend von den übrigen Evangelien verkündet Jesus mit seiner Antrittspredigt in Nazaret den Armen eine gute Nachricht. Bei Lukas folgt dem Selig für die Armen ein scharfes Wehe gegen die Reichen. Das Gleichnis vom reichen Toren sagt aus, wie fragwürdig im Angesicht des Todes der Reichtum ist. Sondergut des Lukas ist auch das Gleichnis vom reichen Mann und dem armen Lazarus (48).

Jesus wird im Lukasevangelium als Armer dargestellt; wie die Propheten ergreift er Partei für die Armen und warnt vor den Gefahren des Reichtums.

Wer sind die Armen im Alten Testament? Abhängige und Machtlose wohl eher als materiell Bedürftige. Der treue Rest, der zu Gott fleht. Ein versklavtes und unterdrücktes Volk, das Gott retten wird. Ort und Träger der veränderten Macht Gottes. Materielle Armut gilt als Unglück, Reichtum dagegen bleibt eine ständige Gefahr, weil die Reichen zur Selbstüberschätzung, zur Gewalt und zum Unglauben neigen (49).

Die Frage nach den Armen im Alten Testament mag unerwartet klingen. Doch nach der Durchsicht des Lukasevangeliums schiebt der Hirtenbrief vier thematische Textabschnitte über die Armen im Verständnis der Bibel (AT/NT), der frühen Christengemeinden und der heutigen Kirche ein (49–52). Die Einteilung ist aus dem ersten Entwurf übernommen.

Es mag sein, daß der Hirtenbrief das Alte Testament verkürzt wiedergibt. Selbst die schärfsten Anklagen der Propheten bestreiten nicht, daß Reichtum ein Segen Gottes ist. Reichtum wird nur dann bestritten, wenn er durch Unrecht und Gewalt angehäuft ist[54].

Wer sind die Armen im Neuen Testament? Die Niedrigen, denen Gott offenbart, was den Reichen verborgen bleibt. Die sich für Gott öffnen. Die radikal auf Gott vertrauen, die von Sorgen und Angst frei sind. Ihnen gilt Gottes besondere Sorge, ihnen wird Gottes Erbarmen und Gerechtigkeit zuteil (50).

Vermutlich ist den Redakteuren der beiden Textabschnitte bewußt geworden, daß im Neuen Testament materielle Güter für Arme und Reiche relativiert werden, während das Alte Testament diese grundsätzlich positiv, als Segen Gottes einschätzt, wenngleich ein solcher Stellenwert materieller Güter nur solange plausibel ist, als ein Leben nach dem Tod ausgeblendet bleibt.

Wie gingen die frühen Christen mit den Armen um? In den Gemeinden waren wohl die meisten arm, aber es gab auch Bessergestellte. Die Armen galten zwar als Adressaten der besondern Liebe Gottes, aber weder wurde die Armut heiliggesprochen, noch der Mangel für unvermeidbar gehalten. Auf dreifache Weise haben die frühen Christen Jesu Sorge um die Armen fortgeführt: die Urgemeinde in Jerusalem verteilte den materiellen Besitz so, daß die Güterverteilung zur Grundlage von Freundschaft und gegenseitiger Anteilnahme wurde. Die frühe Kirche neigte eher zu einer richtigen Verwendung von Besitz, um Not und Leid zu lindern, als zu einer allgemeinen Besitzaufgabe[55], wenngleich ihr die Gefahren des Reichtums bekannt waren. Die Christengemeinden seit dem ersten Jahrhundert haben dann unterschiedliche Einrichtungen[56] geschaffen, um die Schwachen und Ohnmächtigen zu unterstützen.

Wie geht die heutige Kirche mit den Armen um? Das Verhalten Jesu, der sich auf die Seite derer stellt, die am meisten bedürftig sind, obwohl das Heil allen Menschen angeboten ist, drängt die Kirche zu einer vorrangigen Option für die Armen[57]. Damit sind vier Herausforderungen verbunden: Erstens die Übernahme eines prophetischen Mandats, für die zu reden, die keinen Sprecher finden, denen Recht zu verschaffen, die keiner verteidigt. Zweitens eine einfühlsame Sichtweise, die der Kirche gestattet, die Welt vom Standpunkt der Armen und Machtlosen zu betrachten, ihren Lebensstil, ihre Handlungsweisen und sozialen Einrichtungen danach auszurichten, wie sie auf die Armen wirken. Drittens die Einladung, sich als ein Werkzeug zur Verfügung zu stellen, durch das die Menschen im eigenen Leben die befreiende Macht Gottes erfahren. Und viertens ein radikaler Umkehrruf zur persönlichen und institutionellen Selbstentäußerung, um die Macht Gottes inmitten von Armut und Ohnmacht erfahren zu können (52).

Die biblischen Motive stehen in einer eschatologischen Spannung, die vom ersten Schöpfungsbericht ausgelöst ist und im Warten auf den neuen Himmel und die neue Erde lebendig bleibt. Der Hirtenbrief zieht einen zweifachen eschatologischen Spannungsbogen. Der erste Bogen überspannt einmal das Alte und Neue Testament und bindet die jüdische Zukunftserwartung mit der christlichen zusammen. Das menschliche Leben steht zwischen den Zeiten der ersten Schöpfung und der erneuerten Schöpfung, zwischen dem ursprünglichen Garten, da die Menschen mit Gott und miteinander Frieden hatten, und dem endgültig zugesagten Land, da Frieden und Gerechtigkeit herrschen. In einem solchen Zeithorizont entfällt die eschatologische Verheißung der nachexilischen Propheten. Und sie erfüllt sich nicht im Auftreten Jesu.

Ein zweiter Spannungsbogen ruht auf dem Eintritt des fleischgewordenen Wortes in die Menschheitsgeschichte, auf der angekommenen Gottesherrschaft, die Jesus verkündet und die er in seiner Person verkörpert, auf dem neuen Leben, auf der neuen Schöpfung in Christus. Die eschatologische Erwartung der Liebe Gottes findet ihren Ausdruck in der aktuellen Zusage göttlicher Vergebung, im Widerstand von Christen gegen strukturelle Gewalt und in ihrem Suchen nach Gerechtigkeit, im Glauben und im Erweis der Macht und Gegenwart Christi (53–55).

Das Profil des eschatologischen Textabschnitts verleitet mich zu drei Bemerkungen: Der Hirtenbrief wertet erstens die geschichtlich gegenwärtige Gestalt der Gottesherrschaft, die sich in Jesus, in der Jesusbewegung und im kirchlichen Handeln verkörpert, stark auf. Deshalb wird die endzeitliche Predigt der alttestamentlichen Propheten abgeblendet und nicht auf Jesus hin orientiert. Zweitens bekommt die Vollendungsgestalt der Gottesherrschaft jenseits der Welt, im Durchgang durch den eigenen Tod und durch das Ende der Weltgeschichte einen ziemlich geringen Stellenwert. Und drittens bleibt auch eine welt- und geschichtsbezogene Vollendungsgestalt der Gottesherrschaft vor dem eigenen Tod und vor dem Ende der Weltgeschichte auffallend farblos. Ob der biblische Textabschnitt des Hirtenbriefs – ganz im Unterschied zum folgenden wirtschaftsethischen Textabschnitt (64, 67 f.) – vergißt, daß sich die Verheißung einer endzeitlichen Gerechtigkeit im Umfeld gemeinsamen Glaubens erfüllen kann?

4.5 Armut bekämpfen, zulassen, aufsuchen

Biblische Gerechtigkeit hat eine auf Gott und auf die Mitmenschen bezogene, eine evolutive und endzeitliche sowie eine egalisierende Dimension. Wir sind gewohnt, die Haltung der Gerechtigkeit dem handelnden Menschen zuzusprechen. Aber die Bibel redet zuerst vom Handeln Gottes. Option für die Armen meint dann an erster Stelle Option Gottes für die Armen. Jesus von Nazareth hat dieser Option einen menschlichen Ausdruck gegeben. Die Kirche ist eingeladen, dieser Vorentscheidung Gottes und Jesu nachzufolgen. Geschichtlich hat sie dies, wie der Hirtenbrief erwähnt, in der Form caritativer Werke, richtiger Güterverwendung und radikaler Gütergemeinschaft versucht.

Kommt der heutigen Kirche die Option für die Armen zu locker über die Zunge? Die lateinamerikanische Kirche hat diese Formel 1968 in Medellin geprägt, 1979 in Puebla wiederholt. In der Zwischenzeit wurde sie von der franziskanischen Ordensgemeinschaft, vom Jesuitenorden und von Papst Wojtyla übernommen. Die US-amerikanischen Bischöfe räumen ihr im Hirtenbrief einen zentralen Ort ein. Menschliche Armut hat viele Gesichter. Entsprechend vielschichtig wird eine Option für die Armen aussehen. Ich will drei Erscheinungsweisen der Armut typisieren und nach einer entsprechenden christlichen Antwort fragen.

a) Erzwungene Armut

Der Hirtenbrief hat den Skandal benannt, daß Millionen Menschen am Rand des Existenzminimums hungern, während Milliardenbeträge für das Wettrüsten aufgebracht werden, und daß die Spaltung der Industriegesellschaften in eine Mehrheit, die am Wachstum der Produktion und der Einkommen teilhat, und eine Minderheit, die davon ausgegrenzt wird, zunimmt. Absolute und relative Armut in einer Welt mit Nahrungsmittelüberschuß ist ein ungerechter, sündiger Zustand.

Die Armen betrachten ihre soziale Stellung ganz unten als Mangel, Entfremdung, bedrückenden Zwang. Und angesichts des Luxus um sie herum als empörende Ungerechtigkeit. Sie wollen aus ihrem Randdasein herauskommen. Sie wollen teilnehmen am Lebensstandard der Bessergestellten, von deren Konsum, Bildung und Freiheit sie träumen.

Was heißt Option für die Armen im Milieu erzwungener Armut? Erstens kann man versuchen, individuelle Armut durch finanzielle Hilfen und persönliche Zuwendung zu lindern. Zweitens können caritative Einrichtungen entstehen, um mit Hilfe qualifizierter sozialpädagogischer Begleitung den systemischen Erscheinungsweisen der Armut zu begegnen. Und drittens kann man politisch gegen eine Armut kämpfen, die kein blindes Schicksal und keine Folge persönlichen Versagens ist, sondern in der asymmetrischen Verteilung des gesellschaftlichen Reichtums und der ungleichen Beteiligung an wirtschaftlichen Entscheidungsprozessen gründet. Die Armen werden sich zusammentun, sich organisieren, ihre Interessen gebündelt vertreten und eine Gegenmacht aufbauen, um eine andere Verteilung der Lebenschancen durchzusetzen.

Einen solchen Weg haben zahlreiche soziale Bewegungen gewählt. Im geschichtlichen Rückblick muß man sagen, daß beispielsweise die europäische Gewerkschaftsbewegung im Kampf gegen die Armut der Arbeiter und für deren Beteiligung am gesellschaftlichen Reichtum ziemlich erfolgreich gewesen ist. Aber hat sie mit dem Aufbau von Gegenmacht eine Gleichverteilung der Lebenschancen und ein Ende der relativen Armut erreicht?

b) Zugelassene Armut

Der Kampf gegen die Armut beseitigt nicht den Abstand zwischen den relativ Armen und den materiell Bessergestellten. Auch nicht den Anspruch der relativ Armen, den Lebensstandard der Mehrheit zu erreichen. Vor allem beseitigt er nicht das Habenwollen sowohl der Reichen als auch der Armen. Er setzt sogar eine Spirale in Gang, die das wechselseitige Habenwollen verstärkt.

Je länger dieser Wettlauf um den Anteil an den Gütern und Diensten auf dem Markt währt, um so mehr stehen die Sachen zwischen den Menschen. Die Dinge hören auf, Kommunikationsmittel zu sein, und werden zu Abwehrsignalen. Die Sachen wachsen uns über den Kopf, verschließen uns das Herz. Reine Sachlichkeit verhindert menschliche Beziehungen.

Was heißt Option für die Armen im Sog einer Wachstums- und Konsumspirale?

Die Angst, daß die Dinge der Welt uns fesseln und gefangenhalten, provoziert eine Abwehrhaltung: die Dinge zu verteufeln. Eine solche Reaktion ist verständlich aber kurzschlüssig. Die Dinge zu verteufeln, heißt noch nicht, das an die Sachen verlorene Menschsein wiederzugewinnen. Die Dinge sind nicht böse, sondern neutral, sie bieten uns an, durch sie und in ihnen zu uns selbst, zueinander und zu Gott zu finden. Ignatius von Loyola hat als eine seiner Grundeinsichten erklärt: Der Mensch ist geschaffen auf Gott hin. Die übrigen Dinge sind auf den Menschen hin geschaffen, um ihm beim Erreichen dieses Ziels zu helfen. Daraus folgt, daß der Mensch sie soweit zu gebrauchen hat, als sie ihn seinem Ziel näher bringen, und sie zu lassen hat, als sie ihn daran hindern. Deshalb ist es notwendig, daß wir uns indifferent machen gegenüber allen geschaffenen Dingen, gegenüber Krankheit und Gesundheit, Reichtum und Armut, Ehre und Ehrlosigkeit, langes und kurzes Leben[58].

Wenn wir funktional mit den Dingen umgehen, d.h. alles, was uns an Geld oder Macht zur Verfügung steht, auf die Gottesherrschaft und seine Gerechtigkeit hinordnen, wenn wir sowohl Reichtum als auch Armut zulassen, je nachdem sie uns auf diesem Weg helfen oder behindern, gewinnen wir eine außergewöhnliche Souveränität, die ich mir als unverwechselbares Kennzeichen des Jesus von Nazaret vorstelle. Jesus war ein den Dingen gegenüber angstfreier Mensch, souverän gegenüber Nahrung und Kleidung, Gesetz und Sabbat, Tempel und öffentlicher Meinung.

Wie Jesus souverän mit der Welt von heute umgehen – das könnte beispielsweise heißen: jeweils aus freier Entscheidung mit Bahn, Auto, Flugzeug oder Fahrrad reisen, im Restaurant oder zu Hause essen, Waren einkaufen oder in Eigenarbeit herstellen, in der hochtechnisierten Massenproduktion oder im selbstorganisierten Betrieb arbeiten, berechnend mit dem Computer oder einfühlsam mit dem Partner umgehen. Wenn ich eine solche funktionale, souveräne Freiheit zu den Dingen gefunden habe, kann ich Armut und einfachen Lebensstil zulassen, ohne in der Lebensqualität beeinträchtigt zu sein.

c) Freiwillige Armut

Unter Franziskanern und Jesuiten kursiert eine Anekdote, die schildert, wie eine transnationale Bank jedem der beiden Ordensgründer einen Scheck über einen ansehnlichen Geldbetrag überreicht. Ignatius finanziert mit dem Geld ein Ausbildungszentrum, Franz bedankt sich, kramt ein Feuerzeug hervor und zündet das Papier an. Das Verhalten des Ignatius gilt als vernünftig, Franz scheint gegen alle Vernunft zu handeln.

Wenn die Haben-Spirale, von der eben die Rede war, die zu kurz Gekommenen dazu zwingt, dem Wohlstand der Begüterten nachzujagen, ohne ihn jemals zu erreichen oder wenigstens den Abstand in der Ausstattung zu verringern, und wenn derjenige, der im Kampf um die Macht mithalten will, im Besitz der Macht sich genau von dem Ziel entfernt, um dessentwillen er Macht einsetzen wollte, und wenn soziale Bewegungen Gegenkräfte und Gewalt wachrufen, die sie an den Rand des Scheiterns oder gar in eine fortwährende Passion treiben, scheint die Wahl des Franz von Assisi, radikal auszusteigen und das Mitspielen zu verweigern, gar nicht so abwegig zu sein.

Der Kreuzweg, den Jesus von Nazaret gegangen ist, ist nicht herbeigeführt durch eine kleine Abweichung menschlicher Erkenntnis und Emotion, die für den Regelfall im Gleichgewicht ruhen. Die Bibel spricht eine Ahnung der Menschen aus, wenn sie das kognitive und moralische Gleichgewicht vom menschlichen Ursprung her gestört sieht. Das Verhältnis des Menschen zur Erde ist gespalten: Im Schweiß deines Angesichts sollst du dein Brot essen. Das Verhältnis des Menschen zum Mitmenschen ist gebrochen: der Mann wälzt sein Versagen auf die Frau ab, der Erstgeborene belastet seinen Bruder. Und auch das Verhältnis des Menschen zur Kultur ist gespannt: das gigantische Turmbauprojekt Babel zerfällt, noch bevor es vollendet ist. Paulus sieht den Menschen zerrissen; das, was ich will, tue ich nicht, während ich das tue, was ich nicht will. Der Mensch ist von Haus aus nicht im Gleichgewicht. Erst durch eine heftige Kurskorrektur muß er sich ins Gleichgewicht bringen, die Souveränität gegenüber dem Haben und Nichthaben, dem Gebrauchen und Nichtgebrauchen wiedergewinnen.

In dieser Schieflage der Welt hat Gott eine Vorentscheidung für das kleine und schwache Israel getroffen: er besteht darauf, daß David, der Schafhirt, gesalbt wird, er bedient sich schwacher Frauen, um das Volk zu befreien, er sammelt in Babylon den treuen Rest. Jesus löscht den glimmenden Docht nicht aus, zerbricht das geknickte Rohr nicht. In der Herberge ist kein Platz für ihn, aber die Hirten finden ihn. Er sucht den letzten Platz, wenn er sich für Nazaret und für die einfachen Leute in Galiläa entscheidet. Der Christ soll in den Exerzitien des Ignatius von Loyola darum bitten, dieser Option Jesu zu folgen: an der Seite des armen Jesus zu leben, eher Armut als Reichtum zu wählen, eher verachtet als angesehen zu sein, eher für verrückt als für weise gehalten zu werden.

Kann die Kirche eine solche Option für die Armen, Obdachlosen und Ohnmächtigen treffen? Wenn sie freiwillig ihre geistlich aufgesetzte Sonderkultur preisgibt, wenn sie in den Lebenszusammenhang der Armen eintritt, wenn sie das eigene Leben mit den Armen teilt, hat sie den authentischen Schritt nach ganz unten getan und den letzten Platz der Armut aufgesucht. Eine so radikale Option mag hart sein und die Kirche überfordern. Aber wenigstens als Kontrastlogik neben der Haben-Spirale und neben der souveränen Gleichgewichtshaltung hätte sie einen Wert – wenn etwa mit jeder Orgelrestauration eine Obdachloseninitiative ins Leben träte, wenn mit jeder neugebauten Kirche ein Arbeitslosentreff entstünde.

Wie die Armut viele Gesichter hat: erzwungene, zugelassene und freiwillige, so darf auch die Option der Kirche für die Armen heute wie früher mehrere Ausdrucksformen annehmen: die die Armut bekämpfen, zulassen und aufsuchen.

5. *Wirtschaftsethik der Beteiligung*

Die christliche Sicht der Wirtschaft wird vom Hirtenbrief in drei Schritten skizziert: nachdem die biblischen Grundlagen dargelegt sind, folgt eine ethische Orientierung; anschließend werden die Personengruppen angesprochen, die besondere Verantwortung für die Wirtschaft tragen.

Wozu eine eigene ethische Orientierung, wenn die Gebote der Liebe und Gerechtigkeit bereits aus den biblischen Texten herausgelesen werden können?

Die amerikanischen Bischöfe antworten erstens mit dem Hinweis auf Nichtchristen – gemeinsame Grundlage des Dialogs ist nicht der biblische Glaube, sondern der ethische Maßstab menschlicher Vernunft. Zweitens ist die Situation der heutigen Wirtschaft nicht mit der damaligen Situation, als die Bibel entstand, vergleichbar (61). Drittens werden die biblischen und christlichen Überzeugungen durch die menschliche Weisheit bekräftigt. Und viertens verlangt die Fülle der biblischen Gerechtigkeit nach Mindestnormen alltäglichen Zusammenlebens (65, 68).

Den wirtschaftsethischen Textabschnitt des Hirtenbriefs will ich in mehreren Schritten erläutern. Zunächst werde ich auf Abweichungen gegenüber dem ersten Entwurf hinweisen und den ethisch-religiösen Anspruch an die Wirtschaft verdeutlichen. Dann werde ich die wirtschaftsethische Argumentationslinie, insbesondere die Leitvorstellung der Beteiligungsgerechtigkeit erklären. Und schließlich möchte ich das wirtschaftsethische Konzept des Hirtenbriefs suchen und es auf die wirtschaftsethische Debatte in der Bundesrepublik beziehen.

5.1 Abweichende Akzente

Wer die Entstehungsgeschichte eines Hirtenbriefs verfolgt, ist leicht geneigt, den endgültigen Text vom ersten Entwurf her auszulegen. Ein solches Verfahren wäre jedoch nur dann korrekt, wenn kontinuierlich an einem Basistext gearbeitet wird. Die Redaktionsgeschichte des Hirtenbriefs weist jedoch zwischen dem ersten und zweiten Entwurf eine merkliche Bruchstelle auf. Um der Einfachheit willen werde ich die Differenzen zwischen dem ersten Entwurf und der Endfassung nennen.

Der erste Entwurf hatte den wirtschaftsethischen Textabschnitt mit der Erklärung der Menschenrechte und mit einem Katalog wirtschaftlicher Grundrechte beginnen lassen, war sich aber bewußt, daß ein solches Konzept in den USA auf Widerstand stoßen könnte. Erst danach hatte er die ethische Leitvorstellung der Gerechtigkeit aufgegriffen und sie sehr akzentuiert ausgelegt. Der erste Akzent lag darin, daß vorrangig nach der gerechten Struktur einer Gesellschaft gefragt wurde. Der zweite Akzent definierte das Gebot der Gerechtigkeit vorrangig als Postulat einer aktiven und produktiven Beteiligung sowie einer fairen Verteilung der Einkommen und Lebenschancen; entsprechend kritisch wurde die differenzierte Einkommenslage und ungleiche Machtverteilung in den USA beurteilt.

Im Vergleich zum ersten Entwurf ist der Text, wie man unmittelbar nachprüfen kann, erheblich verändert und umgestellt worden. Die sozialen Pflichten stehen nun an erster

Stelle, dann folgen die wirtschaftlichen Grundrechte. Dazu hat die verhaltensethische Reflexion Vorrang vor der strukturethischen; der Text bewegt sich von der Nächstenliebe über die Bürgertugend, die Solidarität und die Haltung der Gerechtigkeit zur institutionellen Gerechtigkeit. Darüber hinaus werden ausgeprägt nordamerikanische Akzente in eine europäische Systematik der damit und miteinander nicht kompatiblen Gerechtigkeitsbegriffe eingefügt. Außerdem verklammert die in der katholischen Soziallehre heimische Gemeinwohlidee das Gerechtigkeitsgebot, die Menschenrechte und die Option für die Armen miteinander. Und schließlich sind die wirtschaftsethischen Prioritäten um eine Familienkomponente angereichert.

Trotz solcher Veränderungen und Umstellungen blieb – wie ich anschließend zu belegen suche – die Kontinuität der wirtschaftsethischen Kernaussagen des Hirtenbriefs erhalten.

5.2 Nicht-Neutralität der Wirtschaft

Daß biblische Überzeugungen und ethische Normen das persönliche Verhalten und die familiäre Lebenswelt prägen, ist nicht strittig. Wenn solche Grundsätze aber das Wirtschaftssystem orientieren sollen, erheben die Repräsentanten der Wirtschaft Einspruch: Mit der Bergpredigt könne man nicht wirtschaften; die Wirtschaft verlaufe nach eigenen Gesetzen. Wie das Wasser durch Beschwörung allein nicht den Berg hinauffließe, sowenig lasse sich der Wirtschaftsprozeß durch moralische Appelle beeinflussen. Die Kirche solle sich nicht um die vorletzten Dinge wie Welthandelspreise und Wettrüsten, sondern um die letzten Dinge wie Tod und Jenseits kümmern; zum Verständnis der äußerst komplizierten unternehmerischen Entscheidungsprozesse fehle ihr eh die Sachkompetenz.

Der Hirtenbrief ist sich der Hindernisse und Widerstände bewußt, in einer von Arbeitsteilung und gesellschaftlicher Zersplitterung gekennzeichneten Welt eine gemeinsame Grundlage oder überhaupt ein persönliches Gespür für die religiös-ethische Dimension der Wirtschaft zu entwickeln (22). Doch von zwei Seiten her läßt sich eine solche Orientierung der

Wirtschaft plausibel machen: Zum einen dringt das Wirtschaftsgeschehen immer mehr in den menschlichen Alltag ein und bestimmt die familiäre Lebenswelt; umgekehrt entspringt der Wirtschaftsprozeß menschlichen Entscheidungen, die über soziotechnische Erwägungen hinaus grundlegende Wertvorstellungen berühren (1, 5, 23, 71). Zum anderen verlangt die Zweieinheit der christlichen Berufung, nämlich an Gott zu glauben und der Gerechtigkeit zu dienen, daß die Spaltung zwischen religiösem Bekenntnis und sozialem Alltag überwunden und eine wirtschaftsethische Reflexion zum Bestandteil christlichen Glaubensvollzugs wird (21).

Folglich erklären die Bischöfe die Würde eines jeden Menschen, die religiös begründet und gesellschaftlich vermittelt ist, zum maßgebenden Bezugspunkt der Wirtschaft. Drei Fragen leiten den Hirtenbrief ein: Was bringt die Wirtschaft den Menschen, insbesondere den Armen? Was fügt sie den Menschen, insbesondere den Armen zu? Wie können sich die Menschen, vor allem die Armen, am Wirtschaftsleben beteiligen? Die Bischöfe antworten mit dem grundsätzlichen ethischen Kriterium aller wirtschaftlichen Entscheidungen, Maßnahmen und Einrichtungen: sie müssen allen Menschen dienen, besonders den Armen (1, 24, 25, 28).

Die Wirtschaft ist genausowenig wie Technik und Politik wertneutral. Wie für das menschliche Handeln überhaupt, gibt es für das wirtschaftliche Handeln im besonderen keine ethikfreien Nischen. Auf welche Art sucht nun der Hirtenbrief den Handlungsraum der Wirtschaft zu inspirieren?

5.3 Pflichten, Rechte, Prioritäten

Der Hirtenbrief nennt drei Dimensionen einer ethischen Inspiration der Wirtschaft: soziale Pflichten, wirtschaftliche Rechte und wirtschaftsethische Prioritäten.

Die sozialen Pflichten sind in eine dreistufige Liste gefaßt. Die erste Stufe ist mit „Liebe und Solidarität" umschrieben. Der Textabschnitt erinnert an das Wissen um den Menschen als ein soziales Lebewesen, der nur in der Wechselbeziehung mit anderen Menschen die eigene Vollendung findet. Diesem

Wissen entspricht das Doppelgebot der Liebe zu Gott und zum Mitmenschen. Aktuelle Ausdrucksformen der christlichen Liebe sind die Tugend des mündigen Bürgers[59] und die Haltung der Solidarität (64–66).

Die zweite Stufe ist durch die Worte: „Gerechtigkeit und Beteiligung" markiert. Gerechtigkeit ist das Mindestmaß an wechselseitiger Liebe, Sympathie und Achtung, das Menschen einander schulden. Der Hirtenbrief definiert drei Arten von Gerechtigkeit: Tauschgerechtigkeit, Verteilungsgerechtigkeit und soziale Gerechtigkeit. Mir scheint, daß die Bischöfe Beteiligung als neuen Namen für Gerechtigkeit vorschlagen. Diese Ansicht sowie mein Urteil über die Kombination der drei Arten von Gerechtigkeit soll anschließend verdeutlicht werden.

Die dritte Stufe ist durch ein Programm: „Überwindung von Marginalisierung und Machtlosigkeit"[60] gekennzeichnet. Die äußerste Ungerechtigkeit sieht der Hirtenbrief darin, daß Personen so behandelt werden, als gehörten sie zur menschlichen Gesellschaft nicht dazu. Die Gerechtigkeit verlangt, daß allen Personen die aktive Beteiligung am gesellschaftlichen Leben gewährleistet wird (77 f.).

Die Menschenrechte sind ein Ausbuchstabieren des Gerechtigkeitsgebots im Detail[61]. Andererseits werden sie in der religiös begründeten Personwürde verankert und dann als Voraussetzung des Lebens in Gemeinschaft angesehen. Die beiden Sätze, die nicht ohne weiteres miteinander zu vereinbaren sind, drücken das Anliegen des Hirtenbriefs aus, die Proklamation der Menschenrechte mit dem Gebot personaler und sozialer Verantwortung zu verbinden. Wie man sich allerdings die genaue Art dieser Verbindung vorzustellen hat, kann der Hinweis auf das Gemeinwohl im zitierten Konzilstext nicht klären. Wenn nämlich das Gemeinwohl im neuzeitlichen Sinn als Funktionswert verstanden wird, enthält es nicht die Menschenrechte selbst, allenfalls deren Garantie durch das Gesetz.

Die Skala der Menschenrechte[62] umfaßt sowohl politische Freiheitsrechte, die der Person Schutz gegen die Einmischung des Staates bieten, als auch wirtschaftliche Grundrechte, die positive, an den Staat oder die Gesellschaft gerichtete Leistungsansprüche z.B. auf Nahrung, Kleidung, Wohnung, Arbeit und soziale Sicherung darstellen und den Bedürftigen rechtmäßig zustehen. Die letzteren sind für die Personwürde ebenso unentbehrlich wie die politischen Rechte, weil sie die Mindestbedingungen politischer Freiheit und aktiver Beteiligung am öffentlichen Leben definieren. Über den Weg, wirtschaftliche Grundrechte zu verankern, mag es Streit geben, nicht jedoch über das Ziel. Denn politische Demokratie und die Sicherung wirtschaftlich-sozialer Grundrechte[63] für alle bedingen sich gegenseitig (79–84).

Die wirtschaftsethischen Prioritäten des Hirtenbriefs ergeben sich aus der Reflexion über die Grundforderung der Gerechtigkeit und über die wirtschaftlichen Rechte. Als Zwischenglied wird der Begriff des Gemeinwohls verwendet: Das Gemeinwohl verlangt von Strukturen und Personen Gerechtigkeit für alle und die Sicherung der Menschenrechte für alle (85). Das Gebot der „Gerechtigkeit für alle" bedeutet dann aber, daß den Armen, deren Entbehrung und Ohnmacht die ganze Gesellschaft verletzt, der absolut vordringliche wirtschaftliche Anspruch an das Gewissen der Nation zusteht[64]. Die Nation als ganzes und jeder einzelne sollen darauf mit einer grundlegenden Option für die Armen antworten, damit diese die Chance bekommen, sich aktiv am gesellschaftlichen Leben zu beteiligen (86–88).

Im einzelnen werden vier Prioritäten formuliert: Höchste Priorität hat die Befriedigung der Grundbedürfnisse der Armen. Hohe Priorität hat die wachsende aktive Beteiligung derer, die jetzt noch vom Wirtschaftsleben ausgeschlossen sind. Kapital und menschliche Arbeit sollen gezielt zum Wohl derer eingesetzt werden, die in Armut und wirtschaftlicher Unsicherheit leben. Die Wirtschafts- und Sozialpolitik sowie die Organisation der Arbeit sind laufend daraufhin zu beurteilen, welche Auswirkungen sie für die Stärkung und die Stabilität der Familie haben (90–93).

5.4 Beteiligungsgerechtigkeit

Die mittlere Stufe des Katalogs sozialer Pflichten war überschrieben: „Gerechtigkeit und Beteiligung". Liegt in diesem Begriffspaar der Schlüssel zum Verständnis des wirtschaftsethischen Textabschnitts, vielleicht gar des ganzen Hirtenbriefs? Ist die Vermutung berechtigt, daß die Interpretation der Gerechtigkeit als Beteiligung die eigentliche innovative Leistung des nordamerikanischen Hirtenbriefs darstellt?

a) Teilnahme oder Beteiligung

Vor der inhaltlichen Klärung dieser Fragen muß erst ein sprachliches Problem bewältigt werden. Die von der Bischofskonferenz angenommene Übersetzung verwendet abweichend von der, die Publik-Forum vorgenommen hat, für das amerikanische „participation" konsequent das deutsche Wort „Teilnahme".

Was spricht für diese Wortwahl? Erstens ist Teilnahme ein abstraktes Hauptwort, das von einem starken, bereits zusammengesetzten Tätigkeitswort, nämlich teilnehmen, durch Lautveränderung abgeleitet ist und ein Geschehen, eine Handlung im Verlauf bezeichnet. Zweitens schwingt in der Wortbedeutung ein bestimmter Grad an Eigentätigkeit mit. Und drittens hat das Wort einen stark emotionalen Klang.

Und was spricht dagegen? Erstens der Überhang des Mitgefühls oder Beileids im Wort Teilnahme. Zweitens der Eindruck wenig aktiver Anwesenheit z. B. bei einer Veranstaltung oder bloß passiver Präsenz im Raum. Drittens der rezeptive und bloß reaktive Akzent, der durch das Stammwort Nehmen bedingt ist.

Was spricht dafür, „participation" mit Beteiligung zu übersetzen? Hauptworte mit dem deutschen Suffix „-ung" sind den Worten vergleichbar, die mit Hilfe des fremden Suffix „-ion" gebildet werden. Beteiligung bezeichnet wie das ursprünglich lateinische „participatio" ein Geschehen, eine Handlung im Verlauf. Dazu ist Beteiligung aus dem Tätigkeitswort „beteiligen" abgeleitet, das wiederum aus einem Hauptwort durch Anhängen des Suffix „-igen" gebildet wurde. Dieses Suffix zeigt ein zielgerichtetes Handeln, ein Bewirken an.

Hauptworte mit dem Suffix „-ung" haben oft transitiven Charakter. Sie bezeichnen nicht nur den Geschehensablauf, sondern auch den Abschluß oder das Ergebnis eines Geschehens.

Das Präfix „be-" kann die Richtung einer Handlung oder ein zeitlich begrenztes Einwirken bis zur vollen Bewältigung oder einen Gegenstandsbezug ausdrücken. Hauptwörter, die mit diesem Suffix gebildet werden, sind in der Verwaltungsprache üblich[65].

Diese sprachlichen Erwägungen rechtfertigen den Schluß, daß Beteiligung ein aktives und produktives, auf Abschluß und Erfolg gerichtetes Handeln bedeutet und infolgedessen bei der Übersetzung des amerikanischen „participation" klar dem Wort Teilnahme vorzuziehen ist. Offensichtlich wird dieser für den Hirtenbrief gewichtige Begriff von der Bonner Übersetzung fehlerhaft wiedergegeben.

b) Gerechtigkeit

Was meint der Hirtenbrief mit Gerechtigkeit? Die Klärung dieses Begriffs darf den Kontext, innerhalb dessen er jeweils verwendet wird, nicht vergessen.

Ein *erster Kontext* ist der Bezug zur biblischen Gerechtigkeit. Gegen die Vollendungsgestalt der Gottesherrschaft, die Vision eines in der Gemeinschaft mit Gott und den anderen Menschen gelungenen Lebens definiert der Hirtenbrief Gerechtigkeit als das Mindestmaß an wechselseitiger Liebe, Sympathie und Achtung, das Menschen einander schulden (68). Man mag den Eindruck gewinnen, daß aus diesem Kontrastbild Formeln wie „Grundgerechtigkeit" und „Mindestgerechtigkeit" (basic justice, minimal justice) entstanden sind.

Ein *zweiter Kontext* ist das traditionelle, an Aristoteles und Thomas von Aquin zu Unrecht angelehnte „Gerechtigkeitsdreieck": Nach Aristoteles ist die Gerechtigkeit die vollkommene Tugend, weil sie den Bezug zum anderen Menschen und zum Ordnungsgefüge der Polis, den Garanten des guten Lebens, einschließt und so alle anderen Tugenden enthält. Dieser allgemeinen Gerechtigkeit stellt Aristoteles zwei einzelne Gerechtigkeiten zur Seite: die austeilende und ausgleichende Gerechtigkeit. Die distributive Gerechtigkeit teilt der einzelnen Person entsprechend ihrer Stellung im Ganzen Güter und Dienste zu. Die kommutative Gerechtigkeit fordert den Ausgleich von Leistung und Gegenleistung beim Tauschverkehr der Menschen untereinander.

Thomas von Aquin lehnt sich an Aristoteles an, durchdenkt dessen Gerechtigkeitsvorstellung jedoch im Horizont des Glaubens. Er begreift das Gemeinwohl als universalen Wert, der die gottgewollte Weltordnung verkörpert und die personale Vollendung des Menschen in Freiheit einschließt. Gerechtigkeit ist für Thomas die Grundnorm gemeinschaftsfähigen und gemeinschaftswürdigen Handelns. Sie ordnet alles menschliche Handeln auf das Gemeinwohl hin. Deshalb heißt sie allgemeine Gerechtigkeit. Da insbesondere den Gesetzen die Aufgabe zukommt, das Tun der Menschen auf das Gemeinwohl hinzulenken, kann die Gemeinwohlgerechtigkeit auch gesetzliche Gerechtigkeit genannt werden. Als allgemeine Gerechtigkeit, die das Verhältnis des einzelnen zum Ganzen regelt, ist sie von der besonderen Gerechtigkeit abzugrenzen, die sich in zwei Richtungen ausdifferenziert und als Verteilungsgerechtigkeit das Verhältnis der Gemeinschaft zu ihren Mitgliedern, als Tauschgerechtigkeit das Verhältnis der Mitglieder untereinander regelt[66].

In der Folgezeit ging das Wissen um den allgemeinen Charakter der gesetzlichen Gerechtigkeit und deren Gemeinwohlorientierung sowie um die beiden Formen der besonderen Gerechtigkeit verloren. Warum? Einmal weil die in geschriebene Gesetze gefaßte Gesellschaftsordnung mit dem Gemeinwohl und der göttlichen Weltordnung weitgehend gleichgesetzt wurde. Zum andern weil mit der Neuzeit die gesetzliche Gerechtigkeit ihren Vorrang einbüßte und als dritte Form der besonderen Gerechtigkeit aufgefaßt wurde. So hat man drei Tugenden der Gerechtigkeit nebeneinander geordnet und zu einem geschlossenen Dreieck zusammengefügt. Die gesetzliche Gerechtigkeit definierte dann die Pflichten der Mitglieder gegenüber der Gemeinschaft, die austeilende Gerechtigkeit bestimmte die Pflichten der Gemeinschaft gegenüber den einzelnen Mitgliedern, und die ausgleichende Gerechtigkeit umschrieb die Pflichten der einzelnen Mitglieder gegeneinander[67].

Aus diesem konservativ-neuzeitlichen Dreieck scheint der Hirtenbrief zwei Arten von Gerechtigkeit herauszugreifen und in zwei „Dimensionen der Grundgerechtigkeit" (68) umzuwandeln: Die Tauschgerechtigkeit verlangt ein Gleichgewicht von Leistung und Gegenleistung in privaten Verträgen, die Achtung der gleichen Menschenwürde aller wirtschaftlichen Vertragspartner (69). Die Verteilungsgerechtigkeit verlangt einen angemessenen Anteil aller am gesellschaftlichen Reichtum, d. h. eine Mindestausstattung mit den zum Leben notwendigen Gütern für jeden. Einkommen, Vermögen und Macht müssen entsprechend ihren Auswirkungen auf die, deren materielle Grundbedürfnisse unbefriedigt sind, bewertet werden (70). Falls sich der Hirtenbrief auf das erwähnte Dreieck bezieht, zumal er die Tauschgerechtigkeit und die Richtung der Verteilungsgerechtigkeit korrekt beschreibt, müßte nun die gesetzliche Gerechtigkeit folgen. Von dieser ist jedoch keine Rede. Wird das herkömmliche Tugenddreieck aufgerissen?

Ein *dritter Kontext* ergibt sich durch den Begriff der sozialen Gerechtigkeit. Im Umfeld der industriellen Revolution, da die Masse der Arbeiter in unvorstellbares wirtschaftliches und soziales Elend geriet, brach die Idee einer wohlgefügten Gesellschaftsordnung und eines inhaltlich vorgegebenen Gemeinwohls zusammen. Gerechtigkeit schien nicht mehr nur ein Thema individueller Tugendlehre zu sein, sondern vorrangig kritischer Maßstab gesellschaftlicher Zustände und Strukturen. Die sozialen Bewegungen jener Zeit gossen ihre niederdrückenden Erfahrungen in den Ruf nach sozialer Gerechtigkeit. Kirchlich gebundene Sozialethiker wiesen diese Kampfformel als sozialistische Gleichmacherei zunächst zurück. Sie versuchten, den neuen Begriff der sozialen Gerechtigkeit im traditionellen Dreieck unterzubringen. Einige meinten, die soziale Gerechtigkeit sei mit der gesetzlichen identisch, andere hielten sie für eine Verbindung von Tausch- und Verteilungsgerechtigkeit. Pius XI. hat den Begriff der sozialen Gerechtigkeit in die kirchliche Sozialverkündigung hereingeholt. Der

Papst verurteilte 1931 in seinem Sozialrundschreiben die ungerechte Verteilung des gesellschaftlichen Reichtums, die der Forderung der sozialen Gerechtigkeit widerspreche; umgekehrt müsse die Verteilung mit den Forderungen des Gemeinwohls übereinstimmen. Das Rundschreiben verwendet den Begriff „iustitia socialis" im Zusammenhang mit der Verteilungsfrage, mit dem Gemeinwohl und mit der sozialen Liebe[68]. Die deutsche Übersetzung bedient sich meist des Begriffs der „Gemeinwohlgerechtigkeit", um zu vermeiden, daß die soziale Gerechtigkeit des Rundschreibens mit einer systemverstärkenden gesetzlichen Gerechtigkeit verwechselt wird; diese Wortbildung hat sich allerdings kaum durchgesetzt. Nachfolgende Päpste haben den Begriff der „sozialen Gerechtigkeit" in ihrer Sozialverkündigung aufgegriffen und ihn als Verteilungsnorm im Klassenkonflikt der Tarifgegner und im weltwirtschaftlichen Nord-Süd-Konflikt, aber auch als Strukturnorm verwendet[69]. Paul VI. hat den Unterschied reflektiert zwischen einer statischen Gerechtigkeit innerhalb des positiven Rechts zum Schutz einer bestehenden Ordnung und einer dynamischen, nämlich der sozialen Gerechtigkeit, die eine bestehende Rechtsordnung am Gemeinwohl mißt und reformiert[70].

Der Hirtenbrief erwähnt als dritte Dimension der Grundgerechtigkeit die soziale Gerechtigkeit. Sie bezeichnet einmal die Verpflichtung des einzelnen, sich aktiv und produktiv am Leben der Gesellschaft zu beteiligen, und zum anderen die Verpflichtung der Gesellschaft, dem einzelnen eine solche Beteiligung zu gewährleisten (71).

Ist eine solche soziale Gerechtigkeit in die gängigen Begriffsmuster einzureihen? Der Definition ist ein Satz vorgeschaltet, der den Eindruck erweckt, als beziehe sich die soziale Gerechtigkeit auf die Organisationsform gesellschaftlicher Einrichtungen; dann hätte der Hirtenbrief das Verständnis sozialer Gerechtigkeit als Gemeinwohlgerechtigkeit und dynamisch-kritischer Strukturnorm getroffen. Dieser Eindruck verstärkt sich, wenn man die Systemkomponenten liest, die aus der sozialen Gerechtigkeit abgeleitet werden: eine die menschliche Würde und Freiheit achtende Arbeitsgestaltung (72), Beschäftigung mit angemessener Bezahlung und ohne Diskriminierung für jeden Arbeitsfähigen und Arbeitswilligen (73) sowie die Revision jener konzentriert auftretenden Privilegien, die aus der ungleichen Verteilung von Reichtum und Macht resultieren (76). Anderseits paßt die Definition der sozialen Gerechtigkeit ganz in das traditionelle Tugenddreieck der Gerechtigkeit, hat zwei Richtungen: von den Menschen zur Gesellschaft und von der Gesellschaft zu den Menschen, und faßt die gesetzliche und distributive Gerechtigkeit zusammen; das Auflisten der distributiven Gerechtigkeit vorher wäre überflüssig. Eine dritte Deutung sieht die soziale Gerechtigkeit und die distributive Gerechtigkeit als gleichgerichtete Rechtsansprüche der Mitglieder an die Gesellschaft, als persönlichen Unterhaltsanspruch (70) und politische Beteiligungsanspruch (71) formuliert. Umgekehrt würde die soziale Gerechtigkeit die institutionelle Verantwortung der Gesellschaft, insbesondere des Staates artikulieren, nicht allein die ökonomische Verteilung, sondern auch die politische Beteiligung zu ordnen[71]. Diese Deutung ist allerdings nicht leicht vereinbar mit der Aussage, daß diese Form (nicht Dimension) der Gerechtigkeit, nämlich die soziale Gerechtigkeit „Beitragsgerechtigkeit" (contributive justice) genannt werden kann. Denn eine solche Bezeichnung trifft allenfalls die eine Hälfte der sozialen Gerechtigkeit: gemeint ist die Pflicht derer, die dazu in der Lage sind, jene Werte zu schaffen, die die ganze Gesellschaft braucht (71). Klingt dieser Satz nicht ein wenig nach der gesetzlichen Gerechtigkeit?

Einen *vierten Kontext* sehe ich im Leitbild des Gemeinwohls, das in der Tradition katholischer Soziallehre eine überragende Wertschätzung genießt. Die herrschende, am neuzeitlichen Denkstil orientierte Meinung definiert das Gemeinwohl als einen organisatorischen und die Gesellschaft organisierenden Funktionswert: „Inbegriff alles dessen, was an Vorbedingungen oder Voraussetzungen erfüllt sein muß, damit der einzelne durch Regen seiner Kräfte sein eigenes Wohl verwirklichen kann."[72] Unter den Vertretern der katholischen Soziallehre gibt es jedoch eine Denkrichtung, die sich an Thomas von Aquin anlehnt und das Gemeinwohl als universalen Wert, der zugleich die Vollendung und die Freiheit des einzelnen miteinschließt, auffaßt. Danach ist das Gemeinwohl nicht ein Funktions-, sondern Eigenwert; ihm kann das Einzelwohl der Personen nicht gegenübergestellt werden, weil es in ihm enthalten ist. Ähnlich abweichend muß das Verhältnis der Menschenrechte zum Gemeinwohl beschrieben werden. Deren Vorrang gegenüber einem funktionalen Gemeinwohl ist eindeutig, das Konzept vorstaatlicher Grundrechte indessen paßt nicht zu einem als Eigenwert interpretierten Gemeinwohl.

Der Hirtenbrief verknüpft die Pflichten der Gerechtigkeit und die Menschenrechte miteinander und bezieht beide auf das Gemeinwohl (79, 85)[73]. Aber auf welches Gemeinwohl – den Funktionswert oder den Eigenwert? Die Menschenrechte werden als Voraussetzungen eines menschenwürdigen Lebens in Gemeinschaft, als Mindestbedingungen gesellschaftlicher Institutionen angesehen (79f.), sie gründen in der Personwürde, sind von Gott verliehen und nicht von der Gesellschaft geschaffen (79). Das Gemeinwohl dagegen wird mit einem Zitat des Zweiten Vatikanischen Konzils als Funktionswert definiert: „die Gesamtheit jener Bedingungen des gesellschaftlichen Lebens, die sowohl den Gruppen als auch deren einzelnen Gliedern ein volleres und leichteres Erreichen der eigenen Vollendung ermöglichen" (79)[74]. Das Engagement für die Armen zielt darauf ab, daß alle Personen an diesem Gemeinwohl teilhaben und dazu beitragen (87). Anderseits enthält dieses funktional definierte Gemeinwohl wirtschaftliche Grundrechte, die Garantie von Grundfreiheiten und den Schutz von Beziehungen, die für die Beteiligung am gesellschaftlichen Leben wichtig sind (79).

Mir scheint, daß der Kontext eines funktionalen Gemeinwohls und vorstaatlicher Freiheitsrechte nur sehr begrenzt jene Gerechtigkeitsvorstellung einfängt, die dem Hirtenbrief letztlich zugrunde liegt.

Ein *fünfter Kontext* erschließt sich durch das Leitbild des „fairen Interessenausgleichs". Er kann nicht so sehr an der europäischen Soziallehre abgelesen werden, spiegelt vielmehr die gegenwärtige sozialethische Reflexion in den USA. Im Hirtenbrief stößt man auf ihn, wenn ungewöhnliche Formeln wie „Grundgerechtigkeit", „Mindestgerechtigkeit" und „Gerechtigkeit für alle" auftauchen. Was verbirgt sich hinter diesen Formeln?

Der erste Entwurf des Hirtenbriefs hatte das Gerechtigkeitsgebot so konkretisiert, daß er wirtschaftliche Grundrechte als Mindestbedingungen der Menschenwürde und des Gemeinschaftslebens proklamierte sowie eine aktive Beteiligung an gesellschaftlichen Entscheidungen und eine faire Verteilung des wirtschaftlichen Reichtums verlangte. Ähnlich hat der amerikanische Sozialethiker John Rawls in einer „Theorie der Gerechtigkeit als Fairneß" zwei Grundsätze einer gerechten Gesellschaftsstruktur vorgelegt, die sich sowohl auf die Zuweisung von Rechten und Pflichten als auch auf die Verteilung gesellschaftlicher und wirtschaftlicher Güter beziehen. Der erste Grundsatz legt für jeden ein gleiches Recht auf gleiche Grundfreiheiten fest. Der zweite Grundsatz läßt wirtschaftliche und soziale Ungleichheiten, die sich aus unterschiedlichen natürlichen und milieubedingten Startchancen ergeben, zu unter der Voraussetzung, daß die Differenzen für alle vorteilhaft sind; die am wenigsten Begünstigten haben gleichsam ein Vetorecht gegenüber dem Ausmaß an wirtschaftlicher und sozialer Differenzierung. Außerdem müssen gesellschaftliche Positionen, die mit Macht und Verantwortung ausgestattet sind, chancengleich allen offenstehen. Der Gleichheitsgrundsatz hat Vorrang vor dem Differenzgrundsatz: Die Verletzung von Grundfreiheiten kann nicht durch wirtschaftlich und gesellschaftliche Vorteile ausgeglichen werden[75].

Mir scheint, daß die Berührungspunkte zwischen dem wirtschaftsethischen Kernabschnitt des Hirtenbriefs und John Rawls, der versucht hat, eine bei den subjektiven Bedürfnissen und Interessen anknüpfende Ethik mit der an der Gerechtigkeit orientierten Vernunftethik zu kombinieren, nicht von der Hand zu weisen sind.[76] Der Hirtenbrief weitet erstens den Grundrechtsansatz, der für politische Freiheitsrechte entworfen war, auf elementare wirtschaftliche Bedürfnisse und Interessen aus. Er verlangt für alle Menschen eine Mindestausstattung an materiellen Gütern, die zur Befriedigung der Grundbedürfnisse und zum Wohlbefinden notwendig sind (70, 74). Die Einlösung dieses Grundrechts kann nicht aufgeschoben, seine

Verletzung nicht durch andere Vorteile kompensiert werden. Wenn also Gerechtigkeit für alle gefordert wird, dann ist die Einlösung wirtschaftlicher Grundrechte für alle gemeint, ohne die die Garantie politischer Freiheitsrechte ein leeres, überflüssiges Versprechen bliebe.

Zweitens problematisiert der Hirtenbrief die Einkommens- und Vermögensverteilung nach den Rawls-Kriterien, insofern keine absolute Gleichheit der Einkommen und Vermögen verlangt wird, eine gewisser Grad von Ungleichheit sogar wünschenswert sein kann, wenn Anreize geschaffen und höhere Risiken entschädigt werden sollen. Aber er bindet die Verteilung wirtschaftlicher und gesellschaftlicher Positionen an den Vorteil derer, die ihre materiellen Bedürfnisse unerfüllt sehen (70). Er mißt die Differenzen daran, daß die Grundbedürfnisse der Armen eine Priorität haben, und daß der Grad der Beteiligung am Wirtschaftsleben zunimmt (185). Solange so viele Arme, Hungrige und Obdachlose ihre Grundbedürfnisse nicht befriedigen können, hält er extreme Einkommens- und Vermögensdifferenzen nicht für gerechtfertigt (74, 185), erachtet er den eigenen Konsumstil nicht ins Belieben des einzelnen gestellt, sondern durch die Bedürfnisse der Armen begrenzt (75).

Und drittens fordert er eine Reform jener gesellschaftlichen Strukturen, die so viele Menschen daran hindern, aktiv am Produktionsprozeß und an politischen Entscheidungen teilzunehmen.

Die Gerechtigkeit, die der Hirtenbrief als Verhaltens- und Strukturnorm verwendet, erklärt sich nicht aus sich selbst. Doch auch der Kontext bietet keine eindeutige Erklärung. Biblische Gerechtigkeit, Gemeinwohlgerechtigkeit, gesetzliche-austeilende-ausgleichende Gerechtigkeit, soziale Gerechtigkeit, Interessengerechtigkeit und Beteiligungsgerechtigkeit bieten ein buntes Spektrum der Interpretation. Läßt sich noch behaupten, daß das Wortpaar Gerechtigkeit und Beteiligung den wirtschaftsethischen Textabschnitt aufschlüsselt, und daß das Verständnis der Gerechtigkeit als Beteiligung die innovative Leistung des Hirtenbriefs ist?

c) Beteiligungsgerechtigkeit

Den Hirtenbrief nach dem Grundmuster der aristotelischen oder thomanischen Gemeinwohlgerechtigkeit zu lesen, gelingt nicht, weil weder das Ordnungsgefüge der griechischen Polis noch die universale auf Gott bezogene Ordnung des Mittelalters aktuelle gesellschaftliche Verhältnisse und deren Rechtssysteme legitimieren kann. Die neuzeitliche Bruchstelle ist nicht zu kitten.

Aber auch die neuzeitliche Lesart einer freiheitlichen Gesellschaft, die vom wirtschaftlichen Einzelinteresse, vom Interessenausgleich beim Tausch und von der Summe der Teilinteressen, die eine unsichtbare Hand steuert, das Wohl und die Ordnung der Gesellschaft erwartet, hat geringen praktischen Wert. Im Hirtenbrief erscheint sie lediglich als Negativfolie.

So rückt der Hirtenbrief die Sozialstruktur der Wirtschaft in den Brennpunkt der Aufmerksamkeit, die ungleiche Verteilung der Güter und die ungleiche Beteiligung an der Macht trotz gleicher Freiheitsgarantien. Gerechtigkeit heißt in der ökonomisch asymmetrischen Situation, die Grundbedürfnisse derer, die ganz unten und am Rand leben, zu befriedigen. Zunächst die materiellen, dann die ideellen und spirituellen. Durch persönliches Engagement, aber nicht ohne institutionelle Reformen der Güterverteilung und der Beteiligung am Wirtschafts- und Gesellschaftsleben.

Ich bin davon überzeugt, daß der Hirtenbrief plausibel und zutreffend von der Beteiligungsgerechtigkeit her zu deuten ist. Was spricht für diese Auffassung? Erstens das nicht zu übersehende häufige Auftreten der Worte beteiligen und Beteiligung (participate, participation). Zweitens die Korrektur der Einleitungsfragen. Im ersten Entwurf waren zwei Fragen nach den positiven und negativen Wirkungen der Wirtschaft auf die Menschen gestellt. Danach wurde eine weitere eingefügt: Wie sind die Menschen am Wirtschaftsleben beteiligt (1)? Drittens die breite Diskussion des Verteilungsproblems und dessen regelmäßige Umdeutung vom Materiellen ins Personale, vom Individuellen ins Strukturelle. Und viertens ist die Option für die Armen ganz sicher eine Beteiligungsoption: „Die Grundforderung der Gerechtigkeit verlangt, daß jeder Person eine Mindestbeteiligung am gesellschaftlichen Leben gewährleistet wird" (77). Die äußerste Ungerechtigkeit besteht darin, daß Personen so behandelt werden, als gehörten sie zur menschlichen Gesellschaft nicht dazu. Deshalb muß die politische und wirtschaftliche Marginalisierung dringend überwunden werden. „Die Gerechtigkeit verlangt, daß die gesellschaftlichen Einrichtungen darauf angelegt sind, allen Personen die aktive Beteiligung am wirtschaftlichen, politischen und kulturellen Leben der Gesellschaft zu gewährleisten" (78).

Ist es übertrieben zu sagen, daß der Hirtenbrief Beteiligung als neuen Namen für Gerechtigkeit vorschlägt?

5.5 Leitmotive und Konzepte

Bei der Lektüre des wirtschaftsethischen Textabschnitts mag es plausibel erscheinen, den Hirtenbrief vom Wortpaar Gerechtigkeit und Beteiligung her aufzuschlüsseln. Wer jedoch an verschiedenen Stelllen des Hirtenbriefs nachliest, mit welch unterschiedlichen Wortkombinationen die wirtschaftsethische Kernaussage formuliert und zusammengefaßt wird, wird sich verunsichert fragen können, ob es überhaupt ein ethisches Leitmotiv und Konzept gibt.

a) Dreiseitiges Leitmotiv

Einmal bildet die Menschenwürde, wie sie in der Gemeinschaft mit anderen verwirklicht ist, den Maßstab, an dem alle Aspekte der Wirtschaftslebens und jede soziale Institution gemessen werden müssen (25, 28). Dann wieder gelten die Kriterien der Menschenwürde und Gerechtigkeit, nach denen die weltwirtschaftlichen Beziehungen auszurichten sind (322). Die Forderung des Gemeinwohls wird als Gerechtigkeit für alle und Sicherung der Menschenrechte für alle formuliert (85). Ein Resümee, das vor dem Katalog der Prioritäten gegeben wird, spricht von den Maßstäben der Liebe, der Grundgerechtigkeit und der Menschenrechte (89).

An mehreren Stellen wird das Gemeinwohl als Orientierungspunkt gesellschaftlichen Handelns vorgestellt (85, 119, 322 f.).

Ein Rückverweis auf die ethischen Grundsätze des zweiten Kapitels nennt als Kernansatz die Themen der Menschenwürde und der vorrangigen Option für die Armen (186). Doch unmittelbar anschließend greift man auf die Grundsätze der sozialen Solidarität und der Beteiligung zurück (187 f.). Präzise und ausführlich werden die wirtschaftsethischen Leitmotive im weltwirtschaftlichen Textabschnitt zusammengefaßt: die Gebote der christlichen Liebe und menschlichen Solidarität, die Grundgerechtigkeit, die die Beteiligung aller Völker an der Weltwirtschaft verlangt, die Achtung der politischen und wirtschaftlichen Menschenrechte, der besondere Stellenwert der Armen bzw. die vorrangige Option für die Armen als zentrale Priorität politischer Entscheidungen (258, 260).

Hinter den abweichenden Leitmotiven und deren Kombinationen verbergen sich unterschiedliche Leitideen der von den Bischöfen erwähnten lebendigen Tradition kirchlicher Sozialverkündigung. Die Akzentuierung der Menschenwürde wird im Kontext einer Schöpfungstheologie verständlich; die Einsicht, daß diese Menschenwürde nur in Gemeinschaft zu verwirklichen ist, geht auf die aristotelische Antropologie wie auf das biblische Gesellschaftsverständnis zurück und greift Denkmodelle der dialogischen Philosophie und der modernen Kommunikationstheorie auf. Die Betonung der Menschenrechte läßt sich vom neuzeitlichen, liberal geprägten Menschenbild her verstehen, während das Konzept der wirtschaftlichen Grundrechte den Einfluß der europäischen sozialen Bewegungen widerspiegelt. Die Denkfigur des Gemeinwohls ist der abendländischen politischen Ethik entnommen, wenngleich stellenweise offen bleibt, ob dieses Gemeinwohl ein der Gesellschaft vorgegebener Wert oder Ergebnis eines fairen Interessenausgleichs, ob es Eigenwert im mittelalterlichen Sinn oder Funktionswert im neuzeitlichen Sinn ist. Das ethische Modell einer Güterabwägung durch rationale Nutzen/Kosten-Kalkulation reichert die bereits vorhandene konzeptionelle Vielfalt um eine moderne Variante an.

Mir scheint, daß die drei Leitmotive „Menschenwürde in

Gemeinschaft", „Beteiligungsgerechtigkeit" und „Option für die Benachteiligten" die wirtschaftsethische Leitlinie des Hirtenbriefs bilden.

Die Würde der menschlichen Person wird religiös, im schöpferischen Wohlwollen Gottes verankert. Verwirklicht werden kann sie nur in Gemeinschaft – dialogisch und solidarisch. Das Doppelgebot der Liebe zu Gott und zum Mitmenschen spiegelt dieses Grundverständnis des christlichen Glaubens praktischer wider.

Beteiligungsgerechtigkeit ist sowohl Verhaltensnorm als auch Strukturnorm. Sie überträgt die christliche Inspiration der grundlegenden Gleichheit aller Menschen, die jeder Differenzierung nach Begabung, Rasse, und Geschlecht vorausliegt, in die Ordnungstruktur einer solidarischen Gesellschaft. Sie erweitert die neuzeitliche Vorstellung politischer Freiheitsrechte um die Anerkennung wirtschaftlich-sozialer Grundrechte und die Leitidee einer angemessenen Verteilung des gesellschaftlichen Reichtums um die Forderung nach aktiver Beteiligung an wirtschaftlichen Entscheidungsprozessen.

Die Option für die Benachteiligten folgt direkt aus der Wertentscheidung einer angemessenen Beteiligung aller am gesellschaftlichen und wirtschaftlichen Leben sowie aus der im Kontext von Armut und Unterdrückung entstandenen Einsicht in eine strukturell asymmetrische Verteilung gesellschaftlichen Reichtums und wirtschaftlicher Macht. Die Parteinahme für eine benachteiligte Minderheit, um ungerechte Strukturen zu verändern, ist nur scheinbar ein Einsatz für private Teilinteressen; in Wahrheit zielt sie auf eine gerechte Gesellschaft, ist Engagement für das öffentliche, allgemeine Interesse.

b) Dreiseitiges Konzept

Aus den Leitmotiven, die eine wirtschaftsethische Grundlinie bildeten, lassen sich die Konturen wirtschaftsethischer Konzepte, die im Hirtenbrief vermutlich eine Rolle gespielt haben, skizzieren. Ich will in einer dreifachen Annäherung einem entscheidungsethischen, ordnungsethischen und befreiungsethischen Ansatz nachspüren.

Ein *entscheidungsethischer* Ansatz war wirksam, als das biblische Menschenbild dargelegt und die Berufung des Christen in der Wirtschaftswelt von heute reflektiert wurde. Er hat Diagnosen und Therapien, die ausschließlich systemorientiert waren, relativiert und veranlaßt, daß erst die sozialen Pflichten und dann die wirtschaftlichen Rechte, erst die persönlichen Tugenden und dann die gesellschaftlichen Strukturen angesprochen wurden. Und ihm ist zu verdanken, daß die großen Entwürfe des neuen amerikanischen Experiments und der Partnerschaft im öffentlichen Interesse an die drei Hauptakteure der Weltwirtschaft und die gesellschaftlichen Kräfte einschließlich der Regierung adressiert worden sind.

Auch ein *ordnungsethischer* Ansatz ist wirksam gewesen, wo einer bloßen Tugendlehre bescheinigt wird, daß sie die ethische Dimension der Wirtschaft nicht erschöpfend begreift. Er hat die Frage gestellt, ob die Profitmaximierung und Machtkonzentration, die extreme Einkommens- und Vermögensdisparität sowie die Militarisierung der US-amerikanischen Wirtschaft systembedingt seien. Er hat die strukturellen Ursachen der Arbeitslosigkeit, der Armut, der Krise in der Landwirtschaft und der internationalen Verschuldungsprobleme genannt. Auf ihn geht zurück, daß die soziale Gerechtigkeit strukturell gedeutet ist, daß die Beteiligungsgerechtigkeit auf das Gemeinwohl bezogen und als Strukturnorm interpretiert wurde. Und er hat die wohlfahrtsökonomische Diskussion angestoßen, unter welchen Bedingungen wirtschaftliche Effizienz, d. h. wachsende Wohlstandsdifferenz einer gleichmäßigen Verteilung, die allen eine Grundversorgung sichert, vorzuziehen sei.

Und schließlich hat ein *befreiungsethischer* Ansatz zahlreiche Spuren hinterlassen: zunächst bei der einfühlsamen Schilderung der Armut und Ohnmacht im reichsten und mächtigsten Land der Welt, bei der Empörung über die extremen Einkommens- und Vermögensunterschiede sowie über den Skandal anhaltender Diskriminierung und wachsender Ungleichheit. Dann bei der Strukturdiagnose von Arbeitslosigkeit, Armut und einseitiger weltwirtschaftlicher Abhängigkeit. Vor allem in der vorrangigen Option für die Armen, die biblisch grundgelegt und als Sicherung wirtschaftlicher Grundrechte sozialethisch übertragen wurde. Aber auch in dem grundlegenden ethischen Maßstab, der alle wirtschaftlichen Entscheidungen danach bewertet, was sie den Armen tun, was sie ihnen antun, was sie ihnen ermöglichen, selbst zu tun. Und nicht zuletzt in der Selbstverpflichtung der Kirche, keine Fensterreden zu halten, sondern den eigenen Lebensstil zu überprüfen, auf Privilegien zu verzichten und als Kirche der Armen an der Selbstentäußerung Gottes teilzunehmen.

5.6 Wirtschaftsethische Annäherung

„Der Verein für Socialpolitik und die St. Galler Hochschule sind gemeinsam der Auffassung, daß Fragen der Ethik und der Wirtschaft in ihrer gegenseitigen Durchdringung dringend einer erneuten wissenschaftlichen Erörterung bedürfen[77]. Die Dokumentation eines Forschungsgesprächs „Ethik und Wirtschaftswissenschaft", das im Herbst 1984 in St. Gallen stattgefunden hat, belegt, daß die wirtschaftsethische Diskussion, die in den USA seit längerem geführt wird, auch bei uns angekommen ist. Der Hirtenbrief der amerikanischen Bischöfe wird meines Erachtens jene Tendenz verstärken, die in der Naturwissenschaft und Technik zwar schon früher nachdenkliche Kritiker und radikale Aussteiger hervorgebracht hatte, aber jetzt allmählich auch die Wirtschaft erfaßt. Die Frage nach der Wirtschaftsethik wird auch von kirchlichen Sozialverbänden und Ortsgemeinden gestellt, die sich mit Belegschaften solcher Betriebe solidarisieren, die von Massenentlassung oder Stillegung bedroht sind. Und sie wird von den neuen sozialen Bewegungen provoziert, die besorgt sind, daß die Wirtschaft sich nicht um die Umwelt, den Frieden und den gleichen Rang von Männern und Frauen kümmert.

Der Problemüberhang, den die Wirtschaft verursacht, läßt wirtschaftsethische Fragen hervorsprudeln. Dennoch sind die ersten Antworten – ob aus der Wirtschaft oder aus der Ethik – kaum mehr als tastende Gehversuche, die sich einer Wirtschaftsethik allenfalls annähern. Ich will versuchen, sechs solcher Annäherungen zu charakterisieren.

a) Annäherung durch Führungsethik

Der Ausgangspunkt einer ethischen Fragerichtung ist in der Regel eine existentielle Irritation. Von selbständigen Unternehmern oder wirtschaftlichen Führungskräften wurde zeitweise ein Image verbreitet, sie seien knallharte Macher, nähmen keine Rücksicht auf die Mitarbeiter, zumal wenn diese weniger leistungsfähig seien, rationalisierten rücksichtslos und bauten rigoros den Personalbestand ab. Maßstab ihrer Entscheidungen sei einzig der wirtschaftliche Erfolg, nämlich die Rentabilität des Unternehmens – und die eigene Karriere.

Inzwischen ist mehrfach nachgewiesen, daß dieses Image nicht der Wirklichkeit entspricht. Wirtschaftliche Führungskräfte scheinen zwar in erheblicher Distanz zu den Moralvorstellungen der Kirche zu leben, weil sie von dieser keine wesentliche Hilfe erwarten, die eigenen Lebensfragen zu bewältigen. Anderseits sind sie gewillt, ihre Entscheidungen an dem, was sachlich geboten ist, an den gesetzlichen Vorschriften, an den Handlungsfolgen, vor allem jedoch an ihrem Gewissen zu orientieren. Sie sind auch bereit, ihre Verantwortung für umfassende Lebenszusammenhänge wie Frieden und Umwelt anzuerkennen. Und sie empfinden die Belastung durch alltägliche Konflikte zwischen dem Interesse des Unternehmens, das sie eigentlich härter vertreten müßten, und der Rücksichtnahme auf teilweise langjährige Mitarbeiter[78].

Führungsethik ist eine erste wirtschaftsethische Annäherung. Sie reflektiert die Entscheidungssituation und den Entscheidungsprozeß der für das Unternehmen Verantwortlichen; dabei wird ein ganzes Bündel von Entscheidungskriterien sichtbar, die miteinander harmonieren und konkurrieren: kurzfristige/langfristige Rentabilität, internationale Wettbewerbsfähigkeit und Selbstbehauptung des Unternehmens auf dem Inlandsmarkt. Aber auch die Interessen der Mitarbeiter, Erhaltung der Arbeitsplätze, menschengerechte Arbeitsgestaltung und ein sozialverträgliches Klima im Betrieb. In Managerschulen wird eine qualifizierte Führungsethik dieser Art angeboten.

b) Annäherung durch Unternehmensethik

Betriebsleiter in Großunternehmen sind zunehmend dadurch irritiert, daß vor allem jüngere Mitarbeiter eher bereit sind, auf Überstunden- und Wochenendzuschläge zu verzichten als auf die Freizeit am Wochenende, die sie mit ihrer Familie oder Partnerin erleben möchten. Berufsarbeit müsse zwar sein, aber den eigentlichen Höhepunkt des Berufslebens sehe man im jährlichen Urlaub, so bekommen sie zu hören. Der wiederholt beschworene Wertewandel scheint in die Wirtschaft einzudringen, insofern gegenüber den materiellen Gütern qualitative Dienste wie Kommunikation und emotionale Beziehung gesucht werden.

Nun lebt das Unternehmen nicht in einem isolierten Raum, sondern tritt mit seiner Umwelt in einen wechselseitigen Austausch. Es kann sich gegen herrschende gesellschaftliche Trends auf die Dauer gar nicht abschirmen. Ohne Anpassung gibt es keine Überlebenschance. Anderseits muß es versuchen, unter veränderten Bedingungen die selbstgesetzten Ziele zu erreichen. Da eine hedonistische Freizeitgesellschaft auf die Dauer verarme, Wohlstand für alle dagegen nur bei hoher Leistungsbereitschaft geschaffen werden könne, müßten die Führungskräfte im Unternehmen herausfinden, wie sie ihre Mitarbeiter motivieren, mehr zu leisten. Sie müßten einen neuen Führungsstil entwickeln, nicht anordnen sondern inspirieren, koordinieren und emotionale Widerstände durch Konsenserlebnisse ausräumen. Ähnlich sensibel, aber offensiv müßte auch die in der Öffentlichkeit vorhandene Reserve gegen die Unternehmen abgebaut werden.

Bei dieser wirtschaftsethischen Annäherung steht nicht mehr das Verhalten des Unternehmers sondern die Institution des Unternehmens im Vordergrund, allerdings vermittelt mit den persönlichen Wünschen der Mitarbeiter und den gesellschaftlichen Trends. Man kann von einer Art Strukturethik, wenngleich auf Mikroebene, sprechen. Stellenweise gewinnt man den Eindruck, daß die sogenannte Unternehmenskultur Mitarbeiter und gesellschaftliche Umwelt streng in das Unternehmen einbindet. Anderseits liegt in der Unternehmenskultur eine Chance, wirtschaftliche Prozesse und gesellschaftliche Leitbilder neu auszubalancieren[79].

c) Annäherung durch Modellethik

Die Irritationen, die am Ausgangspunkt dieser wirtschaftsethischen Annäherung stehen, sind sowohl weltanschaulicher als auch politischer Natur. Sie treten in drei Varianten auf: Innerkirchlich hat die Theologie der Befreiung, die den Kapitalismus für die Verelendung der Entwicklungsländer verantwortlich macht und im Sozialismus die Alternative einer befreiten Gesellschaft erblickt, Vertreter katholischer Soziallehre in der Bundesrepublik provoziert. Politisch riefen eine sozialdemokratische Regierung, die den Einkommensabstand zwischen den Bevölkerungsschichten zu verringern, sowie eine ökologische Bewegung, die den ökonomischen Handlungsspielraum zu verengen suchte, eine konservative Gegenbewegung hervor, die sich der ideologischen Ost-West-Konfrontation der 50er Jahre erinnerte. Ökonomisch erhielt nach der weltweiten Krise eine neoliberale Theorie Auftrieb, die ein Übermaß sozialstaatlicher Eingriffe, und nicht ein Versagen der Marktwirtschaft für die Massenarbeitslosigkeit verantwortlich machte.

Die wirtschaftsethische Annäherung der Modellethik vergleicht Marktwirtschaft und Zentralverwaltungswirtschaft, Kapitalismus und Kommunismus/Sozialismus idealtypisch miteinander. Die Marktwirtschaft bzw. der Kapitalismus werden durch die Systemelemente eines anonymen Steuerungssignals – Einkommen und Preise – und des dynamischen Wettbewerbs gekennzeichnet. Danach lassen sich die ethischen Implikationen der Marktprozesse und des dadurch ausgelösten Verhaltens aufzeigen. Die Marktkoordination z. B. ist ein demokratisches Prinzip im Verhältnis zum hierarchischen Prinzip der Planung. Die Privatautonomie oder die Konsumentensouveränität entsprechen der Hochachtung vor der personalen Würde des einzelnen. Das Leistungsprinzip regt an zur schöpferischen Selbstverwirklichung ohne staatliche Gängelung; es hat einen außerordentlich egalitären Charakter. Der Wettbewerb zwingt zu einem Verhalten, das dem wohlverstandenen Eigeninteresse folgt, aber positive Wirkungen für den anderen hat. Das Geldeinkommen ist ein neutrales System der Belohnung und Bestrafung; zu Recht zieht man es anderen Methoden der Statuszuweisung vor.

Im idealtypischen Vergleich fallen die ethischen Implikationen der Zentralverwaltungswirtschaft eindeutig nicht so vorteilhaft aus.

Das Ansprechende dieser Annäherung liegt darin, daß sie nicht bei einer Verhaltensethik und nicht bei einer Mikrostrukturethik stehenbleibt; daß sie bestätigt, wie Wirtschaft ein ethikgebundener Raum ist; wie jedes Wirtschaftssystem ethische Vorentscheidungen enthält, von Ethik gleichsam unterwandert ist; wie die Vorentscheidungen eines Wirtschaftssystems mit gesellschaftlichen Wertvorstellungen zusammenhängen; und wie ein Wandel solcher Wertungen eine Änderung des Wirtschaftssystems nach sich zieht.

Wo liegt die Schwäche dieser Annäherung? Im Modellplatonismus oder in der prästabilierten Harmonie einer ökonomischen Traumwelt, die extrem ungleiche Startpositionen, die sich verfestigen und zu empörender Ungerechtigkeit führen, nicht kennt. Ein besonders negativer Eindruck entsteht, wenn der Idealtyp unversehens mit der Wirklichkeit verwechselt wird, oder wenn die Wirklichkeit z. B. des Sozialismus mit dem Idealbild z. B. des Kapitalismus verglichen wird [80].

d) Annäherung durch Verfahrensethik

Die Kritik einer zynischen Vernunft [81] irritierte nicht nur die Repräsentanten der Wirtschaft, als die ökosoziale Bewegung ihnen Seveso, Tschernobyl oder das Waffengeschäft mit Südafrika vorhielt, sondern mehr noch die Wirtschaftswissenschaftler, denen das ökonomische Prinzip als Inbegriff der Vernunft galt. Versteht sich die neoklassische Mikroökonomik, aus der Generationen von Wirtschaftsjournalisten ihre Argumentation bezogen, als deduktive Naturphilosophie, als

Mathematik oder als empirische Wissenschaft? Und wenn, ist sie Natur- oder Sozialwissenschaft?

Die wirtschaftsethische Annäherung, die von solchen Anfragen beunruhigt ist, überprüft als erstes das ökonomische Verfahren. Sie entdeckt, daß die Wirtschaftswissenschaft von einer empirischen Natur des Menschen ausgeht, die starr festgelegt erscheint. Alle Haushalte haben die gleichen Bedürfnisse: konstante, inhaltlich festgelegte und unveränderliche Präferenzen, die vorhanden sind wie die Voralpen oder die Nordsee. Und sie entdeckt, daß auch die ökonomische Methode diesen Naturalismus widerspiegelt. Das ökonomische Prinzip, mit möglichst geringem Aufwand ein bestimmtes Ziel zu erreichen, ist das Prinzip der Vernunft. Die Wirtschaftswissenschaft sieht es als ihre Aufgabe an, zu analysieren, ob Ziele verträglich und Mittel zweckmäßig sind. Sie muß nicht das tatsächliche Verhalten zu erklären suchen, sondern kann eine Theorie des rationalen Handelns entwickeln.

Das Programm einer wirtschaftsethischen Annäherung besteht zunächst darin, mit einer Vielfalt menschlicher Präferenzen zu rechnen, das Handeln der Menschen aus anderen Motivationen als aus reinem Nutzenkalkül, den Menschen selbst als ethisierendes Wesen zu begreifen. So wird das Programm einer realitätsbezogenen Wirtschaftswissenschaft erstens den gesellschaftlichen Kontext des Wirtschaftssystems berücksichtigen, das Entstehen neuer Werthaltungen, die das Konkurrenzverhalten ablösen können, sobald die Vorteile sozialer Koordination oder tradierter Konvention einsichtig werden. Es wird zweitens die Ökonomie aus dem Schatten Max Webers heraustreten lassen: Die Norm steht den Tatsachen nicht im Weg, sondern begründet sie[82].

Diese wirtschaftsethische Annäherung hat als Kritik konventioneller Verfahren einen hohen moralischen Gehalt. Den Wirtschaftswissenschaften die Glasperlen zu nehmen und sie zu drängen, die ökononomische Krise zu erklären, indem sie die konkreten, davon betroffenen Menschen ernst nehmen, ist äußerst verdienstvoll. Stellenweise ist diese Annäherung auch Ideologiekritik; darin steht sie ungebrochen in der Linie aufklärenden Denkens und praktischer Vernunft. Ob das realitätsbezogene Wahrnehmen und Erklären aber bereits Ethik genannt werden kann, Reflexion richtigen Handelns, ist zu bezweifeln.

e) Annäherung durch Ordnungsethik

„Die Mao-Bibel ist doch kein Lehrbuch der Betriebswirtschaft", „Mit der Bergpredigt kann man nicht wirtschaften", so ähnlich mag die Selbstberuhigung verantwortlicher Industriemanager klingen, die durch die Forderung der Jungsozialisten von 1972, die weiße Unterwäsche zum Grundbedarf, die bunte dagegen zum Luxusbedarf zu rechnen, irritiert worden sind, und die beim Gespräch mit dem Bischof die Empörung der Industriepfarrer über Luxuskonsum und Militärproduktion angesichts der Massenarbeitslosigkeit kennengelernt haben.

Direkte moralische Appelle an das Gewissen der Unternehmer und prozeßhafte Eingriffe des Staates in das komplizierte Marktsystem, mögen sie sozialpolitisch auch hoch motiviert sein, wirken in der Regel gegenproduktiv; das habe die weltweite ökonomische Krise nun hinreichend bestätigt. So sagen anerkannte Vertreter einer ordnungsliberalen Wirtschaftswissenschaft.

Die wirtschaftsethische Annäherung betont die interne Logik des Wirtschaftssystems, insbesondere die Eigengesetzlichkeit der Marktsteuerung, die nicht teilbar sei, sondern nur als ganzes funktionstüchtig bleibe. Allerdings vertrage das Marktsystem einen externen Ordnungsrahmen, brauche ihn sogar. Dieser Rahmen werde durch die gesellschaftliche Wertorientierung bestimmt und könne politisch verändert werden. Wenn nun der Handlungsrahmen nach ethischen Maßstäben z. B. der Unverletztlichkeit der persönlichen Existenz abgesteckt sei, müsse dem Markt der Spielraum ökonomischer Rationalität erhalten bleiben. Wer das Kosten/Nutzen-Kalkül des Marktes mit moralischem Pathos auffüllen will, verwechsle die sinnvoll abgetrennten Bereiche der Soziotechnik und der Ethik. Gemäß einer solchen Arbeitsteilung sei auch die Trennung von ökonomischer Allokation und staatlicher Redistribution berechtigt. Die Produktion und primäre Verteilung der Einkommen werde ausschließlich durch das Prinzip wirtschaftlicher Leistung gesteuert, die Umverteilung der Einkommen übernehme der Staat nach dem Grundsatz der Gerechtigkeit. Wirtschaftspolitik und Sozialpolitik dürfen nicht miteinander vermischt werden.

Das Abstecken einer unüberschreitbaren Grenze zwischen wertgebundenem gesellschaftlichen Ordnungsrahmen und dem Spielraum, den eine wertfreie ökonomische Rationalität zum Ausfüllen dieses Rahmens braucht, ist letztlich darin begründet, daß wohl der einzelne für sich verständlich machen kann, welches Handeln für ihn selbst gut ist, daß aber der Versuch, sich mit anderen darüber zu verständigen, an Grenzen stößt. Die eigenen Urteile über das gute Handeln kann man anderen nicht aufzwingen. Deshalb kann auch das wirtschaftliche Handeln allenfalls durch negative Grenzen markiert werden, deren Überschreiten die subjektive Existenz des Mitmenschen zerstören würde, nicht aber durch positive Vorschriften, die das eigene wirtschaftliche Handeln lenken[83].

Diese wirtschaftsethische Annäherung fragt nach der Strukturnorm des Wirtschaftssystems. Sie unterscheidet sich von der Modellethik durch ihren Realitätsbezug und ihre geschichtliche Perspektive. Sie reflektiert die Grundlagen und Funktionsweisen des Rechtsstaats. In Grenzen kann sie auch die Anliegen der alten und neuen sozialen Bewegungen berücksichtigen[84]. Aber ist die Trennung zwischen dem nach ethischen Grundsätzen aufgestellten Ordnungsrahmen und dem Wirtschaftsgeschehen, das nach ökonomischen Regeln abläuft, aufrechtzuerhalten? Ist die Trennung zwischen wertgebundenen Zielen und wertneutralen Mitteln möglich? Ist eine gerechte Verteilung bereits gewährleistet, wenn nur die Arbeitsteilung zwischen dem Markt, der die Produktion und Primärverteilung regelt, und dem Staat, der für die Sekundärverteilung zuständig ist, funktioniert?

f) Annäherung durch Bewegungsethik

Die ökonomische Krise seit Mitte der 70er Jahre hat den Sozialstaat als eine Art Schönwettereinrichtung erscheinen lassen. Die Gewerkschaftsbewegung erlebt eine Phase der Ohnmacht. Nicht wenige Menschen sind irritiert durch einen gleitenden Abstieg in die Armut. Auf Weltebene ist der Abstand zwischen denen auf der Sonnenseite und denen im Schatten noch augenfälliger. Die Gesellschaft ist gespalten auf Grund einer asymmetrischen Verteilung des wirtschaftlichen Reichtums und der gesellschaftlichen Macht. Und diese Ungleichheiten scheinen trotz des wertgebundenen Ordnungsrahmens zuzunehmen.

Die wirtschaftsethische Annäherung einer Bewegungsethik rückt die Frage einer gerechten Verteilung, die das nach rationalen Regeln ablaufende ökonomische System ausgeklammert und auf die wertorientierte Rahmenordnung verwiesen hat, in den Mittelpunkt. Es ist nämlich nicht fair, eine bestimmte Verteilung im Ausgangspunkt eines ökonomischen Prozesses einfach vorauszusetzen und dann im Prozeßverlauf die personelle Einkommensverteilung aus der funktionalen abzuleiten oder sie zu deren Instrument zu machen. Das würde die Leistungsstarken, einfach weil sie stark sind, begünstigen oder Unterschiede der wirtschaftlichen Lage aus der ziemlich beliebigen Startposition verfestigen.

Dieser Gedanke mag durch die Gegenüberstellung politischer Freiheitsrechte und wirtschaftlich-sozialer Grundrechte vertieft werden. Gleiche Freiheitsrechte jedem zu garantieren, ruft ganz unterschiedliche Wirkungen hervor, je nachdem die ökonomischen Voraussetzungen vorhanden sind, diese Rechte einzulösen. In einer Situation extrem ungleicher Einkommen ist es nicht fair, die Benachteiligten mit der Ausgleichstendenz des Systems oder mit den individuellen Zukunftschancen oder mit der abstrakten Freiheitsgarantie zu trösten. Man wird sie als Träger sozialer Grundrechte anerkennen, man muß das Wirtschaftssystem anweisen, ihnen die ökonomischen Mindestbedingungen eines menschenwürdigen und freien Lebens zu verschaffen. Dem Wirtschaftsprozeß selbst muß dieses Ziel eingestiftet sein.

Wirtschaftlich-soziale Grundrechte werden nicht vom Staat

verliehen, sie sind ein Rechtsanspruch an Staat und Gesellschaft, mit der zwischenmenschlichen Solidarität ernst zu machen. In der Regel sind sie der Entstehungsgrund einer sozialen Bewegung, die aus der asymmetrischen Verteilung von Lebenschancen heraus den gesellschaftlichen Konflikt um eine andere Verteilung des gesellschaftlichen Reichtums und der wirtschaftlichen Macht auf sich nimmt. Erst wenn dieser Konflikt geregelt und eine andere Verteilung von Entscheidungsmacht bzw. eine andere Beteiligung an Entscheidungsprozessen erreicht sind, hat die Gesellschaft ein Mehr an Gerechtigkeit gewonnen[85].

Das Programm einer Wirtschaftsethik ist schnell und markant formuliert, solange seine Konturen unscharf bleiben können. Sobald jedoch die Detailarbeit beginnt, sind entscheidende Weichen zu passieren. Die zahlreichen wirtschaftsethischen Annäherungen sind ein Beweis dafür, wie dringend das Problem empfunden wird, Wirtschaft und Ethik aufeinander zu beziehen. Aber auch ein Beweis für das schöpferische Engagement von Ökonomen und Ethikern, die sich an das Problem herangewagt haben. Der Hirtenbrief der amerikanischen Bischöfe wird ein solches Engagement beflügeln.

6. Sozialstaat als Dauerexperiment

„Ethische Aussagen laufen ständig Gefahr, zu moralisieren oder aber utopische bzw. rigoristische Standpunkte zu formulieren, vor denen keine Wirklichkeit bestehen kann. Den Bischöfen ist dieser Vorwurf nicht zu machen." [86]

Der Bewährungstest der wirtschaftsethischen Aussagen des Hirtenbriefs sind tatsächlich dessen wirtschaftspolitische Empfehlungen, die von den ethischen Grundsätzen und von den ethischen Prioritäten deutlich abgegrenzt werden, aber auch keine technischen Blaupausen für eine Reform der Wirtschaft darstellen.

Der Brückenschlag von den Grundsätzen zu deren Anwendung wird als ziemlich kompliziert unterstellt. Denn die Grundsätze, die keine bestimmten Lösungen vorschreiben, treten in Wechselwirkung mit empirischen Daten, mit historischen, sozialen und politischen Gegebenheiten. Sie stehen in Zusammenhang mit Umständen, die sich ändern oder die von Menschen guten Willens unterschiedlich interpretiert werden können. Die politischen Empfehlungen, denen nach dem Urteil der Bischöfe nicht dieselbe Verbindlichkeit wie den ethischen Grundsätze zukommt, sollen zur eigenen Urteilsbildung und zum Dialog anregen (133–135).

Im folgenden will ich die politischen Empfehlungen des Hirtenbriefs in drei Schritten erläutern, aber unter der besonderen Rücksicht, daß der Hirtenbrief wegen seines Vertrauens in den Sozialstaat wiederholt und heftig kritisiert worden ist. Ich beginne damit, das neue amerikanische Experiment, zu dem die Bischöfe aufrufen, zu skizzieren. Dann gehe ich auf das Verhältnis von Wirtschaft und Staat ein, wie es in den wirtschaftspolitischen Empfehlungen zum Ausdruck kommt, um danach die einzelnen Vorschläge zu besprechen, die den Trend wirtschaftlicher Ungleichheit aufhalten sollen. Abschließend suche ich nach einem vergleichbaren wirtschaftspolitischen Engagement des Staates in der Bundesrepublik.

6.1 Ein neues amerikanisches Experiment – Partnerschaft im allgemeinen Interesse[87]

Der Hirtenbrief erklärt an vier Stellen sein Verständnis des (neuen) amerikanischen Experiments (9, 95, 295–297, 322).

Das ursprüngliche amerikanische Experiment politischer Demokratie und demokratischer Lebensformen wollte Gerechtigkeit, Wohlstand und Freiheit für alle sichern. Die Gründergeneration sah sich einer politischen Herausforderung gegenüber; sie mußte Denkmodelle und politische Institutionen schaffen, die ohne Vorbild waren: die Proklamation politischer Bürgerrechte. Und sie hat diese Freiheitsrechte durch Beteiligungsstrukturen, ein Netz von Verantwortung und die breite Streuung gesellschaftlicher Macht abgesichert.

Dieses Experiment ist unvollendet geblieben: Gerechtigkeit für alle bleibt eine Sehnsucht, ein fairer Anteil am allgemeinen Wohlstand ist vielen versagt. Deshalb ist die Zeit reif, das amerikanische Experiment der Garantie bürgerlicher Freiheitsrechte durch ein ähnliches Experiment der Sicherung wirtschaftlicher Grundrechte zu vollenden und eine Ordnung zu schaffen, die die wirtschaftlichen Mindestbedingungen der Menschenwürde für jeden garantiert. Dieses Experiment der wirtschaftlichen Gerechtigkeit für alle verlangt heute, daß die Sache der Demokratie an wirtschaftliche Beteiligung und die Aufteilung wirtschaftlicher Macht gebunden wird, und daß umgekehrt wirtschaftliche Entscheidungen auf das allgemeine Interesse ausgerichtet werden. Auf den wirtschaftlichen Wettbewerb allein ist kein Verlaß. Gesucht werden neue Formen der Teamarbeit und Partnerschaft auf verschiedenen Ebenen.

Die Zusammenarbeit im Unternehmen und im Wirtschaftszweig kann an der Tatsache anknüpfen, daß das Unternehmen ein Zusammenschluß von Personen und mit der Umwelt vielfältig verflochten ist. Die vorhanden Strukturen werden dieser Sachlage noch nicht gerecht. Die tatsächliche Vielfalt der Verantwortung muß sich deshalb in neuen Institutionen verkörpern (298).

Ganz besonders wichtig sind neue Formen der Partnerschaft zwischen Arbeitnehmern und Managern – von der Gewinnbeteiligung über die Mitbestimmung am Arbeitsplatz, Belegschaftsaktien und kooperativen Eintscheidungsformen bis zu genossenschaftlich organisierten Betrieben. Die Arbeitnehmer brauchen einen stärkeren institutionellen Schutz, insbesondere ein Minimum an Informations- und Mitwirkungsrechten, wenn ein Betrieb stillgelegt wird, damit die Verteilung der Anpassungslast fair bleibt (299–301). Von den Gewerkschaften wird trotz der kritischen Situation, in der sie sich befinden, eine schöpferische Zusammenarbeit mit dem Tarifpartner erwartet. Das Koalitions-und Streikrecht abzulehnen, wäre eine Verletzung der Menschenwürde. Der Hirtenbrief verurteilt die anrüchigen Praktiken von Beraterfirmen, die versuchen, dieses Recht auszuhöhlen (104–109, 302–304).

Die kommunale und regionale Zusammenarbeit ist ein wirksames Instrument, um sich der Übermacht eines beherrschenden Großunternehmens zu erwehren oder aus jenem Teufelskreis auszubrechen, in den Problemregionen mit hoher

Arbeitslosigkeit und geringen Finanzmitteln leicht hineingeraten, wenn sie an der Subventionskonkurrenz, um neue Unternehmen anzulocken, nicht teilnehmen können. Die Ortskirche hat eine große Chance, ihr Wissen um die Bedürfnisse der Menschen, das sie aus erster Hand hat, sowie ihre Mittlerrolle in Projekte einzubringen, die zusammen mit Forschungsstellen, Wirtschaftsverbänden, Entwicklungsgesellschaften und denen, die politisch verantwortlich sind, betrieben werden (307–311).

Die Zusammenarbeit auf Weltebene ist ein moralisches Gebot, weil die soziale Frage weltweit geworden ist, und weil das allgemeine Interesse heutzutage nur als Interesse der gesamten Menschheit sinnvoll definiert werden kann. Nun fehlt aber gerade jene Autorität, die die Weltwirtschaftsbeziehungen auf das Weltgemeinwohl hinordnen könnte; UNO, IMF und GATT sind dazu zu schwach. Deshalb sollten die USA – wie nach dem Zweiten Weltkrieg – eine Schrittmacherrolle übernehmen, um die internationalen Organisationen zu stärken, neue internationale Partnerschaften mit Entwicklungsländern eingehen und zusammen mit den drei Hauptakteuren der Weltwirtschaft und den Gewerkschaften das institutionelle Defizit der Weltgesellschaft überwinden helfen (322–325).

6.2 Wirtschaft und Staat

Dem Hirtenbrief ist wiederholt vorgeworfen worden, daß er ein Vertrauen in die Funktionstüchtigkeit des Sozialstaates setze, das heutzutage nicht mehr gerechtfertigt sei. Die Bischöfe meinten, ein Versagen der Marktwirtschaft mit staatlichen Regulierungen korrigieren zu können, übersähen dabei aber die gegenwärtige Krise der wohlfahrtsstaatlichen Politik [88].

Hat der Staat im Verständnis des Hirtenbriefs ein zu starkes Gewicht? Weicht das Staatsverständnis des Hirtenbriefs von den Vorstellungen katholischer Soziallehre ab? Wie sieht der Hirtenbrief das Verhältnis von Staat und Wirtschaft?

Der Hirtenbrief hält an der traditionellen Unterscheidung von Gesellschaft und Staat fest. Freie gesellschaftliche Gruppierungen spielen eine wichtige Rolle im Kampf um wirtschaftliche Gerechtigkeit. Anderseits wird dem Staat eine Funktion zugewiesen, die nicht bloß soziotechnisch sondern ethisch zu begründen ist. Als Rechtsstaat hat er die Menschenrechte zu garantieren, als Sozialstaat die Grundgerechtigkeit für alle zu sichern. Beispielhaft werden wirtschaftliche Aufgaben des Staates genannt, die man als Allokations-, Stabilisations- und Distributionsaufgaben unterscheiden kann[89]. Die Grenze der Staatsintervention wird durch das Subsidiaritätsprinzip, das im Hirtenbrief an fünf Stellen (99, 124, 308, 314, 323) genannt ist, abgesteckt. Damit ist eine Mittellinie gezogen: alle etatistischen und totalitären Verfahren, die sozioökonomische Probleme zu lösen vorgeben, werden abgelehnt. Aber umgekehrt ist auch nicht derjenige Staat der beste, der sich am wenigsten in die Wirtschaft einmischt (119–124).

Das neue amerikanische Experiment sieht zwischen Staat und Wirtschaft ausdrücklich ein partnerschaftliches Verhältnis vor, um zu einer nationalen Wirtschaftspolitik zu kommen. Wirtschaftliche Freiheit und private Initiative bedürfen keiner besonderen Rechtfertigung – der Hirtenbrief formuliert im Unterschied zu allen früheren Entwürfen sogar eine Art institutioneller Grundrechtsgarantie für Unternehmen (118) –, aber ebenso unabweisbar ist der soziale und politische Charakter der Wirtschaft: Der Markt ist eingebettet in einen politischen und gesellschaftlichen Kontext; Steuergesetze und Verteidigungsausgaben beeinflussen Produktion und Konsum, Geld- und Handelspolitik, Umweltschutzgesetze und Arbeitszeitregelungen wirken auf die Wirtschaft ein. Das Subsidiaritätsprinzip verlangt staatliche Intervention, um gesellschaftlichen Gruppen zu helfen. Der Hirtenbrief mag keine abstrakte Diskussion, ob wir mehr oder weniger Staat brauchen, sondern will schöpferische Formen der Zusammenarbeit von Staat und gesellschaftlichen Gruppen (312–314).

Der Vorschlag einer wirtschaftlichen Rahmenplanung, damit die privaten und kommunalen Initiativen auf die nationale Wirtschaftspolitik abgestimmt werden, mag in den USA verwegen klingen. Die Bischöfe haben mit einer negativen Reaktion gerechnet. Aber sie meinen, daß ohne eine faire und vernünftige Koordination privater und öffentlicher Einzelpläne wirtschaftliche Gerechtigkeit nicht zu garantieren sei. Drei Gesichtspunkte sind bei einer solchen Rahmenplanung zu berücksichtigen. Erstens die Zusammenarbeit aller gesellschaftlichen Kräfte einschließlich des Staates, um eine nationale Wirtschaftspolitik zu gestalten. Daß staatliche Regelungen als notwendig erachtet werden, klingt wie eine Kampfansage an Präsident Reagan, der die Wirtschaft von solchen staatlichen Regelungen befreien will. Zweitens der Maßstab zur Beurteilung der nationalen Wirtschaftspolitik. Eine Wirtschaftspolitik im allgemeinen Interesse muß die Interessen derjenigen verfolgen, die aus dem Wirtschaftssystem herausfallen. Und drittens die Konversion der Militärausgaben und Rüstungsproduktion zugunsten der Armen und Schwachen (315–320).

Der Hirtenbrief vertritt bei der Bestimmung des Verhältnisses von Staat und Wirtschaft keine umwälzende Theorie, sondern bewegt sich innerhalb der traditionellen katholischen Soziallehre, allerdings im Kontext einer kapitalistischen Marktwirtschaft. Er beobachtet, daß die Privatunternehmen nach den Regeln einzelwirtschaftlicher Rentabilität gesteuert werden, und er erwartet vom Sozialstaat, den Wirtschaftsprozeß auf die Gerechtigkeit hinzuordnen – von wem sonst?

6.3 Politik unter dem Gleichheitsgebot

Arbeitslosigkeit, Armut, Krise der landwirtschaftlichen Familienbetriebe und Unterentwicklung sind die exemplarischen Problembereiche, die beschrieben und analysiert wurden. Für sie werden auch wirtschaftspolitische Vorschläge formuliert.

Der Maßstab sozialstaatlicher Wirtschaftspolitik wird formal durch das allgemeine Interesse angegeben. Konkret muß sich diese Wirtschaftspolitik aber für ein Teilinteresse angagieren, nämlich für das Interesse derjenigen, die an den Rand gedrängt und ausgegrenzt sind. Sie steht unter dem Gebot, den Trend wirtschaftlicher Differenzierung und Spaltung aufzuhalten und mehr wirtschaftliche Gleichheit zu verwirklichen.

a) Vollbeschäftigung

Vollbeschäftigung als Ziel Nr. 1 allgemeiner wirtschaftspolitischer Maßnahmen und gezielter Beschäftigungsprogramme heißt nicht, daß diesem Ziel die Preisniveaustabilität oder der Haushaltsausgleich geopfert werden müßten. Steuer-, Zins- und Ausgabenpolitik des Bundes sollen so koordiniert werden, daß das Vollbeschäftigungsziel erreicht wird. Der Hirtenbrief setzt auf gesamtwirtschaftliches Wachstum, um die Nachfrage nach Arbeitskräften zu beleben. Ganz besonders auf die Dynamik kleiner und mittlerer Unternehmen, daß sie neue Arbeitsplätze schaffen. Aber auch auf den ungedeckten gesellschaftlichen Bedarf, den zu befriedigen Arbeitsplätze eingerichtet werden könnten. Andere Maßnahmen verknappen das Arbeitsangebot, z.B. Wochenarbeitszeitverkürzung (insbesondere wenn beide Elternteile arbeiten) oder Teilzeitarbeit oder Abbau von Überstunden. Auch von der Rüstungskonversion erwartet man zusätzliche Arbeitsplätze. Gezielte Beschäftigungsprogramme dienen einmal dazu, Arbeiter zu qualifizieren, um der Gefahr der Arbeitslosigkeit zuvorzukommen, und zum anderen dazu, Langzeitarbeitslose in den Arbeitsprozeß wiedereinzugliedern (151–169, 337). Ob der Hirtenbrief mit ökologischen Grenzen des Wirtschaftswachstums rechnet, ob er an eine weniger geschlechtsbedingte Verteilung der Erwerbsarbeit denkt oder mit der Gefahr eines beschäftigungsfreien Wachstums rechnet, bleibt offen.

b) Kampf gegen die Armut

Armut kann zurückgedrängt werden, das beweisen erfolgreiche Sozialhilfeprogramme der amerikanischen Geschichte. Doch da die Armut mit der Beschäftigung zusammenhängt, müssen zusätzliche Arbeitsplätze geschaffen, die Mindestlöhne angehoben und die Lohnunterschiede, die Frauen diskriminieren, beseitigt werden.

Entsprechend der Anlayse der Armutsursachen beziehen sich die Vorschläge darauf, die Ausbildung zu verbessern, Familien- oder Kindergeld zu zahlen, zur Selbsthilfe anzuregen. Zur Reform des Wohlfahrtswesens empfiehlt der Hirtenbrief, daß die Programme finanziell besser ausgestattet werden, einheitliche Zulassungsnormen und Leistungsansprüche enthalten und zur Erwerbsarbeit ermutigen.

Besonderes Interesse verdienen die Vorschläge einer gerechten Besteuerung. Der erste Steuergrundsatz liest sich wie eine herbe Kritik an der Haushaltspolitik der Reagan-Administration: Die Steuereinnahmen sollten ausreichen, um die Bereitstellung öffentlicher Güter und die Transferleistungen des Staates zugunsten der Armen zu finanzieren. Ähnlich kritisiert der zweite Grundsatz Reagans Steuerreform, wenn er eine progressive Besteuerung nach der Leistungsfähigkeit verlangt. Der dritte Grundsatz verlangt Steuerfreiheit unterhalb einer bestimmten Einkommensgrenze. Unter den langfristigen Perspektiven, die Armut zu bekämpfen, wird auch die negative Einkommenssteuer erwähnt, eine methodische Alternative zu dem in Österreich und Westdeutschland diskutierten Grundeinkommen (190–215).[90]

c) Leben auf dem Land

Der sozialen und natürlichen Umwelt gelten die wirtschaftspolitischen Vorschläge des Hirtenbriefs: Kleine und mittlere landwirtschaftliche Betriebe sowie die landwirtschaftliche Tätigkeit sollen geschützt werden, die Landwirte sind mit der Verantwortung für den Umweltschutz zu betrauen. Bauern in kritischer Lage müssen zinsgünstige Kredite bekommen. Außerdem wird der Staat angesprochen: Die Agrarpolitik soll die Preissubventionen sowie alle Unterstützungssysteme, die von der Anbaufläche oder der Produktionsmenge abhängig sind, abschaffen. Steuerpolitik und Forschungsprogramme müssen an kleinen und mittleren Betrieben orientiert sein, umweltschonende Produktion muß honoriert werden, die Landarbeiter sind sozial abzusichern. Und schließlich werden die Landwirte selbst ermutigt, sich gegen die eigene Kooperation und die Organisation der Landarbeiter nicht zu sperren (231–249).

Woran liegt es, wenn die politischen Empfehlungen zum Schutz kleiner und mittlerer Landwirtschaftsbetriebe ein Unbehagen hinterlassen? Vermutlich daran, daß sie das sozialpolitische Engagement, das den Personen und Familien gilt, mit der Struktur eines schrumpfenden Wirtschaftszweigs, mit der Abhängigkeit des Staates von der Agrarlobby, mit dem Widerstand gegen einen ungehemmten Kapitalismus und mit dem ökologischen Handlungsbedarf verquicken.

d) Nord-Süd-Dialog

Entwicklungspolitische Dialoge erschöpfen sich häufig darin, daß ein Partner dem andern Schuld und Verantwortung zuweist. Der Hirtenbrief überträgt den USA als wirtschaftlicher Hegemonialmacht die Hauptverantwortung für eine Reform der Weltwirtschaftsbeziehungen, solange die Vereinten Nationen das politische Machtdefizit auf Weltebene nicht ausfüllen können; entsprechend abgestuft ist die Verantwortung der übrigen Industrieländer, der multilateralen Institutionen und der transnationalen Unternehmen. Den Entwicklungsländern kommt eine nachgeordnete Rolle bei der Übernahme von Verantwortung zu (261, 288 f.).

Ziemlich konventionell klingen die Vermittlungswege einer Reform der Weltwirtschaft: Öffentliche Hilfe, Handel, Kapitalexport, Direktinvestitionen und Nahrungsmittelhilfe. Die öffentliche Entwicklungshilfe soll aufgestockt und zugunsten der multilateralen Hilfe umgeschichtet werden (265 f.).

Der Außenhandel der Entwicklungsländer gilt als Wachstumsmotor – eine nicht selbstverständliche Unterstellung; allerdings müssen die Handelspreise fair und die Vorteile des Handels gleich verteilt sein. Man muß verhindern, daß der Wettbewerbsdruck der Schwellenländer auf dem US-Markt auf ausbeuterischen Praktiken in den Entwicklungsländern beruht; ob sich auch US-Konzerne an solchen Praktiken beteiligen, wird an dieser Stelle nicht nachgefragt. Immerhin sollten die USA mit den Anpassungslasten, die durch die Importoffensive der Entwicklungsländer anfallen, fertig werden (267–270).

Die schwelende internationale Schuldenkrise hat die Vorschläge zum Kapitalverkehr stark beeinflußt. Sie bewegen sich entlang der von der Weltkirche vertretenen Linie, die die

Päpstliche Kommission Justitia et Pax gerade erst ausführlich erläutert hat[91]. Die Empörung über den Skandal, daß gerade die ärmsten Bevölkerungsgruppen unter den finanziellen Anpassungslasten am meisten zu leiden haben, ist in eine erkennbare Kritik an der Auflagenpolitik des Internationalen Währungsfonds umgemünzt. Durchgängig ist eine Parteinahme zugunsten der Entwicklungsländer zu spüren; entsprechend kritisch wird die Zinspolitik der Industrieländer, insbesondere der USA beurteilt. Die Bischöfe empfehlen, die Schuldnerländer nach ihren wirtschaftlichen Möglichkeiten differenziert zu behandeln, Schulden völlig zu streichen und in Zuschüsse umzuwandeln oder Moratorien einzuräumen, Umschuldungen vorzunehmen, die Zinslast zu verringern (271–277).

Private Direktinvestitionen werden nicht weniger differenziert beurteilt wie die transnationalen Unternehmen, die sie durchführen. Bei aller nüchternen Skepsis bleibt der Bewertungssaldo eher positiv, zumal man damit rechnet, daß sie in Zukunft durch einen weltweit anerkannten Verhaltenskodex stärker gezähmt werden können (116, 278–280).

Das Welternährungsproblem liegt im Schnittpunkt dieser vier Vermittlungswege einer Reform der Weltwirtschaft. Aber das parallele Auflisten langfristiger und kurzfristiger Lösungswege verdeckt nicht das wechselseitige Konfliktverhältnis. Herkömmliche Nahrungsmittelhilfe mit Weizen als Waffe entmutigt gerade den Aufbau einer eigenen Produktion. Und der Transfer moderner Agrartechnik in die Dritte Welt, die eine kapitalintensive Agrarindustrie nach sich zieht, mag zwar den Export von Getreide in die Industrieländer anregen, aber nicht die Grundbedürfnisse der inländischen Bevölkerung befriedigen (281–287).

An den politischen Empfehlungen scheint sich das Urteil über den Hirtenbrief, dessen Brennpunkt im zweiten Kapitel liegen dürfte, zu scheiden. Die einen schauen besorgt auf die zugelassenen Eingriffe in das Marktsystem, die anderen halten – zumindest vom europäischen Standpunkt aus – die Leitlinien einer Staatsintervention, die dem sozialen Ausgleich dient, für eine Selbstverständlichkeit. Ich finde, daß die politischen Empfehlungen eine grundsätzlich pragmatische Sichtweise und ein kaum gebrochenes Vertrauen in die Chancen demokratischer Reformen ausdrücken. Sie ruhen aber auch in einer geschichtlichen und aktuellen Erfahrung, daß der Markt allein weder die Menschenwürde respektiert noch für wirtschaftliche Gerechtigkeit sorgt. Darüber hinaus spiegeln sie die Differenz der nationalen und internationalen Dimension. Auf der nationalen Ebene ist ein mit Entscheidungsmacht ausgestatteter Staat vorhanden, der die Funktion des Sozialstaats übernimmt. Auf der internationalen Ebene ist eine vergleichbare Instanz nicht in Sicht. Deshalb klingen die Vorschläge zur Reform der Weltwirtschaft relativ pragmatisch; sie setzen bei den Entscheidungsmustern der Hauptakteure an und bemühen sich, soweit das möglich ist, um deren Korrektur.

6.4 Sozialstaatsgebot

„Die Bundesrepublik ist ein demokratischer und sozialer Bundesstaat", erklärt Art. 20 GG. Mit dem Hinweis auf diesen Artikel und die soziale Wirklichkeit der Bundesrepublik wird das Bemühen des Hirtenbriefs um sozialstaatliche Korrekturen einer freien Marktwirtschaft als typisch amerikanisches Problem angesehen, das für die westdeutsche Gesellschaft nicht mehr so vorrangig sei.

Anderseits steht der amerikanische Hirtenbrief auch im Kontext einer ökonomischen und politischen Auseinandersetzung, die von den USA über England in die Bundesrepublik importiert worden ist, nämlich der neoliberalen, angebotsorientierten und monetaristischen Wirtschaftspolitik, von der die gegenwärtige bürgerlich-konservative Koalition maßgebend inspiriert wird. Wenn nun der Hirtenbrief auch als Kritik an einigen Vorentscheidungen der Reagan-Administration sowie als erstes Signal einer sozialorientierten Wende zu lesen ist, dann darf er auch in der Bundesrepublik als Kritik an der herrschenden neoliberalen Wirtschaftspolitik gelesen werden.

a) Kritik der neoliberalen Wirtschaftspolitik

Diese Politik vertraut weithin auf die Selbstheilungskräfte des Marktes. Sie appelliert an die Leistungsträger, die Güter und Dienste auf dem Markt austauschen, ohne diejenigen zu berücksichtigen, die keine wirtschaftlichen Leistungen erbringen (können). Was heißt schon Leistung? Es zählt ja nicht die psychosomatische Anstrengung, sondern das Angebot, das eine Nachfrage findet. Und bei der Nachfrage zählt nicht das reale Bedürfnis (Hunger, Durst), sondern die Kaufkraft, mit der eine Nachfrage ausgestattet ist, sowie die Kaufkraftverteilung. Für den Markt existieren alle die nicht, die zwar elementare Bedürfnisse anmelden, aber nicht über eine entsprechende Kaufkraft verfügen, oder alle diejenigen, die nicht in der Lage sind, genau die wirtschaftlichen Leistungen zu erbringen, die von einer kaufkräftigen Nachfrage erwartet werden.

Diese Politik sucht auch die menschliche Arbeit den Gesetzen von Angebot und Nachfrage zu unterwerfen[92]. Damit richtet sie sich gegen die Interessen der abhängig Beschäftigten. Denn menschliche Arbeit ist mehr als eine Ware. Sie kann nicht wie Blumentöpfe, Apfelsinen und Aluminiumschrott den Marktgesetzen ausgeliefert werden, weil sie von der menschlichen Person als ihrem Träger nicht abtrennbar ist. Arbeit ist auch für die Mehrheit der Bevölkerung etwas Notwendiges, weil einzige Einkommensquelle. Und die seit rund zehn Jahren anhaltende Massenarbeitslosigkeit hat die Marktposition der abhängig Beschäftigten erheblich geschwächt.

Vertreter dieser Politik erklären die ökonomische Krise einseitig und tendenziös aus einer einzelwirtschaftlichen Perspektive und machen in erster Linie die überhöhten Lohnstückkosten für die Massenarbeitslosigkeit verantwortlich. Zum andern führen sie die Arbeitslosigkeit auf die Summierung einzelner Wahlentscheidungen von Arbeitslosen zurück, die ihren Freizeitgewinn, ihre Sozialleistungen und ein Einkommen aus Schwarzarbeit gegen ein mögliches Erwerbseinkommen aufrechnen. Außerdem unterstellen sie den privaten Sektor als weitgehend stabil. Die Summe der einzelwirtschaftlichen

Gleichgewichte bei Haushalten und Unternehmen ergibt angeblich ein gesamtwirtschaftliches Gleichgewicht, so daß die aktuelle Krise durch laufende Eingriffe des Staates in das Wirtschaftsgeschehen (mit)verursacht ist. Zum Gleichgewicht bei Vollbeschäftigung könne man erst dann kommen, wenn die private wirtschaftliche Initiative von den Fesseln staatlicher Regelungen, insbesondere von den arbeits- und sozialrechtlichen Barrieren privater Unternehmungslust, befreit sei. Gute Staatstätigkeit bestehe darin, sich möglichst wenig wirtschaftlich und wirtschaftspolitisch zu betätigen. Deshalb sei es korrekt, wenn sich der Staat mehr aus dem Wirtschaftsgeschehen zurückziehe.

Diese Politik propagiert mit Erfolg den Teilrückzug des Sozialstaates aus der Verteilungsaufgabe. Denn es sieht so aus, als hätten die zum Teil rigorosen Kürzungen der Sozialleistungen im Bereich der Arbeitslosenversicherung, die wiederholten Appelle zur Lohnzurückhaltung, zur Lohnpause und zum Lohnverzicht sowie zur personellen und regionalen Lohndifferenzierung, aber auch mehrere gesetzliche Initiativen wie die Änderung des Jugendarbeitsschutzgesetzes und das Beschäftigungsförderungsgesetz zunächst nur erhebliche Umverteilungsprozesse zu Lasten der Lohneinkommensbezieher und zu Gunsten der Bezieher von Einkommen aus Unternehmertätigkeit und Vermögen bewirkt, wenngleich diese Umschichtungen gesamtwirtschaftlich und gesellschaftlich damit legitimiert wurden, daß der Massenkonsum zugunsten der Investitionstätigkeit zurückzustehen habe, daß vor allem die Investitionsneigung zunehmen müsse, um die Volkswirtschaft mit Hilfe neuer Techniken zu modernisieren, die internationale Wettbewerbsfähigkeit wiederzugewinnen, neue Arbeitsplätze zu schaffen und am Ende weitere Lohnerhöhungsspielräume zu eröffnen.

Bis jetzt ist noch nicht abzusehen, ob diese Politik sehr erfolgreich war. Ein wenn auch bescheidenes Wirtschaftswachstum wurde für ein paar Jahre erreicht. Die Preisniveaustabilität – allerdings bei zurückgedrängter Nachfrage und erheblichen Außeneinflüssen – gilt als beachtliche Leistung. Ob aber die wirtschaftliche Belebung den Arbeitsmarkt spürbar erfaßt hat, das Produktionswachstum auch beschäftigungswirksam gewesen ist, bleibt weiterhin offen.

b) Arbeitspolitische Offensive

Eine positive Übertragung des Hirtenbriefs sehe ich in einer gemeinsamen Anstrengung der Tarifparteien und des Staates, die Massenarbeitslosigkeit abzubauen. Den Tarifparteien allein kann man diese Last nicht aufbürden, weil bei der aktuellen Arbeitsmarktsituation die Last bei den Gewerkschaften hängenbleiben würde und diese damit überfordert wären.

Was heißt Abbau der Arbeitslosigkeit inhaltlich?

Erstens: Beteiligung an der Erwerbsarbeit. – Für die große Masse der Arbeitslosen und in die Stille Reserve Abgetauchten heißt das vorrangige Interesse: Erwerbsarbeit haben, dabeizusein. Deshalb hat Erwerbsarbeit Vorrang vor alternativen Arbeitsformen in selbstorganisierten Betrieben und Selbsthilfegruppen. Sie hat auch Vorrang gegenüber therapeutischen Arbeitsformen, die sich das ökonomische System neben dem formellen Arbeitsmarkt als ausgelagerte Sanierungseinrichtungen hält, um psychische und soziale Schäden zu reparieren und die sogenannten Problemgruppen der Leistungsgesellschaft einer Beschäftigungstherapie zu unterziehen. Gerade sie dienen dem Staat wiederholt als Alibi für Einstellungsstopp und Planstellenabbau. Erwerbsarbeit hat schließlich Vorrang gegenüber einer reinen Einkommenssicherung. Wer ausschließlich auf ein sogenanntes Grundeinkommen angewiesen ist, wird eine solche Form der Abhängigkeit, die aktuell für einen großen Teil der weiblichen Bevölkerung zutrifft, nicht als schöpferische Chance empfinden, sich vielmehr als Almosenempfänger von der gesellschaftlichen organisierten Arbeit ausgesperrt empfinden.

Zweitens: Beiteiligung an wirtschaftlichen Entscheidungsprozessen. – Die Gewerkschaften in der Bundesrepublik haben versucht, Arbeitnehmervertreter in diejenigen Unternehmensorgane hineinzubringen, die über Investitionen, Arbeitsplätze und die Anwendung neuer Technologien entscheiden. Doch zur wirtschaftlichen, politischen und wissenschaftlichen Elite, zum Komplex der Konzernmanager, Verbandsfunktionäre und Verwaltungsbeamten zu gehören, bietet den Arbeitnehmervertretern noch keine Garantie, daß sich der Abstand zwischen dem effizienten Entscheidungsapparat und den Basisinteressen der Belegschaften verringert. Die wirtschaftliche Mitbestimmung in den Unternehmensorganen hat – ganz unabhängig von ihrer paritätischen Ausgestaltung – den Grundsatz der Wirtschaftsdemokratie noch nicht eingelöst, daß diejenigen, die von Entscheidungen betroffen sind, an der Vorbereitung und Durchführung der Entscheidungen sowie an den Entscheidungen selbst beteiligt werden.

Langfristig geht es um die Umformung der kapitalistischen Unternehmensstruktur in eine mitarbeiterorientierte Unternehmensverfassung. Auf mittlere Sicht hingegen geht es um eine basisgerechte Verknüpfung der Mitbestimmung in den Unternehmensorganen mit der am Arbeitsplatz und im Betrieb, daß nicht die Betriebsräte den technischen Veränderungen hinterherlaufen und die extremen sozialen Folgeschäden bei ihren Kollegen abfedern müssen, sondern daß die Vorstellungen der Belegschaftsangehörigen über neue technische Verfahren von Anfang an in den unternehmerischen Entscheidungsprozeß einfließen.

Drittens: Neuverteilung der gesellschaftlichen Arbeit. – Neben der Ausschöpfung qualitativer Wachstumsfelder, die zusätzliche Arbeitsplätze schaffen, wird an einer durchgreifenden allgemeinen tariflichen Arbeitszeitverkürzung kein Weg vorbeiführen. Denn 1960–1983 ist das Sozialprodukt verdoppelt worden, während die Zahl der dafür benötigten Arbeitsstunden um 20 % zurückgegangen ist. 1982–1986 ist die Produktion wieder um ein Zehntel gestiegen, das Arbeitsvolumen um 2,5 % gesunken.

Die zur Zeit diskutierten Modelle einer Arbeitszeitverkürzung und gleichmäßigen Verteilung entsprechen nicht immer dem Gebot der Beteiligungsgerechtigkeit. Häufig werden gerade diejenigen Gruppen, die im Betrieb und auf dem Arbeitsmarkt schwächere Positionen einnehmen, systematisch ausgegrenzt. So wird den älteren Arbeitnehmern der Vorruhestand angeboten, die jüngeren Arbeitnehmer/innen werden durch verlängerte Ausbildung, Umschulung und Neueinstellung auf Teilzeitbasis zurückgedrängt, die Ausländer/innen werden mit Hilfe von Rückkehrprämien und politisch geschürter Rechtsunsicherheit zur Ausreise angeregt.

Besonders die bestehende geschlechtsgebundene Arbeitsteilung ist unfair gegenüber den Männern, die fast ausschließlich im produktiven Sektor gegen Entgelt arbeiten, aber noch mehr gegenüber den Frauen, denen an erster Stelle die reproduktive Haus-, Beziehungs- und Erziehungsarbeit ohne Geldeinkommen zugewiesen wird. Dabei sollte man von der Gewohnheit Abschied nehmen, die erwerbstätigen Frauen hätten die Reservearmee des Arbeitsmarktes zu bilden, die man in der Hochkonjunktur beschäftigt, denen man in der Rezession das Hohelied der traditionellen Hausfrau und Mutter oder der „Neuen Mütterlichkeit" nachsingt. Damit würden die eh schon mangelhaften Ausbildungschancen, die geringe Entlohnung, die relative Benachteiligung bei den Renten und die geschlechtsbedingte Spaltung der Arbeitsverhältnisse zementiert.

Das Recht auf Erwerbsarbeit gilt unterschiedslos für Männer und Frauen. Wer die unersetzliche Rolle der Frau als Hausfrau und Mutter hervorhebt, sollte dies fairerweise auch gegenüber dem Mann und Vater tun. Die Männer müßten es als erheblichen Verlust an Lebensqualität ansehen, daß ihnen durch die Vollerwerbstätigkeit wertvolle Zeit mit ihren Kindern verlorengeht. Teilzeitarbeitsverhältnisse nach freier Wahl sollten auch für Männer selbstverständlich werden.

Darüber hinaus ist eine rein nationale Arbeitspolitik überholt, die sich ausschließlich an der internationalen Wettbewerbsfähigkeit, am Lohnkostenvergleich, an permanenten Exportüberschüssen sowie an traditionellen Kapital- und Technologietransfers orientiert. Eine Welthandelsnation wie die Bundesrepublik übernimmt mit dem weltwirtschaftlichen Gewicht zugleich eine Schrittmacherrolle für die Bewältigung der Nahrungs-, Beschäftigungs- und Technikprobleme der Entwicklungsländer.

Gegen eine faire Neuverteilung der gesellschaftlichen Arbeit wird das Kostenargument übermäßig hochgespielt. Aber nicht zusätzliche Kosten sind zu verkraften, sondern die bestehenden Kosten sind anders zu verteilen. Die teuerste Form der Arbeitszeitverkürzung sind die gegenwärtig mehr als zwei Millionen Arbeitslose. Auch die Kostenfrage ist ein weltwirtschaftliches und volkswirtschaftliches Verteilungsproblem. So müßte eine für das einzelne Unternehmen kostenneutrale und für die unteren Lohngruppen einkommensneutrale Arbeitszeitverkürzung (mit gestaffeltem Lohnausgleich) drei Umverteilungsprozesse enthalten, an denen die abhängig Beschäftigten, die Arbeitgeber und der Staat zu beteiligen wären.

Viertens: Zeitsouveränität. – Mit der Frage einer allgemeinen Verkürzung der Arbeitszeit darf die mögliche Weise ihrer flexiblen Gestaltung nicht verwechselt werden. Wenn die Nachfrage nach Gütern und Diensten nicht entsprechend mitwächst, erhöht eine flexible Arbeitszeitgestaltung nicht die Nachfrage nach Arbeitskräften.

Wer aber bestimmt das Maß einer Arbeitszeit nach Maß? Wenn die betriebliche Rentabilität das Maß diktiert, ist nicht gesichert, daß Nacht- und Feiertagsarbeit weniger werden, daß auf den menschlichen Biorhythmus Rücksicht genommen wird. Obwohl der Mensch kein nachtaktives Lebewesen ist und obwohl die neue Technik angeblich wahre Wunder bewirken kann, nehmen Nacht-, Schicht- und Feiertagsarbeit zu. Wessen Zeitsouveränität kommt bei der Arbeitszeitflexibilisierung zum Zug? Der Wunsch der Arbeitnehmer und Arbeitnehmerinnen nach Gleitzeit, nach zusammenhängender Arbeitszeit, nach dem freien Wochenende? Wird das freie Wochenende einer geheimen Komplizenschaft von Unternehmensleitungen und Beschäftigten, die Gesundheit gegen Geld verkaufen, geopfert? Ist Freizeit nur individuell verfügbare Zeit oder in erster Linie Sozialzeit, die mit anderen Menschen zusammen verbracht wird? Sind Freizeit, Wochenende und Sonntag nicht viel mehr Bestandteile einer gesellschaftlichen Kultur, die nicht unter die Herrschaft der Ökonomie fallen darf?

c) Kirchliches Engagement

Was tut die westdeutsche Kirche zum Abbau der Massenarbeitslosigkeit? Erstens hat sie den Arbeitslosen viele Zeichen persönlicher Sympathie zukommen lassen. Es war schon viel, nach und nach die gängigen Vorurteile typischer Mittelschichtgemeinden, Arbeitslosigkeit beruhe auf persönlichem Versagen, abzubauen. Zweitens sind zahlreiche therapeutische Maßnahmen ergriffen worden, um Arbeitslose aus ihrer Selbstisolation herauszuholen und sie finanziell zu unterstützen. Persönliche Beziehungen wurden eingesetzt, um Jugendlichen einen Ausbildungsplatz beim befreundeten Handwerksmeister zu vermitteln. Die Solidarität mit einzelnen Arbeitslosen ist auch zu demonstrativen Gesten geworden, wenn ganze Stadtteile und Gemeindegebiete von Betriebsstillegungen betroffen wurden. Schließlich stellen Diözesen Haushaltsmittel in Millionenhöhe und kirchliche Mitarbeiter Einkommensanteile für Solidaritätsfonds zur Verfügung, um neue Arbeits- und Ausbildungsplätze zu schaffen, um Selbsthilfeprojekte, selbstorganisierte Betriebe und neue Experimente einer stärkeren Integration von Arbeits- und Lebenswelt zu finanzieren.

Den positiven Initiativen im caritativen und therapeutischen Nahbereich, bei der Schaffung neuer Arbeitsplätze, bei der Wiedereingliederung arbeitsloser, schwer vermittelbarer Jugendlicher in den Arbeitsmarkt, bei der Errichtung eines zweiten Arbeitsmarktes und bei den Solidaritätsfonds stehen Defizite kirchlichen Engagements gegenüber. Die Sozialverkündigung der Bischöfe und der meisten Pfarrer bleibt erheblich hinter dem „Evangelium der Arbeit" zurück, das der jetzige Papst verkündet hat. Stellungnahmen der Bischöfe zur Arbeitslosigkeit reproduzieren entweder bekannte Unternehmerstandpunkte oder verharren in einer Neutralität, die Parteinahme für die Besserverdienenden ist; in einer Erklärung zur Bundestagswahl 1987 war die Arbeitslosigkeit ein nachrangiges Thema[93]. Die Kirchenleitungen haben sich eine außergewöhnliche arbeitspolitische Selbstbeschränkung auferlegt, die von ihrem offensiven familien- und rechtspolitischen Engagement absticht und angesichts der Informationen über die neue

Armut bzw. die verheerenden Folgen der Arbeitslosigkeit, die ihnen von den Caritas-, Sozial- und Jugendverbänden geliefert werden, unbegreiflich ist. Als Arbeitgeber wirkt die Kirche ziemlich inaktiv. Sie gibt kein leuchtendes Beispiel einer allgemeinen Verkürzung und gleichmäßigen Verteilung der Arbeitszeit, sondern ahmt wie üblich Betriebsvereinbarungen nach, die den jüngeren und älteren Mitarbeitern sowie den Frauen die größte Anpassungslast zumuten.

7. *Wirtschaftsmacht Kirche*

Die römische Bischofssynode von 1971 hat einen Maßstab für die christliche Sozialverkündigung gesetzt, an dem sich in der Folgezeit keine Kirche vorbeimogeln konnte: Von Gerechtigkeit soll niemand reden, der nicht zuvor selbst als gerecht dasteht. Die amerikanischen Bischöfe haben diesen Satz beherzigt. Das eigene wirtschaftliche Handeln, das kirchliche Vermögen und die Kirchenwirtschaft werden einer genauen Prüfung unterzogen.

7.1 Kirchenwirtschaft auf der Wanderung

„Wie dies Brot, das wir gegessen haben, in den Körnern zerstreut war über die Hügel und nun zu einem geworden ist ..." Mit diesem Bild aus der Zwölfapostellehre, das auf die Kirche bezogen ist, kann die Redaktionsgeschichte des fünften Kapitels im amerikanischen Hirtenbrief und vor allem des Textabschnitts „Die Kirche als Wirtschaftsfaktor" verglichen werden. Kaum ein Textabschnitt ist so häufig herumgeschoben und in ein anderes Umfeld versetzt worden wie der über die Kirchenwirtschaft.

Der erste Entwurf hatte „die Kirche" in dem Kapitel über die ethischen Normen des Wirtschaftslebens untergebracht, wo die Rechte und Pflichten der Systemagenten der Wirtschaft dargestellt wurden: der Arbeitnehmer und Gewerkschaften, Manager, Kapitaleigner, Unternehmen und Banken, Staatsbürger, Regierung und Verwaltung, trans- bzw. internationaler

Körperschaften, Verbraucher und Kirche. Was war in diesem Textabschnitt ausgesagt?

Daß die Kirche wirtschaftlich tätig sei, darin ein gutes Beispiel geben müsse, aber weit hinter dem selbst gesetzten Anspruch zurückbleibe; und daß sie, um den Lohnforderungen ihrer Mitarbeiter gerecht werden zu können, auf Beiträge aller Getauften angewiesen sei. Das Koalitionsrecht kirchlicher Mitarbeiter wird anerkannt, Anteilseigner werden an ihre Verantwortung erinnert, der Dienst von Christen an den Armen wird als Samariterhandeln der Kirche bestätigt. Man sieht also, daß die Kernelemente des jetzigen Textabschnitts „Die Kirche als Wirtschaftsfaktor" im ersten Entwurf bereits vorhanden waren. Im zweiten Entwurf wurde das Schuldbekenntnis zu Beginn ziemlich entschärft und durch einen stolzen Rückblick auf die wirtschaftliche Leistungskraft der US-Katholiken ersetzt bzw. ergänzt. Den ehrenamtlichen Helfern wurde ausdrücklich gedankt, das Kirchenvermögen, die Grenzen der Caritasarbeit und die Selbsthilfebewegung der Armen wurden angesprochen. Dieser Textabschnitt selbst ist dann vom zweiten Entwurf bis zum endgültigen Hirtenbrief nicht mehr wesentlich verändert worden. Aber sein Umfeld hatte sich mittlerweile erheblich gewandelt.

Die Zuweisung des neuen Ortes in einem ebenfalls gewandelten Umfeld vollzog sich in drei Schritten.

Zunächst hat man es wohl als nicht ganz stilgerecht empfunden, daß die Kirche unter die Systemagenten der US-Wirtschaft eingereiht war. Ob es aber sachgerecht war, sie aus dem wirtschaftsethischen Kapitel herauszunehmen und ihr eine „Sonderkapitelwelt" zuzuweisen, mag dahingestellt bleiben. Die Distanz der Kirchenwirtschaft von der übrigen Wirtschaft schien dadurch dokumentiert. Anderseits konnten nun die zwei Adressaten des Hirtenbriefs, die amerikanische Gesellschaft und die Christen in den Kirchen, durch zwei Kapitel gesondert berücksichtigt werden.

Danach wurden einige versprengte Textabschnitte über Arbeit und Freizeit, Gottesdienst und Arbeit sowie über die Berufung zur Ganzheit und Heiligkeit, die den Abschluß des ersten Entwurfs gebildet hatten, mit der Kirchenwirtschaft kombiniert und dann neu zerlegt. Während die Aussagen, die sich auf die persönliche Berufung bezogen, zwischen den biblischen und ethischen Abschnitt des zweiten Entwurfs eingeschoben wurden, entstand während der Umgliederung des ganzen Entwurfs das Schlußkapitel: „Ein verbindliches Engagement für die Zukunft" – mit der Kirchenwirtschaft, den Umsetzungshilfen und dem Engagement für die Gottesherrschaft der Liebe und Gerechtigkeit.

Schließlich wurde der Einschub: „Die christliche Berufung in der Welt von heute" aus dem normativen Kapitel des zweiten Entwurfs nach hinten zurückgeholt und mit einigen Textabschnitten der persönlichen Spiritualität aufgefüllt, während die Kirchenwirtschaft zusammen mit zwei Textabschnitten über das Bildungswesen und die Familienförderung in einem Teilkapitel: „Herausforderungen an die Kirche" unterkam bzw. versteckt wurde. Diese Ortszuweisung, wie sie im dritten Entwurf vorgenommen wurde, ist in der Endfassung, wie man nachprüfen kann, erhalten geblieben.

7.2 Reform der Kirchenwirtschaft

Die amerikanische Kirche begreift sich in dreifacher Funktion als Wirtschaftssubjekt – als Arbeitgeber, als Kapitaleigner und als Vermögensträger. Sie blickt stolz zurück auf die Bauleistungen, die erbracht wurden, um sowohl Kirchen für den Gottesdienst als auch Schulen und Krankenhäuser für den Dienst am Menschen zu haben. Aber noch mehr dankt sie den Menschen, die sich aus religiös-sozialer Motivation als Ordensleute, die von ihren Gemeinschaften finanziert werden, als ehrenamtliche Kräfte oder als Erwerbstätige mit Lohn und Gehalt der Kirche zur Verfügung gestellt haben. Dennoch weiß sie, wie notwendig eine Reform der Kirchenwirtschaft ist. Denn die ethischen Grundsätze, die ein gerechtes Wirtschaften bestimmen sollen, gelten wie für jedes andere Wirtschaftssubjekt auch für die Kirche; eigentlich noch mehr, weil die Kirche mit gutem Beispiel vorangehen sollte.

Ich will im folgenden die Aussagen des Hirtenbriefs über die Kirchenwirtschaft an den drei wirtschaftsethischen Leitmotiven der Menschenwürde in Gemeinschaft, der Beteiligungsgerechtigkeit und der Option für die Armen messen.

a) Menschenwürde in Gemeinschaft

Der Hirtenbrief weist am Ende des Textabschnitts über die Kirchenwirtschaft auf die Kirche als Kulturträger hin (358). Ein charakteristisches Merkmal der christlichen Kultur ist der Sonntag, und davon abgeleitet der Sinn für Freizeit und Muße. Diese Werte gehen unter den wirtschaftlichen Ansprüchen einer Konsum- und Überflußgesellschaft verloren. Deshalb brauchen die Christen ein neues Gleichgewicht zwischen Arbeit und Freizeit. Auch die Freizeit ist ein Raum, in dem partnerschaftliche Beziehungen aufgebaut werden und politische Initiativen entstehen, in dem die Freude an Gottes Schöpfung wiederbelebt wird (338). Mir scheint, daß die gesellschaftliche Sonntags- und Wochenendkultur eine Ausdrucksform der religiös begründeten und in Gemeinschaft verwirklichten Menschenwürde ist.

Die Bischöfe appellieren an die Solidarität aller Getauften, sich nicht aus den kirchlichen Einrichtungen wegzustehlen und diese etwa den Kunden und Mitarbeitern zu überlassen. Die Mitarbeit von ehrenamtlichen Jugendlichen oder Älteren kann ein Ausdruck solcher Solidarität sein, wenn der Aufruf zu unentgeltlicher Mitarbeit kein Alibi für Stellenabbau und arbeitspolitisches Nichtstun ist (351 f.).

Unbeschadet einer Eigenart kirchlicher Einrichtungen, die zu respektieren ist, freuen sich die Bischöfe über jene Frauen und Männer, die zwar nicht katholisch sind, aber ähnliche Hoffnungen und Wünsche für die Menschheit hegen, daß sie in katholischen Werken mitarbeiten, um diese Vision zu realisieren (353).

Die praktizierte Solidarität, die Generationsgrenzen überwindet, und das soziale Engagement über die Konfessionsschranken hinweg lassen sich als Zeichen der religiösen Dimension der menschlichen Person verstehen.

b) Beteiligungsgerechtigkeit

Die für Dienstleistungsunternehmen üblicherweise hohen Personalkosten veranlassen die Bischöfe, alle Kirchenmitglieder um höhere Beiträge zu bitten. Der biblische zehnte Teil des Einkommens würde nach Meinung des Hirtenbriefs ausreichen, um die Finanzierungsprobleme zu lösen, d. h. angemessene Gehälter zu zahlen. Gleichzeitig gehen die Bischöfe eine Art Selbstverpflichtung ein, daß alle, die für die Kirche arbeiten, nicht schlechter gestellt sein sollen als solche, die bei einem verantwortlichen Arbeitgeber beschäftigt sind. Dieser Paritätsgrundsatz bezieht sich sowohl auf die Löhne als auch auf die Sozialleistungen. Durch die Beiträge soll auch die Altersversorgung jener Ordensleute[94] gesichert werden, die früher zu wenig an eine Sicherung im Alter gedacht haben (351).

Die Kirchenwirtschaft wird in den USA zu einem erheblichen Teil über Erträge aus Aktien- und Beteiligungskapital finanziert. Das vorrangige Interesse bei der Plazierung der Anteilscheine ist verständlicherweise das erzielbare Einkommen. Dennoch weist der Hirtenbrief auf die politische und ethische Dimension von Anlageentscheidungen hin, aus der man sich nicht heraushalten kann. Kirchliche soziale Bewegungen haben bereits mehrfach und erfolgreich von den rechtlichen Möglichkeiten Gebrauch gemacht, unternehmenspolitische Öffentlichkeit herzustellen, Eingaben an die Unternehmensvorstände zu schreiben, Rechenschaftsberichte anzufordern, auf der Aktionärsversammlung das Wort zu ergreifen und eine Kontrollfunktion auszuüben. Die Bischöfe ermutigen zu solchen Schritten (354).

Ermutigend wirkt auch die eindeutige Zusage der Bischöfe, das Koalitionsrecht ihrer Mitarbeiter uneingeschränkt zu achten. Zu diesem Recht gehört einmal, den Gewerkschaften eigener Wahl beizutreten, die in den USA anders als in Europa organisiert sind, zum anderen aber auch der Abschluß von Tarifverträgen mit dem kirchlichen Arbeitgeber. Außerdem werden neue Modelle der Zusammenarbeit auf der Ebene des Betriebs bzw. der Einrichtung gesucht. Mitsprache- und Mitwirkungsrechte bei der Gestaltung der Arbeitsbedingungen oder selbstorganisierte Einrichtungen können durch die Kirche allein gestaltet werden. Formen der Gewinn- und Vermögensbeteiligung sind aber wohl nur gesamtwirtschaftlich zu regeln (353, 300).

Der Hirtenbrief verpflichtet die Kirche dazu, in ihren Einrichtungen ein Modell der Zusammenarbeit und Beteiligung zu sein (358). Der Grundsatz der Beteiligungsgerechtigkeit enthält aber immer die zwei Dimensionen der Rechte und Pflichten. An dieser Stelle waren es Mitarbeiterrechte, denen Beitragspflichten und Pflichten der Kapitalanleger gegenüberstanden.

c) Option für die Armen

Die Kirche in den USA unterhält eine der größten privaten Fürsorgeeinrichtungen des Landes. Dieses Engagement für die Armen soll nicht nur Elend lindern, sondern auch den Sinn des Leidens verständlich machen, um dessen Ursachen von innen her zu beseitigen. Nächstenliebe allein sei aber zu wenig, meinen die Bischöfe, um wirtschaftliche und soziale Schäden auszugleichen. Nun heißt wahre Nächstenliebe bereits, sich öffentlich zum Anwalt der Armen zu machen. Dazu kommt ein sozialpolitisches Engagement, die strukturellen Ursachen der Not zu beseitigen. Der Hirtenbrief sieht hoffnungsvolle Ansätze sozialer Selbsthilfe-Initiativen und Graswurzel-Bewegungen[95].

Als ein eklatanter Widerspruch zum personellen Engagement der Mitarbeiter und zum finanziellen Beitrag der Getauften werden die zu großen, teilweise leerstehenden Gebäude, die der Kirche gehören, empfunden. Wenngleich dieser Zustand durch demographische und berufliche Veränderungen verursacht worden ist, wird er doch als Beweis einer reichen Kirche und ihres verschwenderischen Umgangs mit dem Geld ausgelegt. Diesem Image kann die Kirche nur mit einer eindeutigen und öffentlichen Rechnungslegung entgegentreten. Die Bischöfe ermutigen aber vor allem die kreative Nutzung solcher Gebäude im Dienst der Armen (355).

Option für die Armen hat schließlich einen geschlechtsspezifischen Aspekt. Frauen sind in der Kirche und Gesellschaft fortwährend diskriminiert. Der Einsatz für mehr Lohngerechtigkeit verlangt eine besondere Sensibilität für die Lohnunterschiede zwischen Männern und Frauen bei gleicher Arbeit und für die Konzentration der Frauen auf Arbeitsplätzen am unteren Ende der Lohnskala (353).

7.3 Kirchenwirtschaft in der Bundesrepublik

Die wirtschaftliche Position, die die katholische Kirche in der Bundesrepublik einnimmt, ist mit der Stellung der US-amerikanischen Kirche nicht ohne weiteres vergleichbar. Charakteristische Merkmale einer Kirchenwirtschaft hier sind erstens durch das vorhandene kirchliche Grund- und Wertpapiervermögen sowie dessen Verwaltung, zweitens durch die Kirchensteuer- und Spendeneinnahmen sowie deren Verwendung für ein weit gefächertes kirchliches Engagement, drittens durch die vielfältige Kooperation mit den Einrichtungen des Sozialstaats und der Bildungsverwaltung gekennzeichnet. Zusammengenommen verfügt auch die Kirche in der Bundesrepublik über erhebliche wirtschaftliche Macht; ob diese nun ursprünglich oder abgeleitet ist, mag dahingestellt bleiben.

Die Eigenart der Kirchenwirtschaft tritt meist im Zusammenhang mit unerfreulichen Skandalen ans Licht, z. B. wenn einem katholischen Assistenzarzt gekündigt wird, weil er nach einer gescheiterten Ehe zum zweiten Mal geheiratet hat, oder wenn bei der Abwicklung steuerbegünstigter Parteispenden des Hauses Flick eine katholische Missionseinrichtung als Geldwaschanlage fungiert, oder wenn einer entdeckt, daß Diözesen, wenn sie mit Ordensgemeinschaften Gestellungsverträge abschließen, die Ordensmänner unterschiedlich nach Ausbildungsabschluß und sozialer Stellung im Beruf honorieren, die Ordensfrauen dagegen einheitlich, gleichsam in Form eines Kopfgeldes.

Außerdem kann man genausowenig von der Kirchenwirtschaft in Westdeutschland sprechen, wie es die Kirche in Westdeutschland nicht gibt. Die Vielzahl der Diözesen, der kirchlichen Verbände, der Ordensgemeinschaften und vor allem die Vielzahl der zivilrechtlich und finanziell selbständigen Träger machen die Erscheinungsweisen der Kirchenwirtschaft zu einem schillernden Komplex, dessen sozio-ökonomische Analyse äußerst schwierig ist. Nun sind in den vergangenen Jahrzehnten enorme Anstrengungen unternommen worden, der Kirchenwirtschaft den Schleier des Geheimnisvollen zu nehmen. Unter anderem haben die regelmäßige Veröffentlichung der Bistumshaushalte und die allgemein zugängliche Rechnungslegung bischöflicher Hilfswerke eine Menge Mißtrauen gegen die Kirchenwirtschaft weggeräumt. Bei der Mehrheit der Bevölkerung scheint die wirtschaftliche Betätigung der Kirche auch nicht umstritten zu sein, schon gar nicht die ihrer caritativen Einrichtungen.

Zwei Aspekte aus dem amerikanischen Hirtenbrief möchte ich als Anfrage an die Kirchenwirtschaft in Westdeutschland herausgreifen, die Frauendiskriminierung und die Kirche als Arbeitgeber.

Die westdeutsche Kirche, so scheint mir, beteiligt sich an jener Diskriminierung, der die Frauen in der Gesellschaft ausgesetzt sind – z. B. an der sexistischen Diskriminierung, die älter ist als die Industriegesellschaft, sowie an der Diskriminierung, die in der kapitalistischen Industriegesellschaft ihre schärfste Form gefunden hat, wonach die Rationalisierung der Arbeitswelt in Industriebetrieb und Büro eine emotionale Kompensation zu Hause verlange, für die die Frau zuständig sei; oder wonach die räumliche Trennung von Produktionsstätte und Wohnort dem Mann die gesellschaftlich organisierte Produktionsarbeit, der Frau dagegen die private unentgeltliche Reproduktionsarbeit zuweise. Wegen dieser Komplizenschaft zwischen Kirche und Gesellschaft ist der kirchliche Widerstand gegen die geringe Zahl der Frauen in Führungspositionen oder gegen die typischen Merkmale der Frauenerwerbstätigkeit, nämlich an Arbeitsplätzen mit extrem einseitiger Belastung beschäftigt, in niedrige Lohngruppen eingestuft, auf einem geringen Qualifikationsniveau festgehalten zu sein, relativ schwach entwickelt; der Teufelskreis einer auf wenige bzw. frauentypische Berufe konzentrierten Ausbildung trotz gleichrangiger Schulabschlüsse, niedriger Erwerbseinkommen und einer ungenügenden Alterssicherung bleibt geduldet. Allenfalls die Über- und Doppelbelastung der Hausfrau sowie die Gewalt gegen Frauen sind Felder eines überzeugenden Engagements kirchlicher Caritas und Therapie.

Als Arbeitgeber bietet die Kirche vielen Mitarbeitern und Mitarbeiterinnen eine Chance, die übliche Spaltung zwischen nichtssagendem Job und sinnvoller Eigenarbeit zu überwinden und in der Erwerbstätigkeit ein hohes Maß an persönlicher Identität zu finden. Viele Christen engagieren sich in den karitativen Einrichtungen, weil sie meinen, dort die Trennung zwischen Religion und Alltagswelt überwinden, den Glauben an Gott mit einem sozialen Engagement verbinden zu können.

Diese religiöse Dimension des kirchlichen Dienstes ist aber weder die Eigenschaft einer Institution, noch kann sie strukturell und von oben verordnet werden, noch wirkt sie für Außenstehende überzeugend, wenn ihr keine persönliche Resonanz der einzelnen Mitarbeiter und Mitarbeiterinnen entspricht. Diese Resonanz ist immer auch Spiegel persönlicher Erfahrungen und kann nicht in ein allgemeines Profil gegossen werden.

Wenn die Kirche von einer Dienstgemeinschaft spricht, müßte sie zunächst klären, ob dieser Begriff die religiöse oder die arbeitsrechtliche Dimension des kirchlichen Dienstes umschreibt. Beide Dimensionen dürfen nicht vermischt werden. Denn die einheitliche religiöse Orientierung, die für alle Beschäftigten gilt, hebt die Unterschiede der Trägerschaft, der Einrichtungen, der Adressaten und der Kompetenzen nicht auf. Sie hebt nicht einmal die Differenzierung zwischen Dienstgeber und Dienstnehmer, zwischen den Leitenden Angestellten und denen, die ihrem Direktionsrecht unterstellt sind, auf. Wieso werden also solche Abstufungen beibehalten, ohne sich in einer differenzierten Loyalitätspflicht der Mitarbeiter niederzuschlagen? Solange dieser Widerspruch aufrechterhalten bleibt, besteht die Vermutung zu Recht, daß die ideologische Kampfformel der „Dienstgemeinschaft" die Wirklichkeit einer Dienstgebergemeinschaft verschleiern soll.

Eine echte Dienstgemeinschaft müßte die Rechte und Pflichten zwischen Dienstgeber und Dienstnehmer gleichmäßiger verteilen, den Dienstgeber stärker in Pflicht nehmen. Der kirchliche Dienst ist unglaubwürdig, wenn sein besonderer Charakter darin besteht, daß die Rechtsstellung der Mitarbeiterinnen und Mitarbeiter hinter jener zurückbleibt, die in der gewerblichen Wirtschaft und im öffentlichen Dienst zugestanden wird. Das ist tatsächlich der Fall. Unverständlich ist auch die Berührungsangst des kirchlichen Arbeitgebers gegenüber den Gewerkschaften, die nur über kirchliche Mitarbeiter ein Zutrittsrecht zu den Einrichtungen der Kirche haben. Das Koalitionsrecht gilt eingeschränkt: die Mitarbeiter dürfen Koalitionen nicht beitreten, die kirchenfeindliche Ziele verfolgen (gibt's die in der Bundesrepublik?), oder den Abschluß von Tarifverträgen, an dem die Gewerkschaften beteiligt sind, anzielen, was der kirchliche Arbeitgeber verweigert.

Es bleibt zu hoffen, daß der kirchlich eigenartige, sogenannte dritte Weg sich mit der Zeit selbst auflöst. Ich bin sicher, daß der kirchliche Arbeitgeber – vielleicht auch unter dem Druck der Alternative in der evangelischen Kirche – schneller dazulernt als im vorigen Jahrhundert seine Kollegen, die kapitalistischen Unternehmer, bevor diese aus Eigeninteresse dem Tarifvertrag zustimmten.

Wie sagt der amerikanische Hirtenbrief: „In allen kirchlichen Einrichtungen muß man auch die Rechte der Angestellten anerkennen, sich zu organisieren und durch freigewählte Vereinigungen mit ihren kirchlichen Arbeitgebern zu verhandeln" (353).

Eine Einladung an die Kirche in der Bundesrepublik!

Anmerkungen zum Kommentar

[1] Für die vorliegende Arbeit habe ich wertvolle Tips erhalten: von den Teilnehmerinnen und Teilnehmern zweier Seminarveranstaltungen im Wintersemester 1986/87 an der Philosophisch-Theologischen Hochschule Sankt Georgen über die Ethik kollektiver Entscheidungsprozesse und über den Wirtschaftshirtenbrief der US-amerikanischen Bischofskonferenz (3. Entwurf), unter anderen von Bernhard Emunds und Bernhard Memering; außerdem von meinen Mitbrüdern Norbert Lohfink, Winfried Jüngling, Klaus Mertes und Philipp Schmitz.

[2] Vgl. Zweites Vatikanisches Konzil, Dogmatische Konstitution über die Kirche, Nr. 12 in: K. Rahner – H. Vorgrimler, Kleines Konzilskompendium (Freiburg [2]1966) 136f.

[3] Vgl. P. J. Henriot, Katholische Soziallehre und amerikanische Wirtschaft, in: Orientierung 49 (1985) 179–183.

[4] Vgl. Der amerikanische Hirtenbrief (erster Entwurf), Die katholische Soziallehre und die amerikanische Wirtschaft, in: Die Armen müssen Maßstab sein. Publik-Forum-Dokumentation (Frankfurt 1985) 17–149; Amerikanische Bischofskonferenz – Erster Entwurf eines Hirtenbriefs, Die katholische Soziallehre und die amerikanische Wirtschaft / First Draft – Bishop's Pastoral, Catholic Social Teaching and the U.S. Economy, in: Die Neue Ordnung, Sondernummer April 1985, 30–205.

[5] Vgl. P. J. Henriot, Katholische Soziallehre und amerikanische Wirtschaft, in: Orientierung 49 (1985) 179–183, 180.

[6] Vgl. J. Langan, Sollen die Bischöfe sich einmischen?, in: F. Hengsbach – H. Ludwig (Hg.), Wirtschaft für wen? (Frankfurt 1985) 15–35, 27.

[7] Vgl. W. E. Simon, Die Torheit der Bischöfe, in: Die Neue Ordnung, Sondernummer Dezember 1985, 43–50; vgl. M. Novak, Auf dem Weg zum Konsens, in: Die Neue Ordnung, Sondernummer Dezember 1985, 51–80.

[8] Vgl. A. M. Greeley, „Radikale" Abweichung, in: Die Neue Ordnung, Sondernummer Dezember 1985, 28–42.

[9] Vgl. M. Novak, Auf dem Weg zum Konsens, in: Die Neue Ordnung, Sondernummer Dezember 1985, 51–80.

[10] Vgl. Laienkommission zur katholischen Soziallehre und der amerikanischen Wirtschaft. Der Zukunft entgegen. Katholisch-soziales Denken und die amerikanische Wirtschaft, Ein Laienbrief / Lay commission on Catholic Social Teaching and the U.S. Economy, Toward the future. Catholic Social Thought and the U.S. Economy, A Lay letter, in: Die Neue Ordnung, Sondernummer April 1985, 206–347.

[11] Vgl. Center of Concern, Comments on the First Draft of the NCCB Pastoral Letter on Catholic Social Teaching and the US Economy, Center of Concern Occasional Paper, 2. 1. 1985.

[12] Vgl. National Conference of Catholic Bishops, Second Draft, Pastoral letter on Catholic Social Teaching and the U.S. Economy, Washington, D. C., October 7, 1985.
[13] Vgl. F. Hengsbach, Vom ersten zum zweiten Entwurf. Wie ein Hirtenbrief entsteht, in: F. Hengsbach – H. Ludwig (Hg.), Wirtschaft für wen? (Frankfurt 1985) 7–14.
[14] Vgl. Center of Concern, Center Focus 69 (November 1985) 1 f., 6.
[15] Vgl. National Conference of Catholic Bishops, Third Draft, Pastoral Letter on Catholic Social Teaching and the U.S. Economy, Washington, D. C., June 3, 1986.
[16] Die Ziffern im folgenden beziehen sich auf die Endfassung des Wirtschaftshirtenbriefs.
[17] Vgl. U. S. Bishop's Pastoral Message and Letter, Economic Justice for All: Catholic Social Teaching and the U. S. Economy, origins, vol. 16, Nr. 24, November 27, 1986.
[18] Vgl. Sekretariat der Deutschen Bischofskonferenz (Hg.), Pastorale Anregungen zum Problem der Arbeitslosigkeit (Bonn 1982); Sekretariat der Deutschen Bischofskonferenz (Hg.), Erklärung der Gemeinsamen Konferenz zur Arbeitslosigkeit. Stellungnahme des Beirats der Gemeinsamen Konferenz zur Arbeitslosigkeit (Bonn 1982); Sekretariat der Deutschen Bischofskonferenz (Hg.), Wort der Bischöfe zur Bundestagswahl am 25. Januar 1987 (Bonn 1987).
[19] Vgl. Sekretariat der Deutschen Bischofskonferenz (Hg.), Zukunft der Schöpfung – Zukunft der Menschheit (Bonn 1980); Kirchenamt der Evangelischen Kirche in Deutschland und Sekretariat der Deutschen Bischofskonferenz (Hg.), Verantwortung wahrnehmen für die Schöpfung, Gemeinsame Erklärung des Rates der Evangelischen Kirche in Deutschland und der Deutschen Bischofskonferenz (Gütersloh 1985); Sekretariat der Deutschen Bischofskonferenz (Hg.), Gerechtigkeit schafft Frieden (Bonn 1983); Sekretariat der Deutschen Bischofskonferenz (Hg.), Muslime in Deutschland (Bonn 1982); Kirche und Fremdenangst. Eine Erklärung des Vorsitzenden der Deutschen Bischofskonferenz, in: HerKorr 36 (1982) 387–389; Die Ausländer und ihre Familien. Eine Erklärung der Deutschen Bischofskonferenz, in: HerKorr 39 (1985) 74–76.
[20] Vgl. L. Roos, Befreiungstheologien und Katholische Soziallehre I–II (Köln 1984 – 1985).
[21] Vgl. Johannes XXIII., Rundschreiben „Der Friede in der Welt" (1963), Nr. 39, 75, 126, 142.
[22] Vgl. Johannes XXIII., Radiobotschaft vom 11. 9. 1962, Acta Apostolicae Sedis 54, 678-685.
[23] Vgl. M.-D. Chenu, La „doctrine sociale" de l'Eglise comme idéologie (Paris 1979) 8.
[24] Im deutschen Sprachraum existieren zur Zeit zwei abweichende Übersetzungen und vier Textausgaben. Die erste Übersetzung erschien Anfang 1987 in Frankfurt als Publik-Forum-Dokumentation. Im Frühjahr 1987 gab das Institut für Gesellschaftswissenschaften Walberberg in Bonn eine Übersetzung zusammen mit dem Originaltext als Sondernummer der Zeitschrift: „Die Neue Ordnung" heraus. Diese Übersetzung ist vom Sekretariat der Deutschen Bischofskonferenz in der Reihe: „Stimmen der Weltkirche" übernommen worden; sie ist mit kleinen stilistischen und inhaltlichen Verbesserungen im vorliegenden Band abgedruckt.

[25] Vgl. J. Holland – J. P. Henriot, Social Analysis (Washington [2]1983).
[26] Die amerikanischen Bischöfe greifen mit dem Ausdruck „integrale Verbindung" (integral connection) eine Formel auf, die im Streit mit der Befreiungstheologie das Verhältnis von christlichem Heil und menschlichem Wohl lockern sollte; die Bischofssynode von 1971 hatte demgegenüber den Einsatz für die Gerechtigkeit als „wesentlichen Bestandteil" (pars essentialis) der Verkündigung des Evangeliums erklärt.
[27] Vgl. A. M. Greely, „Radikale" Abweichung, in: Die Neue Ordnung, Sondernummer Dezember 1985, 28–42, 30; M. Novak, Auf dem Weg zum Konsens, in: Die Neue Ordnung, Sondernummer Dezember 1985, 51–80, 73.
[28] Vgl. Laienkommission zur katholischen Soziallehre und der amerikanischen Wirtschaft, Der Zukunft entgegen, Katholisch-soziales Denken und die amerikanische Wirtschaft. Ein Laienbrief (amerikanisch und deutsch), in: Die Neue Ordnung, Sondernummer April 1985, 206–347, S. 310.
[29] Vgl. J. Riedl, Arm in diesem Deutschland. Bürger ohne Zukunft: Die Bundesrepublik auf dem Weg in die Zwei-Drittel-Gesellschaft?, in: Die Zeit Nr. 5 vom 23. 1. 1987, 11–16.
[30] H. Geißler, Die neue soziale Frage (Freiburg 1976) 28.
[31] Der Warenkorb soll eine Lebensführung ermöglichen, die der Menschenwürde entspricht. Doch ein pedantischer Katalog regelt den Monatskonsum der Armen – z. B. 350 g feine Leberwurst (gute Qualität), 300 g Jagdwurst (mittlere Qualität), 500 g Flaschenbier, 350 g Weißwein (inländischer Qualitätswein, letzter Jahrgang mit amtlicher Prüfnummer), zehn Telefongespräche zum Ortstarif, eine Kino-Eintrittskarte, Eisenbahnfahrten hin und zurück 30 km. Ein danach errechnetes Frühstück würde 16 g Semmeln, 30 g Brot, 8 g Marmelade, 19 g Wurst, 8 g Käse, 6 g Butter, 8 g Kaffee, 9 g Zucker sowie 23 g Dosenmilch enthalten. Übrigens wird dem Ehemann ein zwei- bis fünffach höherer Verbrauch an Strom, Briefporto, Kaffee, an Glühlampen, Taschenbüchern und Busfahrten zugestanden als der Ehefrau.
[32] Vgl. R. Hauser, Armut – Erscheinungsformen, Ursachen, Wirkungen, in: A. Rauscher (Hg.), Armut im Wohlfahrtsstaat (Köln 1987) 9–44.
[33] Vgl. Wer isses bloß, der sich so was leisten kann, in: Der Spiegel Nr. 48 vom 24. 11. 1986, 230–241.
[34] Vgl. W. Balsen – H. Nakielski – W. Rössel – R. Winkel, Die neue Armut (Köln [3]1985).
[35] Vgl. G. Bäcker – G. Naegele, Wende ohne Ende – Praxis und Ideologie der konservativ-rechtsliberalen Sozialpolitik, in: Theorie und Praxis der sozialen Arbeit 37 (1986) 122–135, 126f.
[36] Die Höchstbezugsdauer von Arbeitslosengeld ist 1986 für ältere Arbeitnehmer verlängert, der Freibetrag des Ehegatteneinkommens, der auf die Arbeitslosenhilfe angerechnet wird, ist angehoben, der Regelsatz der Sozialhilfe, das Wohngeld und der Kindergeldzuschlag sind 1986 erhöht worden.
[37] Vgl. Arbeitsproblematik und Caritasarbeit, in: Caritas-Journal, Sonderausgabe März 1986.
[38] Vgl. A. Rauscher (Hg.), Armut im Wohlfahrtsstaat (Köln 1987).
[39] Vgl. J. Jarre (Hg.), Armut auch bei uns. Eine Herausforderung an die Kirche, in: Loccumer Protokolle 53/1984 (Loccum 1987).
[40] Vgl. Kirchlicher Dienst in der Arbeitswelt, „Armut in einer reichen Gesellschaft. Ursachen und Trends der Neuen Armut, der Auftrag der Kirchen,

Vorschläge, ein Diskussionspapier, epd-Dokumentation Nr. 14 vom 17. 4. 1986.

[41] Vgl. M. Novak, Auf dem Weg zum Konsens, in: Die Neue Ordnung, Sondernummer Dezember 1985, 51–80, 53 f.

[42] Der Publik-Forum-Übersetzung ist hier ein sinnentstellender, zweifellos unbeabsichtigter Fehler unterlaufen: „The degree of well-being which society today enjoys would be unthinkable without the dynamic figure of the business person, whose function consists of organizing human labor and the means of production so as to give rise to the goods and services necessary for the prosperity and progress of the community."

[43] Im Original: „Defense-related industries make up a major part of the U. S. economy and have intimate links with both the military and civilian government". Publik-Forum übersetzt: „Die Industrien, die mit der Verteidigung zusammenhängen, machen den Hauptteil der amerikanischen Wirtschaft aus; sie unterhalten enge Beziehungen zu Militärs und Politikern im Staate."

[44] Die Formel der strukturellen Sünde oder der institutionalisierten Ungerechtigkeit enthält eine theologisch brisante These. Die von der Bischofskonferenz angenommene Übersetzung verkürzt ein wenig die Textfassung des amerikanischen Originals: „Christian communities that commit themselves ... to confrontation with those attitudes and ways of acting which institutionalize injustice". Auch die aus dem Glauben vollzogene Diagnose der Situation religiöser Entfremdung in der Welt ist mit dem Ausdruck „Analyse" nicht ganz zutreffend wiedergegeben. Die Publik-Forum Übersetzung ist dagegen in beiden Fällen korrekt.

[45] Vgl. J. Ratzinger, Naturrecht, Evangelium und Ideologie in der katholischen Soziallehre, in: von K. Bismarck – W. Dirks (Hg.), Christlicher Glaube und Ideologie (Stuttgart–Berlin 1964) 28.

[46] Vgl. J. Höffner, Soziallehre der Kirche oder Theologie der Befreiung? (Bonn 1984) 9 f.

[47] Vgl. W. Weber, Das Problem einer verantwortlichen Vermittlung zwischen Glaube und sozialem Handeln, in: F. Hengsbach – L. A. Trujillo (Hg.), Christlicher Glaube und gesellschaftliche Praxis (Aschaffenburg 1978) 117–136.

[48] Vgl. C. Boff, Theologie und Praxis (München – Mainz 1983) 132–160.

[49] Ebd. 114 f.

[50] Vgl. die von Wilhelm Weber ausdrücklich zitierten K. Steinbuch, Kurskorrektur (Stuttgart 1973); H. Lübbe, Lebensqualität oder Fortschrittskritik von links, in: Schweizer Monatshefte 53 (1973) 606–620.

[51] Der zweite Entwurf spiegelt noch die anscheinend unter Zeit- und Problemdruck stehende Redaktionsarbeit: Im Vorgriff wird eine dreigliedriges Schema: Schöpfung-Bund-Heilsgeschichte angekündigt, im Rückblick wird der biblische Textabschnitt mit Schöpfung-Bund-Gemeinschaft-Jüngerschaft zusammengefaßt (Zweiter Entwurf, Nr. 36, 61).

[52] Die Überschrift des zweiten Textabschnitts heißt im Originaltext: A people of Covenant. Die Bonner Übersetzung schreibt unverständlicherweise: Das Volk des alten Bundes.

[53] Vgl. N. Lohfink, „Option für die Armen", in: Stimmen der Zeit 203 (1985) 449–464, 460.

[54] Vgl. W. Jüngling, „Zerdrücke den Armen nicht im Tor" (Spr 22,22), in:

F. Hengsbach – H. Ludwig (Hg.), Wirtschaft für wen? (Frankfurt 1985) 67–87, 77.

55 Vgl. den Originaltext: „While recognizing the dangers of wealth, the early church proposed the proper use of possessions to alleviate need and suffering rather than universal dispossession." Die Frankfurter Übersetzung lautet: „Obschon die Frühkirche die Gefahren des Reichtums erkannte, schlug sie die sinnvolle Verwendung von Besitz zur Linderung von Bedürftigkeit und Leid vor, anstatt auf Besitz vollständig zu verzichten." In der Bonner Übersetzung heißt es: „Obwohl die Gefahren des Reichtums erkannt wurden, unterstützte die junge Kirche den richtigen Gebrauch der Besitztümer, um Not und Leid zu lindern, nicht jedoch eine generelle Enteignung". Beide Übersetzungen scheinen die Alternativen mehr ausschließlich als abwägend gegenüberzustellen. Der Ausdruck „Enteignung" klingt zu juristisch, der frühen Kirche ging es eher um Werteinstellungen.

56 Vgl. den Originaltext: „Christian communities have developed varied structures to support and sustain the weak and powerless"; die Bonner Übersetzung trifft mit „verschiedene Formen der Unterstützung" nicht hinreichend die Sinnspitze dieser dritten Weise, wie sich neben Gütergemeinschaft und richtiger Güterverwendung Jesu Sorge um die Armen unter den Christen fortsetzte.

57 Im Original: „Such perspectives provide a basis for what today is called the »preferential option for the poor«". Das Beiwort „preferential" / „vorrangig" wird häufig der Option hinzugefügt, um den Eindruck zu vermeiden, als würden Bessergestellte von der Kirche vernachlässigt. Daß die Bonner Übersetzung das Wort „vorrangig" streicht, überrascht sehr.

58 Vgl. Ignatius von Loyola, Geistliche Übungen und erläuternde Texte, übersetzt und erläutert von P. Knauer (Graz – Wien – Köln 1978) 24 f.

59 Im Original ist die Rede von: „virtue of citizenship" oder „sense of citizenship" (66). Was in etwas gestelztem Deutsch als „Bürgertugend" und „Bürgersinn" ausgegeben würde, findet sich in den beiden Übersetzungen kaum wieder. Die Bonner Übersetzung spricht von „bürgerlichen Tugenden" und vom „Sinn für die staatsbürgerliche Verantwortung", die Frankfurter Übersetzung formuliert „Tugenden der Staatsbürgerschaft" und „Bewußtsein der Staatsbürgerschaft".

60 Die Bonner Übersetzung: „Wie man die Machtlosigkeit von Randgruppen beseitigen könnte" trifft nicht den Sinn des amerikanischen Originals: „Overcoming Marginalization and Powerlessness" (77).

61 Im Original: „Catholic social teaching spells out the basic demands of justice in greater detail in the human rights of every person" (79). Die Frankfurter Übersetzung ist ungenau: „Noch konkreter zeigt die katholische Soziallehre die Grundforderungen der Gerechtigkeit in der Frage der Menschenrechte auf", während die Bonner Übersetzung gar den Sinn entstellt: „Die Katholische Soziallehre benennt im einzelnen die Grundvoraussetzungen der Gerechtigkeit für die Menschenrechte einer jeden Person".

62 In dem Ausdruck „the full range" (80), das die Bonner Übersetzung hier mit „Skala" besser, später jedoch (82) genauso wie die Frankfurter Übersetzung mit „Spektrum" wiedergibt, bleibt offen, ob die freiheitlichen Grundrechte einen Vorrang vor den sozialen haben, oder ob einzelne Grundrechte quer zu diesen Unterscheidungen abweichend gewichtet werden.

63 Die Bonner Übersetzung spricht in der Regel korrekt von wirtschaftlichen

und sozialen Rechten (80–82); nur an zwei Stellen sagt sie „Wirtschaftsrechte" (84).

64 Im Original: „The obligation to provide justice for all means that the poor have the single most urgent economic claim on the conscience of the nation" (86). Die Frankfurter Übersetzung sagt: „... daß die Armen den einzigen vordringlichen wirtschaftlichen Anspruch auf das Gewissen der Nation haben". Die Bonner Übersetzung dagegen meint: „... daß die Armen den absoluten Vorrang vor dem Gewissen der Nation haben müssen".

65 Vgl. Duden, Grammatik (Mannheim – Wien – Zürich [2]1966) 378–381, 396, 399, 407 f.

66 Vgl. J.-Y. Calvez – J. Perin, Kirche und Wirtschaftsgesellschaft (Recklinghausen 1964) 236–244.

67 Vgl. von O. von Nell-Breuning, Iustitia socialis, in: Wörterbuch der Politik III (Freiburg 1954) 30–35; O. von Nell-Breuning, Gerechtigkeit und Freiheit (Wien 1980) 341; W. Kerber, Die Soziale Gerechtigkeit als Grundbegriff der katholischen Soziallehre, in: Civitas, Jahrbuch für Sozialwissenschaften (Mainz 1980) 80–92; J. Pieper, Das Viergespann (München 1964) 284.

68 Vgl. Pius XI., Quadragesimo anno (1931), Nr. 57, 58, 71, 88, 101, 110, 126, in: Bundesverband der KAB (Hg.), Texte zur katholischen Soziallehre (Köln [6]1984).

69 Vgl. Paul VI., Ansprache vor der Internationalen Arbeitsorganisation (1969), Nr. 8, 14, 16, in: Bundesverband der KAB (Hg.), Texte zur katholischen Soziallehre (Köln [6]1984) 474, 478, 480; Johannes Paul II., Die menschliche Arbeit (1981), Nr. 2, in: Bundesverband der KAB (Hg.), Texte zur katholischen Soziallehre (Köln [6]1984) 564.

70 Vgl. Paul VI., Ansprache bei der 75-Jahrfeier von Rerum Novarum (1966), Nr. 3, in: Bundesverband der KAB (Hg.), Texte zur katholischen Soziallehre (Köln [6]1984) 430.

71 Vgl. D. Hollenbach, Modern Catholic Teachings Concerning Justice, in: J. C. Haughey (Hg.), The Faith that does Justice (New York 1977) 207–231, 220.

72 O. von Nell-Breuning, Gerechtigkeit und Freiheit (Wien 1980) 36.

73 Vgl. das amerikanische Original: „The common good demands justice for all, the protection of the human rights of all". Mir scheint, daß man „Gerechtigkeit für alle" auf die wirtschaftlich-sozialen Grundrechte, „Schutz der Menschenrechte eines jeden" auf die politischen Freiheitsrechte beziehen muß. Die Bonner Übersetzung bringt diesen Unterschied der beiden Rechtsfiguren nicht heraus.

74 K. Rahner – H. Vorgrimler, Kleines Konzilskompendium (Freiburg [2]1966) 473.

75 Vgl. J. Rawls, Eine Theorie der Gerechtigkeit (Frankfurt 1975) 81, 104, 282.

76 Vgl. Ph. Schmitz, Befreiung von wirtschaftlichem Sachzwang – Der sozialethische Kontext, in: F. Hengsbach – H. Ludwig (Hg.), Wirtschaft für wen? (Frankfurt 1985) 37–50, 46.

77 E. Helmstädter, Vorwort in: G. Enderle (Hg.), Ethik und Wirtschaftswissenschaft, in. Schriften des Vereins für Socialpolitik, Neue Folge 147 (Berlin 1985) 5.

78 Vgl. W. Kerber, Bewußtseins-Orientierung: Zur Begründung ethischer Normen in einer säkularisierten Gesellschaft, in: F.-X. Kaufmann – W. Kerber –

P. M. Zulehner, Ethos und Religion bei Führungskräften (München 1986) 121–214.

79 Vgl. E. H. Plesser (Hg.), Leben zwischen Wille und Wirklichkeit. Unternehmer im Spannungsfeld von Gewinn und Ethik (Düsseldorf – Wien 1977); Unternehmenskultur in Deutschland – Menschen machen Wirtschaft. Themen eines Kongresses (Gütersloh 1986).

80 Vgl. H. Giersch, Wie der Markt zu moralischem Verhalten zwingt, in: Frankfurter Allgemeine Zeitung Nr. 182 vom 9. 8. 1986, 11; P. Koslowski, Ethik des Kapitalismus (Tübingen 1982); E. M. Ureña, Kapitalismus oder Sozialismus (Mainz 1984).

81 Vgl. Sloterdijk, Kritik der zynischen Vernunft, 2 Bände (Frankfurt 1983).

82 Vgl. J. Mittelstraß, Wirtschaftsethik als wissenschaftliche Disziplin?, in: G. Enderle (Hg.), Ethik und Wirtschaftswissenschaft (Berlin 1985) 17–32; M. Tietzel, Moral und Wirtschaftstheorie, in: Zeitschrift für Wirtschafts- und Sozialwissenschaft 106 (1986) 113–137.

83 Vgl. O. Schwemmer, Ökonomische Rationalität und praktische Vernunft oder: Kann man ethische Grundsätze zu Prinzipien ökonomischer Systeme machen?, in: G. Enderle (Hg.), Ethik und Wirtschaftswissenschaft (Berlin 1985) 33–53.

84 Vgl. J. Höffner, Wirtschaftsordnung und Wirtschaftsethik (Bonn 1985).

85 Vgl. G. Enderle, Sicherung des Existenzminimums für alle Menschen – eine Herausforderung für Ethik und Wirtschaftswissenschaft, in: G. Enderle (Hg.), Ethik und Wirtschaftswissenschaft (Berlin 1985) 163–189.

86 Ch. Watrin, Wohlfahrtsstaatlicher Interventionismus. Politisch-ökonomische Randnotizen zum amerikanischen Hirtenbrief, in: Die Neue Ordnung, Sondernummer Dezember 1985, 5–10, 6.

87 Vgl. im amerikanischen Original: „A New American Experiment: Partnership for the Public Good". Ich habe für das traditionelle Gemeinwohl den Ausdruck „allgemeines Interesse" gewählt. Dies mag mißverständlich klingen, weil Interesse in der Regel mit subjektivem Bedürfnis oder strategischem Handeln gleichgesetzt wird. Anderseits kann das Gemeinwohl neuzeitlich gar nicht mehr anders begriffen werden, als daß es auf die menschliche Person und deren wohlverstandene Interessen bezogen wird. Das allgemeine Interesse ist allerdings nicht lediglich die Summe der Teilinteressen. Das Bemühen der Philosophen, die mittelalterliche Tradition nicht abreißen zu lassen, zeigt sich in den Worten: „objektives Interesse" im Gegensatz zum subjektiven Interesse (Kant), „volonté générale" im Unterschied zur volonté de tous (Rousseau), „verallgemeinerungsfähiges Interesse" an Stelle partikulärer Interessen (Habermas).

88 Vgl. Ch. Watrin, Wohlfahrtsstaatlicher Interventionismus, in: Die Neue Ordnung, Sondernummer Dezember 1985, 5–13, 6; Ch. Watrin, Katholische Soziallehre und die US-Wirtschaft, in: Handelsblatt Nr. 247 vom 24. 12. 1986, 19.

89 Vgl. R. A. Musgrave, Finanztheorie (Tübingen ^{2}1966) 3–48.

90 Vgl. H. Büchele – L. Wohlgenannt, Grundeinkommen ohne Arbeit (Wien – München – Zürich 1985).

91 Vgl. Im Dienste der menschlichen Gemeinschaft: Ein ethischer Ansatz zur Überwindung der internationalen Schuldenkrise. Erklärung der Päpstlichen Kommission Justitia et Pax, Pressedienst der Deutschen Bischofskonferenz, Dokumentation P 1/87 vom 26. 1. 1987.

[92] „In einer Marktwirtschaft gelten für Arbeit dieselben Gesetzmäßigkeiten wie für Waren. Arbeit wird nur gekauft, wenn ihr Wert für den Unternehmer höher ist als ihr Preis. Ideologen wie Gewerkschaften sehen darin eine Entwürdigung des Menschen. Der Mensch, so sagen sie, sei keine Ware; für Menschen dürfe nicht gelten, was für Blumentöpfe, Apfelsinen oder Aluminiumschrott gilt. Gegen Naturgesetze gibt es solchen Widerspruch nicht. Wenn ein Mensch aus dem Fenster springt, dann fällt er mit einer Beschleunigung von 9,81 m/sec^2 und damit genauso schnell wie ein Blumentopf – ohne daß die evangelische Soziallehre das je als entwürdigend angeprangert hätte." W. Engels, Stoppsignal, in: Wirtschaftswoche Nr. 18 vom 25. 4. 1986, 144.

[93] Vgl. Anm. 18.

[94] Die „älteren Mitglieder der religiösen Gemeinden" (Frankfurter Übersetzung) sind natürlich ältere Ordensleute: „elderly members of religious communities".

[95] Leider bringt die Frankfurter Übersetzung den spezifischen Ausdruck „Grass-roots efforts" nicht zutreffend ins Deutsche hinüber; die Bonner Übersetzung unterschlägt diesen Akzent völlig.